中国社会科学院西藏智库丛书　　王京清/总顾问　　王延中/总主编

共享与发展

喜马拉雅区域研究

（第一辑）

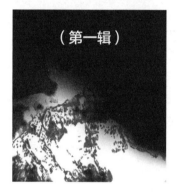

方素梅　主编

社会科学文献出版社
SOCIAL SCIENCES ACADEMIC PRESS (CHINA)

目　录

中国新时代的西藏发展

郝时远*

中共十九大昭示中国特色社会主义步入了新时代，展开了中国现代化事业改革开放发展的一个新的历史阶段。中国新时代的重要标志是社会主要矛盾发生了变化，这是中国面对现实、走向未来、经济社会全面发展的依据，也是中国各地区、各民族共同团结奋斗、共同繁荣发展步入的新境界。中国是一个统一的多民族国家，也是一个以东西部区域经济社会发展不平衡为特征的国度。在中国的改革开放进程中，东部地区的率先发展，为西部地区，乃至全国的共同发展，提供了经验、积累了能力，并于2000年实现了国家经济社会发展重心的转移，启动了西部大开发战略，展开了中国特色社会主义现代化事业最重大，也是最艰巨的经济社会发展任务。

中国西部地区，特别是陆路边疆地区，基本上都属于少数民族聚居地区，自然条件迥异，文化类型多样，经济社会发展滞后，其中位居青藏高原的西藏自治区最为典型。从自然条件而言，西藏自治区以高海拔的特点，被誉为世界"第三极"；从人文特点来说，以藏传佛教对民间社会影响深刻为特征的藏族文化，历史悠久、独具特色；从经济社会发展程度来看，历史上长期延续的政教合一封建农奴制度，造成的社会封闭、发展停滞和人民苦难，在人类社会现代历史中实为罕见。对此，20世纪初随英国侵略军进入拉萨的记者留下了这样的记载："人民还停留在中世纪的年代，不仅仅是在他们的政体、宗教方面，在他们的严厉惩罚、巫术、灵童转世以及要经受烈火与沸油的折磨方面是如此，而且在他们的日常生活的所有方面也都不例外。"① 他认为西藏政教领袖达赖喇嘛居住的布达拉宫所实行的残酷统治，较之"欧洲血

---

* 郝时远，中国社会科学院学部委员，研究员。

① 〔英〕埃德蒙·坎德勒：《拉萨真面目》，尹建新、苏平译，西藏人民出版社，1989，第186页。

债最多的中世纪城堡"有过之而无不及。①

这位记者 1904 年进入西藏拉萨时，曾对照了近一个世纪之前西方人对西藏的记录，得出时隔 90 年来"毫无变化"的比较结论。其实，从西方传教士涉足中国西藏留下文字记载以后，陆续进入西藏的其他外国人大都有过类似的比较，且都曾因前人所记与自己亲眼所见几乎完全相同而感到震惊，在他们的笔下西藏是一个停滞社会。西藏地区的这段历史，在中国话语中称为"旧西藏"。而"新西藏"的开端，则是中华人民共和国成立后的 1959 年，西藏地区实行民主改革和筹备建立自治区。

中国的西藏地区，是新中国成立后实行民主改革最晚的少数民族地区，也是五大自治区中最后成立的一个省级自治地方。这一滞后性，反映了西藏地区从旧社会向新社会变革的特殊性、复杂性和艰巨性。今天，在经历 60 年变迁之后，旧西藏的社会历史、政教合一的封建农奴制度早已一去不复返，但是新西藏建设和发展中的特殊性和艰巨性依然存在。生态环境脆弱、高海拔、缺氧等自然条件，完全不同于内地或其他边疆地区，需要探索一条中国特色、西藏特点的现代化发展道路。

改革开放以来，党和国家审时度势、从西藏地方经济社会发展、人民福祉改善、社会稳定祥和的需要出发，先后召开了 6 次中央西藏工作座谈会，实行了一系列体现国家大力扶持、举国大力支援与西藏各民族人民自力更生的特殊发展政策，实现了西藏自治区经济社会、人权保障等各项事业的跨越式发展。本文从中国特色社会主义现代化事业步入新时代的视角，就西藏自治区跨越式发展的若干规划指标及其实现程度做些分析，在展现消除历史差距、缩小现实差距的"跨越式"发展成就基础上，辨析西藏地区发展"不平衡不充分"的差距，展望新时代长期建藏的发展前景。②

一　新时代中国的社会主要矛盾

回顾 1949 年新中国成立以来的历史，党和国家对中国社会主要矛盾的判

---

① 〔英〕埃德蒙·坎德勒：《拉萨真面目》，尹建新、苏平译，西藏人民出版社，1989，第 192 页。
② 本文源自中国社会科学院西藏智库组织的一次会议发言稿，根据会议主办方编辑出版论文集的要求在原稿基础上修改完善。今年恰逢纪念西藏民主改革 60 年，这也为本文提供了充实内容、更新数据的空间。

断，经历了三次重大变化。对社会主要矛盾的判断和把握，关系到确定国家建设大政方针的科学性，实施社会发展基本路径、节奏和政策措施的可行性，从而保证发展成效利国利民的有效性。而无视社会主要矛盾，或者采取想象、激进、毕其功于一役以实现一劳永逸解决矛盾的方式，则会造成误入歧途的灾难性后果。同样，如果不能审时度势地把握社会主要矛盾的转变态势，未能与时俱进地调整和完善发展思路和方针政策，也会因错失机遇而止步不前。所以，从社会主要矛盾这一视角，观察中国的社会发展具有重要意义。

1956 年中共八大决议确认：人民对于经济文化迅速发展的需要同当前经济文化不能满足人民需要的状况之间的矛盾。实践证明，对于关系百业待兴、顺应人民对新社会充满希望的这一判断是正确的。但是，后来由于复杂的社会历史原因，这一正确论断没有坚持下来。①

1981 年，在总结历史经验和重新认识什么是社会主义、怎样建设社会主义的改革开放条件下，中共对社会主要矛盾做出了实事求是的判断：人民日益增长的物质文化需要同落后的社会生产之间的矛盾。这一判断，基本上回归到 1956 年的判断，确立了以经济建设为中心的大政方针，在改革开放中持续推进解决这一矛盾的进程。直到 2012 年中共十八大报告中继续强调：这一社会主要矛盾没有变。

2017 年，中共十九大报告指出中国新时代的社会主要矛盾——人民日益增长的美好生活需要和不平衡不充分的发展之间的矛盾。社会主要矛盾的变化，并没有一朝一夕的时间表，而是一个从量变到质变的过程，中共十九大对此做出新的判断，是对这一转变过程的准确把握。中国新时代的社会主要矛盾，突出了矛盾本身两个面向的相互关系。一是"人民日益增长的美好生活需要"，即超越了一般意义上的"物质文化需要"，反映了日益增长的民主、法治、公平、正义、安全、环境等方面的要求；二是"不平衡不充分的发展"，反映了中国经济结构、区域、城乡发展不平衡，社会各项公共服务发展不充分等方面的制约因素。

就社会主要矛盾所反映的特征而言，是对整个国家发展程度、人民生活需求在平均水平上的一种抽象概括。从这一视角去观察中国的区域经济发展差距，去审视各个民族的发展水平，不仅可以看到城乡之间、东西部之间的

---

① 《习近平新时代中国特色社会主义思想三十讲》，学习出版社，2018，第 66 页。

"不平衡不充分"问题，也可以看到在国家扶持、东部地区支援下，西部地区实现的跨越式发展，及其纵向比较中缩小差距、趋向"平衡"和"充分"的发展态势。在这方面，西藏自治区最具典型性。

二　西藏地区"跨越式"发展成就

从新中国成立以后，西藏地区就是国家以特殊政策持续扶持的一个地区。改革开放以后，国家给予西藏自治区多方面的特殊政策，包括国家税收的低税、金融贷款的低率，农牧民生产经营免税和教育、医疗的免费，等等。自2000年中国实施西部大开发战略以来，西藏地区在中央政府的差别化区域政策扶持、全国对口支援和自力更生的努力下，进入了经济社会发展的快车道，地区经济实现了持续的两位数增长，经济社会各项事业呈现了"跨越式"发展，成就十分显著。

2018年，西藏自治区地区生产总值突破1400亿元，同比增长10%左右；一般公共预算收入达到230.4亿元；农村居民人均可支配收入同比增长13%左右；城镇居民人均可支配收入同比增长10%以上。[①] 虽然地区GDP和财政收入总量，在全国各省区市的比较中微不足道，但是就增速、增幅而言，则位居各省区市的前列。这是缩小差距的必要条件，增速慢、增幅小只能扩大差距，增速、增幅同步只能保持差距，只有增速快、增幅大才能缩小差距，这是一个浅显的道理，也是一个困难的实践。但是，西藏经济社会发展的确做到了增速快、增幅大的跨越。

在中国改革开放的实践进入以科学发展观为统领的进程中，从国家到地方，编制五年一个周期的发展规划，形成了"纲""目"结合的全面性，即在国家和地区经济社会发展的总体规划中，分门别类地析出了各项事业的发展规划，其中所设定的发展目标及其数字化的呈现，是经过调查研究、反复论证并经人民代表大会审议通过的指标。在通常情况下，能够在五年规划的实践中达到预期的发展指标，亦属不易且象征工作成效圆满。当然，超过预期发展指标的现象，虽然在一些发达地区司空见惯，但是在西部地区、西藏

---

① 齐扎拉：《2019年西藏自治区政府工作报告》（2019年1月10日），中国西藏新闻网，ht-tp://www.xzzw.com/xw/xzyw/201901/t20190124_2507914.html。

地区则属难能可贵。

对西藏自治区来说，设定各类发展指标既要实事求是，又要体现加快发展的要求，所以"达标"的艰巨性与"超标"的可能性会交织出现，这既是辨析西藏地区经济社会各项发展规划的预期目标与实现程度经常遇到的现象，也是观察西藏地区"跨越式"发展在缩小差距方面的着眼点。在此，仅就以下三个方面做一比较。

（一）旅游业的超常规发展

2009 年，即西藏地区民主改革 50 年之际，有关部门完成了一份《西藏经济社会发展报告》。其中述及了 2008 年西藏自治区旅游业的发展状况：全年接待国内外游客 224.64 万人次，旅游收入达到 22.59 亿元。[①] 事实上，在中央政府推进西藏地区"跨越式"发展的各项政策扶持下，旅游业作为西藏地区经济社会发展的支撑产业，在"十一五"规划的五年（2006～2010）间实现了大幅度增长，而 2008 年的数据则是这种增长态势一度回落的最低点，而"回落"的原因是当年西藏发生的"3·14 事件"，对西藏社会稳定、经济发展产生了显著的消极影响，旅游业也不例外。

2009 年，西藏地区的旅游业不仅恢复了持续增长的态势，而且展现了"井喷"式发展，全年接待国内外游客 556 万人次，旅游收入达到 52.4 亿元。为此，西藏自治区政府也提出了 2010 年接待国内外游客 600 万人次以上的发展目标。实际上，2010 年实现接待国内外游客达到 658.14 万人次，旅游收入 71.44 亿元，较上年增长 27.6%，占西藏地方 GDP 的 14.8%。[②]

正是在 2010 年，中央召开了第五次西藏工作座谈会，对西藏发展定位中提出建成"重要的世界旅游目的地"的任务。以此为目标，西藏自治区在制定"十二五"规划时提出：到 2015 年末，争取年接待国内外游客达到 1500 万人次、旅游收入达到 180 亿元。[③] 出乎意料的是，2015 年接待国内外旅游者达到 2017.53 万人次，旅游总收入 281.92 亿元，占西藏地方 GDP 的 27.47%，接待国内外游客和实现旅游收入的指标，分别超过规划目标 34%

---

① 《西藏经济社会发展报告》，国务院新闻办公室编《中国政府西藏白皮书汇编》，人民出版社，2010，第 380 页。
② 王汝辉等：《西藏旅游产业的战略主导性分析》，《中国藏学》2014 年第 4 期。
③ 索朗达杰、普布次仁、罗布次仁：《"十二五"末西藏旅游业收入将达到 180 亿元》，中国广播网，http://native.cnr.cn/city/201209/t20120903_510819199.html。

和 55.6%。

这种超常规的增长态势，也成为 2017 年西藏自治区颁布旅游业"十三五"规划的重要依据，即："'十三五'时期，旅游业发展更加注重提质增效，旅游产品体系更加丰富，旅游产业融合程度不断提高，旅游投资和消费增长超过全国平均水平，到 2020 年末，年接待游客量达到 3000 万人次；旅游业总收入达到 550 亿元。"① 这份规划以建设高原和民族特色世界旅游目的地为目标，将旅游业定位为西藏自治区国民经济的主导产业，使旅游业在扩大内需、转变发展方式、调整结构、保持增长、促进就业、惠及民生等方面发挥更加重要的作用。

从"十三五"旅游业规划的实施情况来看，在 2015 年中央第六次西藏工作座谈会以后，国家对西藏地区的经济社会发展的扶持力度进一步加强，公路、铁路和航空等基础设施持续改善，旅游产业的增长充满活力。2017 年接待国内外游客 2561.4 万人次，旅游业收入 379.4 亿元。西藏自治区政府也确定了下一年度"确保全年旅游总人数增加 800 万人次以上"的年度目标②，并如期达成。2018 年接待游客 3368.7 万人次，比上年增长 31.5%；实现旅游收入 490 亿元，增长 29.2%。③ 可见，距离 2020 年完成"十三五"规划尚有两年之期，但是接待国内外游客的数量已经显著超过了规划目标。西藏自治区旅游业超常规的快速发展，是西藏地区跨越式发展的一个缩影，也是缩小西藏地区与全国平均水平、内地、东部地区发展差距的重要标志。

（二）城镇化率显著提高

城镇化率是现代化发展的重要指标之一。中国政府在《国家新型城镇化规划（2014—2020 年）》中，确定了 2020 年全国常住人口城镇化率 60%（户籍人口城镇化率 45% 左右）的目标。西藏自治区地广人稀，人口密度仅为 2.6/平方公里。如何因地制宜地推进城镇化，是西藏地区现代化发展的重要问题之一。相关研究表明，城镇化率每提高 1 个百分点，相应地会带动经

---

① 《西藏自治区"十三五"旅游业发展规划》，西藏自治区政府网，http://www.xizang.gov.cn/zwgk/ghjh/201811/t20181122_171691.html。

② 齐扎拉：《2018 年西藏自治区政府工作报告》（2018 年 1 月 24 日），西藏自治区政府网，http://www.xizang.gov.cn/zwgk/zfgzbg/201802/t20180213_154758.html。

③ 齐扎拉：《2019 年西藏自治区政府工作报告》（2019 年 1 月 10 日），中国西藏新闻网，http://www.xzxw.com/xw/xzyw/201901/t20190124_2507914.html。

济生产要素的增长，同时也会对就业、市场、消费、医疗、教育、社会保障等提出新的发展要求。从西藏地区的人口规模、城镇布局、经济结构、市场水平等要素来说，这种相辅相成的发展动力是欠缺的。

2012 年，西藏的城镇化率为 22.75%。根据《西藏自治区城镇体系规划（2012—2020）》的要求，2013 年西藏自治区政府提出 2017 年实现城镇化率 35% 以上的目标。显然，这在当时是不切合实际的愿景。但是，从 2013 年开始，西藏的城镇化建设的确进入了快车道，这与当年中央城镇化工作会议以及《国家新型城镇化规划（2014－2020 年）》的出台直接相关。2014 年，西藏城镇化率为 25.8%，与全国城镇化率 54.77% 比较差距为近 29 个百分点。是时，根据国家新型城镇化规划的要求，西藏自治区政府也制定了《西藏自治区新型城镇化规划（2014－2020）》，以 2013 年城镇化率 23.7%、城镇常住人口 74 万人为基点，提出力争在 2020 年实现常住人口城镇化率 30% 以上，新增城镇常住人口 28 万人左右的目标。[①]

这一发展目标遵循了全国城镇化率每年提高 1 个百分点强的速率。2016 年西藏城镇化率上升到 29.56%，年增长 1.82 个百分点。[②] 已基本达到 2020 年的预期目标。而一年之后，"截至 2017 年年底，全区常住人口城镇化率达到了 30.9%。"[③] 城镇常住人口达到 104.14 万人。[④] 超前实现了《西藏自治区新型城镇化规划（2014－2020）》提出的目标。这种大幅度的增长，一方面是 2013~2017 年因行政区划改变发生的城镇化率机械性增长，即日喀则和昌都（2014）、林芝（2015）、山南（2016）、那曲（2016）先后撤地设市，堆龙德庆等 7 县（市）相继撤县设区；另一方面则是在国家转移支付、内地援藏、基础设施建设等外力驱动与西藏地方内源动力相结合、耦合协调产生的效果，[⑤] 使五年间"全区城镇化率提高近 7 个百分点"[⑥]。同期，西藏地区

①　《西藏自治区新型城镇化规划（2014－2020）》，西藏自治区发展和改革委员会，http://drc. xizang. gov. cn/zwgk/fz/cz/201504/t20150415_53926. html。

②　王胡林：《改革开放四十年西藏城镇化发展的回顾与展望》，《西藏研究》2018 年第 5 期。

③　李海霞：《至 2017 年底西藏常住人口城镇化率达到 30.9%》，2018 年 11 月 13 日，中国西藏新闻网，http://www. xzxw. com/xw/201811/t20181113_2438919. html。

④　王胡林：《改革开放四十年西藏城镇化发展的回顾与展望》，《西藏研究》2018 年第 5 期。

⑤　郝文渊等：《西藏城镇化动力机制分析》，《地域研究与开发》2018 年第 1 期；史晨怡等：《援藏与西藏自治区城镇化耦合协调分析》，《世界地理研究》2018 年第 3 期。

⑥　齐扎拉：《2018 年西藏自治区政府工作报告》（2018 年 1 月 24 日），西藏自治区政府网，http-tp://www. xizang. gov. cn/zwgk/zfgzbg/201802/t20180213_154758. html。

生产总值增速也以年均增长 10.8%，在全国名列前茅，高于全国平均水平近 4 个百分点。

（三）妇幼保健水平大幅度提升

在中国的人权事业中，生存权、发展权占有极其重要的统领地位。就生存权而言，人的出生、成活、寿命是衡量生存健康的最基本指标。因此，在评价一个国家的人口健康状况方面，世界各国、联合国、国际卫生组织都把孕产妇死亡率、婴儿死亡率、人均预期寿命等作为最重要的指标。

在旧西藏，藏族人口的健康水平直接反映了西藏地区社会制度严酷、经济落后的特点。卫生环境恶劣、地方病等疾疫流行、除传统的藏医药外没有近现代的医疗条件，加之大量人口出家为僧（尼）等因素，对西藏地区的人口规模、健康状况、人均寿命造成极大的负面影响。相关数据表明，1959 年以前的西藏地区，"孕产妇死亡率高达 5000/10 万，婴幼儿死亡率达 430‰。"[①] 这在世界范围也属骇人听闻的数据。而这些指标正是影响人口繁衍和人均寿命水平的关键因素。可以说，当时西藏地区的人均寿命只有 36 岁是不奇怪的。

西藏地区民主改革 60 年来，随着医疗卫生事业的不断发展，地区人口的健康水平得到大幅度的提升，其中妇女儿童的人权保障水平尤为显著，但是与全国的平均水平比较，其差距同样显著。在跨世纪的 2000 年，联合国成员国一致通过了面向新千年的《联合国千年宣言》，在这份以 1990 年为基础，旨在 2015 年将全球贫困水平消除一半的行动计划中，专门提出将产妇死亡率降低 3/4、5 岁以下儿童死亡率减少 2/3 的目标。中国作为宣言的签署国，为实施这一关乎全人类发展和消除贫困的国际行动，付出了巨大努力，其中包括妇幼保健方面取得的显著成就。这里就上述两个指标，以 1990 年全国和西藏地区的数据为基点，展示西藏地区妇幼保健事业大幅度提升的发展状况。

1990 年，全国的孕产妇死亡率为 88.9/10 万，婴儿死亡率为 45.7‰。同期，西藏自治区孕产妇死亡率为 718.5/10 万，婴儿死亡率为 97.4‰。分别为全国平均水平的 8.1 倍和 2.1 倍。[②] 当时，西藏自治区政府在妇女儿童权益保

①　黎华玲、索朗德吉：《西藏孕产妇和婴幼儿死亡率降至历史最低值》，2015 年 1 月 14 日，新华网，http://www.xinhuanet.com/politics/2015-01/14/c_1113985947.htm。

②　史薇、郭岩：《西藏自治区实行联合国可持续发展目标（SDGs）妇幼卫生指标的进程分析》，《中国生育健康杂志》2018 年第 4 期。

障方面先后颁布了《九十年代西藏儿童事业发展规划纲要》（1993）和《西藏妇女发展规划（1996－2000年）》（1996），其中都包括了妇女儿童健康方面的内容。这些规划的实施涉及男女平等、生育健康、卫生医疗、教育、就业等诸多方面，特别是在生育健康方面做出了相应的规划目标，并取得了明显的成效。

在步入新世纪的2000年，全国的孕产妇死亡率降至30/10万，婴儿死亡率降至13.1‰，10年间分别下降了65%和71.3%。同期，西藏自治区孕产妇死亡率降至466.88/10万，婴儿死亡率降至35.28‰，[①] 10年间分别下降了35%和63.8%，实属难能可贵。但是，这两项指标与全国平均水平相比，不仅降幅低于全国的水平，而且高于全国平均水平的15.6倍和2.5倍，呈现了差距显著拉大的态势。

其实，这并不奇怪。在实施西部大开发之前，东部和西部地区的发展差距，总体上在逐年持续拉大。尤其对西藏自治区而言，这种经济社会发展差距总体拉大的现象更加突出，即便是实施西部大开发以后，这种效应的惯性仍在继续。但是，2000年国家经济发展重心转向西部地区后，推动了西部地区加速发展的态势，在缩小东西部之间，特别是西部地区与全国平均水平之间的差距方面，显示了发展速度、增长幅度的跨越性效应。

就上述两组数据而言，在《西藏自治区妇女发展纲要》（2001~2010）、《西藏自治区儿童发展纲要》（2001~2010）中，提出了在2000年的基础上降低1/5的10年规划目标。显然，这是一个保守的目标。实际上，到2005年，西藏自治区的孕产妇死亡率已下降到297.97/10万，婴儿死亡率也下降到27.03‰。[②] 即5年间已经达到和超过了预期目标。到2010年，孕产妇死亡率降至174.78/10万，婴儿死亡率降至20.69‰。[③] 较之预期规划分别降低1/5的规划目标，实际降低了68.3%（2/3强）和41.4%（2/5）。

同样，在2011~2015的同类规划中，西藏自治区政府提出了2015年孕

---

① 《"十一五"时期西藏自治区卫生事业发展规划》，西藏自治区人民政府网，http://www.xizang.gov.cn/zwgk/ghjh/200804/t20080402_12438.html。

② 《"十一五"时期西藏自治区卫生事业发展规划》，西藏自治区人民政府网，http://www.xizang.gov.cn/zwgk/ghjh/200804/t20080402_12438.html。

③ 《西藏自治区"十三五"期间卫生计生事业发展规划》，西藏自治区人民政府网，http://xizang.gov.cn/zwgk/ghjh/201811/t20181123_171760.html。

产妇死亡率控制在 160/10 万以内和婴儿死亡率控制在 18‰的目标。在 2015 年中国完成《联合国千年宣言》行动之际，西藏自治区也交出了以孕产妇死亡率 100.92/10 万和婴儿死亡率 16‰为指标的骄人成绩。① 如果以 1990 年为基数分别降低 3/4 和 2/3 的目标来衡量，26 年间，中国孕产妇死亡率下降至 20.1/10 万，下降 77.4%；婴儿死亡率下降至 8.1‰，下降 82.3%。同比，西藏自治区孕产妇死亡率下降幅度为 86.0%，婴儿死亡率下降幅度 83.6%，下降速率都高于全国平均水平。② 其缩小差距的发展效应显而易见。

当然，从 2015 年的数据水平看，西藏自治区的这两组数据仍高于全国平均水平的 5 倍和 2 倍。事实上，在有关中国经济社会发展数据的全国平均水平中，都包括了地区间显著的差别。相关的研究将孕产妇死亡率、婴儿死亡率和人均预期寿命这三项指标的地区差别析分为六类，第一类地区（京津沪）孕产妇死亡率为 7.8/10 万、婴儿死亡率为 3.9‰、人均预期寿命为 82 岁，达到国家《国民体质测定标准》合格率的 93.9%，此类在全国比重中占 9.7%。作为位置居中的第三类地区（包括内蒙古、广西、云南和宁夏等少数民族地区），这三项指标分别为 17.7/10 万、6.4‰和 75.9 岁，达到国家《国民体质测定标准》合格率的 86.7%，此类在全国比重中占 35.5%。第五类西藏自治区的数据指标为 100.9/10 万、16‰和 68.2 岁，达到国家《国民体质测定标准》合格率的 76.4%，此类在全国比重中占 3.2%。第六类新疆维吾尔自治区的数据指标为 39.7/10 万、21.5‰和 72.4 岁，达到国家《国民体质测定标准》合格率的 82.5%，此类在全国比重中占 3.2%。③ 在这六类地区中，四、五、六类的上述数据指标都低于全国的平均水平，这三类在全国比重中总计占 12.9%，与第一类所占比重 9.7% 形成了枣核状的两端。这是观察中国区域经济社会发展不平衡不充分的重要着眼点之一。

但是，如果从西藏地区民主改革 60 年的纵向历史去比较，就这些关系民生健康、人权保障的基本指标来看，西藏地区经济社会各项事业的发展，在

① 《西藏自治区"十三五"期间卫生计生事业发展规划》，西藏自治区人民政府网，http://xizang.gov.cn/zwgk/ghjh/201811/t20181123_171760.html。
② 史薇、郭岩：《西藏自治区实行联合国可持续发展目标（SDGs）妇幼卫生指标的进程分析》，《中国生育健康杂志》2018 年第 4 期。
③ 黄玉捷：《"健康中国"指标背景下全国健康水平及地区差距》，《科学发展》2019 年第 123 期。其中，第六类新疆的数据除婴儿死亡率（21.5‰）外，其他指标都低于西藏地区，相应的"国民体质测定合格率"高于西藏。

缩小差距的速度和幅度方面无疑创造了举世瞩目的成就。在这些指标的背后，不仅仅是医疗卫生条件的改善，而是西藏自治区整体现代化、包括人的现代化发展产生的结果。在"十三五"期间，西藏自治区确定了 2020 年孕产妇死亡率降至 80/10 万、婴儿死亡率降至 12‰、人均预期寿命 70 岁的目标。①前车可鉴，实现甚至超过预期目标是西藏自治区跨越式发展的题中之义。这种跨越式发展的成就可以从多方面列举，尤其在基础设施建设、民生改善、生态保护、特色产业、社会保障、医疗卫生、教育等方面都有十分突出的发展业绩。当然，也必须看到，这些数据距离全国平均水平仍有显著差距，包括规划的一些发展目标也未必都能够在确定的时间节点得以实现。

三　"不平衡不充分"与长期建藏

如前所述，2018 年西藏自治区 GDP 增速"领跑"全国，位居榜首，这种效益也集中体现在民生改善、脱贫致富等诸多领域的发展之中。例如，较上年度比较，2018 年西藏农牧民人均纯收入增长 13% 左右，为 11673 元，城镇居民人均可支配收入增长 10% 以上，为 31000 元。同期，全国的人均水平分别为农民：14617 元、增长 8.8%；城镇居民：39251 元、增长 7.8%。西藏地区的增长率居于高位。但是，在以全国人均收入的中位数（Median）比较中，全国农民人均纯收入的中位数为 13066 元（占比 89.4%），城镇居民人均可支配收入的中位数为 36413 元（占比 92.8%），②西藏地区的农牧民、城镇居民人均收入，距离全国人均收入的中位数仍差距显著，遑论与东部发达省市比较。

同样，无论是上文对城镇化进程，还是就妇幼保健、生育健康方面的分析，西藏自治区在与全国平均水平的比较中，差距仍相当大。而且，如果用上述地区差别的分类方法观察西藏自治区的数据，也会揭示西藏内部平均水平所遮蔽的地区差别。例如，就 2015 年全区孕产妇死亡率 100.9/10 万、婴儿死亡率 16‰这两组数据而言，当年拉萨市的同比水平为：孕产妇死亡率

---

① 《西藏自治区妇女发展规划》（2016～2020）、《西藏自治区儿童发展规划》（2016～2020）、《西藏自治区"十三五"时期卫生计生事业发展规划》，均见西藏自治区人民政府网。

② 《2018 年全国居民人均可支配收入 28228 元 同比实际增长 6.5%》，2019 年 1 月 21 日，人民网 – 财经频道，http://finance.people.com.cn/n1/2019/0121/c1004 – 30580888.html。

45.9/10 万、婴儿死亡率 7.5‰，① 大幅度低于全区的水平，成为西藏自治区内的"第一类"。作为自治区首府城市，拉萨的医疗设施、技术水平、妇幼保健体系中的孕产妇系统管理率、孕产妇住院分娩率等，都具备了更好的保障条件。比较而言，在其他城市、乡镇、村落和更为分散的牧区居民点，则显示了相关条件、能力、保障逐次递减的现象，即便建立了医疗设施，也存在医务人员缺失、医疗水平低等问题。虽然这种不平衡、不充分的问题，在全国范围，特别是城乡之间具有普遍性，但是在西藏地区则更加突出，并随着城镇、农村、牧区及其人口的高海拔分布而拉开差距。因此，在观察和评判西藏自治区较之全国平均水平的发展"不平衡不充分"时，不能忽视西藏自治区内部的"不平衡不充分"问题。

西藏民主改革 60 年、建立自治区 54 年来，发生了天翻地覆的社会变迁、实现日新月异的跨越发展，这是举世瞩目的事实。长期以来，国家扶持、对口支援、自力更生融为一体，构成了西藏地区实现跨越式发展的动力。尤其是中央政府对西藏地区实行的差别化政策、特殊措施，对西藏地区经济社会各项事业的全面发展提供了可持续发展的保障。对西藏自治区来说，已经形成了跨越式发展整体效应，加快速度、增大幅度、缩小差距的态势可谓水涨船高。同时，在外部驱动下实现的增长，与内源动力增强产生的效应，已经成为西藏地区持续跨越发展和有效改善"不平衡不充分"需要处理好的一对关系。如城镇化发展，按照"十三五"规划在 2020 年达到城镇化率35.8%，② 这就如同实现脱贫攻坚的指标一样，应无悬念。但是，规划中涉及的城镇化内涵的诸种经济社会要素及其指标，包括规划建成 25 个特色小城镇的示范性，是否能够如期达到预期标准，尚属存疑之列。在基础设施、公共服务设置等"硬件"保障日趋完善的同时，教育、人才、技术和管理等关涉发展质量的需求也日益迫切。这既是西藏自治区实现高质量发展的"短板"，也是西藏地区解决区外、区内双重"不平衡不充分"的关键要素。人才战略的实施虽然展开了多种渠道，但是离不开基础教育的发展。

在国家教育优先政策引领下，西藏自治区的教育事业从学前、小学、初

---

① 王波：《拉萨市民生指标体系的构建与应用》，《西藏科技》2018 年第 8 期。

② 《西藏自治区"十三五"住房和城乡建设发展规划》，西藏自治区人民政府网，http://www.xizang.gov.cn/zwgk/ghjh/201811/t20181126_171858.html。

中、高中、高职到大学，已经形成了完整的教育体系，但是各个教育阶段的实现程度并不充分，与全国的平均水平在数量和质量上仍存在显著差距。在"十二五"规划实施完成后，2015 年西藏地区学前教育毛入园率达到61.49%，义务教育巩固率达到 90%，高中阶段毛入学率达到 74.47%。① 其中，高中阶段毛入学率未能达到规划目标的 80%，相差 5.53 个百分点。② 同期全国的平均水平为：学前教育毛入园率 75%，九年义务教育巩固率 93%，高中阶段毛入学率 87%。③ 西藏地区的这三类数据分别低于全国平均水平13.51 个、3 个、12.53 个百分点。其中除义务教育巩固率相差 3 个百分点外，学前、高中的差距十分显著。

值得注意的是，2018 年西藏学前教育毛入园率达到 77.9%，与 2015 年相比，三年提高了 16.41 个百分点，年均增长 5.47 个百分点。而 2012~2017年，全国学前教育毛入学率从 64.5% 上升到 79.6%，六年内提高了 15.1 个百分点，年均提高 2.52 个百分点。同样，2018 年西藏地区高中阶段毛入学率上升到 82.3%，④ 三年间又提升了 7.83 个百分点，年均增长 2.61 个百分点。相应地，2012~2017 年，全国高中阶段毛入学率仅增长了 3.3 个百分点，年均提高 0.55 个百分点。⑤ 显而易见，西藏地区学前、高中阶段毛入学率与全国水平的差距显示了短期内迅速缩小的态势，这同样是超常规的跨越发展。这种发展效应的动能，很大程度源自西藏地区在"十一五"期间、从2012 年开始全面实行学前至高中 15 年义务教育免费的优越政策。

正因为如此，西藏自治区根据国家教育事业"十三五"规划，在制定《西藏自治区教育事业发展"十三五"规划》时，确立了与全国同步的发展目标，即 2020 年学前教育毛入园率达到 85%，义务教育巩固率达到 95%，高中阶段毛入学率达到 90%。⑥ 对全国来说，实现这一目标不存在数据能否

---

① 齐扎拉：《2019 年西藏自治区政府工作报告》（2019 年 1 月 10 日），中国西藏新闻网，http://www. xzzw. com/xw/xzzyw/201901/t20190124_2507914. html。

② 《西藏自治区教育事业发展"十三五"规划》，西藏自治区人民政府网，http://www. xizang. gov. cn/zwgk/ghjh/201811/t20181121_171607. html。

③ 《2015 年全国教育事业发展统计公报》，2016 年 7 月 6 日，中华人民共和国教育部网。

④ 齐扎拉：《2019 年西藏自治区政府工作报告》（2019 年 1 月 10 日），中国西藏新闻网，http://www. xzzw. com/xw/xzzyw/201901/t20190124_2507914. html。

⑤ 2012~2017 年《全国教育事业发展统计公报》，见中华人民共和国教育部网。

⑥ 《西藏自治区教育事业发展"十三五"规划》，西藏自治区人民政府网，http://www. xizang. gov. cn/zwgk/ghjh/201811/t20181121_171607. html。

达标的问题，2017 年东部、内地 22 个省市的高中阶段毛入学率已经达到90%，甚至 95%，这些地区在 2020 实现全国平均水平 90% 以上的达标中，将继续发挥权重性的"均衡"作用。对西藏地区而言，按照目前的发展势头达成目标应属水到渠成。但是，达标的"量"显示的"平衡"，不能保证实际的"质"体现的"充分"。这也正是国家颁布《高中阶段教育普及攻坚计划（2017—2020 年）》中特别强调的一个原则："全国、各省（区、市）毛入学率均达到 90% 以上，中西部贫困地区毛入学率显著提升。"① 西藏属于"中西部贫困地区"。在 2019 ~ 2020 年，西藏地区高中阶段毛入学率达到90%，需要消除 7.7 个百分点的差距。在十五年义务教育免费政策的"红利"效应释放之后，九年义务教育递进的质量效益成为支撑高中阶段毛入学率的关键。

2018 年末，教育部召开了云南、西藏、青海等中西部十省区"高中阶段教育普及攻坚"座谈会，在承认"部分西部省份实现普及目标的难度较大、职普比例不协调、总体资源缺口较大、投入需求大、高考综合改革带来新的挑战等难题"的同时，强调了"必须下定决心，迎难而上，采取超常规措施，全力攻坚克难"，确保 2020 年实现"全国、各省（区、市）高中阶段教育毛入学率要达到 90%"的目标。② 这也意味着曾经留有余地、有所模糊的"中西部贫困地区毛入学率显著提升"，已具体化为必须达到 90% 的目标。这一原则性的调整，与国家扎实推进扶贫攻坚（包括教育扶贫）、全面建成小康社会的决心和进程直接相关，其中"采取超常规措施"政策措施的要求，也包括了西藏地区率先实施十五年义务教育免费的政策陆续在西部省区中局部、全面推行。

西藏自治区力求在 2020 年与全国一道实现全面小康目标，集中反映了西藏各民族人民迫切要求加快发展、追求"美好生活需要"的愿望。但是，全国平均水平的数字性达标"均衡"，并不代表区域经济社会发展水平的"平衡"；全国社会公益事业平均水平的数字达标"均等"，也不意味着各地区、各民族人民享有的社会基本公共服务质量的"充分"。提高科学发展的质量

---

① 教育部等四部委：《高中阶段教育普及攻坚计划》（2017 ~ 2020），中华人民共和国教育部网，http://www.moe.gov.cn/srcsite/A06/s7053/201704/t20170406_301981.html。

② 《教育部召开中西部 10 省份高中阶段教育普及攻坚座谈会》，《中国教育报》2018 年 11 月 27 日。

水平，决定着缩小和消除"不平衡不充分"差距的实现程度和时间进程。

从这个意义上说，党和国家确立的西藏发展基本方略中"长期建藏"的原则，不能因"超常规""跨越式"的发展成效而忽视或简化。因为西藏地区的现代化发展，不仅在中国特色社会主义现代化事业中，经济社会全面发展的任务最为繁重；而且在新时代实现中华伟大复兴进程中，维护祖国统一、加强民族团结、实现社会局势全面稳定的任务也最为艰巨。习近平总书记在第六次中央西藏工作座谈会上阐释治藏方略的"六个必须"中，包括了"必须牢牢把握西藏社会的主要矛盾和特殊矛盾"。①这里说的"社会的主要矛盾"，是新时代中国社会主要矛盾的题中之义；这里指出的"特殊矛盾"，是坚决反对民族分裂、"坚持对达赖集团斗争的方针政策不动摇"。因此，面对双重矛盾叠加的发展任务，必须牢固树立"长期建藏"的意识，即："坚持慎重稳进的方针，一切工作从长计议，一切措施具有可持续性。"慎重稳进、从长计议、可持续性，都表明了西藏地区的发展需要久久为功，而不是以书面的指标论成败。这是一个打基础、谋长远、见成效的发展过程。需要在经济社会各项事业加快、超常、跨越发展的态势中，保持对缩小"不平衡"差距及其艰巨性的清醒意识；在实现发展规划的数字化达标中，提高对弥补"不充分"短缺及其普遍性的发展能力。

西藏自治区是世界"第三极"的核心地区，平均海拔 4000 米，地广人稀、经济社会发展的基础起点低，是中国区域经济社会发展中困难最大的地区，发展"不平衡不充分"的制约因素十分显著。在这样一个自然条件特殊、文化传统独特的地区实现现代化的发展，在人类历史上没有前例可循，这是中国已经、正在和继续创造的一个奇迹，业绩非凡、困难非凡、任重道远。中共十九大报告关于"加大力度支持"、"强化举措推进"以及使"西部大开发形成新格局"的指向，表明了包括西藏在内的西部地区将迎来更多更强的国家政策扶持。西藏地区的发展速度、发展质量将持续加快和大幅度提升，这不仅是可以预见的，也是必然会发生的。

中共十九大报告提出了未来 5 年的"历史交汇期"，即全面建成小康社会与开启中华民族伟大复兴新进程的转换期。这对中国的西部地区、边疆少

---

① 习近平：《在中央第六次西藏工作座谈会上的讲话》（2015 年 8 月 24 日），新华社 2016 年 3 月 1 日发布。

数民族地区尤为关键。2020 年中国消除贫困、全面建成小康社会的目标已经进入最后的决胜战，但是达成全国平均水平的全面小康，并不意味着每一个地区的所有发展指标都相同，差距总会存在，关键是形成持续缩小差距的发展态势。因此，未来 5 年将是扭转东部和西部经济社会发展差距继续扩大态势的 5 年。

按照中共十九大确立的未来阶段性目标，从 2020 年到 2035 年，通过 15 年的努力，中国将基本实现社会主义现代化。那时的西藏地区将展现今天难以想象的新面貌。至少以下几个方面会发生重大变化：一是西藏地区经济社会发展"不平衡不充分"的问题，将得到显著的缓解；二是影响西藏社会稳定、民族团结、宗教和谐的消极因素，将得到有效的遏制；三是所谓"西藏问题"的外部环境和国际舆论将发生根本性转变；四是中国西藏地区的现代化面貌，将以成型的模式为人类社会高原现代化提供一个中国范例。

论藏传佛教经济发展观与"一带一路"倡议

杨开煌[*]

西藏地区地处中国的西南高原区域，自古交通不便，所以客观而言，西藏地区并不在大家传统印象中的"一带一路"视域之内，当然自古有古道从云贵川青入藏，特别是茶马古道更高盛名，但这是陆路的信道而非国际信道，故而，自"一带一路"倡议提出以来，在西藏自治区的参与方面，比较常见的论文或从历史角度，或从西藏地区的经济发展的必要性，或从藏胞的民生改善的效益，或从西藏与南亚地区的地缘战略论述西藏参与的重要性和未来的发展前景等。

这些讨论基本涉及两个层面的问题：一是西藏地区的整体现代化发展，二是西藏同胞的生活现代化改善。然而这样的"发展观"，是否完全符合西藏地区的特殊性和藏胞的价值观呢？似乎欠缺比较的观点。

本文希望比较藏传佛教经济发展观与现代化发展观之间，可能存在的兼容性和紧张性。宗教经济学是探讨宗教信仰和经济活动的相关性，它又包括了四大部分：一是宗教与经济的互动，二是教团经济问题，三是宗教的经济观，四是对宗教的经济学分析。本文碍于数据、篇幅和时间，仅就"宗教的经济观"部分加以讨论。

一 "一带一路"讨论中的西藏

习近平提出"一带一路"倡议以来，各省都不遗余力地参与，相关的论文也不胜枚举，就西藏而言，无论从地理条件、经济状况、边境国家等客观情况都和"一带一路"倡议的构想存在一定的距离，但西藏地区也很早表

---

* 杨开煌，台湾铭传大学两岸研究中心主任，教授。

态，讨论西藏在"一带一路"中的角色和功能。其实在 2015 年 3 月发布的《推动共建丝绸之路经济带和 21 世纪海上丝绸之路的愿景与行动》中，有关西藏的部分只有"推进与尼泊尔等国家边境贸易和旅游文化合作"一句话。①但相关的讨论，则依此大作文章，例如：西藏作为历史上南方丝绸之路、唐蕃古道、茶马古道段的重要参与者，毗邻"一带一路"沿线新疆、青海、四川、云南等省区，同时又与印度、尼泊尔、缅甸、不丹等南亚国家接壤，是联系内外的重要枢纽，是中国与南亚国家交往的重要门户，应当抓住"一带一路"构想提出的重要契机，实现交通、贸易、金融、旅游、能源、物流等领域的跨越式升级，促进社会经济的快速发展，改善边疆地区人民的生活条件。②

西藏民族大学召开的相关论坛中 8 位专家学者，围绕中国南亚关系和"两廊"建设、西藏对外开放与跨喜马拉雅通道建设、从南亚大通道看西藏与邻省份发展、藏医药在中华文明保护中的地位和作用、"一带一路"背景下西藏对外文化传播的战略定位及行动策略、"一带一路"倡议中重塑西藏开放新优势、"唐蕃古道"与"一带一路"倡议中的西藏、准确理解与扎实推进国家在"一带一路"合作倡议中对西藏的功能定位等议题发表了学术见解。③

西藏自治区主席洛桑江村表示，融入"一带一路"倡议，西藏将以铁路为核心，建设面向南亚开放的重要运输通道，推进建设口岸铁路及相关配套设施，建设至吉隆、亚东和普兰的口岸铁路，提升西藏开放水平。④

中国藏学研究中心社会经济所助理研究员李健博士在北京接受了《中国西藏》杂志、中国西藏网的专访时说道："'一带一路'倡议提出后，西藏在我国新的全方位对外开放格局中，地位获得了很大提升，面向南亚开放的区位优势得到凸显。"但是他也发现："我们在调研时看了整个边境口岸的基础

---

① 《推动共建丝绸之路经济带和 21 世纪海上丝绸之路的愿景与行动》，中国新闻网，2015 年 3 月 28 日，http://www.chinanews.com/gn/2015/03 - 28/7166484.shtml。
② 《中央力推"一带一路"西藏迎来六大机遇》，中国西藏网，2015 年 2 月 2 日，http://www.tibet.cn/special/c/ydyl/ydylxz/1492654369418.shtml。
③ 周德仓：《"一带一路"与西藏有啥关系？让专家学者来告诉你》，2015 年 11 月 29 日，中国西藏网，http://www.tibet.cn/special/c/ydyl/ydylxz/1492654369461.shtml。
④ 《西藏自治区主席：西藏将以铁路为核心建设面向南亚开放通道》，2016 年 7 月 1 日，凤凰网，https://read01.com/d65mBQ.html#.WfxlE9CWaM8。

设施情况，也对地形和地质结构等方面进行了考察。比如樟木口岸的实际情况对于发展大规模的贸易，进行基础设施建设，或者建设小城镇都存在一定程度的困难。尼泊尔地震导致樟木口岸彻底阻断，吉隆口岸也大受影响，这对贸易发展都带来较大冲击。"①

新华社的报道称："边境贸易是西藏在国家'一带一路'倡议统领下，推进面向南亚开放重要信道建设的核心任务。在商务部等国家有关部门的支持下，西藏利用对外援助等政策性资金，沿吉隆、樟木口岸方向，支持尼泊尔建设公路、桥梁等基础设施，并与尼方探讨实施电网、通信等合作项目，促进中尼通道有效衔接。"②

"西藏拥有毗邻南亚国家的独特地缘优势，是中国通往南亚的重要门户，从地理位置看，我区与南亚中心市场多在1000公里以内，是我国陆路进入南亚的快捷方式。""一带一路"将给西藏带来"改善我区口岸和边境地区基础设施"，"为我区产业发展提供新平台"，"加快边境发展"，"增进与边境国家的友谊"。③

地理的阻隔，使西藏地区与内地、邻国在联络上都有相当的困难，拜当今科技之赐，内地到西藏有了一条"天路"，联络上大大便利，假以数年，汉藏地区的人文交流，宗教交流必然有所改观，由是观之，假如中国与南亚的关系出现较大的变化，中国与南亚国家的交通建设得以联通，才有可能畅通西藏与南亚各国的贸易。

二　民族现代化

"现代化"几乎是当今世界各个国家、民族、社会无须讨论的目标，所有的国家、民族、社会都在不断地、永不停止，也不可能停止地追赶，它像一场国家间永无终点的"发展地马拉松比赛"，而且从今日的科技来看，这

---

① 吴建颖：《专家谈西藏参与"一带一路"建设：挖掘后发优势 打造"走出去"升级版》，中国西藏网，2017年5月15日，http://cn. chinadaily. com. cn/2017ydylforum/2017 - 05/15/content_29356776. htm。

② 《西藏积极融入"一带一路"为外贸发展注入强劲动力》，新华网，2017年10月23日，http://news. xinhuanet. com/fortune/2017 - 10/23/c_1121842988. htm。

③ 《西藏在"一带一路"中扮演什么角色？这就告诉你》，壹读，2017年6月7日，https://read01. com/zh-tw/3JxOg5. html#. WfxfftCWaM8。

样的竞赛又像是宇宙中无处不在的"黑洞"，任何国家、民族、社会都无法拒绝，也抗拒不了，在现代化的黑洞面前，民族的特色显得那么苍白无力。现代化不仅吞噬了传统，也不断淘汰现在，一切的现代只是下一时刻的传统，永无停止地自我否定，这便是现代化自身的逻辑。

从"发展观"的角度思考"一带一路"倡议的提出，其中最为突出之处，在于中国人对"发展议题"的学习视界和发展方向的选择，中国从学习西方的现代化到协助非西方地区现代化；从发展方向来讲，从依说蔚蓝色的海洋的现代化到兼顾黄橙色的陆地的现代化。美国在"二战"结束之后，也有过"马歇尔计划"（The Marshall Plan，官方名称为"欧洲复兴计划"，即European Recovery Program），然而美国对第三世界国家或地区的援助，实施的是一种"干预式的援助"，所以在思考上是以美国为主，其结果自觉不自觉地是以美国利益为优先考虑的对象；而中国的"一带一路"倡议应该说是一种"共商式的协助"。如果从发展的内容来看，两者都先假设了他者（其他国家）需要发展，同时他者所需要的发展，是和自己相似，他者至今仍未发展，所以他者的发展需要协助，而自己对其发展可以提供协助。为什么可以做出这样的假设，因为这些假设是"马歇尔计划"和"一带一路"倡议得以存在的全部理由，对"马歇尔计划"而言，我们无从证明，然而中国的"一带一路"倡议，在2017年5月中旬，得到了证明，由中国主导的"一带一路"国际合作高峰论坛，当年5月14～15日在北京召开，全球"一带一路"沿线共29国的元首和政府首脑、130多个国家代表和60多个国际组织代表出席此一论坛。会中还签订了下阶段双边、多边重点合作领域，并梳理了与沿线国家自己的发展计划对接的重点领域项目，初步看来可谓成果丰硕。

显然，这种"发展观"均来自现代化，虽然现代化的模式、道路各有不同，但是追求现代化的某些价值，特别是经济方面的价值几乎被视为不证自明的目标。所以中国倡议的"一带一路"的发展方案，很容易受到各国的赞同。"现代化"通常是指18世纪工业革命以来人类所发生的深刻变化的社会生活，它包括从传统经济向工业经济的生雇方式、从传统社会向工业社会的社会变迁、从传统政治向现代政治的政治发展、从传统文明向工业文明的文明变化。有学者将之区分为三个阶段：第一，器物技术层次（technical level）；第二，制度层次（institutional level）；第三，思想行为层次（behavioral level）。器物的现代化是最初层次的现代化，[1] 第三个层次是最容易的层次，因为器物具有便利性、效率性，对于尚未使用的人们而言，是最愿意引进、最愿意学习的部分，初期使用者还常常带着炫耀的心理，使得现代化的器物，很容易成为国家或社会现代化的前驱物，一旦器物的引进普遍化，就涉及对原有社会制度的冲击，例如汽车的数量增加，则要求政府修筑更多的道路，要求交通规则的确立，要求交通警察的训练、装备也随更新，否则社会就可能失序。在制度现代化之后，再接下来人们的行走习惯、时间观念也必然随之调整，总之，现代化是一波一波永无止境的冲击，当涉及思想行为层次，即价值层次的冲击时，现代化对国家、社会的冲击，才真正开始，此时的社会传统的、新潮的，国内的、国外的，权威的、反权威的出现激烈的交锋，社会开始分裂，代际出现代沟，对于非西方的国家而言，其现代化的生发往往是被迫调整，以及对国家内外压力的一种响应，不是来自传统社会土壤自然的变革，因此这些国家或民族在追赶现代化发展的过程中，常常会出现现代化国家所没有的问题，例如他们会充分利用各种"后发优势"，"高"效率的弯道超车，以便获得现代化的高速度、跳跃性的发展。然而这种揠苗助长式的现代化模式，往往表现为单一领域急剧变革的"现代化"，以至于社会其他方面的严重滞后，从而出现社会更多的不适应，自然各种挑战、各种冲突接踵而至，深刻影响到社会的秩序与个体，具体而言，包括以下几个方面。

第一，从社会秩序而言。社会发展过程中，发展过速使发达社会历时性矛盾转变为共时性矛盾，于是政府、社会和个体都没有足够的时间，从容地消化各种矛盾，以致社会失序、社会失衡、社会解组等各种矛盾叠加而生，加上当今时代对"现代化"的许多反省，也使得许多发展中国家在未现代化之前就必须承担后现代化的责任；从而对现代化的杂音更多，在此一时期，政治上容易出现西方式民主的要求，一旦照搬西方制度，结果往往导致社会更分裂，行政更无能，政令更低效，国家更无治的现象，国家的发展自然陷入迟滞不前的状态，其结果现代化的变迁带来的痛苦远大于发展的便利和好处，社会进一步分裂为现代化受益群体和受害群体。

第二，从发展中国家的民族文化冲击而言。对先进现代化国家社会而言，整体变迁过程是从其社会自生的变化，同时在发展的时间中逐步消化。但对

---

① 金耀基：《从传统到现代》，台北，时报出版社，1984，第 177 页。

发展中国家社会而言，是适应外来文化冲击而且有时间压力的历程，因为发展中国家多为非西方国家，然而在现代化的过程中，非西方国家必须引进西方国家的"价值观"，例如西方国家从基督宗教发展出个体主义的自由主义，东方社会则一贯比较重视集体主义的效忠精神；西方的资本主义鼓励消费以刺激经济成长，但东方的经济思考比较倡导节约、蓄储，未雨绸缪，预作准备；西方社会尊重契约精神，而东方社会比较看重天理人情，通权达变。当发展中国家引进现代化的器物、制度之后，势必调整自己民族的价值观，于是很容易将自己的传统视为现代化的对立面，从而引发长时间、深层次的冲突，甚至是分裂与对抗，民族文化陷入迷失和摸索之中；为了民族的生存和发展，不能不学西方的现代化，但"现代化"不是也绝不可能是"同一化"，一个民族有一个民族自己的历史、文化，无法抄袭别人的道路，只有民族化的现代化才是唯一可行的现代化。但是具体的操作上，并不容易：片面强调其民族、文化、价值的特殊性，以强调特殊性而否定普遍性，很可能背离世界文明主潮流，而无从现代化；过分强调世界化，又会脱离本国实际，使现代化难以成功地推行下去。讽刺的是，西方的"现代化"并不是人类生活的终极答案，时至今日西方的"现代化"也衍生出诸多问题，难以解决，甚至无解。近代以来，反而是更多西方人回头膜拜东方文化和东方宗教，参考其他发展中国家的原始智慧，来解决西方的"现代化"所制造的问题；甚至近年来，西方学者反而不强调西方"民主政治"，开始认真看待中国的"治理模式"，这样戏剧性的转折，其实是更加深了东方民族的困扰，似乎失去了坐标，更加混乱和迷失，无所适从，从此一角度看，如今中国大陆始终坚持中国特色，坚持社会主义，坚持独立自主，坚持走自己的路，反而是因应"现代化"最佳选择。因为这样的现代化反而有所依据，又能与时俱进，随势而变，不失方向。

　　第三，是一个国家内的少数民族的现代化冲击。发展中国家的少数民族多半比本国的主要民族条件差、资源少，因此，在社会变迁中，他们必须同时面对来自西化和主流民族的双重压力，由于人数上的劣势，使得他们的文化、语言较不易受到包括本民族的重视，因为在市场经济的运作下，市场才是王道，没有市场，自然淘汰，换言之，少数民族的问题在市场，而不在文化、语言本身与现代化适应与否的问题。然而在数量的比较之下，常常被形象化，例如有学者研究越南的民族问题，发现越南政府认为少数民族应该以京族为榜样：在越南的族群关系里，优势的京族代表的是"进步"，而少数民族代表的则是"落后"，包含经济上或文化上的层面；而政府的施政目标是要落后的少数民族追上进步的京族。根据世界银行的调查，在其所收集到的质性资料里，人们对少数民族常见的评语包括："少数民族不懂得如何谋生""少数民族不消费，只会自给自足""少数民族不懂得如何有效使用信贷""少数民族的知识水平低，他们不知道如何使用科技或豢养牲畜""少数民族无意求进步"。少数民族形象常取决于教育、媒体、政府报告的形塑，而少数民族在这些领域又是低度代表（underrepresented），致使他们的形象无法扭转。①

　　从而在主流文化之下，少数民族就注定是被改造的一群，上述的研究还提到越南多乐省的少数民族，原本需要的是种植咖啡等经济作物的技术协助，但政府却认为他们需要的是种植水稻的技术。② 而当少数民族被他者的民族形象内化于己身之后，也容易出现缺乏自信的情况，有些少数民族也会抗争，但是在市场的力量下，依旧难逃被改造和迎合市场的宿命。在现代化影响下主要民族改造少数民族的种种作为进一步被强化、合理化，少数民族的民族特征反而被认为是落后的、落伍的文化、习俗，其结果少数民族可能在这样的统治之下被同化，而失去作为民族的特征。纵使有识之士大声疾呼，少数民族的文化也无法与潮流对抗，在世界发展历程中，有不少的少数民族如今是被刻意保护式地不完整地存在，如保留其语言、保留其某些习俗，而完全不是文化差异性、独特性的存在。

　　第四，是宗教民族的现代化。从现代化的角度来看，现代化的价值观与宗教之间，有可能互不一致，可能引发相当的对抗性，史上最著名的范例就是 1981 年埃及总统萨达特在国庆节阅兵被刺杀事件，其背后的原因，正是南京大学历史系教授撰文所指出："埃及现代化过程中存在着两条平行的线，一条是显线，一条是隐线。显线是世俗主义—民族主义的线，隐线是伊斯兰现代主义—原教旨主义的线。""现代化从本质上说是世俗的运动，但埃及社会又浸透着宗教传统。"③ 对于广大的藏族信教群众来说，藏传佛教在不断地

---

① 谢国斌：《越南的少数民族及其困境》，《台湾国际研究季刊》2014 年第 1 期。
② 谢国斌：《越南的少数民族及其困境》，《台湾国际研究季刊》2014 年第 1 期。
③ 钱乘旦：《宗教对抗国家：埃及现代化的难题》，世界历史，2013 年 1 月 14 日，http://history.cntv.cn/2013/01/14/ARTI1358171695989137.shtml。

塑造着他们的精神面貌、文化观念和生活态度。[①] 有藏族学者认为："藏传佛教对广大信众提倡的人生理想，是将大乘佛教中发扬的慈悲与智慧作为相互促进的双重条件，从而获取个体与集体的共同圆满，最终实现佛与众生完全一统的远大目标；为了极大提升大乘佛教的利他精神，又极力阐扬和践行大乘佛教的菩提心和菩萨行。因此，藏族传统文化中贯穿着一种利乐一切众生的生存理念，藏族信众的宗教信仰目的首先是利他，而不是自利，更不局限于单一的民族而着眼于全人类；藏族僧尼的宗教追求不是个人的短暂的解脱或福祉，而是整个人类的永恒的幸福和安乐。"[②] 这就可能和资本主义以"利己的"为起点的经济观，不易相通。总之，宗教民族与现代化之间的冲突，又比一般的少数民族更多一层考验。

三　藏传佛教经济观概述

（一）宗教与经济

对宗教事务而言，经济似乎总被认为不是太重要的课题，然而经济对一般民众而言，是攸关存活之大事，正如马克思主义所言是一切上层建筑的基础，自然也是治国理政的项等大事。宗族既然制约了民族的生活、文化、价值、观念，当然也会制约或影响到人们的经济行为，而马克斯·韦伯（Max Weber, 1864－1920）毫无疑问是此一研究的先驱，其后经过众多学者的共同努力，宗教经济学日益成长为一门独立的学科。该学科至少包含两大内容：一是"宗教经济互动论"，它又细分为宗教的经济观、宗教与经济的关系以及宗教团体或单位本身的经济问题；二是"宗教市场论"，主要是以经济学原理分析社会上宗教的信仰活动。马克斯·韦伯在其名著《新教伦理与资本主义精神》（*The Protestant Ethic and the Spirit of Capitalism*）中说："在构成近代资本主义精神，乃至整个近代文化精神的诸基本要素之中，以'职业'概念为基础的理性行为这一要素，正是从基督教禁欲主义中产生出来的——这

---

① 尕藏加：《藏传佛教与藏族传统文化》，中国宗教学术网，2015 年 8 月 24 日，http://iwr.cass. cn/zjymz/201508/t20150824_3109724. shtml。

② 尕藏加：《藏传佛教与藏族传统文化》，中国宗教学术网，2015 年 8 月 24 日，http://iwr.cass. cn/zjymz/201508/t20150824_3109724. shtml。

就是本文力图论证的观点。"① 韦伯所讨论的是"新教伦理"与"资本主义精神"存在的某种因果关系。当然其后有不少学者论证了韦伯的说法，其实是误解，因为："近代资本主义的发展并不是基督新教的贡献。任何宗教信仰的族群，只要具备当时的有利条件，又碰巧站在西欧北方那个历史潮流与位置上，任何勤奋的社群都会有类似的成就。"② 但无论如何，韦伯依然很有创意地点出了"宗教经济互动"的事实；而罗德尼·斯达克（Rodney Stark）及罗杰尔·芬克（Roger Finke）合著的《信仰的法则——解释人性面的宗教》（*Acts of Faith*：*Explaining the Human Side of Religion*）一书，就可以视为宗教市场学的力作，特别是第八章"宗教经济的一个理论模型"从社会的供给面和需求面解释宗教在社会中的存在和扩张的现象。③ 当然任何民族的经济活动，不可能完全来自宗教，但是对宗教民族而言，其经典所显示的"经济观"，影响该民族方方面面的经济活动，包括总体的发展、个体的消费等，则是毋庸置疑的。一如基督宗教影响了西方经济，伊斯兰宗教主导了穆斯林的经济活动，而佛教、道教就影响了亚洲许多国家的经济发展。

（二）佛教的经济观

从佛教角度看，他们对当今全球经济以"科技发展和物质充裕"为主轴的"发展观"充满了忧虑，认为经济应以社会成员的幸福为重，大致可分作三层。最低层次是维持肉体生命的基本物资——如衣着、食物、一个安乐窝、医疗、交通、能源、资具，等等。再上一层就是社群需要——教育、家庭、友情亲情、群体活动的参与以及有意义的工作。最为重要的顶层就是精神生活之需、正确的道德观、心智的发展和了解生命真实的睿智。"经济"如果回归它的本位，它只应位于社会体系大环境里的一个次要地位；"经济发展"的方针是社会公益和健康，同时又不会伤及人类社会所处的生态环境。"经济"再也不会被视为只能提供物资给人类的资源，而是更能让人类获得健全

---

① 〔德〕马克斯·韦伯：《新教伦理与资本主义精神》，于晓等译，顾忠华审定，台北，左岸出版社，2005，第176页。

② 赖建诚、苏鹏元：《韦伯说近代资本主义是基督新教的贡献，这恐怕是缺乏史实的误解》，2017年9月10日，https://www.thenewslens.com/article/77078。

③ 《信仰的法则——解释人性面的宗教》，杨凤岗译，中国人民大学出版社，2004，第237~268页。

的心理与充实的美感，精神心灵生活才是我们最尊崇的追求。① 藏传佛教也同意此一观点，索达吉堪布说："在佛教的认识里，即使是讲经济，也不是纯粹在说外在财富，而更多会强调内在财富。"②

至于藏传佛教的经济观，索达吉堪布在中央财经大学演讲佛教的经济观时，首先提出的课题就是佛教的"财产观"，可见财产观是藏传佛教经济观的中心。他说，佛经里有一种教导，它让我们把所得的财富分作四份：一份自己用，一份投资或经营企业用，一份存起来，还有一份要作慈善用，救济贫困的人。此种经济观的特殊之处在于，它真正教导我们如何运用经济为人类带来快乐，而不是一味地积累财富。"佛教的经济观"，就一个人的生活来看，以中道的方式，不特别奢侈，也不特别落魄，过中等日子，算是比较符合这种理念。当然，在此基础上，也不要忘记利他，而且在利他的时候，要有心。其次他也强调："内在财富更重要。每个人都拥有相当的内在财富，但你不认识它，就意识不到它的价值，只要你认识了，即使外在上不富裕，也可以快乐。"再次是工作。他说："知足少欲不是让我们不要工作、不要做生意。佛陀在世时，出家人为了僧众或众生的利益，适当做些商业或贸易是开许的，更何况在家人？因此，佛教提倡的是中道。"最后是君子爱财，取之有道。他提醒："佛教不反对财富，你以合理手段赚多少钱，佛教都认可，因为这是你的福报。"不过，"君子爱财，取之有道"是最关键的经济伦理。

多识仁波切也说："在藏传佛教中的确有诸如财续佛母、藏巴拉等财神，但我们要正确看待。求财本身不是坏事，但要'取之有道'，无论是经商、工作都要通过正常的管道来赚取财富，不能用佛法所反对的、不道德的、损人利己的方式求财，否则即使会有短暂的利益，但长远来说还是会适得其反。""财神本身都是属于护法或者佛菩萨的化身，如果以自私自利、想一夜暴富的心态来修持，特别是那些不遵守国家法律、道德败坏、唯利是图的人，如果财神帮助了他们，这些财神岂不是助纣为虐了？那还是佛教的护法、佛

---

① 《菩提比丘，佛教对经济与社会发展的态度》，何蕙仪译，《香光庄严》杂志，2010 年第 104 期，http：//www. gaya. org. tw/magazine/article. php？aid＝98。

② 《佛教的经济观——中央财经大学演讲》，2013 年 3 月 5 日，http：//www. zhibeifw. com/dxyj/yj_list. php？id＝13971。

菩萨的化身吗?"①

　　综合而言,佛教的"经济观"在个体部分最看重的是个人对财产的看法,佛教不反对个人置产,舒适生活,但必须"取之有道"。所谓"有道",不仅仅是法律、道德,还包括了不会伤及人类社会所处的生态环境,而且有心"利他";然而内在财富的追求,才是真正的财富。佛教的经济观其实很大的程度是受其人生观、宇宙观和价值观的决定,在佛教来看,"佛教的人生观、宇宙观的高度概括是'四法印':诸行无常,有漏(贪嗔痴疑等烦恼)皆苦,诸法无我,涅寂静"。②"涅"是指生命"消除烦恼,脱离业力轮回的自由平静状态,是苦海的彼岸,是世人向往的理想境界"。人在世上应该追求的就是"涅寂静"。藏族学者更强调藏传佛教中"利他价值","是将大乘佛教中发扬的慈悲与智慧作为相互促进的双重条件,从而获取个体与集体的共同圆满,最终实现佛与众生完全一统的远大目标"。③ 藏族信众的宗教信仰目的首先是利他,而不是自利,更不局限于单一的民族而着眼于全人类;藏族僧尼的宗教追求不是个人的短暂的解脱或福祉,而是整个人类的永恒的幸福和安乐,这样的经济观更是一个人的内在修为。

　　从表面上、文字上看,东西宗教经济观的要求似乎相似,例如以"道"取财,节俭禁奢,助人由心等,但是其内在的约束方面,东方和西方宗教的经济观,则相去甚远,在西方财富被视为荣耀神明的手段,则追求财富增加不会有烦恼;反之在东方以中道为尚,多了,过了,就是烦恼。西方宗教强调个人财富中必须有一定比例用于捐赠;但东方宗教主张"随缘"。在西方财富是"神"所创造,也归于"神",所以财富本身也就带有生命的意义;在东方财富只是维持吾人去体会、发现生命意义的凭借。

　　在这种差异下,中国倡议的"一带一路"是哪一种经济观呢?是否可以用西藏的地理战略的优势地位,去协助南亚国家的发展呢?

---

①　多识仁波切:《多识文集》,圣地文化信息网,http://www.saintyculture.com/051122892291420
3093047524453342552065920315259452001330340360013107065311.html。

②　多识仁波切:《多识文集》,圣地文化信息网,http://www.saintyculture.com/051122892291420
3093047524453342552065920315259452001330340360013107065311.html。

③　尕藏加:《藏传佛教与藏族传统文化》,中国宗教学术网,2015年8月24日,http://iwr.cass.
cn/zjymz/201508/t20150824_3109724.shtml。

四　"一带一路"经济观

中国倡议的"一带一路"必然带有中国的基因，首先是传统中国文化的经济观，而中国传统的经济观的代表自然是儒家的孔子思想。其次是中国发展历程的经验。

（一）孔子的经济观

孔子学说以政治、社会伦理为主，经济部分所言不多，也不系统，但是政治、社会所论无非就是讲治国方略，讲经国济民之道，自然不可能避谈经济，从孔子的论著来看，孔子的经济思想与政治思想、社会理想紧密联系，并且反映其政治和社会的理想。[①] 总体来说，孔子的经济思想主要是谈政府（朝廷）经国济民的政策，以及个人的经济活动两大类，而且以前者为主。

第一，政府（朝廷）的经济政策。首先是"以人为本、以食为天"。人民是政权的基本，一切施政的首要目的是"人"，而人民在春秋战国的年代，首要的要求是温饱和安全，所以，他在弟子的对话中，孔子最欣赏公西华的治国理念，公西华说的是："莫春者，春服既成。冠者五六人，童子六七人，浴乎沂，风乎舞雩，咏而归。"[②] 这是说治国者已经内殷外安，所以人民衣食无虑的生活情境，也是孔子治国的理想。

第二，藏富于民与利民的思想。孔子盛赞富有天下而自己却不独占的舜和禹，说："巍巍乎，舜禹之有天下也，而不与焉。"他反对当政者对百姓的横征暴敛，[③] 说："苛政猛于虎"，"是故财聚，则民散。财散，则民聚"。[④] 藏富于民是孔子重要的经济政策。

第三，经济活动服从道德规范的义利观。儒家同样看重财利，其原则就是"义"，认为"欲富贵而恶贫贱"虽是"人之常情"，但不符合于"义"的财利，君子是坚决不取的。孔子说："不义而富且贵，于我如浮云。"孟子

---

① 王静华：《关于孔子的经济思想及当代价值》，2011 年 8 月 18 日，http://big. hi138. com/jing jixue/jingjixuelilun/201108/338367. asp#. Wfq_2dWWbcs。

② 《论语·先进》。

③ 《论语·泰伯》。

④ 《大学章句》第十章。

也说："非其义也，非其道也，禄之以天下，弗顾也；系马千驷，弗视也。"①都是利与义的分野。

第四，重视节约，不虚耗物资。对于弟子颜回"一箪食、一瓢饮、在陋巷"而不减其行仁之志，既是对他笃仁的赞赏，也是对节约的肯定。

第五，不患寡（贫）而患不均的社会和谐论。孔子说："丘也闻有国有家者，不患寡而患不均，不患贫而患不安。盖均无贫，和无寡。"②

（二）中国自身的发展经验

中国的发展是走过弯路的，从苏联模式到自力更生到阶级斗争为纲抓革命促生产，才得出改革开放的发展是硬道理的道路，从而坚持改革开放的发展不动摇，为什么中国一再摸索发展之路呢？因为中国从自身的历史学习到不发展就落后、落后就挨打的国际现实，所以中国了解现代化对中国的意义，也很清楚地知道中国需要什么样的现代化，那就是"中国从站起来，到富起来到强起来"的现代化之路。习近平在中共十九大报告中说："从全面建成小康社会到基本实现现代化，再到全面建成社会主义现代化强国，是新时代中国特色社会主义发展的战略安排。"而中国人民的现代化之路是先"解决人民温饱问题、人民生活总体上达到小康水平这两个目标"，在这个提前实现的基础上，"我们党提出，到建党一百年时建成经济更加发展、民主更加健全、科教更加进步、文化更加繁荣、社会更加和谐、人民生活更加殷实的小康社会，然后再奋斗三十年，到新中国成立一百年时，基本实现现代化，把我国建成社会主义现代化国家"。③所以中国发展的目标是国家强大和人民富裕的现代化，这一种体会对中国人的近代史观而言，是理所当然的事，所以中国人才能忍受巨大的变迁，而终不改其志地摸索，如今中国终于在现代化的道路上，初步走出自己的道路，而且获得一定的成功。中国倡议的"一带一路"的方案，其目标是："实现沿线各国多元、自主、平衡、可持续的发展。""增进沿线各国人民的人文交流与文明互鉴，让各国人民相逢相知、

① 《孟子·万章上》。

② 《论语·季氏》。

③ 《决胜全面建成小康社会 夺取新时代中国特色社会主义伟大胜利》，凤凰网，2017年10月18日，http://news.ifeng.com/a/20171018/52686134_0.shtml。

互信互敬，共享和谐、安宁、富裕的生活。"① 这对沿线国家的协助，自然是中国经验、资金、技术的分享，应该说是完全中国式的价值思考，这在国家层次上是毫无问题的，否则 2017 年 5 月 14～15 日在北京举行召开的"'一带一路'国际合作高峰论坛"也就不会有如此巨大的国际效应。

综合而言，中国的经济观是比较重视物质的殷实，生活条件、环境的改善等有形条件的、民生条件改良。当然在儒家的经济观之中也有勤俭、公平等价值观，这些中国式的以经济层面为主的现代化追求的成功，在己立之后立即想到立人，己达之后的责任就是达人（其他国家），在国家层面是行得通，而且行之有效的全球化分享。相比西方国家的帝国主义、殖民主义、马歇尔计划的作为，应该看到这些作为的初期在国家层次都是受欢迎的，例如中国在明末清初之际，东西交流十分顺畅，精英之间也都各有所得。然而一经深入嫌隙日生，而至矛盾、冲突，继成抗拒、抵制，终而酿成杀戮、战争。当然今日中国绝非昔日列强，全无殖民他国之心，也无掠财他族之意，但问题不在中国有无此心，问题在他国民众眼中的中国形象，以及他国人民对中国文化的了解；如果我们多了解这些国家民族的历史历程，了解其民族对中国的描述和认知，探究其对世界的认知，对现代化的理解，显然有助于为"一带一路"具有中国自身经验内含的现代化目标的推销，促使他者在物质导向的现代化背后，也读出中国所追求的具有国际社会和谐共荣发展的全球观。特别是在"一带一路"对沿线国家的民族的发展构想、变迁的方向和沿线宗教民族国家的民众追求目标的融合发展等方面，我们应早一步在协助他者之前，将自己多年的援藏、援疆经验的总结、对话，加以整理，是保证"一带一路"长期推动的弥足珍贵的资产。

结　语

从以上的分析来看，藏传佛教的经济观和"一带一路"现代化的价值观之间，相同的部分是都不否认物质基础的重要性，然而满足的方式、感觉则

---

① 《推动共建丝绸之路经济带和 21 世纪海上丝绸之路的愿景与行动》，中华人民共和国国家发展和改革委员会网，2015 年 3 月 28 日，http://www.ndrc.gov.cn/gzdt/201503/t20150328_ 669091.html。

不尽相同，此外精神层次的依托的追求方面，在西方的基督教中原本就存在，所以在西方的物质主义现代化和其宗教的经济观之间，就很容易调和、回归。因此，西方主义的现代化和其他宗教民族的现代化之间的矛盾是精神寄托对象的矛盾。而中国儒家文化中并没有类似的宗教追求。

中国在"一带一路"倡议中，提出"共商、共建、共享"的解决路径，应该说正是基于以往文化多样化、国际关系民主化的体认，然而在其中也必然包含了援藏、援疆的经验总结所提出的办法，大陆学者又提出实事求是、实践主义和渐进主义这三种路径，不担心在发展的过程中产生"进两步退一步"的情况。在实践中逐步应对问题，发展出行之有效的办法。[①] 可以说都是预设了在推动"一带一路"倡议时可能遭遇的困扰，先行做好中国人自己的心理建设，增强了中国因应日后麻烦的心理素质。

西藏在"一带一路"倡议中，所能发挥的绝不仅仅是通路或自身发展等经济领域、地缘领域的功能，而是可以将自身变迁中与中国各地以及中央互动的经验总结出来，贡献出来，协助中国在"一带一路"方案找到成功的实践法则，如此在中国的"一带一路"方案中，西藏才真正扮演了不可或缺的角色。

---

① 崔立如：《中国与东盟发展经验有三个相同点》，中国评论通讯社网，2017 年 9 月 27 日，ht-tp://hk. crntt. com/crn-webapp/touch/detail. jsp？coluid = 266&kindid = 0&docid = 104824882。

"强基惠民":中央治藏方略的
地方化与具体化

贺新元[*]

引 言

新中国成立后,在构建社会主义多民族现代国家进程中,对少数民族和民族地区的治理与促进其现代化,属于国家最高利益,也是全体人民的共同要求。从国家治理体系和治理能力现代化建设角度来分析,中国共产党在民主革命时期尤其是新中国成立后对少数民族和民族地区做了一个制度与价值取向上的顶层设计,即通过民族区域自治,保证各民族共同团结奋斗与共同繁荣发展,最终实现各民族的真正平等和中华民族伟大复兴中国梦。

民族地区治理体系和治理能力现代化,决定着国家治理体系和治理能力现代化,而西藏工作无疑是国家治理体系和治理能力现代化的一个重要的有机构成部分。西藏基于区情的特殊性,在治理方略上自然表现出西藏特点。中央政府与西藏地方政府在国家的顶层设计下,立足于西藏的特殊性,一条具有中国特色、西藏特点的治藏方略,在一步一个脚印中逐步显现并成熟起来。2015 年 8 月 24 ~ 25 日,习近平总书记在中央第六次西藏工作座谈会上全面系统地提出并阐述了新的历史时期党中央的治藏方略。他说:"在 60 多年的实践过程中,我们形成了党的治藏方略,这就是:必须坚持中国共产党领导,坚持社会主义制度,坚持民族区域自治制度;必须坚持治国必治边、治边先稳藏的战略思想,坚持依法治藏、富民兴藏、长期建藏、凝聚人心、夯实基础的重要原则;必须牢牢把握西藏社会的主要矛盾和特殊矛盾,把改

---

* 贺新元,中国社会科学院马克思主义研究院研究员。

善民生、凝聚人心作为经济社会发展的出发点和落脚点，坚持对达赖集团斗争的方针政策不动摇；必须全面正确贯彻党的民族政策和宗教政策，加强民族团结，不断增进各族群众对伟大祖国、中华民族、中华文化、中国共产党、中国特色社会主义的认同；必须把中央关心、全国支援同西藏各族干部群众艰苦奋斗紧密结合起来，在统筹国内国际两个大局中做好西藏工作；必须加强各级党组织和干部人才队伍建设，巩固党在西藏的执政基础。"① 这是对中国共产党人治藏兴藏思想的历史继承和在新时期的发展创新。

治藏方略重点突出了稳定、发展与安全"三位一体"的政策价值取向，以及党的坚强领导与西藏各族人民群众保持血肉联系的群众路线的高度统一。而开展了数年的强基惠民驻村工作，是西藏自治区党委、政府贯彻中央精神、立足西藏实际，着眼于推进新农村建设、加强城乡基层组织建设、维护基层社会稳定、推动经济跨越式发展、促进民族团结、保障和改善民生、做好新形势下群众工作、实现长治久安而做出的一项重大决策部署，是撬动和推进西藏稳定、发展与安全的永久支点，是实施治藏方略的具体抓手。

一　稳定、发展与安全，是中央治藏方略"三位一体"的政策价值取向

实质上，自和平解放以来，稳定、发展与安全因西藏所处的特殊的区内环境与国际环境以及地缘战略价值，而成为我国民族工作和政策的"三位一体"的价值取向，成为少数民族事业在西藏的三个基本问题。从毛泽东同志的"西藏人口少，但战略地位很重要"，到江泽民同志在第三、第四次西藏工作座谈会上提出的"西藏的稳定，涉及国家的稳定；西藏的发展，涉及国家的发展；西藏的安全，涉及全国的安全"，"西藏的发展稳定和安全，事关西部大开发战略的实施，事关民族团结和社会稳定，事关祖国统一和安全，也事关我们的国家形象和国际斗争"等论述，再到以胡锦涛同志进一步明确提出的旨在推进西藏跨越式发展和长治久安的"一个中心、两件大事、四个确保"西藏工作指导思想；从 2010 年 1 月中央第五次西藏工作座谈会将西藏定位为"使西藏成为重要的国家安全屏障"，到 2011 年 7 月时任国家副主席

① 《中央第六次西藏工作座谈会在北京召开》，《人民日报》2015 年 8 月 26 日。

的习近平同志在参加西藏和平解放60周年庆典活动时，明确提出"五个坚定不移"的要求（即坚定不移地用中央第五次西藏工作座谈会精神统一思想和行动，坚定不移地推进西藏的跨越式发展，坚定不移地保障和改善西藏各族人民的生活，坚定不移地维护西藏的社会稳定，坚定不移地抓好党的建设）。再到2013年3月9日，习近平总书记在参加十二届全国人大一次会议西藏代表团审议时提出的"治国必治边、治边先稳藏"的重要战略思想；2013年4月俞正声同志在中央西藏工作协调小组会议上强调的"依法治藏、长期建藏、争取人心、加强基层"，以及习近平总书记在2015年8月中央第六次西藏工作座谈会上提出的"六个必须"的治藏方略，无不是从国家战略眼光来思考西藏的稳定、发展与安全问题。

解决西藏稳定、发展与安全三大基本问题所形成的政策组合和能力是一个有机系统，这个系统的构成就是西藏治理体系和治理能力。这一体系和能力具有系统性、整体性和协同性。系统性，是指围绕西藏稳定、发展与安全的"三位一体"治理目标，从中央层面的顶层设计到西藏地方的基层实践所形成的一种系统化；整体性，是指立足于党和国家的全局大局，服务于"三位一体"治理目标，在改革开放中使国家利益与西藏地方利益保持高度一致，使西藏各民族人民群众共享改革开放的伟大成就；协同性，是指党和国家相关部门、各兄弟省区市与西藏自治区共同形成密切的协同工作机制，通过中央关心、全国支援的援藏工作机制，把西藏稳定、发展与安全纳入国家各方面工作、社会各个领域，并使它们形成一种共治合力。

这一体系还是一个具有帕累托改进状态的大系统。西藏治理体系和治理能力是在服务于稳定、发展与安全这"三位一体"的政策价值取向或治理目标过程中逐步构建与提升的。西藏稳定、发展与安全"三位一体"的价值取向或治理目标在治藏方略的完善或治理体系和能力的不断提高下，不同的历史时期，至少会使一个价值取向或治理目标变得更好，同时另外的价值取向或治理目标没有因此而变得更坏更糟；即便在其中一个价值取向或治理目标出现问题时，其他两个并没有随之也变坏变糟。

第六次西藏工作座谈会，对西藏很长一段时期存在的矛盾进行了准确定位，区分为人民日益增长的物质文化需要同落后的社会生产之间的社会主要矛盾和各族人民同以达赖集团为代表的分裂势力之间的特殊矛盾。对西藏现阶段矛盾的历史定位成为西藏推进经济跨越式发展和社会长治久安的现实依据。自然，西藏治理着眼点和着力点的稳定、发展与安全就转换成另一种表达方式——跨越式发展与长治久安。西藏跨越式发展与长治久安，关系全国改革发展稳定大局，关系祖国统一、民族团结、国家安全，关系中华民族伟大复兴。其中，发展是解决一切问题的关键，也是解决西藏问题的总钥匙；发展最终要落实到改善民生、惠及百姓，落实到增进民族团结，落实到凝聚人心。发展离不开稳定，稳定当然离不开基层；西藏86%人口分布于基层，没有基层的稳定，就很难说有整个西藏的稳定和发展。俗话说："基础不牢，地动山摇。"西藏的发展与稳定，不能脱离分裂与反分裂斗争的政治环境，处在反分裂斗争前沿的西藏安全决定着国家安全。强基惠民活动，抓住了治藏方略中稳定、发展与安全"三位一体"的牛鼻子，起着纲举目张的作用。

二　西藏治理方略与强基惠民活动：顶层设计与地方经验相结合

通过民族区域自治，保障各民族共同团结奋斗与共同繁荣发展，最终实现各民族的真正平等和中华民族伟大复兴中国梦，是中国共产党在民主革命时期尤其是新中国成立后对包括西藏等五大自治区在内的少数民族和民族地区，在制度与价值取向上的一种顶层设计。针对西藏这一边疆民族地区的治理，同样要有一种顶层设计。当然，这种顶层设计不是来自凭空拍脑袋，而是要以西藏地方实践与经验作支撑，否则，顶层设计无异于空中楼阁。围绕着稳定、发展与安全"三位一体"价值取向而逐步形成清晰的治藏方略，是在不断总结长期经验教训的基础上升华提炼，进而不断完善的，同时它又为西藏地方继续创造条件去探索新的实践形式提供了理论上的指导。

（一）中央治藏方略要有顶层设计

西藏历史上形成的经济社会文化发育程度低，所处的自然地理环境恶劣且地广人稀（1/8国土面积上只有300余万人口），影响国家安全的极其重要的地缘战略位置，西藏各族人民日益增长的物质文化需要同落后的社会生产之间的社会主要矛盾，各族人民同以达赖集团为代表的分裂势力之间的特殊矛盾等，都从客观上要求更多的从上至下的政策供给，这就需要顶层设计，而且设计不能就西藏而西藏，应立足于西藏，并体现长远性和全局性。

从和平解放到民主改革，从自治区成立到改革开放，从 20 世纪到 21 世纪，西藏的稳定、发展与安全都倾注了历任中央主要领导人的心血，毛泽东、邓小平、江泽民、胡锦涛和习近平分别根据不同历史时期的不同历史任务做出了一系列重要指示。① 在这些指示指导下，中央出台了一系列有别于其他民族省区的旨在西藏稳定、发展与安全的政策与措施，这些政策与措施集中反映党的治藏兴藏思想。这些指示与治藏兴藏思想，共同构成了中央在不同历史时期解决不同历史任务的治藏方略。不同历史时期的治藏方略，是国家关于少数民族和民族地区顶层设计在西藏地方治理上的次顶层设计。

早在 1955 年底，毛泽东同志就明确指出："西藏不能和新疆、内蒙相比，那是一个很特殊的地方，要用特殊的办法解决。"② "用特殊的办法解决"西藏稳定、发展与安全的思路，贯穿于历任领导集体的治藏方略。用什么样的具体的特殊办法？不同的历史时期表现出不同的内容。比如，自和平解放西藏至今的援藏政策和援藏工作所形成的"援藏工作机制"，既是一种"特殊办法"，又是中央对西藏治理的一种顶层设计。"援藏工作机制"，作为一种治理西藏的顶层设计，是经几代中央领导集体的思考与西藏地方实践共同努力形成的，表现出中央对民族边疆地区的政策连续性与政策价值取向。

党的十八大召开后，中国特色社会主义发展又站在了一个新的历史起点上，世情、国情、党情和区情处在深刻的变化之中。如何在新形势下立足西藏区情的变化，扎实有力地推进跨越式发展、坚持不懈地保障和改善民生、坚定不移地巩固和发展民族团结、毫不动摇地做好长治久安的基础工作，把

---

① 比如，毛泽东提出的"经营西藏""慎重稳进""在西藏考虑一切问题都要注意民族、宗教这两个因素"。邓小平提出的"关键是看怎样对西藏人民有利，怎样才能使西藏很快发展起来，在中国四个现代化建设中走进前列"。江泽民提出的"三个涉及"（西藏的稳定，涉及国家的稳定；西藏的发展，涉及国家的发展；西藏的安全，涉及全国的安全）、"两个绝不能"（绝不能让西藏从祖国分裂出去，也绝不能让西藏长期落后下去）、"四个事关"（西藏的发展、稳定和安全事关西部大开发战略和实施，事关民族团结和社会稳定，事关祖国统一和国家安全，事关国家形象和国际斗争）。胡锦涛提出的"新四个事关"（西藏工作事关全面建设小康社会全局，事关中华民族长远生存发展，事关国家安全和领土完整，事关我国国家形象和国际环境）、"两个屏障"（把西藏建成国家安全屏障、国家生态安全屏障）、"四个重要地"（把西藏建成重要的战略资源储备地、重要的高原特色农产品基地、重要的中华民族特色文化保护地、重要的世界旅游目的地），以及提出的西藏要走出一条中国特色、西藏特点的发展路子。

② 参见中共西藏自治区委员会党史研究室编《中国共产党西藏历史大事记》第 1 卷，中共党史出版社，2005，第 87 页。

西藏建设成为重要的国家安全屏障，为国家争取重要战略机遇期，为实现"两个一百年"奋斗目标创造条件，摆在了新一届中央领导集体面前。习近平总书记提出"治国必治边、治边先稳藏"的重要战略思想，以及在中央第六次西藏工作座谈会上提出的"六个必须"的治藏方略，是在深刻总结改革开放30多年治理西藏经验教训的基础上，对历届中央领导集体治国理政、稳边兴藏方略的新概括、新发展，是全面深化改革新时期推进西藏治理体系和治理能力现代化建设的一种方略与理念上的顶层设计。该顶层设计使地方在明白"是什么"的基础上，知道该"做什么"和该"怎么做"。"治国必治边、治边先稳藏"的重要战略思想，使西藏地方明白了新时期西藏治理的核心"是什么"，明白了藏、边、国和治、稳、兴的关系。习近平治藏方略特别是其中的"依法治藏、富民兴藏、长期建藏、凝聚人心、夯实基础"的重要原则，在告诉西藏地方如何使习近平治藏方略落地，实际上是在治藏、稳藏、兴藏上指导西藏如何操作。强基惠民活动，是西藏自治区党委、政府在明白"是什么"的基础上，搞清楚了"做什么"和"怎么做"。

治藏方略的顶层设计必须要有社会基础，要有相应的基层设计来配合它。西藏自治区党委、政府提出的"强基惠民"就是一种扩大稳固社会基础，更好地贯彻落实中央顶层设计相对应的基层设计。

（二）强基惠民活动是西藏长期探索的必然结果

党在西藏的全部工作，始终没有脱离过党的群众路线。党的群众路线不仅是践行党的全心全意为人民服务宗旨的最有效途径，而且是党在西藏取得政权并稳藏、建藏、兴藏的重要法宝。不管时代怎么变革，党在西藏的不同历史阶段的任务如何变化，从群众中来、到群众中去，为了群众、服务群众的路线和宗旨始终没有变，与西藏各族人民同呼吸共命运的民族团结的立场始终没有变，团结带领西藏各族人民"共同团结奋斗、共同繁荣发展"的主题始终没有变。

深入开展创先争优强基础惠民生活动，是党的群众路线教育实践活动在西藏的先期实践和特色表现，是寓党的群众路线教育实践活动于其中的地方性创新实验。作为先期实践，不仅体现出西藏地方对形势发展深刻变化的准确把握，而且体现了党在西藏工作的连续性。一句话，强基惠民活动的开展是西藏长期探索至今的一种必然选择。当然，这种选择需要主观的准确判断和果断的政策行为。以陈全国为班长的西藏自治区党委、政府班子带领西藏人民顺应了历史发展，适时地做出了这种历史选择。选择看似轻松易得，其实背后铺垫着 60 多年的艰辛探索。

西藏和平解放至 1959 年叛乱期间，基于当时形势需要，党在西藏的工作主要是争取上层、影响群众，以争取上层为主，努力争取实现和平民主改革。平叛、民主改革与社会主义改造期间，党在西藏的主要工作转为建设基层政权和基层组织（即建基），发动群众、教育群众、服务群众，努力提高群众的生产生活水平。改革开放以来，党的西藏工作主要体现在维护西藏稳定和加快西藏发展。在社会主义市场经济建设中，西藏同内地一样，基层组织建设遭遇一定的不到位，出现一些"软、松、散、弱"现象；群众收入水平纵向比较在提高，横向相比却呈现扩大的趋势。为了改变这两大问题，中央与西藏地方一直也在从理论与实践上进行突破。比如，援藏的全覆盖与援藏工作机制的形成，援藏干部、援藏项目与援藏经费的向基层农牧区倾斜，西藏机关、事业单位点对点的扶贫，等等。特别是 2008 年"3·14"事件把基层组织存在的诸多问题暴露出来后，时任西藏自治区党委书记的张庆黎同志一再强调要加强基层组织建设，并就这一问题进行了广度与深度的调研。2010年开始在全区开展创先争优、加强基层建设年活动，区地县三级选派 12500名党员、干部进驻 1514 个村，与当地农牧民群众"同吃、同住、同劳动"。[①]由于历史、自然、社会等因素的影响，西藏长期处于欠发达状态。西藏城镇居民人均可支配收入、农牧民人均纯收入，仅相当于全国平均水平的 73.5%和 71.3%。按照国家新的扶贫标准，全区还有 83 万贫困人口，[②] 占农牧民人口的 34%。

党在西藏的群众工作推进了西藏的发展与稳定，取得了不少阶段性的丰硕成果，为后面开展的强基惠民活动与群众路线教育实践活动提供了非常宝贵的经验。2011 年 8 月，接替张庆黎同志任西藏自治区党委书记的陈全国同志在保持政策延续性的基础上，在总结"创先争优、加强基层建设年"经验的基础上，将其进一步深化，升级为"创先争优强基层惠民生活动"。党的

---

① 《深入群众、深入实际比说任何大话都管用》（西藏自治区党委书记张庆黎在吉隆县调研创先争优、加强基层建设年活动时的讲话），http://news.cntv.cn/20110504/102061.shtml。

② 陈全国：《群众路线是治边稳藏的生命线和根本工作路线——学习习近平总书记关于党的群众路线的重要论述》，《人民日报》2013 年 9 月 17 日。

十八大召开后，又把党的群众路线教育实践活动寓于其中。

强基惠民活动这一重大战略举措的实践，突破在西藏，指导在中央，是对中央治藏方略的具体落实，同时也是对西藏60多年稳定、发展与安全经验教训总结的结果。

（三）强基惠民是贯彻中央治藏方略的具体抓手

强基惠民活动，是推进西藏治理体系和治理能力现代化建设的重要探索，是密切党群干群关系、转变干部作风的生动实践，是实现西藏长治久安和跨越式发展的重要战略举措。

强基惠民活动，是中央顶层设计与地方具体做法的有机结合，注重"由地方经验"和"靠顶层设计"的结合。任何领域的顶层设计，都必须是在"中央、地方、社会"这样一个政治构架内产生，方能显得科学有效。顶层设计，如果没有地方政府和社会的参与，既不科学，也很难实施。顶层设计的治藏方略还在于西藏自治区党委、政府的执行力。执行是对方略的具体化。具体化必须有一个很好的抓手，抓手的形成不是一蹴而就的，而是"摸着石头过河"长期探索的结果。对治藏方略的执行到位，除了西藏自治区党委、政府外，还应该关注与调动社会的参与度。没有社会的积极有效参与，治藏方略就会脱离社会现实，不是实施不下去，就是浪费执政资源与执政成本，方略的政策价值取向（稳定、发展与安全）也将无法得到保证，跨越式发展与长治久安就会成为一句空话。社会如何有效参与，涉及党和政府的治理能力问题。西藏自2011年10月开始实施的强基惠民活动，是针对新时期西藏治理方略一项"凝聚人心、夯实基础"的重大举措。强基惠民，一方面有利于解决基层组织的"软、松、散、弱"问题和提高农牧区的生产生活水平，另一方面有利于促进整个社会通过对治藏方略的广泛接受和支持而加强对中国共产党的认同，对祖国的认同，对中华民族的认同，对中华文化的认同，对社会主义道路的认同。

强基惠民活动，是国家全局性战略与西藏地域性策略的有机结合。习近平总书记提出的"治国必治边，治边先稳藏"的重要战略思想和"六个必须"的治藏方略，完全是从国家最高利益上对中国边疆以及藏区治理所采取的一种战略方针，把西藏及相邻地区一起放在国家整个边疆治理的系统内进行整体思考，这是中央治藏方略的新理念、新发展。具有全局性、长期性、前瞻性和指导性战略思想的落实，必须有围绕战略思想、地区环境而定的有效的具体政策方法，这些政策方法就是策略，就是战术，是对战略思想的特殊体现。强基惠民活动，就是西藏地方探索的一种体现中央治藏方略的地域性策略或战术，它既是在实践自上而下的党的群众路线教育实践活动，又是在探索中自下而上以西藏特点去完善中央治边治藏方略。

2011 年 10 月开始，西藏从区、地（市）、县（市、区）、乡（镇）四级党政机关、企事业单位及驻藏中直单位选派近 7 万名干部组成 5000 多个工作队，进驻全区所有行政村（居委会）（共计 5463 个），连续 3 年深入开展创先争优强基础惠民生活动。活动围绕"建强基层组织、做好维稳工作、帮助群众致富、进行感党恩教育、为群众办实事解难事"等五项具体又基本的任务，把中央治藏方略及相关政策从宏观战略层面落实到西藏地方这一具体的微观层面，以构建起促进西藏跨越式发展和长治久安的长效机制。

强基惠民活动，是西藏经济社会发展到一定时期的客观表现形式，它与中央的治藏方略紧密联系在一起，与西藏自治区党委、政府探索西藏跨越式发展与长治久安的道路实践紧密联系在一起。这"两个紧密联系在一起"，关系到西藏全面小康社会的实现，关系到真正的民族平等的实现，关系到中华民族伟大复兴中国梦的实现。

三　强基惠民活动：西藏"稳定、发展与安全"的"固本之举"

稳定、发展与安全是西藏治理体系中的三个核心问题。毕其功于一役，一劳永逸地解决这三个问题，不可能也不现实。必须要找到一种"长久之策"和"固本之举"。"长久"与"固本"的永久动力源自群众，来自党的为人民服务的宗旨及党群干群之间的血肉联系。动力源的维护需要党员、干部和基层组织，动力源的持续需要搞好民生。因此，不管是从理论上分析，还是从实践中判断，强基惠民活动无疑就是西藏"稳定、发展与安全"的"长久之策"和"固本之举"。

（一）强基惠民活动对于西藏"稳定、安全与发展"的重要性

西藏 86% 以上的人口在农牧区。没有农牧区的发展，就没有全区的发

展；没有农牧区的小康，就没有全区的小康；没有农牧区的稳定，就没有全区的稳定。西藏稳定、发展与安全的基础在农牧区和农牧民。在历届党委班子的领导下，通过工作重点下移，有力地促进了以安居乐业为突破口的社会主义新农村建设。但要在短期内从根本上改变农牧区的生产生活条件，难度非常大，需要找到正确方向、坚持不懈努力推进。

深入开展创先争优强基础惠民生活动，是贯彻落实中央精神的实际行动，是在新形势下加强群众工作、建强基层组织、推动科学发展、提高各族群众生产生活水平、夯实发展稳定基础、促进民族团结、实现工作重心向农牧区和农牧民下移的一个重要创举。

1. 强基础，就是建好建强基层组织，夯实保障西藏跨越式发展和长治久安的组织基础。基层是整个政权的基础，党的基层组织是社会基层组织的战斗堡垒，是党联系群众的桥梁与纽带，是党的全部工作和战斗力的基础。作为党的工作的神经末梢，基层党组织作用的大小直接决定着党的执政能力的强弱。因此，建好建强基层党组织，就是在夯实执政党在西藏的基层政权，就是在修筑西藏稳定与安全的铜墙铁壁，就是在夯实保障西藏跨越式发展和长治久安的组织基础。

列宁说过："党组织愈坚强，党内的动摇性和不坚定性愈少，党对于在它周围的、受它领导的工人群众的影响也就会愈加广泛、全面、巨大和有效。"[①] 在西藏，由于地域面积大、人口稀疏，社会控制力、动员力主要依靠基层党组织，特别是农牧区基层党组织，而基层党组织的创造力、凝聚力、战斗力取决于基层党员素质能力的高低。通过"强基础"，可以帮助基层党员提高自身素质能力，进而提升基层组织的创造力、凝聚力、战斗力。

西藏稳定与发展的营造与维持，基层是一个非常重要的抓手。"不建设基层便不能形成一个下情上达有效互动的社会组织结构，更无以建立严密之分工交换的经济体系"，[②] 更无从由经济发展而人心所向、由人心所向而社会长治久安。西藏在中央关心和全国支援下，其基础设施建设、社会建设、经济建设都取得长足进展，但这些看得见的物质建设并没有换来西藏的社会稳

---

① 《列宁选集》第 1 卷，人民出版社，1995，第 473 页。

② 韩毓海：《五百年来谁著史——1500 年以来的中国与世界》，九州出版社，2009，第 25～26 页。

定与长治久安。① 在这渗透着佛教精神的土地上，"器物"的发展对长期生活其中的民族来讲是外在的东西，藏民族更崇尚内在的一种"精神"。如果一味地抓经济建设，而西藏的基层组织没有建设好，西藏地方政府或说西藏上层建筑就会与底层群众形成"两张皮"结构，政府的社会动员就会失去抓手、能力和可能性。② 经济力量在原则上固然可以转变为社会发展与稳定的力量，可是也必须要有组织与结构作为桥梁。这必须有的"组织与结构"就是党的基层组织。因此，通过"强基础"来建好建强党的基层组织，稳定西藏基层，就是夯实西藏社会稳定与发展的根基。党的基层组织在西藏强大均衡，党在西藏的执政能力就会持续增长和提高，进而就有利于西藏的稳定与发展。

2. 惠民生，就是改善群众生产生活条件、增强集体经济和自我发展能力，夯实保障西藏跨越式发展和长治久安的物质基础。西藏全区实现跨越式发展的薄弱环节在基层，全面建成小康社会的重点难点在行政村（居委会）。惠民生有三个必要性，一是在西藏建设社会主义新农村，建设现代化农牧业，仅靠文化知识水平有限的农牧民是不可能的，需要我们的干部尤其是技术干部下乡指导帮助，甚至手把手地教，以逐步提高农牧民自我发展能力。二是惠民生不是仅仅为民生，民生改善的影响力波及民族团结、党群干群关系，乃至对国家的向心力。三是通过持续选派优秀年轻干部下基层驻村，在帮助解决民生问题的同时，可在一定程度上循环解决部分大学生就业问题，大学生就业本身就是一大民生。

惠民生活动是从广大农牧民群众最期盼的民生领域开始。西藏农牧区基层组织缺乏财力，与职责要求不相适应，严重存在"集体经济无实力、为民办事无能力、支部缺少凝聚力、群众缺少向心力"问题。西藏农牧区村级集体经济普遍较差，大部分村在人民公社解体后再也没有集体形式的组织。这个问题导致基层党支部没有聚集群众的载体，也没有开展活动的经济来源。在西藏，没有农牧区的稳定与发展，就没有全区的稳定与发展。实现西藏社会局势从基本稳定到长治久安，从加快发展到超越发展，关键要看农牧区

---

① 20世纪80年代末发生的一系列骚乱和2008年发生的"3·14"打砸抢烧严重暴力犯罪事件就是"西藏经济发展并不能换来社会的稳定"的最鲜明的佐证。

② 韩毓海：《五百年来谁著史——1500年以来的中国与世界》，九州出版社，2009，第15页。

基层。

惠民生活动的开展，一方面让广大干部下基层，为各族群众办实事、办好事、解难事，着力解决好农牧民的"三就"（就业、就医、就学）、"两保"（社会保障、医疗保障）、"六通"（通路、通水、通电、通信、通邮、通广播电视）、"一安居"（农牧民安居工程）等实际问题，帮助解决困难群众的生产生活问题。另一方面向群众宣传先进的发展理念和致富的手段，引导各个村（居委会）理清发展思路，找准发展路子，完善发展规划，谋划建设一批基础设施项目和见效较快的产业发展项目，逐步壮大集体经济，努力实现户户有门路、人人有活干、天天有收入。

农牧民在惠民生活动中，生产生活条件、发展集体经济能力和自我发展能力都会得到持续的改善与提高，进而为西藏跨越式发展与长治久安打下良好的物质基础。

3. 强基惠民活动，就是综合各方力量，夯实保障西藏经济社会发展和长治久安的人心和社会基础。西藏区域总面积达 120 多万平方公里，占全国国土面积的 1/8，人口只有 300 余万，人口密度是每平方公里 2.5 人，地广人稀，公共服务半径大，社会管理成本高。西藏总人口中，藏族占总人口的 90% 左右，其中大多数笃信藏传佛教。西藏现有 1700 多座宗教活动场所，平均不到 1300 人就有一处。西藏现有僧尼 4.6 万多人，约占总人口的近 2%。从人口比例上看，西藏农牧业人口占总人口的 86.2%，稳定和发展的重点无疑应当在农牧区。农牧区是藏传佛教影响最大的地区，宗教的消极影响在农牧区依然长期存在，个别地方甚至不断出现宗教干预基层行政、司法、教育事务的现象。达赖集团一刻没有停止过对农牧区的渗透活动，农牧区成了达赖集团渗透破坏活动的重灾区。

西藏稳定、发展与安全，涉及一个"人心"建设问题。强基惠民虽是两个方面，即"强基"与"惠民"，但实际上是一个有机体，须臾不可分，犹如孪生兄弟，相互依托，相互促进，互为基础。作为有机统一体的主要表现形式，一是"强基础"和"惠民生"的实施主体和受益对象是统一的，都是广大党员干部和人民群众；二是两者在本质上、目的上和价值上都是统一的，都是为了凝聚人心、汇聚力量以共推西藏跨越式发展与长治久安；三是活动规定的"五项重点任务"是一个互为联系、相互依托的整体，少了哪一项，工作成效就会打折扣。

强基不忘惠民，惠民不忘强基。惠民是硬道理，强基是硬任务，强基和惠民两手要配合抓，两手都要过得硬。围绕"一个中心、两项任务"，强基惠民活动，从干部、资金、项目、技术等方面在全区基层不断地进行大规模空间优选重组，需要各方面协调配合，共同构成一个相互连接、互为补充、结构紧密、功能齐全的强基惠民活动大系统。在这一复杂系统中，通过科学推进"五项重点任务"的实施与完成，来发展好、实现好、维护好西藏各族人民的根本利益，系统培育农牧民的"五个认同"和"四个意识"①，以引导、凝聚人心与汇聚力量，化解存在的各类消极因素，激发和调动现有与潜在的积极因素，共同维护西藏的稳定、发展与安全。强基惠民活动在"人心建设"上是一种"润物细无声"式的工作，非常必要且非常重要。

总之，党的西藏工作历程，就是建基、稳基、强基、惠民的实践历程。深入开展创先争优强基础惠民生活动，是西藏基于新的历史条件下的特殊区情，筑牢城乡发展稳定基础，探索新形势下加强群众工作的有效途径。新形势下，深入开展创先争优强基础惠民生活动，是践行党的宗旨、进一步服务好人民，打牢执政根基的现实需要；是帮助城乡群众特别是农牧民解放思想、推动科学发展、改善生活的有效途径；是坚决同分裂主义斗争，求发展、促团结、保稳定，维护社会稳定的迫切要求；是把以村（居）党组织为核心的村级组织建强，夯实组织基础的重要举措；是推动党员干部弘扬"特别能吃苦、特别能战斗、特别能忍耐、特别能团结、特别能奉献"的"老西藏精神"，并注入新的时代内涵于"老西藏精神"，切实转变作风，密切干群关系的实际行动。

（二）强基惠民是撬动并推进西藏"稳定、发展与安全"的永久支点

西藏的稳定、发展与安全，是一个历史的、综合的、动态的有机整体，涉及经济与政治、社会与文化、民族与宗教、干部与党的基层组织、人心所向等多重因素。因西藏社会结构自身的特殊性与复杂性，这一有机整体的平衡与稳定都是一定历史条件下的相对平衡与稳定。即便是相对的平衡与稳定，也涉及方方面面，其中政治稳定是核心，经济发展是基础，社会秩序正常是

---

① "五个认同"是指："对中国共产党的认同、对伟大祖国的认同、对中华民族的认同、对中华文化的认同、对中国特色社会主义道路的认同。""四个意识"是指国家意识、中华民族意识、公民意识、法治意识。

政治稳定和经济发展的必要条件，人心安定是有机整体平衡与稳定的综合反映。决定着西藏稳定、发展与安全这一机体的平衡与稳定的矛盾，就是第五次西藏工作座谈会上概括的"两个矛盾"。西藏就是在不断解决这"两个矛盾"，不断克服在改革开放中出现的其他各种不稳定因素的基础上，在动态中追求社会稳定与经济发展。这种动态平衡中实现的相对稳定，是西藏长时期的发展特征。这种动态性特征，要求以动态的眼光和理念，用动态的思路和手段，在动态环境中来完善治理体系和提高治理能力，进而促进西藏的跨越式发展与长治久安。

西藏跨越式发展主要在基层，在拥有86%左右人口的农牧区，没有农牧区的跨越式发展就没有西藏的跨越式发展。西藏社会久安的薄弱环节在基层，基层集聚着绝大多数都信教的广大农牧民，坐拥4.6万多僧尼的1700多座宗教活动场所，以及西藏各族人民与达赖分裂集团之间的斗争，没有农牧区和寺庙的久安就没有西藏的久安。因此，需要对农牧区和农牧民、寺庙和僧尼"行长久之策"，不断强化"固本之功"，才能保持"久安之效"。

强基础惠民生活动，是西藏在新形势下加强群众工作的重大战略部署。这一重大战略是一种能收到"久安之效"的"固本之举""长久之策"。通过强基惠民活动，可以进一步巩固党在西藏的执政地位，解决西藏存在的主要矛盾和特殊矛盾，改善人民生产生活水平，推进民族团结和谐，锻炼干部队伍，加强基层组织建设，建立城乡发展稳定长效机制，把西藏的各项事业进一步推向前进。正如亚里士多德所说，给我一个支点，就能把地球撬起来。强基惠民就是撬动并推进西藏"稳定、发展与安全"的永久支点。

是龙象相争或是龙象对舞

——管窥南亚情势发展

罗中展[*]

前　言

有论者提出说："20 世纪末，有两个决定性因素迫使西方国家重新认识印度。首先，20 世纪最后十年印度的经济成就，以及印度在经济政策和思想方面的转变；其次，印度宣布拥有核武器。"① 这种来自印度内部的转变，使得各国对印度的发展必须重新认识，同时也不能忽略逐渐日益壮大的中国，这两个国家的跳跃式发展让西方世界必须重新考虑印度和中国。这两个国家在发展过程上，就经济方面有何不同的策略，这两个国家的外交策略又有何不同，未来这两个国家会携手同行还是一路对抗，世界各国都在观察，笔者在此提出若干管窥观点，希望提出书生之见，就教方家。

中国与印度这两个国家自古以来，尽管隔着高山，在地理上位置邻近，但不妨害这两大古文明之间互有来往已有数千年之久。在各自进入近代以来，两国领导人曾经过多次互访，也再一次地提出，共同倡导了和平共处五项原则，互相提示要和平共处。

这两个大国有着这样的共识在前，但站在自己国家利益面前，外交说辞与实际作为则不会是一致的。近来亚太国家与南亚地区间的互动日益频繁，

---

* 罗中展，台湾中华科技大学通识中心助理教授。

① 桑贾亚·巴鲁（Sanjaya Baru）：《印度崛起的战略影响》，黄少卿译，中信出版社，2008，第10 页。

原因就在美国新总统主张推出巩固本土政策之际①，美国的印度洋影响力逐渐地减少，印度洋地区短期内呈现权力真空的状态，其中印度和中国都希望可以扩大自身于该地区的影响力。印度虽然为南亚第一大国，但长期以来的封闭自处，能发挥的影响力有限，近期内看到它终于也积极地在推行其影响力，希望趁此际扩大自身在国际间的地位及声望。

中共十八大以来，中国积极地向东南亚与南亚地区推行"21世纪海上丝绸之路"的概念。借由"海上丝路"的构想在透过中国的经济实力扮演地区稳定的主轴概念，不过中国方面一再强调其在经济合作方面的重要性，希望借此串起各国港口与港口之间的合作，进而利用各国之间产业的差异，组成一个跨国的产业网络。

近年来，两国在经济发展方面多有互补及合作的方案展开，政治外交乃至国际社会活动上也有不少互动，但是中国推动的"一带一路"计划却一直得不到印度政府正面积极的响应。可以想见两国之间仍然存在许多隔阂与不信任。

这是由于中印漫长的边界争议没有解决，这个问题使得两国间缺少互信基础。但迄今为止，谨慎的中国政府高层没有发出对印度挑衅性言论，印度亦没有强硬提出边界争议与强调继承英印政府权力，在两国各退一步的前提下，目前经贸关系逐步增长，民间关系交流亦保持不错的正面形象。

这两个既竞争又合作的国家，在现阶段如何相处，对彼此如何都有好处？或是有不同的思考可以改善两国间的紧张关系，这是本文思考的出发点，基本上，两国间关系并不适合以硬碰硬的兵戎相见，这对两国人民没好处，也将影响周边国家的稳定与安全。如何在异中求同？笔者以此管窥大局，希冀为此时局提供想法以供参考。

---

① 美国总统特朗普于2017年2月28日，在国会参、众两院联席会议发表演讲时强调，"我的工作不是代表全世界，我只代表美国"，凸显"美国优先"施政理念，并表示过去8年美国的外交政策是悲剧，在国外耗资数兆美元，国内基础建设却几近崩溃；同时，特朗普重申将要求盟邦负担该付的军事费用，并将大幅提高美国国防经费，以强化美军战力，让美国"没人敢惹"。参见《美国川普政府战略作为与台海安全变化》，"国家政策研究基金会"，http://www.npf.org.tw/2/16691? County = % 25E5% 25BD% 25B0% 25E5% 258C% 2596% 25E7% 25B8% 25A3&site = 。

一 印度建国以来的立国政策回顾

要认识印度的外交原则及对外态度是有迹可循的，印度从独立建国以来，其外交政策谨守着从甘地到尼赫鲁创制的概念，在这些既有的框架中前进，所以想了解印度的外交政策，要从认识甘地及尼赫鲁两人的外交概念入手。

（一）尼赫鲁

尼赫鲁是印度开国总理，他于 1947 年到 1964 年在位，是印度在位时间最长的总理。他主张印度要独立，参与了独立运动，同时也是不结盟运动的创始人。

作为印度独立后的首位总理兼外长，在长达 17 年的时间里，贾瓦哈拉尔·尼赫鲁主导印度的对外政策，而且事实上，尼赫鲁的政策并没有随着他的离世而被新的政策取代。斯蒂芬·柯恩甚至认为自印度独立后，印度外交政策的决策进程就"完全处于尼赫鲁的控制之下，他主宰印度的外交 17 年，其权威之大甚至是英国历届总督难以企及的"[1]。这是多数研究者都同意的一个观点。

尼赫鲁的成就主要体现在和平共处五项原则和不结盟运动上，"不结盟"一词源自 1954 年尼赫鲁发表的一场演说。后来尼赫鲁和中国总理周恩来在处理中印两国分歧时，共同提出了和平共处五项原则。

尼赫鲁在 1946 年时曾表示："印度以它现在所处的地位，是不能在世界上扮演二等角色的，要么就做一个有声有色的大国，否则就什么都不是。"[2]印度人心里普遍生根的"大印度联邦"，其根本是英国殖民者以印度为基地，向周边乃至东亚和印度洋沿岸拓展势力范围的战略构想，此一构想受到尼赫鲁的格外欣赏。

在尼赫鲁的概念中，印度绝不依附任何国家的想法，某种意义上可以说是采取与西方大国保持距离的做法。尼赫鲁推行的是一种力量均衡的传统外交政策，游走于美苏两个超级大国之间。

印度独立初期不仅是其实行不结盟外交的高潮期，也是中印两国关系的

---

① 赵干城：《印度大国地位与大国外交》，上海人民出版社，2009，第 45 页。
② 赵干城：《印度大国地位与大国外交》，上海人民出版社，2009，第 46 页。

平顺高峰期，当时印度总理尼赫鲁认为与中国保持友好关系符合印度的利益，既可避免"两线作战"（即同时应对巴基斯坦和中国），也有助于实现其"亚洲复兴""亚洲团结"之抱负。到 1960 年前后，尼赫鲁对中国的态度发生改变，开始将中国视为主要对手。

　　长期以来印度外交不变的核心概念是追求独立自主和大国地位。英迪拉·甘地政府前期的外交政策基本继承了尼赫鲁时期的不结盟政策。同时，英迪拉·甘地政府根据国家利益的需要和国际环境的变化部分地调整了外交政策，总体倾向是更加注重实际利益，更多地向苏联靠拢而与美国相对疏远。美苏两个超级大国在南亚地区的争夺使印度从中渔利，印度从美苏双方同时获取援助。具体地说，印度一直从美国获取经济援助，但因美国与印度宿敌巴基斯坦结盟而不愿给印度提供军事援助，印度便转身寻求苏联军事援助。英迪拉·甘地政府在保持外交上独立自主的前提下，形成了经济上更多地依靠美国援助，军事上主要依赖苏联支持的外交格局。这种外交充分体现了英迪拉·甘地政府外交的实用主义风格。印度多年来一直力图冲破印巴均势以实现其世界性大国的目标。英迪拉·甘地政府注重依靠军事力量来追求其大国地位，而国际国内一系列矛盾却使印度国际地位呈下降趋势。英迪拉·甘地政府的外交政策受制于南亚地区地缘政治格局与印度自身经济、军事对外一定程度的依赖性。这两点决定了英迪拉·甘地政府把寻求外援作为外交工作的重要目标。美国在国际政治中举足轻重的地位使印度仍需要积极发展与美国的关系。同时，冷战中的美国也不得不重视印度这个南亚大国。

　　外交上，甘地夫人成功结束第三次印巴战争，还协助当时的东巴基斯坦独立，成为现在的孟加拉国。内政上，印度 1974 年在西北部进行一次未公开的核武试爆，让印度跻身"核武俱乐部"国家。她还推动"绿色革命"，让印度由长期粮食短缺转变为粮食出口国，与此同时，为学童提供牛奶的"白色革命"计划也有效地解决了儿童营养不良问题。此外，她也积极发展印度的民族工业。①

　　从英迪拉·甘地在印度推行地区强权政策的做法上看到，印度政府此举强化了当时印度的外交地位，但是印度国内的问题却凸显出印度因为与巴基

---

① 1966 年 1 月 19 日，甘地夫人就任印度首位女总理，http://www.peoplenews.tw/news/b6375554 0-252e-4d03-b2c0-8edc43fa3808。

斯坦战争导致国库空虚，财政赤字庞大，国防开支越来越大等，极大地拖累经济发展的脚步，这样的矛盾引发印度国内更大的动荡。学者认为："20世纪 60 和 70 年代是印度独立后最为动荡的时期，在国内外各种因素的挤压下，印度的大国雄心受到严重挫折，国际地位虽不可说一落千丈，但在国际体系中，印度已不复再有尼赫鲁当年大加发挥的话语权。"① 这样的状态要到近年来印度新总理莫迪上任才发生了新的变化。

（二）印度新领导人的作为

2014 年 5 月 16 日，印度人民院（议会下院）选举投票结果揭晓，印度人民党领导的全国民主联盟在 543 个议席中夺得 334 席，获得压倒性多数。印度人民党总理候选人莫迪成为新任总理。

纳伦德拉·莫迪 2001 年 10 月起担任印度古吉拉特邦首席部长，随后连续三届担任古吉拉特邦首席部长。担任古吉拉特邦首席部长 12 年来，该邦的经济增长率跃居印度首位。莫迪减少行政过程中的繁文缛节，修建公路和输电线，引进投资，让这个地方蓬勃发展，GDP 增加了近两倍，大多数社会指标也有所改善。古吉拉特邦仅拥有印度总人口的 5%，却占据国家近 1/4 的出口额。在竞选过程中，政治人物的承诺往往来自特殊利益集团的慷慨解囊，莫迪却谈及将古吉拉特邦的经济快速增长和基础设施改善在全国复制，让民众耳目一新。莫迪强调自己"茶农之子"的卑微出身和对贫穷生活的见证与体验，他的背景和打拼经历也让印度人寄望他成为变革的催化剂。

曾经有媒体将莫迪称为"非典型印度政客"，他是印度极少数从未卷入贪污丑闻的政客。在莫迪的支持者眼中，"高效、果断、廉洁、以解决问题为己任"这些和印度政客丝毫沾不上边的形容词正是对莫迪最好的诠释。

《时代》周刊评论说，纳伦德拉·莫迪是一位坚定的实干家领袖，他的发展道路将令印度繁荣。《金融时代》在一篇题为《莫迪让古吉拉特邦走上高速发展之路》的文章中，高度赞扬了古吉拉特邦的发展速度，称该地是"印度最受欢迎的投资地，发展速度以两位数持续增长着"。美国著名智库布鲁金斯学会常务总经理威廉·安提奥斯也在文章中指出："莫迪是位有管理

---

① 赵干城：《印度大国地位与大国外交》，上海人民出版社，2009，第 115 页。

天赋的杰出领导者。"① 这是众人对印度第 14 任总理的一个印象。

莫迪积极主动的领导方式的确已经改变印度传统外交政策。2015 年 11 月 23 日，莫迪造访新加坡并应邀在第 37 届新加坡讲座发表题为《印度的新加坡故事》的演说。莫迪谈道："改变的齿轮不停地转动着；自信正在滋长、决心正在茁壮，未来的方向也愈加明确。"这显示出印度外交在展望和手段上的转变，无疑也是对过去印度的一个告别。

莫迪的确是一位有活力且十分活跃的领导者。而也因为他高超的沟通技巧，使其在外交政策上获得国内稳定的支持，这对于任何大国而言都是非常重要的。莫迪持续且经常与世界各国的互动，让人们看见他想使印度与世界更紧密结合的决心。莫迪的全球事务视野成为印度与世界接轨的主要方式，然而他的最特别之处在于微妙地将印度的外交政策与国内转型连接在一起。② 这个转变让世界看到一个不再遵守尼赫鲁外交思想的新领导人，这也意味着印度的外交格局将有别于以往，世界各国要用新的观点来看印度的发展。

蓝建学提出莫迪外交团队基本围绕"大国化外交"和"经济外交"两大轴心运转，力图从外交层面"再造印度"。具体而言包括以下几点。

（1）印度外交中的实力政治和民族主义色彩趋浓。莫迪外交政策团队强调，印度外交需要以"和平"（Shanti）为面子，以"权势"（Shakti）为里子，强调外交必须紧紧服务内政、实现印度大国梦的需要；主张印度应与合作伙伴扩大接触，向战略对手划定红线，"更加果断地坚持基于印度利益的实用主义"，极力向全世界证明印度的重要性；淡化印度外交政策中的不结盟色彩，摒弃夸夸其谈的做派，与主要大国进行实质性交易；加强对外部世界尤其是周边地区的军事威慑能力，认为只有以强大军力为后盾的外交政策才能取得成功。

（2）印度力推"友善邻邦"政策，加固南亚及印度洋"势力范围"。莫迪上台后，印度政府将"友善邻邦"作为外交政策基石。莫迪上台后，首访选择不丹和尼泊尔，派遣"中国通"出任驻不丹大使，强化尼、印之间的基础设施联通。印、尼达成"历史性"跨境电力贸易协议，印度允许尼、不两

---

① 纳伦德拉·莫迪，https://baike. baidu. com/item/% E7% BA% B3% E4% BC% A6% E5% BE% B7% E6% 8B% 89% C2% B7% E8% 8E% AB% E8% BF% AA。

② 拉吉夫·兰加·查特夫迪（Rajeev Ranjan Chaturvedy）：《莫迪政府三周年：外交政策及莫迪主义的崛起》，http://southasiawatch. tw/archives/4959。

国取道印境与孟加拉国进行贸易往来。印度还扩大对阿富汗的援助规模，积极向斯里兰卡、马尔代夫提供训练和装备供应，夯实印、斯、马三国海岸联防体系。此外，印度还积极经营印度洋沿岸国家，力求扮演印度洋地区安全"净提供者"角色，打造印度主导的"印度洋海上防务链条"，彰显和体现印度在该地区的主导地位。

（3）印度推出雄心勃勃的印版"重返亚洲"战略。印度升级其亚太战略版本，由"向东看"（Looking East）转向"向东干"（Acting East）。2014 年初，印度与日本在安全战略、海上合作、经贸投资等方面达成重要协议，印度"东进"与日本"南下"遥相呼应。印度从经贸互联、"民主输出"、技术合作等方面拓展在缅甸影响。印度与蒙古国、韩国显著加强经贸往来及防务合作。印度与越南建立战略伙伴关系，介入南海争议区油气区块勘探作业。印积极推动与东盟自贸谈判，力推"恒河－湄公河区域经济走廊"建设。印度与澳大利亚、印度尼西亚签署国防合作框架协议。此外，印度还积极夯实"印太两洋"战略，打造"两洋国家"的战略优势。

（4）印度在全球层面打造和利用"全球平衡者"和"摇摆国家"身份。印度高层认为，"全球平衡者"与"摇摆国家"的国家定位，将能最大限度满足印度利益要求，利于印度左右逢源，从各方获益。在外交实践中，印度根据不同议题和不同领域，在中国、美国之间两面下注，升级其传统的"不结盟外交"。印度自视为"游戏规则颠覆者"（Game Changer），其偏向哪个阵营，这个阵营就会占优势。

（5）印度希望善用各方优质资源，打造"印度世纪"。伴随国力及国际影响上升，印度信心倍增，力求自己做大，不愿再看其他大国的脸色。莫迪政府上台后，这一动向尤为明显。莫迪称，"世界已认可 21 世纪是亚洲的世纪，我们要确保它是印度的世纪，印度必须且必将在世界事务中发挥更大作用"，"印度外交政策不能受别的大国指挥"，"应该建立一个强大、自力更生和自信的印度"。当前印度举国上下信心满满，"有声有色的世界大国"似已成为其唯一选择。[①]

从上述的归纳中可以看到，事实上莫迪提出的概念仍然延续着尼赫鲁的

---

① 蓝建学：《莫迪治下的印度外交与中印关系》，http://www.ciis.org.cn/chinese/2015 - 05/18/content_7913182.htm。

中心思想，"印度以它现在所处的地位，是不能在世界上扮演二等角色的，要么就做一个有声有色的大国，否则就什么都不是"，推动印度的民族主义更进一步巩固国族的发展。

莫迪的外交政策就目前观察到的，他主要的目标有两项。

（1）印度优先。"印度优先"是莫迪主义的基石。印度的选择与未来动向都基于其国家实力。现实主义、和平共存、合作与伙伴关系将持续形塑印度未来的策略。莫迪宣示的外交政策将不是那种强调军事霸权与扩张的强硬爱国主义，反而是以"世界一家"为核心理念的主张。

莫迪强调的外交政策以"实现印度人民生活安全与繁荣，坚持改革印度的决心"为目标而发展。2017 年 1 月 17 日于德里举行的第二届瑞辛纳对话（Raisina Dialogue），莫迪应邀发表开幕致辞，他强调印度在经济及政治上的崛起，代表一个区域性与全球性的重大转机，这是一股和平的力量、稳定的因素，以及带来区域与全球繁荣的动机。①

（2）友善邻邦。"友善邻邦"是莫迪主义的第二项重点，莫迪梦想着打造一个"蓬勃发展、紧密交流与合作的邻国关系"，因此目前印度政府把与邻近国家建立更加稳固、友好的关系视为优先事项。在政治上，莫迪最大限度地表现出与邻国交好的热情与活力，这也可视为发展其政治影响力所做的努力；新德里也积极鼓励各邦政府进行有意义的外交活动，我们正在见证印度国内事务逐渐与国外事务有效整合的过程。

这些作为带给西方国家或邻近的南亚小国不同以往的感觉，但是，莫迪一直以来就表现出非常深厚的经济民族主义和印度教国族主义倾向。

莫迪在担任古吉拉特邦首席部长时曾 5 次访问中国，比去任何其他国家的次数都多，笔者的观点是，他除了努力降低印度对中国经济的赤字外，他应该是在亲自评估如何在未来与中国互动。

莫迪亲自的观察，直接掌握着中国发展的脉动。笔者以为莫迪的外交政策比前几位印度总理增加了几分弹性，他以首先发展印度的经济为基础，以国内经济成长作为印度外交的底气，从这点看，他充分体会到"内政是外交的延伸"这句话的内涵。

---

① Rajeev Ranjan Chaturvedy,《莫迪政府三周年：外交政策及莫迪主义的崛起》，黄品慈译（3 Years of Modi Govt: Foreign Policy & The Rise of 'Modi Doctrine'）。

尽管印度已脱离英国殖民地的身份，但是内心却牢牢地将英印时期的外交原则与政策执行方向继承下来，推动民族主义来凝聚国内的各民族，在印度却因为多元的宗教观点，难以凝聚在一起。印度将要如何成为它心目中的大国，仍有一大段路要走。

二　印度洋是印度之洋乎

就地理的位置来看，印度洋北边是亚洲陆块，西邻非洲大陆，南抵南极洲，东临中南半岛和印度尼西亚群岛，进出通道依赖于周边几个重要海峡水道，包括霍尔木兹海峡、苏伊士运河－曼德海峡、好望角、大小巽他海峡和马六甲海峡，是一个相对独立封闭易于控制的海洋。

自古以来印度洋上如蛛网般密布着沟通欧亚非太的重要海上航线。环顾印度洋周边，几乎没有可以与印度匹敌的大国，在这样的地缘环境下，印度极力要主导印度洋，成为印度洋的控制者，这样一个想法一直就是印度政治人物的梦想，可是经营得不得法呢？

印度洋连接太平洋和大西洋，贯通欧亚非与大洋洲，东面紧靠资源丰富的南中国海，并通过马六甲海峡通向广阔的太平洋，随着印度洋的地缘价值和战略地位的不断上升，近来各国更为重视经略印度洋。

过去美国海洋战略学家马汉曾说："谁控制了印度洋，谁就统治了亚洲。"印度历届政府都将此奉为圭臬，对印度而言，印度洋恰是世界能源的咽喉要道和衔接欧亚大陆的海上运输通道。但印度争霸海洋的雄心不仅于此。印度直到近年才兴起"控制战略水道"和"前进远洋"等新思维，希望走出印度洋，将触角伸到波斯湾和西太平洋地区，实现从"区域控制"向更宽广的"前进远洋"战略转移，远景目标是全面控制印度洋，东进太平洋，西出大西洋，南下非洲。

尽管印度非常想要将印度洋贴上这是印度专属的标签，但以印度为主的南亚次大陆并不是印度洋唯一的地缘力量，非洲、东南亚、澳大利亚分列它的周边。不过在其他几个大洋中，主要的地缘力量都分布在两侧。而南亚次大陆在印度洋上的位置可谓得天独厚，倒三角的地形直插印度洋的核心，甚至可以据此将印度洋分为东西两部分。

印度近年来努力在投资海军，从舰艇的数量到吨位，都有所增长，以下篇幅稍加说明其情况。

2008 年 12 月，肯尼亚《国家日报》18 日刊文称，近年来，随着经济实力的不断增强，国际政治影响力的提高，印度也下大力气发展本国军事力量，打造军事强国形象。未来五年，印度将投入 400 亿美元打造强大海军。分析称，印度欲与中国争夺海外资源、控制整个印度洋威慑中国的意图明显。[①]

2015 年是印度海军非常活跃的一年。莫迪新政府的海洋战略，在被印度视为核心区域的印度洋地区（IOR）以追求"域内同安共荣"（Security and Growth for All in the Region；SAGAR）为目标；而在西面是以打击阿拉伯海域和索马里沿岸海盗，以及维护石油运输及对非洲航线安全为主的"西行政策"（Act West Policy），向东则将先前的"东望政策"（Look East Policy）升级成为"东行政策"（Act East Policy），进一步参与东亚区域（包括南中国海在内）的事务。[②] 从此说明便看到，印度在莫迪的领导下，从不关心变成全力加以掌握，这个动作非常明显，显示印度的企图。

2015 年 6 月美国国防部长访问印度，这是美国近年来政府阁员中层级最高官员访印并与印度国防部长帕里卡（Manohar Parrikar）签署合作协议。美方将协助印度设计并建造未来的新的 5 艘航空母舰。目前印度海军有两艘航母，分别接手自英国海军以及苏联海军。其中英制的"维克拉"号（INS Vikraat）将于明年除役，而目前在建的"威克蓝"号（INS Vikrant）于 2016 年进行海试、2018 年编入作战序列。在美方的协助下，将来印度海军预计再制造 5 艘航母，另一艘筹建中的航母"维莎尔"号（INS Vishal）也将进行核子动力化。[③]

目前印度能在印度洋上有效执行工作的船舰仍然有限，"据印度北方边界网（The Northlines）报道，自诩为南亚强权的印度，近年来面临在实力与技术上快速成长的中国大陆，无论在军事装备的数量或先进程度都多有落后。所以退役上校、印度军事专家苏克拉（Ajai Shukla）认为，若想巩固在印度

---

① 《印度将投资 400 亿美元打造强大海军威慑中国》，新浪网，2008 年 12 月 24 日，http://www.sina.com.cn。

② 刘奇峰：《2015 年印度海军发展评析》，《亚太观察评论》（第 3 号），http://cscaptaiwan.nccu.edu.tw/admiss/recruit.php? Sn = 7。

③ 刘奇峰：《2015 年印度海军发展评析》，《亚太观察评论》（第 3 号），http://cscaptaiwan.nccu.edu.tw/admiss/recruit.php? Sn = 7。

洋海域的主导权，印度海军应尽快兴建或购买第二艘航空母舰，无论是让仍处于设计时间的'维沙尔'号航母（INS Vishal）加紧赶工、或是花钱向俄罗斯等国购买现有船舰改装，都必须让现役唯一的'超日王'号航母（INS Vikramaditya），有更好的支援和伙伴。"① 这段新闻中看到，印度的海军所面临的问题之一，舰艇数量不足。

据印度《经济时报》报道，印度老旧的潜舰部队早已力不从心，比起中国近60艘现役潜舰，印度目前仅有15艘，数量悬殊，印度已发现了潜舰舰队疲弱的问题，2005年就砸了37亿美元向法国购买了6艘鲉鱼级潜艇，其中第一艘完成的"卡尔瓦里"号（INS Kalvari）将于近日正式交付给海军服役，而这仅是印度海军翻新其潜舰舰队的第一步。

印度海军自1996年以后未能替代退役的潜舰，攻击型潜舰数量从21艘减少至13艘，该舰队由俄国基洛级潜艇、德国HDW潜舰混合而成，且至少都已经使用了20年以上，目前都已进行改装，可延用至2025年。相对的中国海军的潜舰部队，5艘核动力潜舰、54艘柴油潜舰，而且据美国国防部最新的报告，到2020年中国的潜舰数量将增长至69~82艘。② 印度在国防上想奋起直追，但仍有其不可预期的问题出现在面前。

举例来看，印度认为自身对扫雷舰的需求至少为24艘，如今却面临一个相当尴尬的事情：马上要没有扫雷舰艇了！现役的最后6艘扫雷舰服役已超30年，实在无法继续服役，2018年全部退役，可是新一代扫雷舰尚没有开工建造，也许在2021年以前，无法投入服役。

如今印度海军希望在2017年3月底前，签署购买12艘扫雷艇的合同，总价值49亿美元。建造工作在2018年4月展开，预计2021~2026年交付。印度议会国防常务委员会希望政府"采取有针对性的措施"，为海军提供必要的装备。③

据2008年美国防务新闻网站8月20日报道，由于印度船厂业务量较大，

① 李靖棠：《面对大陆崛起 军事专家：印度应加紧打造2号航母》，2017年10月6日，India needs a 2nd aircraft carrier quickly，2017年10月8日检视。

② 蔡萱：《印度洋角力 印海军急翻新潜舰舰队抗中国》，2017年8月4日，Race to revamp India submarine force amid rising China threat。

③ 《中国和谁有矛盾 韩国就卖谁武器：只有这次不用考虑与中国造竞争》，2017年3月19日，https://kknews.cc/military/en4bejy.html。

无法满足本国新型军用舰艇的建造需求，印度海军目前正在与韩国协议，在韩国建造军用舰艇。因为印度自己的造船厂，印度国产隐身护卫舰造了 11 年仍没有完全下水。① 用这个例子可以看到，印度想要迅速建军，国防工业的能量不足，到今天仍然还没能解决。

军工业的能力早已成为印度国防的大问题，2008 年起印度政府还面临这样一个重大问题，"此前，印度当地媒体称，印度拥有全球规模第四大的军队，陆军有 100 万兵力，海军和空军的兵力分别为 4.7 万人和 12 万人。士兵超编 3 万人左右，印度陆、海、空三军军官和专业技术人士如今严重缺编。其中印度陆军军官缺编情况最为严重，缺编率高达 24% 左右。空军和海军的缺编率分别为 12%、15%"。随着印度整体经济迅速发展，企业的待遇远远高于军人待遇，吸引大量人员转业，边境上的冲突时有所闻，人员的伤亡在所难免，部队缺少员额工作量大增等因素造成人员不继，印度的部队也存在缺员严重的危机。

印度如果想要将印度洋紧紧控制在手上，缺人、缺船舰、缺经费，这些都是非常严重并亟待解决的大问题，评析印度的发展是令人亮眼，但是平心静气来看，现在的政府如何来解决及管理这些问题，对印度的企图心不可以掉以轻心，对他们解决问题的方法要追踪，这才是知己知彼的态度，对于印度的作为，一如孙子所说"故用兵之法，无恃其不来，恃吾有以待也；无恃其不攻，恃吾有所不可攻也"。我们对所有的变化都该注意并有所应对之道，以便能迅速地做出正确判断。

印度虽然极力要将印度洋变成它的内海甚至内湖，这个想法一日不去，印度政府一定会朝着这个目标去进行，这样的思维是其单方面的，面对南亚地区的许多国家并不容易落实，但是造成相当程度的干扰是极有可能的。

三　大国博弈下的印度

回顾历史来看印度，19 世纪英俄两国对印度这块地方的用心不同，间接地给今天的印度留下莫名的自信。大博弈（The Great Game）是缘自 19 世纪

---

① 《印度军工能力不足海军希望韩国能帮忙造战舰》，中国国防科技信息网，2008 年 8 月 22 日，http://www.sina.com.cn。

中叶到20世纪初的政治术语，特指大英帝国与俄罗斯帝国争夺中亚控制之战略冲突。

（一）19世纪以来的大博弈

19世纪初，大英帝国曾坚信天性争强好胜的俄国人终会对其皇冠上的明珠——英国的殖民地印度下手。故此，英国人动用了除战争以外的一切手段：间谍、外交、宣传……先发制人地向俄国人施加压力。沙皇俄国也不示弱，面对施展着全球攻略的英帝国，俄国自然要竭尽全力扩张征服，谋求和英国分庭抗礼。于是，英国对印度的态度及其地理区位特别重视，其重视的出发点并非重视印度这个地方，而是大英帝国的殖民利益。

身处今天的我们，很难想象19世纪的大不列颠帝国是怎样惧怕扩张中的沙皇俄国侵袭印度这个地方。但印度作为英国财富的源泉之一，拥有众多资源的印度无时无刻不让其欧洲的竞争对手眼红。那时的英国人已经控制了大洋，他们不担心其他欧洲列强的军队如何行进到印度。放眼欧洲各国，只剩在北方振翅翱翔、竭力伸展羽翼的双头鹰沙皇俄国有能力南下至恒河河谷。与此同时，英国人已经做好了和俄国抗战的准备。就算小败了，不过是让暂时侥幸的沙皇俄国暴戾恣睢，君临天下。印度这块殖民地，大英帝国是绝难忘怀的。

当19世纪初时，大不列颠英国和英属印度距离十分遥远，那时候，印度最为富庶的土地早就成了英国东印度公司的盘中餐。只剩下为数不多的几个土邦名义上是独立的；当时阿富汗尽管仍维持着统一王国，但这个国家既传统又保守，以致脆弱不堪。当英国竞争者频频出现在中亚后，俄国人开始紧张起来了。他们绞尽脑汁，努力寻找着各种侵占中亚的借口，以便在中亚找到一条便道，顺利进军印度。

1858年，沙皇俄国地理学会的创立者柏拉图·齐哈切夫建议借助别人的力量征服印度。他的构想是组建一个由俄国人支持，伊朗人、阿富汗人和锡克教徒出力的占领并瓜分印度的联盟。印度人更加坚信，如果说世界上真的还有一个国家可以将他们从英国人的桎梏下解救出来，这个国家一定是俄国。

19世纪60年代，印度克什米尔和印多尔的王公纷纷请求沙皇亚历山大二世立即接受他们的入籍请求，完成其成为俄国公民的夙愿。沙皇回复说，俄国对他们的处境深表同情。只是，俄罗斯帝国尚未做好和英国全面开战的军事准备。①

综观"大博弈"形成初期，可以发现这一概念显然诞生于英语语境之中，一开始并不代表英俄在中亚的对抗，而是泛指英帝国为争夺亚洲西南部（尤指阿富汗和波斯）的控制权所采取的军事或外交手段，是英国单方面的"大博弈"，而俄罗斯是在之后才逐渐被认为是英国在"大博弈"中的对手。

当年不列颠帝国是被动卷入中亚乱局的，19世纪初拿破仑的部队征服了大部分的欧洲，预备向亚洲扩散，拿破仑曾感慨："小小的欧洲是不能给我提供足够的荣誉的，我必须到东方去寻找，所有不朽的盛名都来自东方。"为了圆东方之梦，他先是远征埃及，然后谋划进入南亚。富庶的印度才是终极目标。南亚聚宝盆出产钻石、小麦、棉花，还有工业革命急需的煤炭。法国拉拢保罗一世，怂恿沙俄去占领英属印度。历任驻印总督总是提心吊胆，唯恐俄祸降临。为了保住印度，大英帝国夺取好望角，变埃及为藩属国，中亚争夺战仅仅是其中一环。

印度在当时所扮演的角色是提供原料及财富给大英帝国的殖民地，在英国有心人士的推波助澜下，印度被叙述成英国在南亚及在亚洲绝不可失去的一块宝地，这样的印象留在许多印度知识分子心中，他们将印度的荣耀从这个时期开始形塑。

（二）现今的大局势

首先看到，"1991年苏联解体冷战结束时，印度在国际体系中的地位基本与20世纪60至70年代相似，没有什么大的变化。在南亚地区，印度当然是首屈一指的大国，一切关于南亚地区的事务，印度的政策往往是决定性的，正如20世纪80年代斯里兰卡内部动乱爆发时印度的作用所体现出来的那样，超级大国也默认印度具有支配该地区的具体事务的权力，但也仅此而已。"②这个情况很显然，这种地区性的事务解决与否，不会影响到其他大国利益时，印度的支配地位才会得到认可，反之，印度仍然要看大国的眼色行事，并非印度在南亚说了算数。

在现今的国际关系当中，到底印度是否够资格成为一方之霸，其相关争

① 俄罗斯观察者：《英俄大博弈：中亚攻略一百年》，2017年2月9日，https://kknews.cc/zh-tw/history/p8m9x82.html。
② 赵干城：《印度大国地位与大国外交》，上海人民出版社，2009，第158页。

论尚未停止，但不能忽视的事实是，印度自 20 世纪 90 年代进行经济改革，其相关成果已普遍受到世界关注，特别是其在信息科技业的人才充足，让印度人才成为世界大国与跨国企业争相延揽的对象。

2017 年 8 月 4 日，美方重申支持改革联合国安理会，支持印度加入改革后的联合国安理会，支持其成为常任理事国，支持其加入"核供应国集团"，尽管印度一直拒绝签署《不扩散核武器条约》。而无论是成为常任理事国抑或加入 NSG，东亚大国的态度与美方相反，而且一直都很坚定。①

继 2007 年日本首相安倍晋三和德国总理默克尔访印之后，2008 年 1 月印度又在一周之内迎来了欧洲两个重要国家的领导人——英国首相布朗和法国总统萨科齐。这彰显出在国际社会对综合国力不断上升的印度刮目相看的背景下，印度正通过加强大国外交，寻求发展机遇，以进一步提升自身的国际地位。②由此可见，印度不断在寻求国际地位的提升是主动且积极的。

对超级大国美国而言，在其国力已经相对下降的时候，最好的方法就是"以亚制亚"。美国在 2008 年允许东亚大国派遣海军进入印度洋护航，是对印度的一个遏制，而如今支持印度在领土问题上采取激进做法，则是为了遏制东亚大国。

从美国这些外交手段中看到，印度的国际地位，在可预见的未来，要取决于同美国的关系。2010 年奥巴马总统对印度展开单一国家时间最长的一次访问，与印度达成"美印全球战略伙伴关系"等多项共识。美国之所以积极拉拢印度，可以预期的目的是再将印度形成美国在亚洲战略的桥头堡和补给站。

美国新任国务卿第一次访问南亚的前夕，雷克斯·W. 蒂勒森（Rex W. Tillerson）于 2017 年 10 月 18 日热情洋溢地表示，要与印度建立更密切的关系，同时把中国描述为对世界秩序的"威胁"，还说巴基斯坦需要在打击恐怖主义方面加大力度。

可见印度与其他国家签署如此多种的关系协议，换个角度看到多国的互相不信任及对印度的多方牵制，如果印度以为它已经取得大国独立地位，恐

---

① 华人新村：《美国 10 多天内 3 次力挺印度，但最希望阿三战败的也是美国》，2017 年 8 月 5 日，http://www.pixpo.net/post185147。

② 《印度开展大国外交　国际地位进一步提升》，2008 年 1 月 27 日，http://www.chinareviewnews.com。

怕还有很多要努力的路程要走。

四　中国推动"一带一路"的影响

中国在近年来推出一套足以影响世界的构想——"一带一路"倡议，推动让周边国家通过中国的协助，共同繁荣发展起来。这个想法受到不少小国的欢迎，特别是南亚各国，它们急需地方基础建设，需要资金与技术的导入。但是这个想法对印度而言，这是中国积极介入南亚事务的借口和争取南亚领导权的作为。印度的解读自有他的角度，事实是否如此，有待时间来证明。

有学者表示："一方面印度对于对外合作，特别是与中国的合作是重视的，但另一方面，印度对一带一路政策却不温不火。一带一路从提出到现在三年多，印度之前的国大党政府对一带一路口头上没有太排斥，但现任的莫迪政府还是有一些看法。地缘政治是最主要的原因。"

就现况所知，若是按照喀喇昆仑公路过去的走向，中巴经济走廊要经过巴基斯坦控制的克什米尔地区，这是印度和巴基斯坦从建国以来就一直有争议的地方。而且印度一直认为，这一块争议的地方是属于它的核心利益范围。因此对印度来说，它们希望中巴经济走廊和"一带一路"能有所切割，只有不触及印巴敏感的地缘矛盾，才能支持"一带一路"。同时也希望孟中印缅经济走廊和"一带一路"有切割，这样既可以和中国有经济联通，又不至于触碰到"一带一路"中涉及的印巴关系。这是印度一直以来有所要求的。

（一）对南亚诸国的影响

"一带一路"倡议的六大经济走廊中有两条位于南亚，分别是中巴经济走廊和孟中印缅经济走廊。"一带一路"倡议提出以来，在南亚地区得到了绝大多数国家的积极响应与支持，取得了明显效果。"一带一路"建设的不断推进，将进一步释放中国与南亚之间的合作潜力。

如一份财经报道所言："南亚次大陆人口占世界的24%，可是陆地面积却不足4%，人口密度居世界第一。长期以来这里因民族矛盾、宗教纷争而战乱不止，同时干旱、洪涝、地震等自然灾害也频频光顾，因而作为世界经济发展的低洼地带，它一直与非洲撒哈拉同列。然而，近年南亚出现了一些可喜的变化。特别是在全球政经局势乱象丛生的2016年，南亚各国不仅实现了政治稳定，而且经济也保持着高增长势头。2017 年南亚将……依然是世界经济最具活力、发展最具希望的地区。"① 这个新闻点出一个事实，南亚地区是具备潜力的，如果它们得到足够的推力与协助。

举例看，过去 5 年来，中国提供融资的项目在斯里兰卡创造了数十万人就业。90% 的工人是当地年轻人，他们中许多人接受中国企业的技术培训。

与斯里兰卡相比，巴基斯坦的对华政策更让莫迪政府尴尬。德里对中巴经济走廊建设不悦。但中国公司与世行成员国为项目提供资金，德里又能做什么？更棘手的是，最近中国提出建设一条从西藏经尼泊尔到印度的经济走廊。这更属于德里难以阻挡的双赢项目。今后某个时候还会有更多的双赢提议出现，将这条经济走廊扩至不丹和孟加拉国。②

（二）对印度的影响

印度学界和政界在对待"一带一路"的态度上确有分歧，但有一点是共同的，那就是印度对中国进入印度自认为属于自己势力范围的南亚和印度洋区域充满警惕。

有学者指出：印度的经济成长主要是国内市场的驱动和与欧美等发达国家的联系，印度对周边地区的经济一体化进程兴味索然的真实原因，恰恰就在于印度实际上并不需要南亚共同市场。当印度面对中国"一带一路"的时候，大部分印度学者的解读是基于战略视角的，而不是经济视角。

防止中国在印度的后院建立依附于中国的经济体系，这个目标比建立印度主导的地区经济体系更能打动印度。相应的，也就规定了印度对待周边中小国家的政策选择更倾向于强调威慑而不是怀柔。实践上，印度的南亚政策在施恩和立威两种选择中摇摆，不过始终以立威为主。③ 中国对于南亚国家经济的支持是否让中国更具说服力，印度过去的南亚政策是否到了转变的时刻？

有学者认为："值得注意的是，印方的这种认识不完全是对'一带一路'

---

① 巨亨网新闻中心：《印度监督之下 中国未来与南亚国家只能发展经济合作》，https://news.cnyes. com/news/id/3669544。

② 巨亨网新闻中心：《印度监督之下 中国未来与南亚国家只能发展经济合作》，https://news.cnyes. com/news/id/3669544。

③ 叶海林：《印度南亚政策及对中国推进一带一路的影响》，凤凰国际智库，2016 年 6 月 13 日，http://pit. ifeng. com/a/20160613/48966104_0. shtml。

倡议的不了解而形成的误解，在很大程度上是出于印度对中国与周边国家发展关系的模式的不认可。印度学者认为中国的周边战略失当的部分原因是试图用钱来解决所有问题，而不是真正关心地区国家的发展，深入地与地区国家发展民间往来，增进人民间的了解。"① 这样的说法普遍成为印度舆论界的看法时，确实会影响印度人对"一带一路"项目的观感，更影响到中国对南亚国家外交关系的前景，更可能妨碍"一带一路"建设未来的推动。

结　论

中国的国际地位随着其经济发展的实力展现在全球之前，有别于过去的时期，中国的发展已然被全球所关注，中国目前是美国这一超级大国所担心的假想敌，因为中国所展现的实力已非过去所能比，这样的表现，更是令南亚的印度担忧，全面崛起的中国，不再是过去的模样，印度必须有新的相处方式，反之，中国也要有新的思维来面对这个邻国。

从两个历史大国的发展看到，各有优势及特色，早在 2015 年访问中国时，莫迪曾公开表示，中国经济发展是值得印度学习的对象。而印度长期以来都是资本短缺国家，中国的大量资本正是印度甚为看重的外部资源。

目前，不少中国企业已经进驻印度市场，如三一重工、华为、华能等。阿里巴巴、中兴和小米也对投资印度跃跃欲试。莫迪通过微博透露，他将在上海期间会见企业领袖，"跟他们分享印度能提供的机会"。

增加对华出口、减少对华贸易逆差是莫迪此行的另一大关切。印方希望扩大软件、医药和农产品的对华出口，但有些产品还不能被中国接受。以印度的医药仿制产品为例，虽然价格便宜，但不符合世界知识产权组织以及世界贸易组织的有关规定。② 从这个角度看，中国的经济发展与印度之间有可以互相支持与合作的空间，就未来两国之长期发展关系看，合作的效益一定是大过对抗。

就中国积极发展的同时，学者也认真地分析中国在印度洋所面对的威胁，

---

① 毛悦：《从印度对"一带一路"的认知与反应看印度外交思维模式》，《国际论坛》2017 年 8 月 11 日，http://m. dunjiaodu. com/xinxingguojia/2017 – 08 – 11/1638. html。

② 《莫迪访华：吸引投资是重点》，中国日报网，2015 年 5 月 12 日，https://world. chinadaily. com. cn/ydmdfh/2015 – 05/12/content_20697324. htm。

提醒有识之士不能轻忽，这些威胁如下："一、中国不是印度洋国家，海上航道的脆弱性极高。二、中国与印度在印度洋上存在战略冲突。三、美国在印度洋上要塞建立军事基地对中国安全构成威胁。四、印度对中国进入印度洋的错误认知将增加冲突可能性。五、印度洋复杂动荡的局势威胁中国航线安全。六、'中国威胁论'的思维定式影响中国与周边国家关系。"① 这些分析确实点出中国向印度洋发展的威胁点，中国目前需要积极地向周边国家及世界说明，"中国即使强大之后也不会走霸权的路"，这是让一些别有用心言论退去的关键。

印度和中国都处在发展中大国的阶段，但是各自处在不同的发展阶段，不论从工业水平还是资源拥有上都存在差异，而这种差异也直接体现在两国的双边贸易中。进入 21 世纪以来中印贸易呈现出高增长的态势，中印之间贸易互补性强、产业发展处于不同阶段、合作前景广阔。随着双边高层互访不断增多，多领域合作不断深化，可以预见的是中印经贸关系已进入历史最好时期。

目前在网上的言论不少属情绪性的表达，缺乏对全局的观察，印度或有其不如中国的地方但并非绝对落后。中国和印度都不乏这种煽风式的言论，大可不必如此，要先能做到知己知彼，在基础上做到认识对方的长处，改善自己的短处，这才能百战不殆。

当习近平于 2014 年 9 月访问印度时，与莫迪热情地就经济合作议题交换意见，习近平指出："世界的工厂（中国）和它的后勤部门（印度）是天作之合。"② 这是单纯从经济角度出发看两国的合作，然而两个国家存在已久的边界问题，是不可避免的争议点，如何妥善地解决需要极大的智慧。

中国对印度的发展是既要合作也要小心，两国间的外交关系更是如此，我们必须更清楚地掌握对方的思维模式与行为规则，理解我们的舞伴才能将和谐共荣的舞曲跳下去，不能掌握对方的动向，龙跟象如何共舞？

就统计数据所见："印度人的乐观主要是基于人口红利。中国的人口正在老化，年轻劳工的供给逐渐萎缩。人口老化的后果已渗透经济体，薪资上

---

① 何翠萍：《印度洋与中国》，社会科学文献出版社，2014，第 191～192 页。

② Gideon Rachman，《东方化中国印度将主导全球》，洪世民译，（台北）时报文化出版，2017，第 165 页。

涨，国家开始流失制造业工作。"谢卡尔·古普塔（Shekhar Gupta），这位印度最具影响力的新闻工作者之一指出："印度人现在普遍相信印度正在崛起、中国正在衰落。我们是世界上唯一成长中的强国。"① 这是个不能回避的事实，如何维持中国自身的成长不堕落，才能保持稳坐第一的位置，这有赖未来十年间的共同努力。

全球其实都在看着这两个文明古国如何智慧地处理两国关系，如果说这两个人口最多、国土相邻的国家能走出一条平和的路，创造出一条有别于西方理论的国际关系新典范，这该是让人期待的一件好事，如果两个国家可以不要走上对战的局面，对南亚地区更是件好事，对两国各自的发展更是有利，没有理由要用人命去呈现政客的想法，用智慧总是可以找出更好的相处之道。

印度此刻应是认真地想想自己在走印度自己的路，或是携手与中国共进，我们期待这是一场和谐的共舞。

---

① Gideon Rachman，《东方化中国印度将主导全球》，洪世民译，（台北）时报文化出版，2017，第 153 页。

跨喜马拉雅贸易转型：以尼泊尔远西地区比昂人为个案

〔日〕 名和克郎*

跨喜马拉雅贸易长期以来一直是喜马拉雅民族学和社会文化人类学的一个重要主题。在许多情况下，基本的传统贸易模式是以西藏的岩盐交换喜马拉雅山南侧的谷物。在近代尼泊尔境内，除了途经加德满都谷地（在玛拉王朝时期，加德满都谷地就建立了非常复杂的贸易模式，最重要的是经过谷地内多个城邦的纽瓦尔族商人之手）的最重要的贸易路线，贸易主要由喜马拉雅地区的不同群体成员沿着一条或其他跨喜马拉雅贸易路线进行。尼泊尔自20世纪中期开始向外国学术研究人员开放其大部分领土，在此之后的10年内[1]，一些开拓进取的实地考察工作者对多个喜马拉雅谷地进行了考察，生动地描述了当地"传统"的跨喜马拉雅贸易模式。[2] 1960年前后，经过尼泊尔—中国边境许多山口的跨喜马拉雅贸易发生巨大变化。自那时起，许多学者分析了尼泊尔各种"贸易"群体的轨迹，尤其是卡利甘达基河上游的塔卡利族（主要有：从跨喜马拉雅商人到创业者的研究——Bista, 1971; Fürer-Haimendorf, 1981; Heide, 1988; Manzardo, 1978; Vinding, 1998; 昆布谷的夏尔巴人研究，即从商人和农民到"夏尔巴人"和旅游业——Adams, 1996; Fisher, 2001; Fürer-Haimendorf, 1984; Ortner, 1999; 马南人的研究，即从少数的本土化——并非地道的"跨喜马拉雅人"——商人到国际商人／

---

* 名和克郎，日本东京大学东洋文化研究所教授。

① 早期关于通过尼泊尔进行跨喜马拉雅贸易的民族志信息非常有限。通过尼泊尔秘密考察西藏的日本僧人 Ekai Kawaguchi 在他的见闻录中描述了一些1900年通过卡利甘达基河路线进行跨喜马拉雅贸易的民族志观察结果（Kawaguchi, 1909）。

② 请参阅 Fürer-Haimendorf（1964、1988），Iijima（1963）和 Kawakita（1957）。另外值得指出的是，19世纪末20世纪初，尼泊尔经过尼泊尔多个谷地的跨喜马拉雅贸易已经发生转变，具体如 Messerschmidt 和 Gurung（1974）所描述。

创业者——Cooke，1985；Gurung，1976；Spengen，2000；Watkins，1996）。尼泊尔还有许多其他群体，其成员传统上从事跨喜马拉雅贸易，从塔普勒琼县的瓦伦族（Olangchung Gola）到胡姆拉县的利米族。① 我们现在知道跨喜马拉雅贸易的广泛局部变化，从平行的季节性迁移（Fisher，1987）到新的贸易群体的出现（Rauber，1980、1982）。

本文将着重讨论尼泊尔远西地区的跨喜马拉雅"贸易社群"——达尔楚拉县（现在的 7 号省）的比昂人（Byans）。② 比昂位于马哈卡利河谷地，构成尼泊尔与印度的西部边界。马哈卡利河谷地的主要居民，在尼泊尔境内的通常称为"比昂人"，在印度境内的称为（库蒙）普提亚人，在马哈卡利河流域的当地印度半山居民称为"索卡人"（Shauka），他们用自己的语言自称为"兰格人"（Rang）。传统上，兰格人生活在喜马拉雅地区的三个区域，即比昂、卓丹斯和达玛。他们的大多数村庄都位于印度北阿坎德邦（以前是北方邦的一部分），只有 4 个村庄位于尼泊尔境内，其中两个村庄〔包括"齐行鲁"（Chhangru）村，1993～1995 年博士研究调查期间，笔者曾住在这个村庄〕位于比昂，另外两个位于其他地方（Nawa，2000、2004）。③ 作为跨喜马拉雅商人，许多尼泊尔比昂兰格人在西藏与喜马拉雅山以南丘陵之间季节性迁移（但需要指出的是，并非所有尼泊尔兰格居民都从事跨喜马拉雅贸易）。夏季，许多商人从他们在比昂的村庄前往西藏西部的普兰县。冬季，当他们的村庄因大雪覆盖导致与外界断开联系时，他们大多数将搬往达尔楚拉——马哈卡利河流域的一个集市——这里有过冬的暖房。通过这种季节性迁移，几个世纪以来他们一直受到两种不同宗教的影响：北部的藏传佛教，

---

① 请参阅后面的参考书目，了解该领域的主要研究（但请注意，参考书目并不全）。对于尼泊尔跨喜马拉雅商人的比较研究，可参阅，例如 Fürer-Haimendorf（1978、1988），Schrader（1988）和 Ziverz（1992）。

② 本文的民族志描述主要基于作者自己 1993～1995 年、2001 年、2008 年和 2010 年在尼泊尔远西地区达尔楚拉县及加德满都谷地和其他地方开展的实地调查工作。

③ 由于后面讨论的原因，印度兰格人和北阿坎德邦的其他跨喜马拉雅群体（通常被归为"普提亚人"并被官方认定为"表列部落"）基本上不在本文的探讨范围之内。有关印度兰格人和库蒙普提亚人的传统贸易模式，请参阅 Sherring（1906），Heim 和 Gansser（1938）以及 Pant（1935）。有关 1962 年以后的社会变革，请参阅 Bisht（1994），Brown（1984、1987、1992、1994），Hoon（1996），Raha 和 Das（1981），特别是 Bergmann（2016），以及 Bergman 等人（2018、2011）。Rāypā（1974 年）是一篇由印度比昂的本土人类学家撰写的综合兰格人民族志，而 Etvāl（2060 v. s.）是一篇由尼泊尔比昂人撰写的文章。

以及南部现在通常所称的印度教，外部观察者指出，他们在受到藏传佛教和印度教影响的同时保留了自己的文化和传统。①

　　与尼泊尔的其他"贸易群体"相比，尼泊尔比昂人有几个重要的特征，具体如下所示。首先，与许多"贸易群体"不同，他们的家园位于尼泊尔喜马拉雅谷地，比昂人并不是藏传佛教徒，他们也不是任何南亚种姓社会的一部分。他们的母语是非藏族藏缅语，保留了自己的文化，既有别于藏族文化，也有别于南部的帕哈里族文化。其次，与西藏中部附近的许多其他传统跨喜马拉雅山口不同，从尼泊尔到西藏西部普兰县的两个山口（分别位于达尔楚拉县和胡姆拉县），在1962年之后并未长期关闭，许多来自尼泊尔比昂和胡姆拉县多个村庄的"传统"商人允许前往普兰县从事贸易活动。最后，这一地区通过马哈卡利河路线进行跨喜马拉雅贸易的历史要比尼泊尔其他地区复杂得多，因为一些印度比昂人也是跨喜马拉雅商人。从比昂到西藏主要有两个山口：一条途经马哈卡利河干流（构成尼泊尔与印度之间的边界）——里普列克山口，另外一条途经尼泊尔境内的廷卡河（Tinkar）。正如后面将讨论的那样，由于经过里普列克山口的贸易路线自1962年开始关闭了30年后，比昂人在这30年里基本上主要使用廷卡河路线经过比昂进行贸易活动。正是基于这些特征，本文重建了20世纪上半叶尼泊尔兰格人的传统贸易模式，以及这一模式在过去70年中的演变。

　　有关19世纪和20世纪初期尼泊尔比昂兰格人跨喜马拉雅贸易的详细资料很少。然而，考虑到马哈卡利河流域的社会文化和生态连续性，以及尽管1816年马哈卡利河变成尼泊尔—印度边界的一部分，但在20世纪中期之前，这一区域边界并未受到严格控制，我们可以很容易地假定当时尼泊尔比昂兰格人的生计几乎与印度比昂兰格人相同。根据有关印度比昂人的各种资料来源②，我们可以有把握地说，他们依靠农业、畜牧业和跨喜马拉雅贸易作为生计来源。主要农作物是苦荞麦和喜马拉雅小麦，每年选择其中一种进行种植。虽然当时的人口较少，但他们的耕地要比现在多得多。一些作物用于与西藏西部普兰县的岩盐和其他东西进行交换。许多家庭拥有一群山羊和绵羊

---

① 请参阅 Dahal，1994；Fürer-Haimendorf，1988；Manzardo 等人，1976。

② 请参阅 Atkinson，1996（1884）a，b，1996（1886）a，b；Sherring，1906；Heim 和 Gansser，1938；以及最重要的，Pant，1935。

（比昂人称之为"mala"），它们是喜马拉雅地区的主要交通工具，也有少量的犏牛（牦牛和黄牛的杂交种）用于耕作。一年中有半年多的时间里，比昂人基本上都住在自己的村庄里。在冬季，他们中的大部分人会搬到距离马哈卡利河岸约1000米的达尔楚拉县，或者喜马拉雅山以南的其他地方居住几个月，但当时他们不允许在尼泊尔达尔楚拉县建造有永久屋顶的房子。他们中的一些人会骑着羊群前往喜马拉雅山以南的各个村庄，用谷物交换西藏的岩盐、羊毛制品和其他东西。

尼泊尔比昂兰格人基本上通过马哈卡利河路线垄断了跨喜马拉雅贸易达30年之久。这当然为他们提供了很大的机会。但是，20世纪60～80年代发生的情况远不是传统跨喜马拉雅贸易的简单延伸。[①] 事实上，他们跨喜马拉雅贸易的风格和内容也发生了巨大变化。首先，从印度进口的海盐逐渐传播到尼泊尔远西地区的丘陵和山区，取代了西藏的岩盐。此外，中国政府还从中国其他省份向西藏运送粮食。根据几个老村民的说法，在1959年之前，一些尼泊尔比昂商人还向普兰县出口其本地种植的苦荞麦。然而，在1959年以后，西藏对南亚谷物的需求急剧下降。主要的贸易商品变为西藏的羊毛、印度和尼泊尔的粗糖、印度和中国内地的各种工业品，等等。因此，贸易的性质变得越来越商业化。为了应对这些变化，许多富裕且更具创业精神的商人购买骡子并大幅扩大贸易。其他人要么完全停止他们的跨喜马拉雅贸易，要么缩减规模并将其作为次要的营生手段。许多村民减少了他们饲养的山羊和绵羊数量（Manzardo等人，1976）。拜德迪—达尔楚拉—比昂道路的修建加速了这些趋势，虽然该道路不可通行汽车，却可供骡子和犏牛通行。所有这些因素导致了跨喜马拉雅贸易的两极分化：更大规模的创业型贸易和更小规模的次要营生贸易，以及尼泊尔比昂山羊和绵羊数量的急剧减少。在此期间，耕种面积也大幅缩减。越来越多的田地远离其主要村庄，一些小型的梯田也因此荒废。

笔者于1993～1994年夏天在比昂地区（主要是在齐行鲁村）考察发现，虽然许多兰格家庭仍然从事农业、畜牧业和跨喜马拉雅贸易。但是在"传统"外衣之下，各种转变正在悄然发生。例如，在秋季，您仍然可以看到许多山羊和绵羊从西藏迁移到喜马拉雅山以南地区。大多数羊群至少在比昂村

---

① 请参阅 Manzardo 等人（1976）和 Dahal（1994）了解当代民族志文章。

庄内或周围的圈养区住上一晚，粪便与松针混合在一起，用作来年春季的粪肥。但大多羊群只是在普兰县购买，被送往南部出售或食用，不用于繁殖。1993 年，齐行鲁村只有一户家庭全年饲养了羊群，这些羊群由其本地雇工照看。

富商从西藏进口的主要产品之一是羊毛。更富裕的贸易家庭使用骡子将羊毛从普兰县运送到比昂地区。然后他们聘请非本地搬运工将羊毛从比昂搬运到达尔楚拉，特别是在雨季，因为喜马拉雅山主要山脊的南部在雨季期间几乎不可能使用骡子。之后，他们使用（齐行鲁村几位富商共有）的货车通过印度汽车道从印度达尔丘拉运往加德满都。① 为了进行这种贸易，许多富裕的贸易家庭将其成年家庭成员分配到几个贸易点（例如普兰县、齐行鲁、达尔楚拉和加德满都），并使用一些非本地雇工。这些雇工和苦力不仅负责运送贸易商品，还负责传递书信，以便家庭成员促进商业的迅速发展。显然，他们对羊毛的偏好与 20 世纪 80 年代末 90 年代初加德满都谷地地毯业的蓬勃发展密切相关。

喜马拉雅山脉在地理位置上将尼泊尔比昂与达尔楚拉县的其他地区相分离，任何想要通过尼泊尔境内前往比昂地区的人都必须使用经过马哈卡利河的路线。比昂人正是利用这种地理条件最大限度地从其跨喜马拉雅贸易中获益。这种地理条件也延迟了他们与村庄内或附近游击队的直接接触。根据作者 2008 年对村民进行的采访和当代新闻媒体的报道②，游击队的士兵最有可能是在 2003 年来到尼泊尔比昂地区。

通过马哈卡利河路线进行的跨喜马拉雅贸易仍在继续。2017 年，一些尼泊尔比昂村民来到普兰县从事贸易活动，他们在那里享用了藏族和中国内地美食，然后回到了比昂和达尔楚拉县。当然，由于普兰县和尼泊尔市场的供求关系，贸易项目（包括进口和出口）每年都在变化。边界两侧的基础设施也一直在变化。现在，人们可以从加德满都乘车通过尼泊尔境内前往达尔楚拉县，尽管许多商人似乎仍然喜欢使用印度铺设的道路。另外，在不久的将来，普兰县将通过铁路连接日喀则、拉萨和中国其他城市。目前尚不清楚这

---

① 尼泊尔的达尔楚拉县通过一座悬索桥与印度达尔丘拉相连。在 20 世纪 90 年代，尼泊尔达尔楚拉县没有连通任何可供汽车通行的道路，但印度有从德里到达尔丘拉的夜班车。

② 例如，Baṭṭa 2060 v. s. , Boharā, K. 2060 v. s.

一发展将如何影响通过马哈卡利河路线的跨喜马拉雅贸易，以及尼泊尔兰格人的生活。另一个转变是尼泊尔比昂兰格人不再是达尔楚拉县与中国贸易的唯一代理人。除了印度兰格人和其他印度商人通过里普列克山口前往普兰县，一些中国商人在尼泊尔内战结束后也来到达尔楚拉县寻找优质的冬虫夏草。

　　本文简要概述了20世纪中期尼泊尔比昂兰格人的跨喜马拉雅贸易轨迹。与尼泊尔的许多其他跨喜马拉雅贸易群体不同，一些尼泊尔比昂兰格人在瞬息万变的环境下持续从事跨喜马拉雅贸易活动。虽然将尼泊尔比昂人与尼泊尔其他现有和以前的"贸易群体"以及印度比昂人的案例进行系统比较并不在本文的探讨范围之内，但很明显，中国向尼泊尔的传统跨喜马拉雅商人（即尼泊尔比昂和胡姆拉商人）开放普兰市场的决定，以及比昂地区在当代民族国家体系中的地缘政治地位，成就了尼泊尔比昂人非常独特的跨喜马拉雅贸易历史。可以肯定的是，我们不能把他们的历史写成一个简单的成功故事；毕竟不是所有的商人都取得了同样的成功，许多尼泊尔比昂村民（无论成功与否）都强调和抱怨了跨喜马拉雅贸易的不稳定性。然而，至少从20世纪中期开始，通过比昂进行跨喜马拉雅贸易活动对一些尼泊尔比昂村民来说是一个有风险但也可能有利可图的选择，因为它使得这一地区的多个家庭不仅就当地而且就南亚标准来看都实现了较高的富裕水平。

参考书目：

Adams，Vincanne. 1996. *Tigers of the Snow and Other Virtual Sherpas：An Ethnography of Himalayan Encounters*. Princeton：Princeton University Press.

Atkinson，Edwin T. 1996 （1884） a. *Himalayan Gazetteer* （volume two，part one）. Dehra Dun：Natraj Publishers. （First Published under the title *The Himalayan Districts of the North Western Province of India*）

Atkinson，Edwin T. 1996 （1884） b. *Himalayan Gazetteer* （volume two，part two）. Dehra Dun：Natraj Publishers. （First Published under the title *The Himalayan Districts of the North Western Province of India*）

Atkinson，Edwin T. 1996 （1886） a. *Himalayan Gazetteer* （volume three，part one）. Dehra Dun：Natraj Publishers. （First Published under the title *The Himalayan Districts of the North Western Province of India*）

Atkinson，Edwin T. 1996 （1886） b. *Himalayan Gazetteer* （volume three， part two）. Dehra Dun：Natraj Publishers. （First Published under the title *The Hi-malayan Districts of the North Western Province of India*）

Baṭṭa, Ś. 2060 v. s. （2004）. Vyās-ko Vyathā. *Nepāl* 1 - 15 māgh：32 - 33. （Nepali）

Bauer, Kenneth M. 2004. *High Frontiers：Dolpo and the Changing World of Himalaya Pastoralists.* New York：Columbia University Press.

Bergmann, Christoph. 2016. *The Himalayan Border Region：Trade, Identity and Mobility in Kumaon, India.* Springer.

Bergmann, Christoph, Martin Gerwin, Marcus Nüsser, and William S. Sax. 2008. Living in a High Mountain Border Region：the Case of the "Bhotiyas" of the Indo-Chinese Border Region. *Journal of Mountain Science* 5 （3）：209 - 217.

Bergmann, Christoph, Martin Gerwin, William S. Sax, and Marcus Nüsser. 2011. Politics of Scale in a High Mountain Border Region：Being Mobile among the Bhotiyas of the Kumaon Himalaya, India. *Nomadic People* 15 （2）：104 - 129.

Bisht, B. S. 1994. *Tribes of India, Nepal, Tibet Borderland：A Study of Cultural Transformation.* New Delhi：Gyan Publishing House.

Boharā, K. 2060 v. s. （2004）Rājyavihīn Sīmā Nākā. *Himāl* 1 - 15 cait：28. （Nepali）

Bista, Dor Bahadur. 1971. The Political Innovators of upper Kali-Gandaki. *Man* （ns） 6 （1）：52 - 60.

Bista, Dor Bahadur. 1987. *People of Nepal* （5th ed. ）. Kathmandu：Ranta Pustak Bhandar.

Brown, Charles W. 1984. "*The Goat is Mine, the Load is Yours*"：*Morphogenesis of "Bhotiya-Shauka", U. P. , India.* Lund：Lund University.

Brown, Charles W. 1987. Ecology, Trade and Former Bhotiya Identity. In Manis Kumar Raha ed. *The Himalayan Heritage*, pp. 125 - 138. Delhi：Gian Publishing House.

Brown, Charles W. 1992 What We Call "Bhotiyas" are in Reality not Bhotiyas：Perspectives of British Colonial Conceptions. In Maheshwar P. Joshi, Allen C. Fanger, Charles W. Brown eds. *Himalaya：Past and Present*, Vol. II （1991 - 92）, pp. 147 - 172. Almora：Shree Almora Book Depot.

Brown, Charles W. 1994. Salt, Barley, Pashmina andTincal: Contexts of Being Bhotiyas in Traill's Kumaon. In Maheshwar P. Joshi, Allen C. Fanger, Charles W. Brown eds. *Himalaya: Past and Present*, Vol. Ⅲ (1992 – 93). Almora: Shree Almora Book Depot.

Cooke, M. T. 1985. Social Change and Status Emulation among the Nisyangte of Manang. *Contributions to Nepalese Studies* 13 (1): 45 – 56.

Dahal, Dilli Ram. 1994. Poverty or Plenty: A Case Study of the Byansi People of Darchula District of Far Western Nepal. In Michael Allen ed. *Proceedings of an International Seminar on the Anthropology of Nepal: People, Problems and Processes*. Kathmandu: Mandala Book Point.

Etvāl, M. 2060 v. s. (2004) Śaukā Samudāya-ko Naitikamāpadaṇḍra Vartamān Prārup. In J. Bhaṇḍārī (ed.) *Prācīn Mallakālīn Itihās, Vibhinna Vaṃśāvalī tathā devīdevatāharūko Utpattī (Mahākālī ra Setī)*. pp. 31 – 45. Mahendranagar.

Fisher, James F. 1987 (1986). *Trans-Himalayan Traders: Economy, Society, and Culture in North West Nepal*. Delhi: Motilal Banasidass.

Fisher, William F. 2001. *Fluid Boundaries: Forming and Transforming Identity in Nepal*. Columbia University Press.

Fürer-Haimendorf, Christoph von. 1964. *The Sherpas of Nepal: Buddhist Highlanders*. Berkeley and Los Angeles: University of Calfornia Press.

Fürer-Haimendorf, Christoph von. 1978. Trans-Himalayan Traders in Transition. In James F. Fisher ed. *Himalayan Anthropology: The Indo-Tibetan Interface*, pp. 339 – 357. The Hague and Paris: Mouton Publishers.

Fürer-Haimendorf, Christoph von. 1981. Social Structure and Spatial Mobility among the Thakalis of Western Nepal. In C. von Fürer-Haimendorf ed. *Asian Highland Societies in Anthropological Perspectives*, pp. 1 – 19. New Delhi: Sterling.

Fürer-Haimendorf, Christoph von. 1984. *The Sherpas Transformed: Social Change in a Buddhist Society of Nepal*. New Delhi: Sterling Publishers.

Fürer-Haimendorf, Christoph von. 1988 (1975). *Himalayan Traders: Life in Highland Nepal*. New Delhi: Time Books International.

Goldstein, Melvyn C. 1974. Tibetan Speaking Agro-Pastoralists ofLimi: A Cultural Ecological Overview of High Altitude Adaptation in the Northwest Himala-

ya. Objets et Mondes 14 （4）: 259 – 269.

Goldstein, Melvyn C. 1975. A Report on Limi Panchayat, Humla District, Karnali Zone. *Contributions to Nepalese Studies* 2 （2）: 89 – 101.

Gurung, Nareshwar Jang. 1976. An Introduction to the Socio-Economic Structure of Manang District. *Kailash* 4: 295 – 310.

Heide, Susanne von der. 1988. *The Thakalis of North Western Nepal.* Kathmandu: Ranta Pustak Bhandar.

Heim, A. und A. Gansser. 1938. *Thron der Götter: Erlebnisse der ersten Schweizerischen Himalaya-Expedition.* Zürich und Leipzig: Morgarten.

Hoon, Vineeta. 1996. *Living on the Move: Bhotiyas of the Kumaon Himalaya.* New Delhi: Sage Publications.

Humphrey, Caroline. 1992. Fair Dealing, Just Rewards: The Ethics of Barter in North-East Nepal. In Caroline Humphrey and Stephen Hugh-Jones eds. *Barter, Exchange and Value: An Anthropological Approach*, pp. 107 – 141. Cambridge: Cambridge University Press.

Iijima, Shigeru. 1963. Hinduization of a Himalayan Tribe in Nepal. Kroeber Anthropological Society Papers 29: 43 – 52.

Jest, Corneille. 1993. The Newar Marchant Community in Tibet: An Interface of Newar and Tibetan Cultures: A Century of Transhimalayan Trade and Recent Development. In Gérard Toffin ed. *Nepal: Past and Present: Proceedings of the France-German Conference Arc-et-Senance, June* 1990, pp. 159 – 168. New Delhi: Sterling Publications.

Kawakita, Jiro. 1957. Ethno-Geographical Obserbvtions on the Nepal Himalaya. In H. Kihara ed. *Peoples of Nepal Himalaya: Scientific Results of the Japanese Expeditions to Nepal Himalaya* 1952 – 1953 vol. Ⅲ, pp. 1 – 363. Kyoto: Fauna and Flora Research Society.

Levine, Nancy E. 1987. Caste, State, and Ethnic Boundaries in Nepal. *Journal of Asian Studies* 46 （1）: 71 – 88.

Manzardo, Andrew E. 1978. To Be Kings of the North: Community, Adaptation and Impression Management in the Thakali of Western Nepal. Ph. D. dissertation submitted to the University of Wisconsin-Madison.

Manzardo, Andrew E. , Dilli Ram Dahal, and Navin Kumar Rai. 1976. The Byanshis: An Ethnographic Note on a Trading Group in Far Western Nepal. *Contributions to Nepalese Studies* 3 (2): 83 – 118.

Messerschmidt, Donald A. and Nareshwar Jang Gurung. 1974. Parallel Trade and Innovation in Central Nepal: The Cases of the Gurung and Thakali Subbas Compared. In C. von Fürer-Haimendorf ed. *Contributions to the Anthropology of Nepal*, pp. 197 – 221. New Delhi: Vikas Publishing House.

Nawa, Katsuo. 2000. Ethnic Categories and their Usages in Byans, Far Western Nepal. *European Bulletin of Himalayan Research* 18: 36 – 57.

Nawa, Katsuo. 2004. Language Situation and "Mother Tongue" in Byans, Far Western Nepal. *Studies in Nepali History and Society* 9 (2): 261 – 291.

Nawa, Katsuo. 2007. Some Unintended Consequences of Ritual Change: The Case of Funerals in Chhangru, Byans, Far Western Nepal. In Hiroshi Ishii, David N. Gellner, and Katsuo Nawa eds. *Political and Social Transformations in North India and Nepal: Social Dynamics in Northern South Asia* vol. 2, pp. 263 – 288. Delhi: Manohar.

Ortner, Sherry B. 1999. *Life and death on Mt. Everest: Sherpas and Himalayan Mountaineering.* Princeton: Princeton University Press.

Pant, S. D. 1935. *The Social Economy of the Himalayas: Based on a Survey in the Kumaon Himalayas.* London: G. Allen & Unwin.

Parker, Barbara, 1988. Moral Economy, Political Economy, and the Culture of Entrepreneurship in Highland Nepal. *Ethnology* 27 (2): 181 – 194.

Raha, M. K. and J. C. Das. 1981. Divergent Trends of Transformation among the Kumaon Bhotia of the Central Himalayas. In Cristoph von Fürer-Haimendorf ed. *Asian Highland Societies in Anthropological Perspective*, pp. 250 – 265. New Delhi: Sterling Publishers.

Rana Magar, B. K. 2000 (B. S. 2057). An Ethnographic Study on the Shaukas of Byas Valley. *Janajati* 2 (1): 63 – 83.

Rauber, Hanna. 1980. The Humli-Khyampas of Far Western Nepal: A Study of Ethnogenesis. *Contributions to Nepalese Studies* 8 (1): 57 – 79.

Rauber, Hanna. 1982. Humli Khyampas and the Indian Salt Trade: Changing

Economy of Nomadic Traders in Far West Nepal. In Philip Carl Salzman e-d. *Contemporary Nomadic and Pastoral Peoples: Asia and the North*. Williamsberg: Department of Anthropology, Collage of William and Mary.

Rāypā, R. S. 1974 *Śaukā: Sīmāvartī Janjāti*. Dhārcūlā: Rāypā Brādarś (Hindi).

Sherring, Charles A. 1906. *Western Tibet and the British Borderland: The Sacred Country of Hindus and Buddhists: With an Account of the Government, Religion and Customs of its Peoples*. Edward Arnold.

Schrader, Heiko. 1988. *Trading Patterns in the Nepal Himalayas (Bielefelder Studien zur Entwicklungssoziologie* Band 39). Saarbücken and Fort Lauderdale: Verlag Beitenbach.

Schuler, Sidney. 1977. Migratory Traders ofBaragaon. *Contributions to Nepalese Studies* 5 (1): 71 – 84.

Spengen, Wim van. 2000. *Tibetan Border Worlds: A Geohistorical Analysis of Trade and Traders*. London: Kegan Paul International.

Srivastava, R. P. 1966. Tribe-Caste Mobility in India and the Case of Kumaon Bhotias. In Christoph von Fürer-Haimendorf ed. *Caste and Kin in Nepal, India and Ceylon: Anthropological Studies in Hindu-Buddhist Contact Zones*, pp. 140 – 160. Bombay: Asia Publishing House.

Vinding, Michael. 1998. *The Thakali: A Himalayan Ethnography*. Serindia Publications.

Watkins, Joanne C. 1996. *Spirited Women: Gender, Religion, and Cultural Identity in the Nepal Himalaya*. New York: Columbia University Press.

Ziverz, Laurie. 1992. *Private Enterprise and the State in Modern Nepal*. Madras: Oxford University Press.

中国西藏与不丹之间传统贸易的三种模式

扎 洛 敖 见[*]

中国西藏与不丹（Bhutan/'brug-pa，旧称"布鲁克巴"）大致以喜马拉雅山山脊为界，分处喜马拉雅山南北两侧，自然气候差异造成两地物产各不相同，因此天然地形成了贸易需求。历史上，两地之间一直保持着密切的贸易关系，在边境地区形成了多个贸易点，比如自西向东有亚东（gro-mo）、帕里（phag-ri）、隆那（lung-nag）、拉雅（la-yag）、萨布（sa-sbug，后来挪移到隆东/klung-brdol）、拉康（lha-khang）、错那（mtsho-sna），等等。由于地理特征、交通条件、社区间距离等因素，各贸易点的交易模式有所不同。虽然，西藏与不丹之间的贸易对双方百姓的生活极其重要，甚至对双方政府的税收也有影响，但是，由于史料缺乏，学术界对此关注不多。18世纪后期，英国人博格尔（George Bogle）、特纳（Samuel Turner）曾经进入西藏，其目的之一就是打通印度与西藏的贸易通道，因此对商业贸易信息极为重视，他们的出使报告中都包含着西藏对外贸易关系的内容，特纳还留下了西藏与周边地区商品贸易的详细清单①。但是，他们就具体贸易形式的记述较为简单②。扎洛所著《清代西藏与布鲁克巴》较为系统地梳理了两地之间的历史关系，但是，由于相关史料缺乏，于经济往来着墨不多。近年来，我们留心于此，渐次获得了一些新的史料，略可弥补前人所缺。本文中笔者根据西藏的藏、汉

* 扎洛，中国藏学研究中心社会经济研究所所长、研究员；敖见，中国民族语言翻译局副译审。

① 见塞缪尔·特纳（Samuel Turner）《出使扎什喇嘛宫廷记事》（*An Account of an Embassy to the Court of the Teshoo Lama, in Tibet.* London：W. Bulmer and Co. 1800），第 281 ~ 384 页。

② 舒勒·凯曼（Schuyler Cammann）根据博格尔、特纳的出使报告著有《穿越喜马拉雅山脉的贸易——英国尝试打开西藏之门的早期努力》（*Trade through the Himalayas: the early British attempts to open Tibet,* Princeton University Press, 1951.），有关中国西藏与不丹的贸易只关注了帕里，对其他贸易点几乎没有涉及。

文历史档案，对帕里、萨布（隆东）和拉康三个贸易点上的传统贸易模式进行初步的研究，以期对历史上中国西藏与喜马拉雅山相邻国家间的贸易方式有一个概要的认识。

一　帕里模式："飞鸟归巢"

帕里（phag-ri，旧译为"帕克里"，今日喀则市亚东县帕里镇）是传统上西藏与不丹以及孟加拉国平原地区进行贸易的重要地点，距离传统边境线5公里左右。帕里的贸易可分为过境贸易和驻地贸易两种，过境贸易又包含官方贸易与民间贸易两类。

1. 过境贸易

过境贸易指贸易货物只在帕里边关检验、上税，然后运往西藏腹心地区的贸易行为，包括官方贸易和民间贸易两类。所谓官方贸易即指不丹政府或下辖各宗（rdzong，相当于县级政府）主持的贸易活动，主要是不丹政府利用给西藏的驻藏大臣、达赖喇嘛、班禅额尔德尼、摄政及噶厦诸噶伦致送年礼——"洛恰"（lo-phyag）时携带所进行的贸易。嘉庆朝的汉文档案记载，不丹德布王（Dev Raja）每年给西藏致送年礼，作为奖赏，西藏方面允许不丹使团带货物进藏贸易，以120驮为定数。这部分货物加盖印章记号，不仅免税，还要由西藏方面负责运送。同时使团还可额外携带货物，进藏贸易，但必须照例上税[1]。显然，官方贸易使团有利可图。不丹内部为了利益平衡，致送年礼的代表是西部各宗政府轮流负责的，以保证每个宗本都能利益均沾。

因为西藏方面会给予官方贸易使团各种政策优惠，又能保证安全，因此，也有许多民间商人跟随官方使团前往西藏。当然，日常也有民间的过境贸易。

---

[1]　嘉庆十七年六月初十（1812年7月18日），瑚图礼、丰绅《查明达赖喇嘛征收外番货税缘由》载："乾隆四十九年，布鲁克巴不遵旧例，其时，办理商上事务之噶勒丹锡呼图萨玛第巴克什赖喇嘛并告知布鲁克巴部长，将嗣后应纳税课立定章程，盖用达赖喇嘛印信并布鲁克巴部长印信，两下永远遵行：每年该部长致送年礼并该部落所属竹节、海郎、贡厦、仲巴等四处头人随送年礼及顺带贸易货物盖用印信，开具清单，均免其上税，至外带贸易货物人等货物，无印信记号者，照例每二十个抽税一个，所收税课均照商上档案定数征收，交纳达赖喇嘛库内。"中国第一历史档案馆清代档案朱批奏折外交类——布鲁克巴，缩微胶片：第4-23-3号。

这些民间商人必须在帕里上税（一般是二十抽一），途中转运也需要自己雇用驮畜、背夫。为此在帕里验货进关时，时常发生私货冒充官货，蒙混过关的现象，为此还发生过验货官员与布鲁克巴商人相互殴斗的案件。[①] 博格尔和特纳都指出，噶厦政府总体上鼓励跨界贸易，商人们只在边关上一次税后就可畅行无阻。

2. 驻地贸易

帕里原属高海拔（4600 米）荒凉地带，因地处西藏与不丹边界地区古来即有双边贸易，至 17 世纪之后，噶厦政府为鼓励贸易，特别在帕里安置部分居民，才逐渐形成有规模的贸易市场。根据博格尔、特纳等人的描述，在西藏与南亚的贸易活动中，帕里是个重要的贸易中转站，西藏的商人因为惧怕南亚的湿热气候，一般把货物运到帕里出售，而不再翻越喜马拉雅山向南前进。这就给不丹商人创造了巨大的商业机会，他们不仅可以向西藏出售本地产品，还可以将西藏物产运到南亚的孟加拉国、阿萨姆等地。总之，许多不丹商人前往帕里，或出售不丹产品，或收购西藏商品。

有关不丹商人在帕里的贸易模式，西藏方面制定了名为"飞鸟归巢"（bya-rnams tshang-'bab）的管理制度，即不丹商人必须与帕里居民结成固定的联系。不丹商人在滞留帕里期间，必须居住、生活在固定的帕里居民家中，同时，由帕里居民提供生活服务和安全保障，包括雇备驮运的牲口等。而不丹商人则向落脚住户支付报酬——"打勒"（ta-le/gta'-lo'i/ta-li）。所谓"打勒"，原指运输费用（brdal-gla），后来引申泛指为劳动付给的报偿。"打勒"的征收以人数和货物的多少来计量，计算体积（斗量之物）之物如粮食类、计算数量之物如水果、劳动工具类等各有标准。我们有一份题为《帕里人与布鲁克巴人有关"打勒"的甘结底稿》（phag-'brug gta'-lo'I skor gan-rgy'I ma-zin）[②] 的藏文档案，时间大约在 1916 年。其中规定了不丹商人和帕里居民双方有关"打勒"的权利义务关系，译录如下。

[①] 嘉庆十七年正月二十七日（1812 年 3 月 10 日），阳春、庆惠：《奏为布鲁克巴差来送达赖喇嘛年礼番民抗税殴伤帕克里正副营官审明定拟缘由》，中国第一历史档案馆清代档案朱批奏折外交类——布鲁克巴，缩微胶片：第 4 - 23 - 1 号。

[②] 《帕里人与布鲁克巴人有关"打勒"的甘结底稿》，西藏自治区档案馆藏噶厦档案外交类——中不关系，卷宗号略。

　　火龙年　　月　　日，利乐之源（政教）两道之主足下，敬启：我等如下具名衿印者信守不渝、毫无异议地共同签署甘结一式两份，内容为：要点乃帕里三部与前来之布鲁克巴客商就其违背有关征收、支付"打勒"之惯例，擅自拒付"打勒"，帕里三部人等上奏大皇帝，（皇帝?）与藏布双方王臣、头人等协商，为此，专派藏方之卓木（即今亚东——笔者）、江孜商务官拉顶色（lha-sdings-sras）、总邮政官曼贝（sbrags-spyi-sman-spel）两人，布鲁克巴派终萨（dkrong-gsar）特使洛恰瓦扎西曲佩（bkra-shis-chos-'phel）、帕罗（spa-gro）特使森本贡噶（kun-dga'）等齐集帕里进行调查。在帕里就前后原委询问双方当事人，查阅过往文件。时，帕里人等称：木龙年（1904 年）之前，有向布商征收"打勒"一个"贝觉"（spag-skyor）又一高升（byur）之惯例。木龙年，西藏与外国（指英国）战争期间，终萨阁下在公沃（dgon-'og）地方，称（布商）无力依规交纳"贝觉"，自此只交"一高升又一平升"（kha-rtsad），如此明言，要求依此而行。布人称：过去只有交纳一藏升（bre）① 之惯例，后来强征"贝觉"、高升、平升等，随心所欲，故而拒绝支付。火龙年、铁龙年、铁蛇年、火兔年、火狗年分别签署之甘结中，有捆、包裹等须照原先惯例支付"打勒"之文。此外，木龙年政府购粮官扎西康萨（bkra-shis khang-sar）所呈有藏布王臣批示之呈文中记载：藏布个别商人转让落脚主户；包裹、打勒等不得争执，等语。

　　帕里乃藏布交界荒凉之地，噶厦政府为谋藏布君民福祉，高度重视，在荒凉恶劣之地特设市镇，为双方能够获得各自所需的物资特设贸易集市，前来赶集之藏、布、廓（尔喀）、哲（孟雄）等地之商户如果任意居住，则于客商之商务十分不便。为往后便于开展商务，有利住行，由政府将客商与居住寓所固定下来，并且由于帕里地方不产粮米，如俗语所言"水鸟入荷塘、飞鸟栖枝头"，客商落脚住户需交纳生活补助——"打勒"，此在往昔藏布各文书中有详细记载，且此次调查、协商后，认为"飞鸟必归巢，客商必入户"，必有征收"打勒"、水、柴、房费之制度。但是，就征收与支付之方式，在太平之时，只是提到要按照惯例，

---

① 一藏升约合一斤三两。

并无详细记载，此乃"胜辩者为强"之缘由。此后众生福泽浅薄，浊世之兆显现，衣食物资紧缺，物价渐次上涨，如仍照惯例而行，客户与房主必因损益而起争执。现今，共同商议并考虑到未来情形，往后在藏布主客之间就"打勒"、包裹、水、柴薪等往昔文书中明言之惯例，为了避免发生"胜辩者为强"等情，公正严明地按照规定征收与支付，就其要点规定如下：布商除按规定上呈之货物外，其他布人前来经商者，无论是人背之包裹还是马驮之驮子，以 36 个"帕卓（phag-grol）"为一个计量单位，斗量之物，及红颜料、茜草、烟草、蔗糖、大米等需交纳"打勒"一个高升，如果超过此计量，以此类推。即便"帕卓"不足数（不够一个计量单位——笔者），每个背包仍需交纳一个高升，不得以不足数为由拒绝交纳。果品等计数之类交纳一个"多"（rdog）。木板、矛柄、擀面杖、火镰、胡麻、"多彻（rdog-phred／背包？）"、桌子腿、旗杆、猪毛刷、圆框（khyung-ril）、茶滤子、酥油盒、蒜臼、木碗等每一驮抽取一个；红白檀香、写字板（粉简）、竹框、纸张、鞭炮、散茶、"学替"（zhu-thigs）、"达巴"（stag-ba）等每一驮按照上述计量单位交纳藏银 8 雪（zho）9 嘎（skar），如果超过此数量，以此类推。羊一驮交纳一份①（？）。从山那边前来采购者每人交纳藏银 8 雪 9 嘎。从卓木前来的布人也交纳藏银 8 雪 9 嘎②。此外，运送货物者每人为住户家茶水、柴薪等费用支付糌粑半升，官驮之上添加的包裹③征收糌粑一个平升，dkar-rtser 从哈巴（ha-pa）前来之人，无论空手还是背包，同样每人交纳打勒藏银 8 雪 9 嘎，各背夫需交纳用水、柴火、糌粑等一个平升。每户牧民（指不丹北部林昔、噶尔萨等地牧民翻越山脉前来帕里做生意——笔者）需交纳大块酥油（spag-mar，即装盛在羊肚子中的酥油）、长方块之奶酪、一小壶（栋，dung）酸奶。除了宗本等官方贸易团落脚自己之住处外，其他之货驮、大小商人必须落脚在各自规定的住处，"打勒"必须及时支付清楚。不得与官方贸易混同。尤其是过去有少数不法之徒，

---

① 可能当地有约定俗成的抽税惯例，原文表达不甚清楚。
② 有些不丹人从卓木（亚东）谷地前往帕里。
③ 马夫等借机利用官驮携带运送商品。

因不了解西藏、布鲁克巴之法律，在称量等方面试图欺诈，此次已在详细调查的基础上做出处罚惩治的规定。为使上述盖具官印之有关称量之章程得以实施，今后双方自愿公平交易，以官方贸易团为首的双方贸易人等俱不得违背此等规定，对于称量欺诈者不得单方面予以默认，纵容其欺诈行为，为此双方达成共识，永不违背。如果出现彼时非此、是他非我、左右推诿，或以时局环境改变为借口违背上述规定，任何一方如直接、间接和趁便说出不和之声，哪怕如蚊蝇鸣叫之声，执法官必须处罚违约金25两，如数交纳。

此等在甘丹颇章与布鲁克巴之间屡次签署之甘结之内容，永不违背，照旧执行。签约人：……

这份甘结包含着丰富的历史信息。噶厦政府时期，为保证帕里的贸易活动顺利开展，双方之间多次订有协议。1904 年英国侵略军通过帕里，跟随英军进藏的不丹实际政治领袖终萨本洛乌金旺秋（u-rgyan dbang-phyug）提出帕里居民收取不丹商人"打勒"过高，单方面宣布减免。事后双方再次协商，签署了新的协议（甘结）。其内容主要是延续诸多传统惯例，坚持了"飞鸟归巢"的原则，既方便帕里方面管理外来商人，也方便为不丹商人提供各种服务。同时，明确规定了进货商、销售商、背夫等各类人等应交纳的"打勒"标准，以及各类商品应交纳的"打勒"标准（见表1）。

表 1　收取"打勒"标准

序号	人货类别	"打勒"标准
1	36 个帕卓（一个标准计量单位，下同）	一个高升
2	果品等计数之类	一个"多"（rdog）
3	木板、矛柄、擀面杖、火镰、胡麻、背包、桌子腿、旗杆、猪毛刷、铃铛、茶滤子、酥油盒、蒜臼、木碗等	每一驮抽取一个
4	羊一驮	交纳一份（？）
5	采购者（各类商人）	每人交纳藏银 8 雪 9 嘎
6	运送货物者	糌粑半升
7	官驮之上额外添加的包裹	一个平升
8	背夫	一个平升

序号	人货类别	"打勒"标准
9	前来交易的不丹牧民	需交纳大块酥油（spag-mar，即装盛在羊肚子中的酥油）、长方块之奶酪、一小壶（"栋 dung"）酸奶

双方在帕里设有商务官员——聪本（tshong-dpon），负责管理贸易事务，处理各类商业纠纷，直到 1959 年，不丹一直在帕里驻有商务官。

二　萨布（隆东）模式：定期集市

从帕里沿喜马拉雅山山脚向东约 150 公里，在今天西藏山南地区洛扎县的色（sras）乡曲吉迈村（chus-'khyer-smad）所属的萨布（sa-sbug，后来挪移到隆东/klung-brdol）也是一个传统的贸易地点。萨布原为曲吉迈村的一个草场，并无常驻居民。从那里沿色曲河（sres-chu，洛扎雄曲/lho-brag gzhung-chu 的主要支流之一）向南，翻越喜马拉雅山的麦拉噶炯（mon-la dkar-chung）雪山，在南坡不丹一侧的参巴（'tshams-pa，属于本姆塘宗）也是一个传统的贸易点。由于麦拉噶炯雪山海拔 5300 米，经常大雪封山，雪山两侧村落距离遥远（两天路程），因此两地之间无法形成常年的贸易集市，而是定期举行贸易集会，一般是每年 4 次。

萨布的贸易分为官方贸易、寺院贸易和民间贸易三类。由官方监管并给予适当鼓励。官方贸易的商品双方相互负责从萨布（隆东）到参巴之间的运输，只需为背夫等提供途中的食品。

我们有一份藏文档案《在洛扎夺（波）宗萨布地方门巴[①]人、布鲁克巴[②]人和藏人一起进行商品贸易的市场每年开放四次的布告抄件》（lho-brag do-bo-rdzong gi sa-sbug tu mon-pa dang 'brug-pa bod bcas kyi lo-rer tshong-zog

---

[①]　门巴（mon-pa），原为西藏人对喜马拉雅山区非信仰佛教的部落居民的统称。在本文告中主要指令门隅及不丹东部地区的居民。

[②]　布鲁克巴（'brug-pa），即今不丹，因该国居民信仰藏传佛教竹巴噶举派而得名。本文告中主要指不丹政府及西不丹的居民。

brje-res kyi tshong-'dus thengs-bzhi-re gtong skor gyi rtsa-tshig)①，从中可以看到萨布贸易的诸多细节。兹译录如下。

　　洛扎夺波宗（do-bo rdzong）②下属之萨布（sa-sbug）③与参巴（'tshams-pa）④之间现有的贸易往昔即存，其传统为：萨布、曲吉（chus-'khyer）⑤之人，及布姆塘（bum-thang）、曲廓（chus-skor）、雄（gzhung）、当（steng）、沃拉（dbu-ra）⑥等地之人，自由前往上述各地经商，不受阻拦，亦无缴税之传统。萨布地方不断有门巴商人前来，其贸易对象洛堆（lho-stod）、拉雅堆巴（la-gyag stod-pa）等地人也常常前往萨布。对于前来萨布的门巴商人，政府征收称为"索贝"（zog-spus）即从上等商品中征收应交纳的税额，但（政府）须付给半价（phyed-rin）即可的规矩。此后，火鸡年起，规定萨布集市开市时，参巴牧民、布鲁克巴（'brug-pa）政府的商人，每年前来参加四次集市，贸易对象为（夺波）宗属两座寺庙，那拉格纳衍（sna-lha kina-yan）、洛堆、拉雅堆巴，相互贸易。门巴人稍微付给萨布人住宿费用，双方都不收贸易税，政府对商品贸易做了称为"索贝"的规定：购买自己所需货物时需付给等价的货物。对于布鲁克巴政府的"聪本"（tshung-dpon，即商务官）赏给糌粑3克（驮），肉1/4腔，酒2升（tshod）。市毕返回时，布鲁克巴政府的货物不与其他货物相混，全数由萨布人运送到参巴，布鲁克巴方面为全部运货者提供饭食。同样，夺波宗、萨布、曲吉人也每年四次前往参巴参加集市贸易。过去每年只去两次，有一段时间，藏商到布鲁克巴，布鲁克巴政府每个盐袋抽取一"普"（phul）充税。藏商的贸易

---

① 《在洛扎夺波宗萨布地方门巴人、布鲁克巴人和藏人一起进行商品贸易的市场每年开放四次的布告抄件》，西藏自治区档案馆藏噶厦政府档案——中不（丹）关系，编号略。

② 夺波宗，一般简称夺宗。宗（rdzong），西藏古代的行政单位，相当于内地县一级地方政府。夺波宗宗城即在今洛扎县政府所在地噶波镇东南面的山顶上。今天的洛扎县由旧时的夺波宗、申格宗、拉康宗组成。

③ 萨布，地名。位于今洛扎县色乡色曲河上游一个较为开阔的草地，有一些乱石堆积故名。因靠近丹边境，历史上曾设有双方边民开展贸易的集市，今已废弃。

④ 参巴，不丹扎西曲林县的一个靠近中国边境的牧区村落，自古以来就是双方开展贸易的不丹一侧贸易点。

⑤ 曲吉，即今洛扎县色乡曲吉麦村。

⑥ 布姆塘、曲廓、雄、当、沃拉皆为不丹地名。

对象是布姆唐宗政府、当、沃拉等地商人，商人们自由前往上述各地，不受阻拦，但是，前往的商人不多，主要是因为优质沉香、虎豹皮张等门巴人的上等商品，禁止贸易。夺波宗（指政府）的货物不与其他货物相混，由参巴牧民负责运送至萨布，宗政府的商人同样负责全部运货人的饭食。此种习俗直到木兔年口岸关闭之前一直执行。龙年、蛇年因为战争，未能开市。土马年，因为萨布与参巴贸易往来、开市交易的需求甚大，因此，清萨（chings-sa）的代表召集各方代表齐集查佩（gra-phal）地方，商谈此事，最终在苏鲁菊塘（su-lu-dkyus-thang）由清萨的代表、夺波宗代表、布鲁克巴方面代表赞栋翁则（btsan-gdong dbu-mdzad）等于土马年八月十八日形成决议：有关萨布与参巴两地之集市，双方代表一致达成协议，双边各举办4次集市，本年八月十五日在萨布举办集市，届时，双方代表共同决定参巴集市之时间等相关事宜安排，相互不得阻拦。（惩办）流寇、抢盗、偷窃等问题依据协议和此条文执行。为此，夺波宗代表次仁达杰（tshe-ring dar-rgyas）、查佩代表阿日巴（mnga'-rigs-pa）、清萨代表勒郭（lag-skor）等签订协议，一式两份。

从现在起，如果不能每年开市四次，洛（指不丹）藏政府之货物运送规定将被破坏，现在，夺波宗、萨布、曲吉之商人最好能够每年赴参巴集市四次，一旦因供货不足不能前往四次，洛藏政府须适当投放茶、缎、绸、盐、羊毛、皮张等货物。萨布人负责运货到参巴，如果超出规定的运送数量，及沿途其他承担支差人员所增加的运输负担，应通过减免柽柳（spen-khral）税作为抵扣，此其一。此外，如果政府不能额外投放商品，萨布、曲吉之人不能开集市四次，亦不妥当。藏人欲去参巴者皆放行，适当收取过地税，是否可以以减免柽柳税作为弥补。无论如何，每年四次集市不使间断，多加努力。为此，特提出取舍建议：布姆塘宗政府、当、沃拉等地商人欲来参巴，不得阻拦，沉香等门巴人的贵重货物不得限制（买卖），一如条约简本执行。对藏方商人附加的盐袋抽取一"普"税的惯例应免除，否则，萨布也有抽税（即向不丹商人收税——笔者）的议论，这也未必不可。古仲塔尔巴（sku-krung mthar-pa）、聂巴（gnyer-pa）、觉查巴（lcog-gra-ba）、索本丹巴顿丹（gsol-dpon bstan-pa-don-ldan）、阿日巴等对此郑重承诺，往后，如不能依言而行，将会恶习蔓延，故不得有误。

文告中虽有多处提到年份，但是没有标记"饶迥"序数，布告中所涉人物尚不能确定其所处时代，因此难以确定文告的发布时间。不过，从清代西藏与不丹关系史来看，两地之间因战争而关闭贸易先后有两次，一次是 18 世纪 30 年代，双方曾发生多次军事冲突①，另一次是在 1903、1904 年英国侵略西藏时期。

文告内容基本反映了清代西藏洛扎地区特别是围绕萨布地方的贸易状况，当时洛扎地区的边境贸易有如下特征。

1. 洛扎萨布和不丹参巴之间的贸易由来已久，除了民间贸易，还有政府组织的集市贸易，政府的期望是每年能够举行 4 次贸易，但是，由于交通条件限制，以及双方的贸易愿望，每年 2 次（藏历 4 月在萨布，11 月在参巴）更为常见。西藏方面实行免税政策，且规定商人必须参加固定的集市，表明政府通过减免税等政策鼓励商人参加边境贸易。不知从何年开始，萨布作为集市地点被废弃，其下方的隆东成为集市地点。

西藏方面的官方贸易主要是夺波宗和 5 个寺庙。根据 1961 年的一份调研报告②，1959 年之前通过隆东的西藏贸易情况见表 2。

表 2　1959 年以前隆东贸易情况

贸易主体	交易数量
夺波宗（do-bo rdzong）	100 个驮子，计 20000 斤
端尼林寺（don-gnyis gling）	50 个驮子，计 10000 斤
拉隆寺（lha-lung dgon）	50 驮子，计 10000 斤
年德寺（nyi-zla dgon）	50 驮子，10000 斤
曲求寺	30 驮子，级 6000 斤
色卡古多寺（sres-mkhar dgu-thog dgon）	40 驮子，计 8000 斤

不丹方面前来隆东参巴市场贸易的商人主要来自 4 个宗，即甲呷

---

① 参见扎洛《清代西藏与布鲁克巴》，中国社会科学出版社，2012。

② 中共山南分工委边防工作站 1961 年 9 月 29 日《关于对洛扎县色区曲吉麦乡边境情况的调查报告》，洛扎县档案馆藏。

（jakar）宗；冲祖（？）宗；当（tang）宗；伍拉（ura）宗。著名的客商有旦巴旺杰、甲呷宗本、阿西白马、阿西曲儿、阿西曲珍、阿西平措、当五克曲林、扎许次来那母结等 8 位。

2. 双方政府派出"聪本"（tshong-dpon，商务官）作为政府代表出席贸易集市，负责管理集市贸易。此外，在萨布还安排有 3 名"根波"（rgan-bo，村庄头人）管理市场。双方制定了称为"索贝"的质量、价格监管制度，以避免贸易纠纷，维护交易公平。通常情况下，先由官员接触商谈，协商决定有关贸易各项事务，比如贸易种类、价格等，然后举行交易。

3. 官方贸易的货物运输采取了相互提供免费运输的制度，但需负责驮运人、背夫等途中的饮食。超额的乌拉差役通过免除赋税等方式给予补偿。民间贸易的货物运输需要自己解决，畜驮肩背，租畜雇人，照市场价付费。

据 1961 年的调查资料，隆冬贸易点的出入境商品种类和数量统计如下。

西藏出境的商品：主要是盐巴，约 200 余驮，计 40000 斤，其他：羊油、羊皮、卡垫等约 70 驮，计 2800 斤。商品来源于三个地区：盐巴从黑河（那曲）来，卡垫、氆氇从扎囊县来，羊油、羊皮来源于浪卡子县羊卓雍措湖周边。①

不丹入境的商品主要是大米、玉米、颜料、辣椒、花椒、各种布等 23 种，每年进口 250 个驮子，计 50000 斤；其他糖、苹果等 100 个驮子，计 20000 斤。

三　拉康模式：代理贸易

洛扎县的拉康镇（位于洛扎县东南部，距县城噶波镇约 60 公里），历史上是拉康宗政府所在地，因吐蕃时代的镇魔寺空亭拉康（mkho-mthing lha-khang）而得名。拉康紧邻洛扎雄曲河，沿河而下，进入不丹境内后被称为古如曲河（gu-ru chu）。拉康在历史上是西藏南部一个著名的贸易点，吸引各地客商前往贸易。我们有一份 1961 年的调查材料——《洛扎县拉康乡边境小额贸易情况的调查报告》，反映了 1959 年前的贸易状况，兹整理抄录如下：

---

① 早先西藏的出境商品中来自中国西南的砖茶是大宗，但是，近代以来由于印茶通过亚东入藏行销，因此，20 世纪中期在隆东等地已经很少看到大宗茶叶的交易。

拉康和不丹贸易有 5 个通商道路，以俄东桥①和下拉山口②为主。俄东桥通往不丹北部的龙子宗③的古如堆④。大型商业活动每年有两次：第一次是藏历 12 月初到来年 2 月初；第二次是藏历 6 月初到 9 月初。以洛扎雄曲枯水季节即冬季为主要贸易时段。整个通商沿途大约 4 天的路程需要在洛扎雄曲河上架设 22 座木桥，按照惯例以俄东桥为界，不丹负责修 12 个，拉康修 10 个（包括俄东桥）。⑤

拉康的贸易也分为官方贸易和民间贸易两类。官方贸易的主体是西藏的拉康宗和不丹的龙子宗、开马宗⑥。在贸易之前，不丹的龙子宗和开马宗派代表到拉康与宗本协商，议定交换品种、价格和交换时间，议定之后，不丹商人入境。1958 年不丹政府派 20 人，龙子宗派 300 人，开马宗派 70 人，阿西王母（不丹王姐姐）派 400 人，由其代表公嘎那杰、洛本江北、达杰带领来拉康运货交换。拉康宗本垄断经营大米和盐巴两项大宗交易，不许民间交换或买卖。民间贸易既有不丹人入藏，也有藏人南下。交换的商品除了盐巴、大米外，还有羊油、干鱼⑦、干辣椒等。

拉康宗有 4 个商业管理人员负责巡查收税。对非拉康宗所属的羊卓雍湖的牧民和外宗商人到拉康贸易收一次税，按货物数量 10% 计征，一头牲畜也收一次税，银子一藏两；拉康宗所属民众的交易不收税。拉康群众到不丹贸易则向宗政府请假，献一条哈达，交 7.5 藏两银子。对不丹到拉康来交易的商人收一次税，背辣椒的每人收 0.5 分，背玉米和其他物资每人收 1 分。不丹方面，在陆龙山口的白马堂和下拉山口的中果也设

---

① 俄东桥（sngo-stong zam-pa）。
② 下拉山口（shar-la）。
③ 龙子宗（lhun-rtse），不丹东北部靠近西藏边界一县名，今多译为伦孜宗。
④ 古如堆（gu-ru stod），洛扎河流入不丹境内称为古如河，堆即上部之意。古如堆指古如河上游地区。
⑤ 笔者于 2014 年田野调研时了解到当地架桥、贸易的特殊方式：拉康与不丹贸易往来的通道就是洛扎河谷。夏天雪山消融，河水汹涌，河谷无法通行。秋冬季节，河水水位较低，双方在各自境内的河上架桥。据说要在河上架 22 座木桥。拉康宗方面由宗本负责，下令给某村，村里组织有经验的人开始架桥。所有的桥架好后，砍一棵大树抛入河中，顺流而下，下游的不丹人看到大树信号知道桥已架好，就运送货物沿河而上。当时的木桥都比较矮，春天涨水就冲毁了，来年秋天得重新架桥。
⑥ 开马宗（kho-ma），古日河上游一地方。
⑦ 由于不丹人不会宰杀家畜，只等家畜老死或非正常死亡才会食用，因此缺乏脂肪；大量干鱼需求，据说是为了补充某类微量元素/营养物质。

有税卡，专门登记收税。拉康商人去不丹交易，每人往返各交 4 两藏银。

　　拉康贸易的特色是贸易代理。据该调查报告，拉康镇原有 134 户，1959 年之前大部分以经商为主，普遍参与商业活动。据拉康村 87 户的调查：依靠经商或主要依靠经商为生的 31 户；雇工雇驮子大宗经商的 6 户；小额经商的 12 户；为不丹商民开店的 6 户；为牧区牧民开店的 14 户，共 69 户，占 87 户的79.3%。其余 18 户，在商业活动期间也都有一定的交易行为。资料显示，拉康村 87 户居民中，为不丹商民开店的 6 户，为浪卡子、措美牧民开店的 14 户。其中桑珠次仁、白马次仁、群交、桑点、多布杰和江措等是不丹商户的代理人。同时在贸易季节还负责接待不丹商户。龙子、开马两个宗 44 个村的群众，每年过境贸易时，大都住在这里；每个店接待七八个村的不丹群众，有 100~120 人。[①]

　　每年在市场上吞吐的物资共有 40 多种，主要有盐巴、大米、玉米、辣椒、普鲁、牛羊肉、羊油、羊皮、干鱼、颜料、水果、糖、纸、铁、铁钢器、茶叶、木板等。交易方式主要以物换物，也有少量现金（大洋、藏银）交易。西藏打隆（今浪卡子县达隆镇）、乃西（今措美县）、浪卡子的牧民，拉康及其附近民加、边巴、杜如等地的群众也大部分参加，每次有 1200 余人，运输牲畜达 1000多头。实际物资总量达到 4 万公斤（不包括群众直接交易的自产自用物资，8万余公斤），价值 15 万余元。拉康市场各项商品交易如表 3 所示。

表 3　拉康市场各种商品交易价格

序号	商品	可交换物（即价格）
1	大米 1 克	盐巴 1 克[①]
2	羊皮 1 张	干辣椒 2 克
3	氆氇 1 卷	干辣椒 14 克
4	油 3 斤	干辣椒 4 克
5	玉米 5 克	氆氇 1 卷
6	藏纸? 1 条	玉米 2 克
7	羊肉 1 克	干辣椒 1 克

---

① 洛扎县档案馆藏西藏工委藏发（61）第 173 号《洛扎县拉康乡边境小额贸易情况的调查报告》，1961 年 7 月 14 日。洛扎县档案馆藏。

续表

序号	商品	可交换物（即价格）
8	藏毯 1 条	玉米 2.3 克
9	铁锅 1 个	玉米 0.5 克
10	马垫 1 个	玉米 5 克
11	红糖 1 斤	羊油 1 斤
12	干鱼 3 条	玉米 1 升
13	红颜料 1 克	铁锅 2.5 个
14	不丹布 1 匹	氆氇 0.83 卷
15	犁铁 1 块	铁锅 1 个
16	橘子 1 斤	银子 4 两

＊笔者根据相关资料整理。

①克（khal），西藏传统的重量单位，约等于 28 市斤。

据调查①，每年从不丹进口的物资主要有：大米 1500 克，干辣椒 7000克，玉米 1000 克，青辣椒 150 克，红颜料（草本植物）3200 克，红糖 3500斤，橘子 7000 斤，梨 700 斤，纸 1800 张，铁犁 300 块，铁锅 50 个，酥油盒60 个，茶叶 560 斤，不丹布 72 匹，木碗 240 个，高粱 20 克，黄豆 20 克，干蘑菇 30 克，葡萄干 10 克，胡椒 10 克，竹筛席 40 个，竹篓 80 个。另外，还有生猪、猪肉、鸡、酒、生姜、口袋、腿布、腰带等小量物资，计 30 余种，物资量达 71000 余公斤，计值 78000 余元。早先，木板也是拉康宗的主要贸易物资之一，据当地老人介绍有的年份进口木板达 1 万块。

每年出口物资主要有：氆氇 2000 卷，藏被 400 条，牛羊肉 7000 斤，羊油 10000 斤，羊皮 10000 张，干鱼 7000 斤，奶渣干 3500 斤，盐巴 2000 克，卡垫 10 个，马垫 40 个，藏毯 10 个，炒青稞锅 60 个。每年出口物资数量和价值，基本和进口物资相等。

结　语

1959 年前跨喜马拉雅山的商业贸易主要依靠人背畜驮，在萨布、拉康等

---

① 洛扎县档案馆藏西藏工委藏发（61）第 173 号《洛扎县拉康乡边境小额贸易情况的调查报告》，1961 年 7 月 14 日。

地以货易货很常见，与今天的贸易规模、交易方式迥然有别。但是，这些传统贸易不仅满足了两边居民的生活需要，还对两地内部更远地方的经济产生辐射效应，比如许多产品来自西藏腹心的浪卡子（Sna-ka-rtse）、措美（mtsho-smad），甚至藏北草原（byang-thang），茶叶、绸缎等来自中国内地。而一些竹木制品主要来自不丹南部，工业品则是从阿萨姆（Asam）运来的英国产品。边境贸易激发了两地的经济活力。

随着"一带一路"建设的不断推进，充分认识并借鉴历史上跨喜马拉雅山的商业贸易经验，制定灵活而富有当地特色的贸易策略，对于促进双边贸易，造福各国人民有着积极的意义。

本土叙述：尼泊尔夏尔巴的族和语

——以新编《夏尔巴词典》为中心

完玛冷智[*]

引　言

尼泊尔籍夏尔巴本土学者编纂的《夏尔巴词典》（藏文：ཤར་པའི་ཚིག་མཛོད་ཀུན་གསལ་མེ་ལོང་།，英文：Sherpa Dictionary，以下简称 SD），于 2008 年出版；词汇大多与书面藏文相通，或与卫藏、安多和康方言接近，也有少量尚不明确的夏尔巴特有方言词，可观察到夏尔巴话（Sherpa language，ཤར་པའི་སྐད）的语言归属为藏语方言土语这一早期结论。同时，此辞书多次使用藏文"mirigs"（མི་རིགས，民族）一词，指向族类、民族、族群等不同层次的含义，表达了境外夏尔巴自我视角对其族类认知的看法，也可看出尼泊尔夏尔巴部分成员之本土叙述中的多层民族认同。彼族、彼语，指向复杂，应予关注。

一　《夏尔巴词典》及其叙述

据书中介绍，该书自 2003 年起编纂，2008 年在尼泊尔加德满都由高原研究会（The Mountian Institute ས་མཐོ་ཞིབ་འཇུག་ཚོགས་པ）出版。其中辞书部分 476 页，收入夏尔巴词（Sherpa words，ཤར་ཚིག）10385 条，主要收录索卢－昆布（Solikunbu）的方言词；另附 100 页的《夏尔巴宗教史》（ཤར་པའི་ཆོས་དང་འཛིན་པའི་ལོ་རྒྱུས་མེས་པོའི་ཞལ་ལུང་）。需要说明的是，其中词条全部由藏文书写，没有国际音标，也没有就声调做

　＊　完玛冷智，青海省藏语系佛学院副院长、译审。

任何解释，与中国境内夏尔巴话的声调描写（谭克让，1987）等也无法比较。

编者居尔美曲扎教授（Lopon Gyurme Chodrak， སློབ་དཔོན་འགྱུར་མེད་ཆོས་གྲགས），1957 年生于尼泊尔东部的昆布（ཁུམས་བུ，khunbu），早年接受学校教育，先后学习尼泊尔语、英语和藏文，13 岁出家入 Tengboche（སྟེང་ཆེ）寺学修；1976 年入印度西部敏珠林学习教义 5 年；1981 年担任寺院佛学院教师；1984 年起学习藏传佛教和文学 3 年；1988 年起在印度南部 meesor 宁玛高等大学学习显密教法 9 年；1992 年、1995 年和 1998 年先后获中观学位（མཐའ་དབུས་སྦྱར་བའི་དབང་ཕྱུག）、俱舍和般若学位（ཕར་ཕྱིན་རབ་འབྱམས་པ）以及密宗学位（རིག་གནས་ལེགས་པར་མཛོད་འཆང）。33 岁起先后在多座寺院和宁玛高校任教，担任编辑小组成员，2003 年起因 Tengboche 之命用 3 年时间集中编辑《夏尔巴词典》。目前正在为"珍惜承继和不断弘扬益乐之根基内明释教佛法，尤其夏尔巴民族（ཤར་པ་མི་རིགས）之命脉宗教和文化而不懈努力"（SD，封底）。

这部词典"综合收录了夏尔巴人所用的言语符号、词汇、称谓、短语、宗教和文化等"（ཚིག་མཛོད་འདིའི་བཟོད་བྱ་ནི། ཤར་པའི་མི་རིགས་ཀྱི་བརྡ་དང་ཐ་སྙད། མིང་དང་ཚིག ཆོས་དང་རིག་གནས་སོགས་གང་ཐུབ་ཚོགས་བསྒྲུབ་བྱས་ནས་བཀོད་ཡོད，SD—XV），编者特意反复使用"夏尔巴民族"这个词表示词典的族属特性，强调其所用语言的独特性。从这些信息，我们可以观察到尼泊尔境内夏尔巴本土知识分子如何看待和推介自己的族类和语言（土话）这个议题。

首先，本书主持策划的 Tengboche Rinpoche Ngawang tenzin zangbu（喇嘛·阿旺丹增桑布）在本书序言（ཚིག་བཀོད）中开门见山指出，"夏尔巴的种族和宗教之保持不衰，语言和文字སྐད་དང་ཡི་གེ 尤为关键；没有语言和文字，即等于退出了夏尔巴的民族（ཤར་པའི་མི་རིགས）"；"希望以此出版促进夏尔巴人民（ཤར་པ་མི་དམངས）之语文和文明兴盛不衰"。

另一位夏尔巴·拉巴诺布（Lhapa Norbu Sherppa）在英文前言中，则对夏尔巴语（སྐད）一直使用了"Sherpa language"这一译法；对所收的此条，也使用 Sherpa words（夏尔巴词）；最后一句与上一篇序言一样，强调了夏尔巴人民（Sherpa pepol，ཤར་པ་མི་དམངས）这个词汇。

编者前言和体例说明中，则以赞美印度、吐蕃（འཕགས་བོད）历辈学者和佛教正统起，也强调夏尔巴词汇的特殊性（ཤུབ་མེན་གར་བའི་ཐ་སྙད）。编者从古印度 360 种语言、四大语种、藏民族语言（བོད་མི་རིགས་ཀྱི་སྐད）论述印藏文字的统一性；再描写"在珠穆朗玛山脉定居数百年的昆布上下之夏尔巴族（ཤར་པ་མི་རིགས），以及原先居住和分布于藏之东方的夏尔巴人"（བལ་བོད་ས་མཚམས་ས་ཕྱི་གོང་བོང་ཤར་ཕྱོགས་རྣམས་སུ་གནས་པ་བཤ ས་ཤེང་དང་ཁྱབ་བྱུང་བའི་ཤར་པ་བཤས）。对于"夏尔巴"这个词，本词典均用了藏文"shar-pa"（ཤར་པ），即为东方人。早期研究指"这部分人在 13 世纪由西康迁到尼泊尔索卢—昆布等地，约 300 年前又部分迁回樟木口岸；其族名因其祖籍西康处在尼泊尔和西藏的东部而得名"（黄颢，1980；陈乃，1983；转引自《夏尔巴先祖世系》）。也有说"可能与隋唐以来世居康甘孜地区的土著群体即弥药（木雅）有亲缘关系"（王丽缨，2012）。但本词典说"夏尔巴"之名，也强调与索卢－昆布这个聚居区地处尼泊尔东部而得名，也没有突出这个群体从藏东、康地迁移等有关信息。

编者还说，此词典因"国外一些民族所劝导而作"（འདི་ཉིད་ཕྱི་རྒྱལ་མི་རིགས་འགའ་ཡིས་བསྐུལ་མ་བྱུང་བ་བཞིན་བྱས），也计划"摘录单词翻译一本英语词典"（མིང་ཚིག་རྒྱབ་བ་རྣམས་ཟུར་འདོན་ད ཕྱིན་ཧྲང་ཡར་བསྒྱུར་ཏེ་གཤིས་མིན་ཆེ）等。

上述序和前言，似乎可以察觉到尼泊尔籍的夏尔巴知识精英将尼泊尔夏尔巴之族和语表述为一个独立的民族或族群（ཤར་པ་མི་རིགས）及其夏尔巴语（Sherpa language），充分强调其语言文化独特性，刻意回避其视为"西藏"（Bod—Tibetan）所属之跨境族群或藏语分支的他者描写。这种倾向在境外其他藏语分支也有多见，如不丹的宗卡语；近来国外一些著作也有将夏尔巴语等列为独立语言的现象（孙宏开，2017）。

二 夏尔巴的族类认同：不同层次的"mirigs"（民族）

作为人们共同体类别的称谓，མི་རིགས—词在本词典中多次使用，不过并不局限于夏尔巴人的群体称谓，除了序言（ཆ་འཇོད་ནང）有尼泊尔民族（ནེ་པ་ལི་མི་རིགས）、夏尔巴种族（ཤར་པའི་མི་རིགས་རྒྱུད）、夏尔巴人民（ཤར་པ་མི་དམངས，Sherpa people）等，在《夏尔巴词典》的编者前言和体例中也沿用不同，有喜马拉雅民族（ཧི་མ་ལ་ཡའི་མི་རིགས་སྟེ，

2 次）、（藏民族 བོད་མི་རིགས，4 次）、夏尔巴民族 （ཤར་པ་མི་རིགས）火夏尔巴的民族（ཤར་པའི་མི་རིགས，9 次）、各个民族 （མི་རིགས་སོ་སོར་འབབ，4 次）等表述方式。可以看出，mirigs 一词并不是统一、规范的术语用法，比较有随意性，指向不同。《夏尔巴词典》还说"如今尼泊尔有 61 个少数民族，夏尔巴是其中一个古老的民族"。

这些关键词在本词典中本身也有解释。

第 261 页 མི་རིགས། མི་རིགས་མི་འདྲ། 不同的族属群体。ཤར་པའི་མི་རིགས་ཏེ་རེ་ལ་ཟས་གྱུར་དུ་གྱུར་དུ་བཙོ་ ཅེ་ནོག mirigs 一词具体指向民族－国家性，还是少数民族，或者文化族群，均未有确定。

第 230 页出现了两次"尼泊尔"的词条，但尼泊尔并未单独列词，而是出现在其他词条里，如下：

བལ་མོ། བལ་པོའི་བུད་མེད། བལ་མོ་ཏེ་བ་ཚོས་སེམས་ཅན་སུ་ནོག balmo，尼泊尔之女性；

བལ་ལུ། བལ་པོའི་མི་རིགས། བལ་ལུ་ཏེ་བ་སྐྲ་བཙོང་མཁན་སུ་ནོག ballu，尼泊尔之民族。

第 234 页出现 བོད（Bod，西藏）一词相关的 8 个词条，尽量与尼泊尔、夏尔巴区分开来表述。如下：

བོད། གདོང་དམར་ཅན་གྱི་ཡུལ། བོད་ལ་ཚོང་རྒྱག་བརྒལ།

བོད་སྐད།　བོད་མི་རིགས་ཀྱི་སྐད། བོད་སྐད་ལེས་སུ་ཤེས་དགོས་ཀྱི།

བོད་ཁ།

བོད་ཐབ།

བོད་པ། བོད་ཀྱི་མི་བོད་ནས་བོད་པ་གསལ་པ་ལ་ལ་སླེབས་ཤུང་།

བོད་ཚོ།

བོད་ཡིག བོད་ཀྱི་ཡི་གེ་སྟེ།

བོད་ཕོག བོད་ནས་ཚོང་པའི་ཕོག་ཁ།

同时，词典罗列了周边其他国家或民族，如第 77 页：

རྒྱ་གར། འཕགས་ཡུལ་ཏེ་དྲེའི་རྒྱལ་ཁབ་ཀྱི་མིང་། རྒྱ་གར་ལ་གནས་ར་ཆེན་པུ་ཁར་རྒྱང་བོད། 印度；

རྒྱ་ནག རྒྱེ་རྒྱལ་ཁབ། རྒྱ་ནག་ལ་མི་འབོར་དང་ཤུར་བརྒྱ་ཆིག་དང་ས་ཡ་བོད་ཞེ་ནོག 中国，汉人的国家；

རྒྱ་ནག་རི་བོ་རྩེ་ལྔ། རྒྱ་ནག་གིས་གནས་སུ་ཡོང་པའི་འཇམ་དཔལ་དབྱངས་ཀྱི་གནས་རི་ཞིག 中国五台山，中国之文殊道场所在地；

རྒྱ་ནག་ཏུ་དང་། རྒྱ་ནག་གི་བཅུན་པ་བརྫོང་འཁྱུང་ཞིག ་དགོན་སྡེའི་སྟོ་རྒྱ་ནག་ཏུ་ཡང་ནས། 汉传佛教和尚，布袋和尚。

而第 371 页起，共有 7 个词条单独列出了"夏尔巴"，其族名、词典、语言、歌谣、区域、辖地等做了具体的界定，这是本词典叙述"夏尔巴"独特性的核心指向，即与尼泊尔其他族群和藏民族有所区别开来，如下：

ཤར་པ། བལ་ཡུལ་རྒྱལ་ཁབ་ཀྱི་ཤར་ཕྱོགས་གངས་རིའི་རྒྱལ་ཏུ་གནས་བཅས་ཤིང་སྐད་ཆོས་དགེ་བརྡ་དང་མི་ཆོས་གནས་ལ་བརྟེན་དུ་ས་གོ་བ་ལ་ར་བསྟུད་བཟང་ལ་གནས་པའི་གངས་རབས་རིགས་རྒྱུ་ཆེ་སྟེ། དེ་སང་ཁམས་ཀྱི་སྟོ་སྐྱ་དང་རྒྱ་གར་བལ་ཡུལ་སོགས་རྒྱལ་ཁབ་ནང་ཕྱིའི་ཉུང་དུ་ཡོ་བ་བཅས་པའི་འཕེལ་རྒྱས་བྱུང་བའི་གངས་རི་རིགས་གཏོགས་པ་དེ་རེ་ཆོས་སེམས་ཅན་སྤྱི་དང་སེམས་བཟང་པར་རྒྱས་ཡོད། 这条"夏尔巴"之词条尤为关键，并没有强调来自西藏东部，而是说"居住于尼泊尔国家的东方雪山之地"，"东方人"与尼泊尔国的境域相强调，回避了以往的"西藏化"叙述；突出"昆布"的区域性，并与之跟西藏本土区别，也指出其为"分布和发展于印度、尼泊尔等国内外的少数民族"。

ཤར་པའི་ཚིག་མཛོད་ཕྱི་ལོ་༢༠༠༩ལོར་རང་ཉིད་ནས་བྲིས་པའི་ཤར་པའི་ཚིག་མཛོད་ཆེན་མོ་གུན་གསལ་ས་འོང་ཞིས་པ་མིང་ཚིག་གངས་ཚིག་ཕྲུལ་བརྒྱ་བཅུད་དྲུག་གུ་ལྟ་ཡོད་པ་ཞིག 指出本辞典收词 10385 条。

ཤར་བ། ཤར་པ་དང་དེ་ཚོ་གཞིན་ཤར་པ་ཏི་བ་ཚོས་དང་འཛིན་ཉེ་གཞིས་ཀ་ཤིས་ཀྱིན་ཤར་པའི་སྐད། ཤར་པ་མི་རིགས་ཀྱི་ཐུན་མོང་མིན་པའི་སྐད་ཡིག ཤར་པའི་སྐད་ཏེ་ནས་སང་སྐོར་མ་འབ། 夏尔巴语，夏尔巴民族独特的语文。

ཤར་པའི་གླུ། ཤི་བ་མི་རིགས་ཀྱི་གླུ་གནས། 夏尔巴之歌。

ཤར་པའི་ཡུལ། ཤར་པ་མི་རིགས་བཅའ་སྡོད་བྱེད་པའི་ཡུལ་སྟེ་ཤར་པའི་ཡུལ་ལ་ཤིག་གཏུ་ཀྱི་ལ་ཀ་མི་བྱུང་། 夏尔巴之居住地。

ཤར་པའི་ལྱང་ག ཤར་པ་མི་རིགས་ལ་དབང་བའི་ས་གནས། ཤར་པའི་ལྱང་པ་ཏེ་ར་ར་ལ་འབྲག་ཤིས་པ་དང་སྤྱིར་སྟུ་ཡོད། 夏尔巴辖地，夏尔巴民族所拥有的地区。

同时，有关夏尔巴之族，本词典采取了两种藏文书写方式，一种是 sharpa mirigs，另一种带有属格标记 vi，sharpavi mirigs，此为同一个词，既是定语又具有包含关系。

所以，在此使用藏民族（Bod mirigs）、尼泊尔民族、喜马拉雅民族等几个与夏尔巴具有包含关系的族名称，可以说既有在族源、宗教、文化、语言上认同与西藏（藏民族）同源同宗之笔迹，承认共同性；也包括在语言上反复强调独特性，似乎以这种多元化的描述强化夏尔巴群体的语言文化"免疫力"，不融尼、不贴藏。如"སྔ་བརྗོད"（v）前言载：

其语虽与藏语古词汇大致相同，但表述不同，已各有差别，如土水火风……与藏语同，但月……在新旧藏语中皆无。而留于民间口语，乃是体现夏尔巴之民族性的语文之根本（གནས་པའི་མི་རིགས་མཚོན་པའི་སྐད་ཡིག་གི་གཞི་ཉར་བྱུང་ཡོད）。

如"སྐྲག་སྤྱངས"（Xiii）体例说明载：

བོད་གངས་ཅན་གྱི་ལྗོངས་སུ……སྐད་གསར་བཅད་གཏན་ལ་ཕབ། སྐབས་དེར……དེ་དག་ད་ལྟའང་ཤར་པ་མི་རིགས་ཀྱི་སྐད་ཤ་ན་སྐྱེས་ཀྱི་ཚུལ་དུ་གནས་ཡོད་ཡི་གེའི་རང་བཞིན་ལ་འགྱུར་མེད་ལོད། བོད་ཀྱི་ཕྱོགས་ཡུང་སོ་སོའི་མི་རིགས་ནང་ཁུལ་གྱི་འཛིན་ཚུལ་ལའང་ཕྱུང་བར་ཁྱུང་བ། དཔེར་ན་སྲུང……སོགས་ཡི་གེའི་སྐྲ་ཕྲེང་འཆམས་པའི་འདོན་ཚུལ་དང་མི་རིགས་ཀྱི་ཁ་རྒྱལ་ལའང་ཡོད་པར་སྣང་།

འདིར་ཤར་པ་མི་རིགས་ཀྱི་སྐད་ལའང་ཞིབ་འཇུག་དུ་བྱེད་ན།……སྤྱིར་སྟག་སེང་ཁྱུང་འབྲུག་དང་ས་མེ་ཆུ་རླུང་སོགས་བོད་སྐད་དང་མཐུན་ཡང་། མེད་གཞིའི་མ་ནིང་ཁ་ཆ་ཐ་ཕ་ཚ་སྐྱེ་མེད་གཞིའི་ཕོ་ཡིག་ཀ་ཅ་ཏ་པ་ཙ་འདོན་ན་སོགས་འཛིན་ཚུལ་མི་འདྲ་བ་ལའང་ཡོད……སོགས

སྐྲ་འདོན་ཚུལ་མི་འདྲ་བའི་ཁྱད་པར་རྣམས་གང་ཐུབ་ཕྱེ་ནས་བཀོད་ཡོད（xiv）

译文：吐蕃（西藏）雪域之地……厘定新语。此时……迄今还以自然之态留存于夏尔巴民族之语言（土话）中，本质上文字并无变化；但 bod 各地的民族内部也产生了口语差别，如 srung……字音变化的读法在藏民族的口头也已出现。

在此考察夏尔巴民族的语言……一般虎狮鹏龙和土水火风等与藏语相同，但也存在字根的中性字（清送气音）kha、cha、tha、pha、tsha 变为字根的阳性字（清不送气音）ka、ca、ta、pa、tsa 等读法不同者……这些不同读音尽量区别开来进行了收录。

编者还指出，对于"藏语厘定"前的一些词汇，夏尔巴民族之语，"乃至喜马拉雅山区的民族，如不丹、锡金、拉达克、门巴、ཁུནུ kunu、巴尔蒂、གར་ཞ garzha、达芒、གུ་རུང gurung、སྙེ་ཤང snyeshang、དོལ་པོ dolpo、ནུབ་རི nubri、ཡོལ་མོ yolmo 等语，细察虽有口语差别，但明显与 Bod' 西藏的宗教和文明有关系"（དེ་བཞིན་ཉེ་སྐ་ལ་ཡའི་རི་རྒྱུད་དུ་གཏོགས་པའི་མི་རིགས། ……xiv）。在此，编者把夏尔巴这个群体，同分布于印度、尼泊尔、不丹、巴基斯坦等国的不丹、锡金、拉达克、门巴、巴尔蒂、达芒等群体称为"喜马拉雅山脉所属各民族"，指出这些民族的语言与西藏的宗教、文化具有明显关联。

编者指出"喜马拉雅民族"这样一个具体的区域性民族概念，也描写"博民族"（藏族）这个跨国"文化民族"，尤其强调其同源同种，以及宗教和文化的共同体属性。实质上，他们是共享祖先血缘、语言文化和宗教信仰特征的群体。但是，本词典的编纂目的也非常明确，就是更多强调尼泊尔"夏尔巴民族"的特殊性和"夏尔巴语言"的独特性，尽量使用"喜马拉雅民族、夏尔巴民族"等意在"去西藏化"的表述。

三　夏尔巴语的词：sherpa words

本词典除了约一万个词条，专门提供了两份基本词汇比较，词典的附表2 专门列出"夏尔巴语和藏语"相同词 308 个（见表 1、表 2）；词典的附表3 则列出"夏尔巴口语"（ཤར་པའི་ཁ་སྐད）与书面语（ཡིག་སྐད）"不同词"262 个（见表 3～表 8）。

但从前人研究成果和对这些词汇本身的观察分析看，其中除了 48 个词存疑（可以说属于夏尔巴语特有的方言词），其他词汇的主要音节或词根均为藏语的同一词、近形词，只为元音、后置音等稍有差别化的方言发音形式，只是方言变体。也就是说，就本词典的收词来看，书面藏语标准词及其变体，与夏尔巴语之间的相同程度高达 91.5%；可以说其中 8.4% 的词汇是夏尔巴语特有的。

不过，这两个词汇对比表，编者在相同词词表里用了"夏尔巴语和藏语"（ཤར་པའི་སྐད་དང་བོད་སྐད），均是语言（language）；而异同词表里则是夏尔巴的口语和书面语（应为藏文）这样的区分。因此，并没有说，夏尔巴语跟其他藏语方言、土语之间是否有差距。

同时，观察以上词汇列表，其 308 个相同词里包含 56 个斯瓦迪士核心词；262 个不同词里也包含了 56 个核心词，其中 12 个属于我们刚刚所说的48 个存疑词（这些词有的是重复的，也另有同义词列出）。

排除我们从词典本身及其动词表等中看到上述 570 个词以外还有不少全同词或对应词、略同词，就是这两个词表本身，我们观察到在这里出现的112 个斯瓦迪士核心词中，有 100 个词汇是相同的，也就是说，本词典常用词表（虽不规范）收录的夏尔巴语核心词，有 89.3% 与 bod skad 藏语是相同的。此比例与全部 570 个词中的异同度接近。所以，不论从全部词汇，还是核心词看，应当重申夏尔巴语作为藏语"卫藏方言的一种土语"这个早期结论（瞿霭堂，1992）。

表 1　夏尔巴语和藏语之相同词列表 1

资料来源：《夏尔巴词典》，第 458 页。

表 2　夏尔巴语和藏语之相同词列表 2

资料来源：《夏尔巴词典》，第 459 页。

表 3　夏尔巴的口语和书面语之异同词列表 1

资料来源：《夏尔巴词典》，第 460 页。

表 4　夏尔巴的口语和书面语之异同词列表 2

资料来源：《夏尔巴词典》，第 461 页。

表 5　夏尔巴的口语和书面语之异同词列表 3

资料来源：《夏尔巴词典》，第 462 页。

表 6　夏尔巴的口语和书面语之异同词列表 4

资料来源：《夏尔巴词典》，第 463 页。

表 7　夏尔巴的口语和书面语之异同词列表 5

资料来源：《夏尔巴词典》，第 464 页。

表 8 夏尔巴的口语和书面语之异同词列表 6

资料来源：《夏尔巴词典》，第 465 页。

四　藏语及夏尔巴语（Sherpa language）的探讨

回顾以下，词汇对比也是前人研究的重点，瞿霭堂先生指出，西藏境内的夏尔巴（立新）语，与藏语"同源词都在80%以上。与樟木话更接近，同源词近90%"，并比较语音、语法，做出国内夏尔巴话是"卫藏方言的一个新土语"的判断。而其所云"索卢－昆布话因无系统材料，在条件允许情况下，作一般比较，不列比较数字"（瞿霭堂，1992），在这部词典所收词语材料中当能深化，且可断定分布在尼泊尔索卢－昆布的夏尔巴语依然属于藏语。这点，在语言学的划分上毫无质疑。瞿霭堂先生早年就梳理来了国外学者对境外夏尔巴语的研究及亲属关系界定，断言："国外学者在对夏尔巴话进行分类时，是根据尼泊尔东部和印度大吉岭地区的夏尔巴话，而从以上比较可见，国内外夏尔巴话基本相同，只是国外夏尔巴话有浊音，尼泊尔语的借词较多，有少量特有的语法表达形式，国内夏尔巴话由于受卫藏方言的影响，更接近卫藏方言。"（瞿霭堂，1992）等。

表 1　夏尔巴语与藏语词语对比

单位：个，%

		总词数 2821							
		全同		对应		略异		不同	
		词数	占比	词数	占比	词数	占比	词数	占比
立新话	樟木话	1746	61.9	553	19.6	219	7.8	303	10.7
	日喀则话 拉萨话	685	24.3	1132	40.2	466	16.6	538	19

资料来源：瞿霭堂《夏尔巴话的识别——卫藏方言的又一个新土语》，《语言研究》1992年第2期。

虽然各项研究完全确认了夏尔巴语和藏语的亲缘关系，可以明显观察到不同的层次，但在本词典里，均用了（སྐད）skad 这个词，藏语（བོད་སྐད）和夏尔巴语（ཤར་པའི་སྐད）都包含了这个词，英语译作 sherpa language。这种表述，为非语言学者将夏尔巴话从藏语独立出去埋下了伏笔。这种伏笔，恰好在尼泊尔本土学者的笔下表现得普遍和自然。本词典的相关表述就是典型的案例。

其实，藏文中的 སྐད 一词，有不同层次的指向，如乾闼婆音（ དྲི་ཟའི་སྐད ）、土话（ ཕྱུག་མི་རང་བཞིན་པའི་སྐད ）、藏语（ བོད་སྐད ）、康方言（ ཁམས་སྐད ）、安多方言（ ཨམ་སྐད ）、牧区话（ འབྲོག་སྐད ）、农区话（ རོང་སྐད ）、德格话（ སྡེ་དགེའི་སྐད ）、卓仓话（ གྲོ་ཚང་སྐད ）、语种（ སྐད་རིགས ）、语言、方言、土话，乃至声音（ སྐད ）、嗓门（ སྐད་འགོག་མཐོ ）。在本词典中，夏尔巴语（ ཤར་པ་སྐད ）属于哪个层次，并没做具体揭示；不过在英语中写作 sherpa language，应是受藏文习惯用法的影响，སྐད（skad）并不是明确划为语言学意义上的"独立语言"，即可以是土语、方言、话语、言语、语言。

从语音、词汇、语法和语言所承载的文化上，夏尔巴语显然是藏语的一种次方言，但从本词典中的列表和口语词的书面写法看，夏尔巴语与藏语之间出现了一定的"语言裂度"，甚至在文本叙述上呈现出语言变迁的若即若离、分合不定，企图夸大各自语言的差异性、独特性，努力叙述其为使用藏文、从古藏语沿袭而又变迁的"独立语言"。

五　关于"跨境民族"的族和语：跨越政治和国界线

一般情况下，藏文 mirigs 并没有作为一个严格的术语，似乎具有人们共同体（如 མི་རིགས་ཚོ ），即族类、民族、族群等不同层次的指向和含义；从严格的术语意义上讲，这种用词并不规范，但人类语言并不是在专业化的术语规范性特定框架内应用的，词汇本身就有灵活性和变异性。这是藏文、藏语和夏尔巴语自身"随意性"使用 mirigs 和 skad 的语言基础，通常情况下其政治指向应该可以忽略。就是在本词典前言和宗教史等篇章中，也明显看出西藏（Bod）与夏尔巴地域相连，族源同根，信仰同宗，文化同融，语言互通，只是国界不同。

不过，围绕人们共同体的这种藏文文本话语，对于藏人、尼泊尔人以及夏尔巴人自身，有着复杂、自相矛盾或相互交叉的深层认同基础，在朴素的深层情感上，它显示喜马拉雅山地居民是个共同体，同时其各人群却有族属一致性和内部多样性，超越了国界线，也跨越了民族国家话语中的政治表述。这是一般"跨境民族"的共同特性。

同时我们看到，现代国体和国界线均并不影响同类群体的身份认同和共同文化心理，藏族、夏尔巴人同宗同种。从《夏尔巴词典》编纂动机以及尼泊尔籍夏尔巴知识分子的民族或族群认同和身份表述，我们似乎也可以反观中国共产党及新中国的民族政策及其选择。

夏尔巴之语与藏语虽同为一种语言，同有书面语传统，但也出现了一定的"语言裂度"。这些"族、语"关系变迁，乃至这种"一致性和多样性关系"的今昔，在喜马拉雅区域研究中值得关注。

参考文献：

孙宏开：《藏语和藏族的语言》，第二届藏语语言学研讨会，南开大学，2017。

瞿霭堂：《夏尔巴话的识别——卫藏方言的又一个新土语》，《语言研究》1992 年第 2 期。

谭克让：《夏尔巴藏语的声调系统》，《民族语文》1987 年第 2 期。

黄颢：《夏尔巴人族源初探》，《西藏民族学院学报》1980 年第 3 期。

陈乃文：《夏尔巴人源流探索》，《中央民族学院学报》1983 年第 4 期。

王丽缨、杨浣、马升林：《夏尔巴族源问题再探》，《西川民族学院学报》2012 年第 10 期。

夏尔巴话词汇构造及特点[*]

尹蔚彬[**]

引　言

　　我国夏尔巴人主要分布在西藏自治区聂拉木县樟木镇的立新村、雪布岗村、迪斯岗村、邦村和樟木村，定日县的陈塘镇及定结县的绒辖一带。夏尔巴人自称 çar^{53}pa^{31}，汉译作"夏尔巴"、"谢尔巴"或"舍尔巴"，藏语意为"东方人"。聂拉木县夏尔巴人有五大姓氏，分别是 ser^{53}pa^{31}、gar^{31}tsa^{53}、tça^{53}pa^{31}、sa^{31}la^{53}ka^{31} 和 ŋon^{53}pa^{31}，同一姓氏内部不能通婚。夏尔巴人绝大多数居住于尼泊尔东北部珠穆朗玛峰脚下的昆布、帕拉和索卢河谷一带，少部分居住在中国、印度和不丹的边境地区。我国境内夏尔巴人口数量较少，初步统计聂拉木县有 1442 人，定日县和定结县约有 3000 人；[①] 尼泊尔境内夏尔巴人有 114830 人。[②]

　　据相关史籍记载：[③] 夏尔巴人原居住于青藏高原东麓，后因战乱被迫从

---

　*　本研究基于中国语言资源保护工程"民族语言调查·西藏聂拉木县藏语夏尔巴方言调查"（项目编号：YB1734A001）。特别感谢母语人次仁索朗、拉金和次仁德吉。感谢匿名审稿专家的建议，文章错漏之处由笔者负责。

　**　尹蔚彬，中国社会科学院民族学与人类学研究所研究员。

　①　数据来源于笔者的口头访问。

　②　数据来源：Central Department of Sociology/Anthropology, Social Inclusion Atlas of Nepal：Language Groups, Volume Ⅱ, Tribhuvan University, 2014, p. 155。

　③　尼泊尔籍喇嘛夏尔巴·桑杰丹增于 20 世纪中叶撰写了《夏尔巴教法史》和《夏尔巴祖辈源流》两部史籍，2003 年由西藏藏文古籍文献出版社出版，书名为《夏尔巴史籍》。《夏尔巴教法史》记载："夏尔巴人的先辈最初从囊玛越过雪山来到此地，在喇嘛桑瓦多吉、喇嘛隆散、赛巴东嘉、木雅弥钦扎巴、嘉巴和塔弥巴等人中，喇嘛桑瓦多吉和喇嘛隆 （转下页注）

康区米药（Minyag）一带迁出。《尼泊尔史》记载："位于珠穆朗玛峰下索卢昆布地区的夏尔巴人保存着 1531 至 1533 年间民族迁徙的文字记录。"[①]

夏尔巴话在听感上与藏语拉萨话差别较大，其语音、词汇和语法系统都有独特之处。中外藏语专家一致认为夏尔巴话属藏语方言，但对其具体属哪种方言，学界还未达成共识。20 世纪初的《印度语言调查报告》[②]将夏尔巴话归入藏语，Uray[③]和 Shafer[④]认为夏尔巴话属藏语中部方言，西田龙雄[⑤]则认为夏尔巴话属藏语南部方言。Nagano[⑥]认为夏尔巴话与中国四川省境内松潘县的夏尔哇话有亲缘关系。我国境内夏尔巴话研究的代表性成果有：谭克让[⑦]讨论了夏尔巴话的声调系统，认为其语音分高低调；瞿霭堂[⑧]对夏尔巴话的语音、词汇和语法进行了描写，并将之与藏语方言及境外夏尔巴话进行比较，认为它是藏语卫藏方言的一个特殊土语。瞿霭堂、劲松[⑨]除对夏尔巴话的整体概貌进行介绍外，还附录了 1664 条词语。涉及尼泊尔境内夏尔巴话的研究成果主要有：Kelly[⑩]介绍了夏尔巴话词汇和语法特点；Watters[⑪]对夏尔巴

（接上页注③）散是传承康区历代噶妥上师之教法，长期居住昆布朗卡。""当时，他们到来昆布之时，此地并无有人居住，来自卫藏地区的康巴们逐渐在此地安家落户。""（多康六岗之一）色莫岗的祖辈格尔嘉有五子，幼子贡嘉的后裔为弥钦桑已，其子为弥钦旺达热，其子弥钦扎巴和塔巴，塔巴学习金匠和银匠技艺，携带金银匠工具背井离乡，其后裔为'噶泽'或'噶匝'。祖辈格尔嘉的大多子嗣生活在木雅日芒地区，称他们为'木雅巴'。从木雅巴繁衍的有夏尔巴人、西扎巴人和多珠巴人等。"（桑杰丹增：《夏尔巴史籍》，西藏藏文古籍文献出版社，2003，第 14～15、132～133 页）。

① 约翰·菲尔普顿：《尼泊尔史》，杨恪译，中国出版集团东方出版中心，2016，第 12 页。

② G. A. Grierson, *Linguistic Survey of India*, Vol. Ⅲ, Part 1, Delhi: Motilal Banarsidass, 1909.

③ G. Uray, *Kelet-Tibet nyelvjarhsainak o sztal yozasa*, The classification of the dialects of Eastern Tibet, Budapest, 1949.

④ R. Shafer, *Introduction to the Sino-Tibetan*, Ⅰ-Ⅴ, Wiesbaden: Otto Harrassowitz, 1966 – 1974.

⑤ 西田龙雄：《西番馆译研究》，松香堂，1970。

⑥ Y. Nagano, *Amdo Sherpa Dialect: A Material for Tibet Dialectology*, Institute for the Study of Languages and Cultures of Asia and Africa, 1980.

⑦ 谭克让：《夏尔巴藏语的声调系统》，《民族语文》1987 年第 2 期。

⑧ 瞿霭堂：《夏尔巴话的识别——卫藏方言的又一个新土语》，《语言研究》1992 年第 2 期，第 176～189 页。

⑨ 瞿霭堂、劲松：《藏语卫藏方言研究》，中国藏学出版社，2017，第 200～222 页。

⑩ B. Kelly, A grammar and glossary of the Sherpa language, In: Genetti, C. (ed.), *Tibeto-Burman Languages of Nepal: Manange and Sherpa*, Canberra: Pacific Linguistics, 2003, pp. 244 – 252.

⑪ S. A. Watters, Tonal Contrasts in Sherpa, In: Yadavaand Glover (ed.), *Topics in Nepalese Linguistics*, Kathmandu: Royal Nepal Academy, 1999, pp. 54 – 77.

话声调进行了比较研究；Lee[①]对尼泊尔境内夏尔巴话的使用人群、分布、使用情况和特点进行了介绍，Lee[②]基于濒危语言典藏，对建立夏尔巴话词典模型的理论与实践进行了探索。Tournadre 等人[③]出版了"夏尔巴 - 英 - 藏 - 尼泊尔语"对照词典。

笔者分别于 2016 年 8 月、2017 年 7 ~ 8 月和 2018 年 3 ~ 5 月对聂拉木县夏尔巴话进行了调查。本文赞同前辈学者对夏尔巴话描写研究的成果，只是在音位系统处理上与先贤略有差别。本文拟从词汇构造、借词、词汇系统特点等方面讨论夏尔巴话词汇。

一　词汇构造

夏尔巴话词汇按构成语素情况分为单纯词和合成词。

（一）单纯词由一个语素构成，语音形式上有单音节、双音节和多音节之分。其中单音节和双音节单纯词多，多音节单纯词数量极少。例如：dza^{31}"虹"、do^{31}"石头"、$ni^{31}ma^{31}$"太阳"、$kar^{53}ma^{31}$"星星"等。

（二）合成词可分为复合、附加、紧缩和重叠等构成方式。

1. 复合法　由两个或两个以上不同语素组合构成词语的方式叫复合法。可根据语素之间的结合关系将合成词分为并列、修饰、陈述、支配关系等。

1.1 并列关系由两个或两个以上语义相近或者相反的语素并列而成，无修饰、主从等关系，一般是性质相同的语素相结合，表特定语义。例如：

（1）名词性语素 + 名词性语素

$a^{53}ju^{31}nu:^{24}$　　　　兄弟　　　　$ga^{31}pa^{31}ga^{31}ma^{31}$　　　　老人

哥哥　弟弟　　　　　　　老头　老太太

（2）形容词性语素 + 形容词性语素

$tch\epsilon^{53}tcun^{53}$　　　大小

①　S. Y. Lee, A sociolinguistic survey of Sherpa, In: Kansakar, T. R. and M. Turin (eds.), *Themes in Himalayan Languages and Linguistics*, Heidelberg: South Asia Institute; Kathmandu: Tribhuvan University, 2003, pp. 81 - 95.

②　S. Y. Lee, *A Theoretical Model for a Dictionary of the Endangered Sherpa Language*, Stellenbosch University, 2017.

③　N. Tournadre, L. N. Sherpa, G. Chodrak and G. Oisel, *Sherpa-English and English-Sherpa Dictionary with Literary Tibetan and Nepali equivalents*, Kathmandu: Vijra Publications, 2009.

大　　小

（3）动词性语素 + 动词性语素

pul^{53}then^{31}　　　　推拉

推　拉

1.2 修饰关系　构成复合词的两个语素之间是修饰和被修饰关系，修饰关系的结构类型主要有两种，一种是中心语素在前，另一种是中心语素在后。例如：

（1）中心语素在前

ɟe^{31}mi^{53}do^{31}　　　　秤砣　　　　lop^{31}tɕuŋ^{53}　　　　　　　小学

秤　石头　　　　　　　　学校 小

（2）中心语素在后

tɕhu^{53}tak^{31}　　　　水磨　　　　sa^{53}ȵu^{31}　　　　　　　粉笔

水　磨　　　　　　　　　土　笔

1.3 陈述关系　构成陈述关系复合词的两个语素，前一语素表事物，后一语素描述事物的性状或动作。例如：

sɛ^{53}ɟap^{24}　　　　地震　　　　ŋo^{31}tsha^{53}　　　　　　害羞

地　做（动）　　　　　　脸　红

1.4 支配关系　基本构成是名词性语素加动词性语素，前面语素是动作行为支配的对象，后面语素表动作行为。例如：

saŋ^{53}wa^{31}cha^{24}　　　保密　　　tsha^{53}ta^{31}chøn^{31}　　　打伞

秘密　　做　　　　　　　雨　　伞　　穿

tɕhaŋ^{53}se^{31}　　　　结婚　　　khap^{53}ɟap^{24}　　　　　打针

酒　　吃　　　　　　　　针　　做

2. 附加法　在具有实际意义的词根上添加前缀或者后缀，这些词缀在一定意义上有语义分类或者词类标记功能，名词、动词、形容词等实词各自有不少构词词缀。

2.1 前缀　亲属称谓前缀，夏尔巴话中辈分或者年龄比讲话人大的称谓词前一般都带 a^{53}、u^{53}等前缀，例如：

a^{53}dʑaŋ^{31}　　舅舅　　a^{53}ni^{31}　　舅妈、姑姑　　a^{53}wu^{31}　　叔叔

u^{53}ru^{31}　　　姨　　　a^{53}ju^{31}　　哥哥　　　　　　a^{53}ji^{31}　　姐姐

2.2 后缀　后缀主要表事物的性状、性别、类别等意义。夏尔巴话构词

后缀与古藏语有明显的对应关系，为便于与藏文对照，"/"前后分别为藏文国际音标转写和夏尔巴话读音。

（1）小称后缀　古藏语中的小称后缀主要有 bu、gu 和 fiu，（张济川 2009：204）意义为动物幼崽或者小巧可爱的事物。小称后缀 fiu 的添加原则与名词的音节结构有关，若名词是开音节则后缀 fiu 与名词词根合并为一个音节。上述 3 个小称后缀夏尔巴话都有且后缀 fiu 的添加原则与古藏语相同。例如：

bu　　kham bu/kham^{53}pu^{31}　　　桃子　　nor bu/nur^{31}pu^{31}　　宝贝

　　　slel bu/tsel^{53}pu^{31}　　　　篮子

gu　　ron gu/riŋ^{53}ku^{31}　　　　鸽子　　thi gu/taŋ^{53}ku^{31}　　头绳

　　　smjug gu/ȵu^{53}ku^{31}　　　　笔

fiu　　rtafiu/tiu^{53}　　　　　　　马驹　　mdafiu/diu^{24}　　　子弹

　　　sprefiu/ʂu^{53}　　　　　　　猴子

夏尔巴话中的小称，除用词缀表达外，有些以词汇形式出现，phrug/tʂuk^{31}原义为"婴儿"，经常出现在动物名词后表示这种动物的幼崽。例如：

phag/phak^{53}　　　　猪　　phag phrug/phak^{53}tʂuk^{31}　　　猪崽

khji/ci^{53}　　　　　狗　　khji phrug/ci^{53}tʂuk^{31}　　　　狗崽

（2）性别后缀　添加在部分指人或动物名词后，区分性别。ba（pa）/pa^{31}或 pho/pho^{31}指雄性，mo/mo^{31}指雌性。例如：

phag/phak^{53}　猪　phag pa/phak^{53}pa^{31}　公猪　phag mo/phak^{53}mo^{31}　母猪

rta/ta^{53}　　马　rta pho/ta^{53}pho^{31}　　公马　rta mo/ta^{53}mo^{31}　　母马

khji/ci^{53}　　狗　khji pho/ci^{53}pho^{31}　公狗　khji mo/ci^{53}mo^{31}　母狗

（3）指人后缀 ba（pa）/pa^{31}和 mi/mi^{31}加在名词性语素或动词性语素后，表具有某种特征的一类人。例如：

ʑiŋ/ɕiŋ^{31}　　　　　田地　　ʑiŋ pa/ɕiŋ^{31}pa^{31}　　　农民

tshoŋ/tshoŋ^{53}　　　买卖　　tshoŋ pa/tshoŋ^{53}pa^{31}　　商人

jul/jul^{53}　　　　　房子　　jul pa/jul^{53}pa^{31}　　　邻居

roŋ/roŋ^{31}　　　　　山谷　　roŋ pa/roŋ^{31}pa^{31}　　　尼泊尔人

bzo/so^{24}　　　　　制作　　bzo ba/so^{24}pa^{31}　　　工人

kur/kur^{53}　　　　　偷　　　kur mi/kur^{53}mi^{31}　　　贼

（4）指物后缀 pa/pa^{31}和 rdʑas/dʑa^{31}夏尔巴话动词后加 pa/pa^{31}和 rdʑas/

ʥa³¹，表动作的结果或者动作对象。例如：

| rtsigs/tsik⁵³ | 砌、垒 | rtsigs pa/tsik⁵³ pa³¹ | 墙 |
| za/sap²⁴ | 吃 | za rʥas/sap²⁴ ʥa³¹ | 吃的东西 |

（5）后缀 pu³¹、po³¹、mu³¹ 和 mo³¹ 表性质或状态，元音 o 和 u 在夏尔巴话中常变读，例如：

mthon po/thoŋ⁵³ po³¹	高	dmafi po/ma⁵³ pu³¹	矮
nag po/nak³³ pu³¹	黑	khe po/khe⁵³ mu³¹	便宜
ser po/ser⁵³ pu³¹	黄	rgjags pa/ɟaː³¹ mu³¹	肥、胖

2.3 虚词词汇化　名词后面的虚词词汇化成固定结构。藏文的位格助词（su/ra/ru/na/la/tu）和从格助词（nas/las）虚化，与其前面的名词或代词黏着在一起，词汇化为一个语言单位，独立表达意义，例如：

rkaŋs btsugs nas/kaŋ⁵³ tsuk³¹ ni³¹ 　　故意　　rtiŋ la/tiŋ⁵³ la³¹ 　　后来

故意、专门　从格助词　　　　　　　　后面　位格助词

sŋon la/ŋe⁵³ la³¹ 　　　　　　　　首先　　fidi-r/di²⁴ 　　　　这里

前面　位格助词　　　　　　　　　　　这　位格助词

3. 紧缩法　紧缩法构词的特点是，两个派生词的词根结合在一起构成一个具有独立意义的双音节词。例如：

riŋ³¹（pu³¹）+ thuŋ³¹（pu³¹）　　→ riŋ³¹ thuŋ³¹ 　长短（表长度）

长　　　　　短

tʂha³¹（mi⁵³ ma³¹）+ bom³¹（po³¹）→ tʂha⁵³ bom³¹ 　粗细（表大小）

细　　　　　　　　　粗

pa⁵³ pa³¹ + fia³¹ ma³¹ 　　　　　　→ pa⁵³ ma³¹ 　　父母（泛指父母一辈）

父亲　　　母亲

4. 重叠构词　语音形式上有 2 个或 2 个以上音节重复构成，有双音节、三音节和四音节等结构；语义上意义相近或相对的词根重叠。重叠过程中有的音节语音要发生变化。重叠法构成的词类主要是动词和形容词。根据语音重叠的方式，重叠构词可分为 AA、ABB、AABB、ABAB 等类型，有学者将重叠法构成的四音节词称为四音格。例如：

AA 式：	tʂha⁵³ tʂha³¹	花（布）	kor³¹ kor³¹	圆
	lep³¹ lep³¹	扁	tshap⁵³ tsup³¹	慌
ABB 式：	wo³³ thiŋ³¹ thiŋ³¹	亮晶晶	nak³³ ril³¹ ril³¹	黑洞洞

$$mar^{53} thiŋ^{31} thiŋ^{31}$$　　　　红彤彤

AABB 式：$khø^{33} khø^{31} ɕum^{33} ɕum^{31}$　　老老实实

ABAB 式：$tsa^{53} ra^{31} tsi^{33} ri^{31}$　　　零零碎碎　$tha^{33} ma^{31} thu^{33} mi^{31}$　糊里糊涂

　　　　　$tsha^{33} pa^{31} tshu^{33} pi^{31}$　　慌慌张张　$sa^{33} ra^{31} si^{33} ri^{31}$　　乱七八糟

二　词汇系统特点

（一）固有词

夏尔巴话与藏语拉萨话比较，其固有词具有以下特点。

1. 同一事物或意义，夏尔巴话和拉萨话使用同一个词表示。

1.1 同一个词，声韵大致相同，元音长短、辅音送气与不送气及声调略有差别（见表1）。

表 1

词义	藏文转写	夏尔巴话	拉萨话①
太阳	ŋi ma	$ŋi^{31} ma^{31}$	$ŋi^{13} mə^{55}$
星星	skar ma	$kar^{53} ma^{31}$	$kaː^{55} ma^{55}$
干净	gtsaŋ ma	$tsaŋ^{53} ma^{31}$	$tsaŋ^{55} ma^{55}$
拳头	khu tshur	$gu^{53} tsu^{31}$	$khu^{55} tshur^{55}$
霜	ba mo	$pha^{31} moʔ^{53}$	$pha^{13} mo^{55}$
薄	srab po	$sa^{53} pu^{31}$	$tʂə^{55} pu^{55}$
猴子	sprefiu	$ʂiu^{53}$	piu^{55}

1.2 文字相同，夏尔巴话音节合并（见表2）。

表 2

词义	藏文转写	夏尔巴话	拉萨话
雪	kha ba	$khaː^{53}$	$kha^{55} wa^{55}$
鼠	bji ba	$phiɛ^{53}$	$tɕhi^{55} wa^{55}$

---

① 本文拉萨话例词的国际音标注音一律引自黄布凡主编《藏缅语族语言词汇》（中央民族学院出版社，1992）。下文不再说明。

2. 同一事物或意义，夏尔巴话和拉萨话用不同的词表示，斜杠"/"前后分别为藏文国际音标转写和不同方言的口语读音（见表 3）。

表 3

词义	夏尔巴话	拉萨话
脸	ʐal/tɕhe⁵³	ŋo/ŋo¹³
手镯	mu ɦbrel/ma⁵³ tʂi³¹	lag gduŋ/lək¹³ tuŋ⁵⁵
戒指	sor gdub/sor⁵³ do³¹	tshigs khebs/tshiː⁵⁵ ko⁵²
煮	ɦtshod/tso⁵³	skol/kø⁵⁵
拔（草）	ɦbal/phal³¹	bkog/ko⁵²
房间	sgo gra/go³¹ tʂa⁵³	khaŋ mig/khaŋ⁵⁵ mi⁵⁵
铁匠	mgar mi/ga³¹ mi³¹	ltɕags bzo/tɕa⁵² so⁵²
二十	khal/khal³¹	ɳ̩i ɕu/ɳ̩i¹³ ɕu⁵⁵

3. 构词成分有差别或构词语素之间的组合规律不同，斜杠"/"前后分别为藏文转写和口语实际读音（见表 4）。

表 4

词义	夏尔巴话	拉萨话
下雨	tɕhar pa brgjab/tɕhar³¹ pa³¹ ɟap²⁴	tɕhar pa ɦbab/tɕhaː⁵⁵ pa⁵⁵ phəp¹³²
唱歌	lu gtoŋ/lu⁵³ taŋ⁵³	gʑas gtoŋ/ɕe¹³² taŋ⁵⁵

夏尔巴话中"下雨"一词，动词语素用 brgjab/ɟap²⁴，ɟap²⁴本义为"做"；拉萨话动词语素用 ɦbab/phəp¹³²，phəp¹³²本义为"降落"。

4. 特色词汇保留多

夏尔巴话有些特色词汇，比如存在动词 noʔ³¹（藏文为 snaŋ ba）"有、在"（noʔ³¹和 nok³¹经常变读）、tɕhe⁵³（藏文为 ʐal）"脸"、khal³¹（藏文为 khal）"二十"等词。

夏尔巴话存在动词 noʔ³¹不区别人称，而拉萨话存在动词 jod/jø¹³²和 ɦdu/tu¹³²区别人称和情态范畴。古藏文 ʐal 是敬语，意义为"口或脸部、面容"；夏尔巴话 ʐal/tɕhe⁵³意义为"脸"；拉萨话中 ʐal/ɕe¹³²也是敬语，意为"嘴、口"，而"脸"一词是 ŋo/ŋo¹³。

藏文 khal 一词，辞书有名词和量词两种意义，名词指畜力所载的货物；

做量词时量度为 20 藏升，衡度为播种 20 藏升种子的土地面积。这种古老的度量单位在今夏尔巴人的经济生活中已经消失，khal³¹ 语义转移为表数量"20"。无独有偶，仁增旺姆①也谈到 khal 在下迭部藏语中已经进入数词系统并改变了当地藏语方言数词的进位方式，形成了一种新的数词系统类型。夏尔巴话与迭部话，地域空间上相隔遥远，但"20"计数的产生，很显然是古藏语在不同方言中的遗存。

5. 动物属相名词特点

夏尔巴话纪年的动物属相名称与一般动物名称语音上有差别，斜杠"/"前后分别为藏文国际音标转写和夏尔巴话的读音（见表 5）。

表 5

词义	夏尔巴话	
	属相纪年	一般名词
鼠	bji ba/tɕhi⁵³ wa³¹	bji ba/phiɛ⁵³
牛	glaŋ/laŋ⁵³ （黄牛）	ba glaŋ/pha⁵³ laŋ³¹
虎	stag/ta⁵³	stag/ta⁵³
兔	jos/jøʐ²⁴	ri boŋ/ri⁵³ waŋ⁵³
龙	fibrug/dʐuk³¹	fibrug/dʐuk³¹
蛇	sbrul/dʐuːl³¹	sbrul/sa⁵³ ju³¹
马	rta/ta⁵³	rta/ta⁵³
羊	lug/luk³¹	lug/luk³¹
猴	sprel/tʂe⁵³	spre fiu/ʂu⁵³
鸡	bja/tɕha³¹	bja de pho/tɕha⁵³ tek⁵³
狗	khji/ci⁵³	khji/ci⁵³
猪	phag/pha⁵³	phag pa/phak⁵³ pa³¹

表 5 中"鼠、牛、兔、蛇、猴、鸡、猪"纪年和作为一般动物名词时读音不同，其中"鼠、牛、猴、鸡、猪"5 个动物名词，纪年与普通名词词根

---

① 仁增旺姆：《克（khal）在下迭部藏语中引起的数词系统及相关演变》，《中央民族大学学报》（哲学社会科学版）2011 年第 2 期，第 141～144 页。

相同但读音不同，而"兔、蛇"纪年与普通名词词根、读音都不同；也就是说在纪年系统中有 7 种动物名称有其固定读音，其余 5 种动物纪年与普通名词读音相同。

（二）借词

词汇是语言系统最活跃的要素。从时间上讲，词汇系统不断传承向前发展，夏尔巴话中既有古藏语遗存也有新词的创新发展；从空间上说，不同地域不同语种之间词汇借用现象很普遍。历史上，夏尔巴人多次迁徙，长期处于多种文化交会地带并与周围语言密切接触，外来词进入其词汇系统是必然的。借词多源，是其词汇系统的特点。

1. 外来词的来源

1.1 尼泊尔语借词

聂拉木县境内夏尔巴人多数与尼泊尔境内夏尔巴人有姻亲往来，五六十岁的人，父母多是尼泊尔籍的夏尔巴人，很自然夏尔巴话会有不少尼泊尔语借词。就目前统计的 2456 个词看，尼泊尔语借词有 73 个。尼泊尔语借词渗透性很强，几乎覆盖夏尔巴人的整个社会生活，下文例词括号内为尼泊尔语拉丁转写注音。[①]

植物类

nas^{53}pa^{31}ti^{31}（nāśapātī）　　　　梨

sum^{53}tua^{31}la^{31}（suntalā）　　　　橘子、橙子

ce^{53}ra^{31}（kēlāsa）　　　　　　香蕉

wu^{53}çu^{31}（syā'u）　　　　　　苹果

a^{53}nor^{53}（anāra）　　　　　　石榴

ma^{53}kei^{31}（makkā）　　　　　玉米

phar^{31}çi^{31}（skvaśa）　　　　　南瓜

a^{53}lu^{31}（ālu）　　　　　　　马铃薯

kan^{53}tsir^{53}（gājara）　　　　胡萝卜

ko^{53}pi^{31}（gōbhī）　　　　　卷心菜、圆白菜

亲属称谓

kaŋ^{53}ka^{31}li^{31}（gariba mānchē）　　穷人

---

① 尼泊尔语的拉丁转写注音，引自 google 多语种电子词典。

go^{31}tʂho^{53}lo^{31}（gōṭhālokēṭā）　　　牧童（人）

naː^{31}ti^{31}（pōlyāṇa）　　　孙子

tʂua^{53}re^{31}（anāthaharū）　　　孤儿

饮食类

tʂuk^{53}tsa^{31}（nāśtā）　　　早饭

chi^{31}li^{31}（sigareṭa）　　　烟（吸烟）

服饰用品类

ka^{53}pas^{31}（kapāsa ūna）　　　棉絮

ne^{31}len^{31}（nāyalǒna）　　　尼龙、塑料纤维

ka^{53}tʂus^{31}（śarṭsa）　　　短裤

dʑut^{31}ta^{31}（jūtā）　　　鞋

mu^{53}dʑa^{31}（mōjēharū）　　　袜子

kal^{53}pa^{31}（skārpha）　　　围巾

生活用品类

sa^{53}ben^{31}（sābuna）　　　肥皂

tsha^{31}ta^{31}（chātā）　　　伞

tar^{53}wal^{31}（talavāra）　　　剑

pa^{53}ti^{31}（balṭī）　　　斗（一斗粮食）

文化交通娱乐类

tas^{53}（solitaire）　　　纸牌

ha^{31}li^{31}kap^{53}tʂa^{31}（hēlikapṭara）　　　直升机

居住房屋建筑类

ko^{53}tʂa^{31}（kōṭhā）　　　房间

动物类

sar^{53}（rāma）　　　公绵羊

性质状态类

ba^{31}la^{53}ka^{31}（baccāharu）　　　年轻、儿童

ha^{31}tar^{31}（jaldīkarō）　　　着急

al^{53}çi^{31}（ālupana）　　　懒

pa^{53}raŋ^{33}pu^{31}（garibī）　　　穷

其他

ban^{31}ta^{31}（bhandā）　　　　　　　比、比较

从尼泊尔语借入的词，有些词来自英语，即这些词首先被尼泊尔语吸收，进入尼泊尔语后语音发生一定的变化，然后经由尼泊尔语进入夏尔巴话。

例如，pe^{53}tʂi^{31}（bēlṭa < belt）"腰带"一词，英语的读音为［belt］，而从尼泊尔语借入夏尔巴话的读音为 pe^{53}tʂi^{31}，经过尼泊尔语的改造，这类词与直接从英语借入夏尔巴话中的词不同。再如 ha^{31}li^{31}kap^{53}tʂa^{31}（hēlikapṭara < helicopter）"飞机、直升机"、sut^{31}ke^{31}（sūṭakēsa < suitcase）"行李箱"、sɛ^{31}kal^{31}（sā'ikala < cycle）"自行车"等。

夏尔巴话中还有不少词疑似尼泊尔语借词。瞿霭堂①就曾谈及"立新话中还有一部分词是卫藏方言或其他方言中少见或少说的。这类词来源还不太清楚，约有 100 个左右。如 ka^{331}'去、走'、ʂu^{53}'发抖'等"。笔者认为这些来源不清的词，有些可能是尼泊尔语借词。以 ban^{31}ta^{31}"比较、对比"一词为例，笔者在藏汉和汉藏词典中均查找不到与之对应的藏文正字，经查尼泊尔语词典，发现"比较、比、对比"一词的尼泊尔语读音是 bhandā，很显然，此词为尼泊尔语借词。上文 ka^{331}"去、走"一词，其藏文正字很可能是 brgal，本义为"跨"，夏尔巴人居住区域高山峡谷纵横，出门不是登山就是下坡，"跨"转义为"去、走"；而 ʂu^{53}"发抖"一词的藏文正字很可能是 srub，拉萨话中 srub 一词意义为"搅拌，打茶"，打酥油茶就用 srub，古藏语的 sr-声母在今夏尔巴话中读 ʂ-。随着研究的深入以及学界对古藏语和尼泊尔语词汇的甄别，很多词的来源会逐渐清晰。

1.2 汉语借词

汉语借词涉及日常生活用品、用具、饮食等各个小类。例如：

phiŋ^{53}kɔk^{31}	苹果	çi^{53}kua^{31}	西瓜	la^{31}pu^{31}	萝卜
a^{33}wu^{55}	藕	wo^{55}sun^{31}	莴笋	thuŋ^{31}thuŋ^{31}	桶
ta^{31}jaŋ^{31}	大洋	tʂhe^{53}tsi^{31}	尺子	kaŋ^{53}tsar^{31}	碗
mo^{33}mo^{53}	馍馍	tɕao^{33}tsi^{53}	饺子	phin^{53}	米粉（粉条）
ʂan^{55}jao^{53}	山药	ça^{53}	虾	khue^{53}tsi^{31}	筷子

---

① 瞿霭堂：《夏尔巴话的识别——卫藏方言的又一个新土语》，《语言研究》1992 年第 2 期，第 176～189 页。

1.3 英语借词

早在 19 世纪，英国殖民主义者就多次派人或机构进入尼泊尔和我国西藏地区进行探险和传教。20 世纪以来随着登山活动的开展，越来越多西方人进入夏尔巴人居住区，英语借词大量进入夏尔巴人生活中，例如（括号内为英语拼写）：

kap^{53}（cup）	杯子	ke^{33}las^{31}（glass）	玻璃杯
rup^{31}（group）	小组/队	bo^{31}tol^{31}（bottle）	瓶子
phon^{31}（phone）	电话、手机	khæ^{53}pei^{31}（coffee）	咖啡
bis^{31}kur^{31}（biscuit）	饼干	tçok^{53}li^{31}（chocolate）	巧克力
mi^{53}çin^{31}（machine）	机器	rei^{31}（rail）	火车
bok^{53}çin^{31}（boxing）	拳头	pek^{31}（pack）	捆、包
be^{31}lon^{31}（balloon）	气球	bek^{31}（bag）	钱包（背包）
pan^{31}（van）	货车	kes^{31}（gas）	汽油
le^{31}tʂar^{31}（lighter）	打火机	pə^{33}lis^{53}（police）	警察

1.4 梵语借词

梵语对藏文的影响是巨大的，藏文是在梵文基础上创制的，藏族的古代经典和文学作品中，有大量的梵语借词，夏尔巴话也是如此。例如：

mu^{31}tik^{31}（mu tig）　珍珠　　　　til^{53}（til bru）　　　芝麻

1.5 波斯语和阿拉伯语借词

夏尔巴话中还有一些波斯语和阿拉伯语借词，括号内为该词语的拉丁转写注音,[①] 例如：

波斯语借词	pa^{31}tsar^{53}（bazar）	市场	pie^{53}si^{31}（piyaz）	洋葱
	pe^{53}le^{31}（ebrişim）	绸子		
阿拉伯语借词	a^{53}ra^{31}（šerab）	白酒		

1.6 蒙古语借词

夏尔巴话中蒙古语借词多为专有名词，括号内为该词语的拉丁转写注音，例如：

ta^{31}lɛ^{31}（dalai）达赖　　　　　　　hor^{31}（hor < qor）　　　　霍尔

---

① 本组借词的拉丁转写注音引自 TURKISH-ENGLISH-ARABIC-PERSIAN，Mevlût SARI，GONCA YAYINEVİ，Hasan Beşpehlivan Beyazsaray No. 18 Beyait-İstanbul。

2. 借入方式　有全借、半借和混合借 3 种情况

2.1 全借词

外来词汇的语音和语义被全部照搬过来。例如：

全借尼泊尔语	$dʐut^{31}ta^{31}$（jūtā）	鞋	$kal^{53}pa^{31}$（skūrpha）围巾
全借汉语	$çi^{53}kua^{31}$	西瓜	$khue^{53}tʂi^{31}$　筷子
	$jaŋ^{31}la^{31}$	洋蜡	$çi^{31}ji^{53}tɕi^{31}$　洗衣机
全借梵语	$mu^{31}tik^{31}$（mu tig）	珍珠	
全借英语	kap^{53}（cup）	杯子	$ke^{33}las^{31}$（glass）玻璃杯
全借波斯语	$pa^{31}tsar^{53}$（bazar）	市场	$pie^{53}si^{31}$（piyaz）洋葱
全借阿拉伯语	$a^{53}ra^{31}$（šerab）	白酒	
全借蒙古语	$ta^{31}lɛ^{31}$（dalai）	达赖	

2.2 半借词

半借词是指源语言的词汇没有被整体借入夏尔巴话而只借了部分音节。例如：梵语 til bru "芝麻" 为双音节词，但借入夏尔巴话时只借了第一个音节 til，夏尔巴话读作 til^{53}；又如，尼泊尔语 kēlāsa "香蕉" 一词，借入夏尔巴话时后面的 sa 丢失，夏尔巴话中 "香蕉" 读音是 $ce^{53}ra^{31}$。这类词占借词总数的一半左右。

2.3 混合借词

固有语素与借入语素重组，构成新词。例如：

汉语 + 藏语	$liŋ^{31}tʂi^{53}$	$ça^{31}mu^{31}$		灵芝
	灵芝（汉语）	蘑菇（藏语）		
藏语 + 汉语	$ça^{31}$	$mo^{31}mo^{53}$		包子
	肉（藏语）	馍馍（汉语）		
尼泊尔语 + 藏语	$aŋ^{53}sa^{31}$	$ɻap^{24}$		分家
	房子（尼泊尔语）	做（藏语）		
	$wu^{53}tsur^{31}cha^{24}$	告状		
	坏话（尼泊尔语）	做（藏语）		

3. 借词的影响

3.1 丰富词汇系统，表达更加精确

词汇借用是语言使用和社会发展进程中的必然产物，只要有对外交流就会有词汇借用。夏尔巴人表述有些事物时，固有词和借词并存并用，比如

"腰带"一词，夏尔巴话固有说法是 ka^{53}pu^{31}，尼泊尔语借词是 pe^{53}tşi^{31}，ka^{53}pu^{31}指"宽的布腰带"，pe^{53}tşi^{31}用来指"普通西裤的腰带"。再如"袜子"一词，夏尔巴话中同时存在 3 种说法，分别是 wa^{31}tsi^{53}、kaŋ^{53}çup^{31}和 mu^{53}dʑa^{31}。wa^{31}tsi^{53}是汉语借词，用来指汉式袜子；kaŋ^{53}çup^{31}是固有词，指夏尔巴人传统的袜子；mu^{53}dʑa^{31}是尼泊尔语，用来指袜子的总称。夏尔巴话不同来源的借词能区分事物不同原料、产地和式样，借词的存在一方面促使词汇所负载的信息精细准确，另一方面在丰富夏尔巴话词汇系统构成的同时，提升其词汇系统的信息承载容量及表达力。

3.2 词汇借用影响夏尔巴话语音系统

借词一方面丰富借入语言的词汇增强其交际功能，另一方面还可能导致借入语言结构系统发生相应的变化。以语音系统为例，古藏语的－s 韵尾在夏尔巴话固有词中都已丢失，但夏尔巴话中很多借用自尼泊尔语词、英语的词就保留了－s 韵尾，例如：tas^{53}（solitaire）"纸牌"、ke^{31}las^{31}（glass）"玻璃杯"。再如，夏尔巴话中无唇齿擦音［f］，随着一批带有［f］辅音声母的汉语借词进入夏尔巴人生活，夏尔巴话语音系统中增加了一个只出现在汉语借词中的音位［f］，如 təu^{53}fu^{53}"豆腐"。

结　语

夏尔巴话作为藏语方言的一个特殊土语，其词汇构造既有藏语方言的共性，如有构词词缀等，又有其自身特点，比如有一些特色词、借词多源等。瞿霭堂[①]曾指出："夏尔巴人从西康长期迁居国外，部分迁回樟木口岸的，又与说卫藏方言的人比邻而居，因此夏尔巴话长期处于'语言飞地'和'方言岛'的状态，发展和演变有一定的特殊性，对语言识别、方言划分和藏语古音古调的研究都有重要价值。"夏尔巴话有些特色词汇虽与拉萨话找不到对应关系，但与藏语其他方言一致或者严格对应，对夏尔巴词汇的深入描写有助于对藏语整体面貌的进一步认识和对语言演变的深入研究。

---

① 瞿霭堂：《夏尔巴话的识别——卫藏方言的又一个新土语》，《语言研究》1992 年第 2 期，第 176～189 页。

参考文献

胡坦、瞿霭堂、林联合:《藏语（拉萨话）声调实验》,《语言研究》1982年第 1 期。

王宏纬、鲁正华编著《尼泊尔民族志》,中国藏学出版社,1989。

张济川:《藏语词族研究》,社会科学文献出版社,2009。

R. Shafer, Classification of the Sino-Tibetan language, *Word*, 11, 1955.

阿底峡尊者入藏传法及其对后世的影响

一 阿底峡进藏振兴藏传佛教

阿底峡（Aa ti sha, 982 – 1054），印度孟加拉佛教高僧、佛学家，藏传佛教噶当派祖师。原名"月藏"（zla ba snying po），法名"吉祥燃灯智"（dpalmar me mdzad ye shes），全名阿底峡·吉祥燃灯智。

阿底峡出生在东印度萨霍尔国（za hor）的邦噶拉（今孟加拉国）大城市，父亲为萨霍尔国王，名格瓦拜（dge ba dpal，善吉祥），母亲叫白姆沃色（dpal movod zer，吉祥光）①，皆是虔诚的佛教信仰者。阿底峡从小受到家庭的宗教信仰熏陶并接受良好的文化教育，自 3 岁开始学习数学和语文，至 6 岁学懂许多知识，并会诵读佛经；11 岁时去中印度的那烂陀寺亲近觉贤（byang chub bzang po）论师学习佛法，后经觉贤推荐，到王舍城跟随密宗师阿缚都底波陀修习密法，同时广泛学习婆罗门和佛教的声明学以及因明学等各门学科知识；15 岁时与婆罗门学者辩论，显示出因明学方面的超群才能；18 岁那年，前往超戒寺拜当时享有北门守护者之称的那若巴（na ropa）为师，修习密宗法门，获得喜金刚灌顶；20 岁时，父亲格瓦拜希望他继承王位，便从王族闺秀中选出美女，准备让他成婚，由于阿底峡本人立志出家献身于佛教事业，不同意成家继承王位，最终未能实现父亲的意愿。

阿底峡 29 岁时，前往印度金刚座的菩提伽耶寺，从佛教大众部系持律师戒护座前受具足戒（比丘戒），取法名为"吉祥燃灯智"，修习戒律。同时，

---

* 夰藏加，中国社会科学院世界宗教研究所研究员，中国社会科学院研究生院教授、博士生导师。
① 平措次旦：《阿底峡略传（藏文）》，中国藏学出版社，2011，第 1 页。

他拜众多上师广泛学习文化知识，包括内外声明、因明等学科，系统研习佛教显密教理[1]；特别从法护论师座前修学《四部毗奈耶》（vdul ba lung sde-bzhi）、《阿毗达摩集论》（mngon pa kun las btus pa）等大乘佛教的重要经论，奠定了广博深厚的佛学基础。

大约在1013年，阿底峡率领125名弟子乘船远洋到金洲（今苏门答腊）求法取经，航行13个月抵达目的地，参拜依止金洲（法称）大师学法。金洲大师，学识渊博，名驰远近，阿底峡对他极为崇敬，尊者与大师共同起居，学法达12年之久，主要修学弥勒至无著传承之《现观庄严论》教授、文殊至寂天传承之《入菩萨行论》等经论，尤其获得了圆满无缺的菩提心教授[2]。在此期间阿底峡赴锡兰（今斯里兰卡）研习佛教显密教法。阿底峡自小到大至少跟随50多名上师学法，其中受惠最多的恩师乃金洲的法称，影响了他一生。阿底峡学成之后，从金洲与商人结伴回到印度，是年他44岁，已是一名佛学知识渊博、精通显密教法、品德言行高尚的佛教大师，遂出任超戒寺首座（上座主持人），与宝生寂、觉贤、阿缚都底波陀、动毗波、寂贤等人一起被称为超戒寺八贤，其声望远扬海内外。

当时位于西藏阿里地区的古格王朝拉喇嘛·益西沃和拉喇嘛·绛曲沃叔侄不惜一切代价邀请阿底峡入藏传法。然而，阿底峡在超戒寺担任住持要职，寺院不同意他离职。后来发生古格王拉喇嘛·益西沃为邀请阿底峡而献身的意外事件，促成阿底峡最终下决心入藏传法。最后由古格王拉喇嘛·绛曲沃派遣嘉·尊智僧格和那措·茨诚嘉瓦两位译师，亲自赴印度超戒寺迎请阿底峡，其中嘉·尊智僧格不幸在回国途中去世，重担落到那措·茨诚嘉瓦一人肩上，他最终完成了光荣使命。

藏历第一绕迥铁龙年（1040），阿底峡一行从超戒寺启程，第二年（1041）抵达尼泊尔，在尼泊尔逗留一年，朝拜佛教名胜古迹，藏历水马年（1042）到达古格，受到拉喇嘛·绛曲沃的热烈欢迎和盛情款待。阿底峡驻锡古格王朝级别最高的托林寺（mtho lding），与拉喇嘛·绛曲沃促膝商谈如何整顿当下藏传佛教的不正之风，应拉喇嘛·绛曲沃的敦请，阿底峡撰写了《菩提道灯论》（byang chub lam gyi sgronma），指明正确修学佛法的途径和方

---

[1]　平措次旦：《阿底峡略传（藏文）》，中国藏学出版社，2011，第10～11页。
[2]　平措次旦：《阿底峡略传（藏文）》，中国藏学出版社，2011，第23页。

法。当时，古格王朝大译师仁钦桑布，虽然年事已高（85 岁），但仍邀请阿底峡到他的住处，交换佛学观点，请教佛学疑难，两位高僧的会晤给彼此留下深刻印象。就阿底峡而言，为在古格地区有如此学识渊博的佛学家而颇为惊讶，也很高兴佛教在该地有着广阔的发展前景；就仁钦桑布而言，通过佛学交流，发现自己还有许多不足之处，尤其在密宗的修持次第方面有误区，亟待改进。仁钦桑布还请阿底峡校订早期翻译的《八千颂般若波罗蜜多》、《二万颂般若光明论》和《八千颂般若广释》等重要佛经。最后，阿底峡建议仁钦桑布找一处寂静的地方，闭关修行。为此，仁钦桑布在他的晚年一直闭关修行，直至圆寂为止，长达十年之久，在佛教密宗实践领域获得很高的证悟。

阿底峡在古格地区弘法 3 年，凭借他渊博的佛学理论功底、娴熟的宗教仪轨知识和高深的密宗证悟境界，赢得了当地佛教徒的信任、敬仰和拥戴，其声望很快传遍整个藏族地区。西藏中部地区的佛教徒纷纷到古格迎请阿底峡。而阿底峡在古格地区弘法三年期满后，欲想返回印度超戒寺，他行至尼泊尔边境时，尼泊尔境内发生战乱，道路不畅。正在滞留之际的阿底峡被从西藏中部地区赶来邀请他的仲敦巴的再三请求和虔诚信仰所感动，遂放弃回超戒寺的意愿，转向踏上了前往西藏中部地区传教的历程。仲敦巴向阿底峡讲述了拉萨和桑耶地区有众多著名寺院以及数千名出家僧侣正等待着他前来灌顶开光和讲经传法的情形。他们经日喀则地区的班塘（dpalthang）、吉隆（skyid grong）等地渐次东下，每到佛教徒比较集中的地方，都要停留一段时间，举行简单的传法活动。他们抵达西藏中部地区的那波拉（sna po la）地方，受到当地戴恰法王的欢迎和款待，举行吹号角等奏乐仪式，并在雅隆藏布江边筑坝，以示利益众生；阿底峡一行到达西藏中部地区后，直接去吐蕃时期创建的第一座佛教正规寺院（桑耶寺）观礼，受到当地布德热札法王（lha btsun bo dhi raw dza）的热情接待并作施主，许多高僧大德前来欢迎阿底峡光临本地传法。

阿底峡在桑耶寺藏书院看到众多梵文佛经，甚至不少版本在印度也不易见到，阿底峡叹为观止，称赞吐蕃时期的佛教之兴隆，远远超过佛教本土印度。他将梵文《中观光明论》和《华严经》抄录后，寄往印度；并协助藏族译师翻译了无著的《摄大乘论》和世亲的《摄大乘论释》等多部佛经。阿底峡离开桑耶寺去往聂塘（snye thang）时，由 200 多名骑士护送经贡噶、色嘉彭（srivi rgya phibs）等地逗留传法，最后抵达聂塘，在此聚集着许多听讲佛法的信徒，阿底峡向他们宣讲《现观庄严论》和《二万颂般若光明论》等经论，大多数听众只对《现观庄严论》感兴趣，而受听《二万颂般若光明论》的人寥寥无几。

　　阿底峡在聂塘期间还特意向普德贡寺的僧众传授教诫，并为他们建立了静修院；阿底峡专门给仲敦巴传授三士道教法。随后阿底峡被俄·勒贝喜饶邀请到拉萨地区礼佛传法，并协助藏族译师翻译了《中观心要释思择焰》，又亲自著述了解释此经论的二本释论，即《中观教授广略释》。俄·绛曲迥奈作施主，迎请阿底峡到耶尔巴（yer pa）传法，协助藏族译师翻译了无著的《究竟一乘宝性论释》；此时，阿底峡受到彭波地方的高僧噶瓦·释迦旺秋之邀请，去彭波地方传法，举办宗教活动。之后，阿底峡返回聂塘住地，又重新向新老广大信徒系统讲授《现观庄严论》《二万颂般若光明论》《入菩萨行》《菩提道灯论》等许多佛教重要经论。由于长期在高海拔地区奔波弘法，加之年事已高，阿底峡的身体健康状况越来越差，那措·茨诚嘉瓦译师发现这一情况后，陪同阿底峡到桑耶青浦（mchims phu）休养六个月。藏历第一绕迥木马年（1054），阿底峡在距离拉萨西南方数十里的聂塘住地圆寂，享年72岁。

　　阿底峡在西藏巡锡弘法达13年之久，无论在西部的阿里地区，还是在中部的西藏中部地区以及日喀则地区，所到之处，他热情而卓有成效地传授和解难佛教经论，倾注极大的精力为藏族地区众多的寺院、佛塔、佛像举行开光安座仪式，同时广收徒弟，为他们灌顶和传授佛教显密教法，培养了大批佛教弟子，诸如阿里地区的仁钦桑布、那措·茨诚嘉瓦、玛葛洛等，日喀则地区的卓、格、荣、赛等，西藏中部地区的库、俄、仲等。其中四大著名弟子分别是那措·茨诚嘉瓦（nag tsho tshul khrims rgyalba）、库敦·尊智雍仲（khu ston brtson vgrus gayungdrung）、俄·勒贝喜饶（rngog legs pavi shes rab）和仲敦巴·嘉维炯奈（vbrom ston pa rgyal bavi vbyunggnas）。尤其是仲敦巴·嘉维炯奈继承阿底峡传授的全部显密教法，并在此基础上建构了噶当派的教法体系①。

---

　　①　尕藏加：《中国藏传佛教（从佛教传入至公元20世纪）》，魏道儒编《世界传教通史》第七卷，中国社会科学出版社，2015，第228页。

　　阿底峡在藏期间，翻译和著述了大量有关佛教显密宗方面的重要经论。据统计，已收入藏文大藏经"丹珠尔"部的译著就达 100 多部，译著以解脱军的《二万颂般若光明论》、世亲的《摄大乘论释》、清辩的《中观心论的解释》、无著的《大乘宝性论释》等为代表；论著以《密咒幻镜解说》、《中观优波提舍》（dbu mavi man ngag ces bya ba）、《中观优波提舍宝箧》（dbu mavi man ngag rin chen mdzod）、《菩提道灯论》（byang chub lam sgron）等为代表。其中有专说"观"（理论性）的，如《入二谛论》（bden gnyis la vjugpa）等；有专说"行"（实践性）的，如《摄菩萨行灯论》（spyod pa bsdus pavi sgron me）等。至于兼"观"与"行"圆满无余者，则为《菩提道灯论》，对后世藏传佛教教法体系影响深远。

　　总之，阿底峡将以自己毕生精力所学到的佛学知识，毫无保留地全部奉献给藏传佛教的弘法事业，为整顿藏传佛教弊端和振兴藏传佛教正统教法发挥了巨大作用，他在藏传佛教发展史上具有崇高地位。

二　阿底峡《菩提道灯论》影响

　　《菩提道灯论》（byang chub lam sgron）是阿底峡应拉喇嘛·绛曲沃的请求，于 1043 年撰写完成的一部经典论著，并成为阿底峡的代表作，也是噶当派教法义理依据的奠基之作。同时，它为后期宗喀巴大师的《菩提道次第广论》和《密宗道次第广论》两部名著提供了理论依据。该经论将人类按世间众生的根器而判分为上、中、下三等，在此基础上提出了"三士道"理论。

　　特别是《菩提道灯论》融摄佛教三藏，贯通大乘显密学说，实为一部不朽的佛学力作。全书共有六十九颂半，虽篇幅不长，但言简意赅，故转载全文如下：

　　　敬礼曼殊宝利童子菩萨
　　　敬礼三世一切佛　　及彼正法与众僧
　　　应贤弟子菩提光　　劝请善显觉道灯
　　　由下中及上　　　　应知有三士　当书彼等相
　　　各各之差别　　若以何方便　　唯于生死乐
　　　但求自利益　　知为下士夫　　背弃三有乐

遮止诸恶业　　但求自寂灭　　彼名为中士
若以自身苦　　比他一切苦　　欲求永尽者
彼是上士夫　　为诸胜有情　　求大菩提者
当说诸师长　　所示正方便　　对佛画像等
及诸灵塔前　　以花香等物　　尽所有供养
亦以普贤行　　所说七支供　　以至菩提藏
不退转之心　　信仰三宝尊　　双膝着于地
恭敬合掌已　　先三遍皈依　　次一切有情
以慈心为先　　观恶趣生等　　及死殁等苦
无余诸众生　　为苦所苦恼　　从苦及苦因
欲度脱众生　　立誓永不退　　当发菩提心
如是发愿心　　所生诸功德　　如华严经中
弥勒广宣说
或读彼经或师闻　　了知正等菩提心
功德无边为因缘　　如是数数发其心
勇施请问经　　亦广说此福　　彼略摄三颂
今此当摘录　　菩提心福德　　假使有色者
充满虚空界　　其福犹有余　　若人以宝珍
遍满恒沙数　　一切佛世界　　供献于诸佛
若有人合掌　　心敬大菩提　　此供最殊胜
其福无边际
既发菩提愿心已　　应多励力遍增长
此为余生常忆念　　如说学处当遍护
除行心体诸律仪　　非能增长正愿心
由欲增长菩提愿　　故当励力受此律
若常具余七　　别解脱律仪　　乃有菩萨律
善根余非有　　七众别解脱　　如来所宣说
梵行为最胜　　是芳苔律仪　　当以菩萨地
戒品所说轨　　从具德相师　　受持彼律仪
善巧律仪轨　　自安住律仪　　堪传律具悲
当知是良师　　若努力寻求　　不得如是师

当宣说其余　　受律仪轨则　　如昔妙吉祥
为虚空王时　　所发菩提心　　如妙祥庄严
佛土经所说　　如是此当书　　于诸依怙前
发大菩提心　　请一切众生　　度彼出生死
损害心忿心　　吝啬与嫉妒　　从今至证道
此等终不起　　当修行梵行　　当断罪及欲
受乐戒律仪　　当随诸佛学　　不乐为自己
速得大菩提　　为一有情因　　住到最后际
当严净无量　　不思议佛土　　受持于名号
及住十方界　　我之身语业　　一切使清净
意业亦清净　　不作不善业

自身语心清净因　　谓住行心体律仪
由善学习三戒学　　于三戒学起敬重

如是勤清净　　菩萨诸律仪　　便当能圆满
大菩提资粮　　福智为自性　　资粮圆满因
一切佛共许　　为引发神通　　如鸟未生翼
不能腾虚空　　若离神通力　　不能利有情
具通者日夜　　所修诸福德　　诸离神通者
百生不能集　　若欲速圆满　　大菩提资粮
要勤修神通　　方成非懈怠　　若未成就止
不能起神通　　为修成止故　　应数数策励
止支若失坏　　即使勤修持　　纵然经于载
亦不能得定　　敢当善安住　　定资粮品中
所说诸支分　　于随一所缘　　意安住于善
瑜伽若成止　　神通亦当成　　离慧度瑜伽
不能尽诸障　　为无余断除　　烦恼所知障
故应具方便　　修慧度瑜伽　　般若离方便
方便离般若　　俱说为系缚　　故二不应离
何慧何方便　　为除诸疑故　　当明诸方便
与般若差别　　除般若度外　　施波罗蜜等
一切善资粮　　佛说为方便　　若修方便力

自善修般若　　彼速证菩提　　非单修无我
遍达蕴处界　　皆悉无有生　　了知自性空
说名为般若　　有则生非理　　无亦如空花
俱则犯俱过　　故俱亦不生　　诸法不自生
亦非他及共　　亦非无因生　　故无体自性
又一切诸法　　用一异观察　　自性不可得
定知无自性　　七十空性理　　及本中论等
亦成立诸法　　自性之空性　　由恐文太繁
故此不广说　　仅就已成宗　　为修故而说
故无余诸法　　自性不可得　　所有修无我
即是修般若　　以慧观诸法　　都不见自性
亦了彼慧性　　无分别修彼　　三有分别生
分别为体性　　故断诸分别　　是最胜涅槃
如世尊说云　　分别大无明　　能堕生死海
住无分别定　　无分别如空

入无分别陀罗尼亦云

佛子于此法　　若思无分别　　越分别险阻
渐得无分别　　由圣教正理　　定解一切法
无生无自性　　当修无分别　　如是修真性
渐得暖等已　　当得报喜等　　佛菩提非遥
由咒力成就　　静增等事业　　及修宝瓶等
八大悉地力　　微安乐圆满　　大菩提资粮
若有欲修持　　事行等续部　　所说诸密咒
为求师长灌顶故　　当以承事宝等施
依教行等一切事　　使良师长心欢喜
由于师长心欢故　　圆满传授师灌顶
清净诸罪为体性　　是修悉地善根者
初佛大续中　　极力遮止故　　密与慧灌顶
梵行者勿受　　倘持彼灌顶　　安住梵行者
违犯所遮故　　失坏彼律仪　　其持禁行者
则犯他胜罪　　定当堕恶趣　　亦无所成就

若听讲诸续　护摩祠祀等　得师灌顶者

知真实无过　燃灯智上座　见经法等说

由菩提光请　略说菩提道①

通过以上原文，可以看出《菩提道灯论》一开始就按照心意特征，对世间饶益的大小，判分众生根器为上、中、下三等：凡在轮回中设尽方便仅希求自利而不顾别人者，是为下士；凡厌弃轮回，希求脱离业染，仍局于自利不及济度轮回中他苦者，是为中士；凡为断尽自苦并誓愿遍断一切众生之苦者，是为大士，大士就是作菩萨的种性，行菩萨道，堪任大乘。

特别强调了初下士的修持应当念死无常，假若对于现世不起厌离心，就不能入佛法之门；假若把五蕴妄执为我，就不能得解脱；假若不发大菩提心就不能入大乘道。又大乘道中，假若与方便智慧不相结合，只修空性，就不能成佛；假若还未了达真实性义，就不可作真实的第二灌顶（秘密灌顶）和第三灌顶（慧智灌顶）。

关于作菩萨的大乘学轨，则分为显密因果两乘：显乘是因乘，就是般若乘；密乘是果乘，就是无上瑜伽乘。贯彻因果两乘时，必须以发菩提心为其重要基础。学程的阶次是显密共行，始"三归"，学"三学"。"三学"就是菩萨之学，也就是利他之学，然后双运智慧和方便，以积集智慧和福德二类资粮。最后，进入密乘，不共修行，疾速圆满，获证究竟正觉。也就是说，由作菩萨而成佛了。

"三归"是入解脱之门，是发菩提心之所依。根据《普贤行愿品》所说，对于佛、法、僧三宝，供养财宝，在攀登菩提座的整个过程中，都要以不退转心，七行供养，决心三度归命三宝，成其皈依。由这种大乘皈依为根本，对一切有情发起大悲心，观察轮回世间的苦因和苦果而求共趣解脱，发起不退转菩提大心。至于这种发心的体性、义相和方法，印度古师间多有异议，应以龙树和无著两家所主张之说，以一发心贯彻始终，或分类为因、果、道"三心"，或分类为愿心和人心两种，一切精进广学，不外增长充实此心

---

① 引自朵藏加《雪域的宗教》（下册），宗教文化出版社，2003，第 667～671 页，采用法尊法师译本，原载《世界宗教研究》第二集，1980；藏文原版可见平措次旦编《阿底峡略传》（藏文），中国藏学出版社，2011，第 163～168 页。

而已。

"三学"就是三增上学：增上戒学、增上定学、增上慧学。由戒得定，由定生慧，依次修持。此中增上戒学将小乘声闻七众和大乘菩萨律仪并行，唯有常具七众别解脱戒者，方可获受菩萨戒。在七众中，根据佛说以比丘清净梵行之受具菩萨戒者，尤为殊胜。受具时，依据无著的《菩萨地戒品》所说仪轨行事，至于持戒学行律则，无著的《菩萨地戒品》中不够详尽的，可以依循寂天的《大乘集菩萨学论》。

其次是增上定学。由戒生定，依照觉贤的《禅定资粮品》中所说，修持禅定，必须齐备"九支分"，就是说要具备九个条件。九支分分别为：第一，应离魔业；第二，以闻为导；第三，遣除戏论；第四，不贪广说；第五，于相作意；第六，念定功德；第七，勤行对治；第八，和会止观；第九，住食等谙知方便。齐备这九个条件，而后随一所缘安住其意，其余善巧方便，都另待师授，就不能靠文字的说明了。

最后是增上慧学。"定"是"止"，仅仅止还不足以断除业惑等障，断障必仗"观"，"观"就是"般若瑜伽"。但是反过来说，仅有"慧"也不足以圆满究竟，还须济以方便。智慧和方便两者，不能缺一，若两者相离，反而成为系缚，增加圆证究竟菩提的障碍。然而什么是智慧、什么是方便呢？根据觉贤所说，六度（施、戒、忍、定、精进、般若）中，布施等前五度为方便，最后即般若为智慧，以方便为此学的"增上"以修智慧，那就可以很疾速地趣证究竟菩提。那么，智慧的实体又是什么呢？这是对于诸法如"蕴""界""处"等的本体自性是"无生"，是"空"的了解的内悟智慧。"诸法无生"的原理，可以由两方面获得了解：一是权威性的教证，二是从逻辑的或辩证的理性推知。

而修持者依照宗义所说而加以修持，渐渐明了一切法的自性都不可得，从而提出修持"无我"，就是修持智慧。修得这种智慧，就可以断除心意中对诸法所现起的理念思择的差别心。这差别心，实际就是对于诸法自性，实有的执着，为一切诸有惑障之根源。所以必须要依无差别而修此智慧，终能断执净尽，而证最究竟涅槃。

总之，阿底峡的增上戒学和释大乘发心是采取了无著"菩萨地"的原意，增上定学则取自觉贤的《禅定资粮品》，而增上慧学则宗承金洲。他本人出于觉贤和金洲的学系，而觉贤传自文殊、寂天；寂天又传自龙树、提婆、清辩、月称；金洲之学，传自慈氏、无著。所以阿底峡尊者的学说，可以说兼有中观和唯识两派的长处，而慧学的宗旨，偏于龙树，仅将中观学系中不详备的地方，简取唯识学系中的学说，以资丰足。可以认为，阿底峡的《菩提道灯论》在许多佛教经论中具有完善的理论体系和健全的实践方法等殊胜之处，因而它在藏族地区得到广泛的传播和持久的兴盛，从而对藏传佛教诸多宗派中兴盛道次第学产生了极其深远的影响。

结　语

综上所述，公元 11 世纪，拉喇嘛·绛曲沃遵照叔父拉喇嘛·益西沃的遗言，先后派遣藏族译师嘉·尊智僧格与那措·茨诚嘉瓦携带大量黄金前往印度，迎请著名佛学大师阿底峡进藏弘法，几经周折，最终如愿以偿，阿底峡入藏传法。可以说，阿底峡在藏区传教，不仅掀起藏传佛教复兴的高潮，而且推动了重振藏传佛教正统教法的运动。也就是说，孟加拉国高僧阿底峡入藏传法，对藏传佛教带来巨大的凝聚力，输入丰富的思想内涵，其佛学思想在传播地区产生了极其深远的影响。其影响不仅遍及整个喜马拉雅山地区，而且后来远达蒙古高原和俄罗斯河流域包括东西伯利亚外贝加尔湖地区，成为"一带一路"历史上最杰出的佛教文化使者。显而易见，阿底峡不仅是一位博通显密经论的著名佛学家，而且也是一位悲心具足、内证圆满、利益众生的高僧大德。他对藏传佛教乃至世界佛教的发展做出了难以估量的贡献，无数僧俗至今依然敬仰和传承这位伟人的佛学思想。

热振给希特勒信的反思

陈又新[*]

前　言

热振给希特勒的信，现在收藏于德国慕尼黑巴伐利亚国家图书馆（Bayerische Staatsbibliothek München）。它是在 1938 年到 1939 年，由德国动植物学家恩斯特·舍费尔（Ernst Schäfer）所率领的 5 人西藏探险队（Tibet expedition）在拉萨与热振见面后带回德国。随着信息的陆续公开，德国西藏探险队的相关活动，包括恩斯特·舍费尔的日记，当时西藏的资料、照片、报告等也引起注意。2008 年，德国学者伊斯伦·恩格哈德（Isrun Engelhardt）在《中亚研究》（*Zentralasiatische Studies*）发表了《处理有误的信：一封热振给希特勒信的奇特案例》（"Mishandled Mail: The Strange Case of the Reting Regent's Letters to Hitler"），就该信的外观形式（External form）、内容（Content）、格式（Style）、第二封信（Second letter）、礼物（Gifts）等，并与 1937 年太虚致希特勒的信进行分析比较，提出了一系列看法。

虽然，伊斯伦·恩格哈德对于此信的来源、译作等有详细的分析讨论，但她也提出了许多无法处理的难题。热振给希特勒的信是在当时西藏的社会背景下写就的，若是从西方的角度与观点进行分析，恐非周全，或有所偏颇。2016 年 5 月，中国西藏社会科学院研究员巴桑旺堆在四川大学藏学所，根据伊斯伦·恩格哈德于 2007 年出版的《1938－1939 年间的西藏：恩斯特·舍费尔探险队到西藏的照片》（"Tibet in 1938－1939: Photographs from the Ernst Schäfer Expedition to Tibet"）书中资料，以《热振摄政、噶厦政府眼中的纳粹

---

[*]　陈又新，台湾文化大学史学系兼任助理教授。

德国——德国纳粹"舍费尔探险队"在西藏（1938 年 12 月至 1939 年 4 月）》
为题，讲述了德国纳粹"舍费尔探险队"于 1938 年 12 月至 1939 年 4 月入藏
前后以及在西藏期间的一系列活动，并结合西藏近代档案资料，分析了当时
西藏地方政府、贵族对纳粹德国的认识和态度，从西藏的主体视角反观德国
纳粹探险队，迥异于以往研究者多从西方的角度看西藏，做了学术报告。①
由于该学术报告属于宏观的口头阐述，尚未见到书面论文可供参考，故而本
文拟再从传统藏传佛教与西藏尺牍的视角重新检视信件，进行探讨与反思。

一　时代背景

1933 年，第十三世达赖喇嘛圆寂后，依照惯例，须选出一位代理达赖喇嘛
职权者，以寻找与培植新一世的达赖喇嘛，直到新达赖喇嘛亲政。同年西藏地
方由达赖喇嘛的侄子朗敦贡噶旺楚（ཤང་མདུན་ཀུན་དགའ་དབང་ཕྱུག）出任司伦（སྲིད་བློན），
彭雪（ཕུན་ཁང）、朗琼瓦（ནང་ཆུང་བ）、斋康（ཚེ་སྨོན）、平康（ཡབ་གཞིས་ཕྱུག་ཁང）等四人
担任噶伦（བཀའ་བློན）。并经由僧俗官民大会（སྐུ་འདུས་ཚོགས་ཆེན）推举于 1930 年继任
为第五世热振呼图克图的图旦绛白益西丹坚赞（ཐུབ་བསྟན་འཇམ་དཔལ་ཡེ་ཤེས་རྒྱལ་མཚན，
1912 – 1947）出任摄政（从 1933 年至 1941 年）。年底，西藏噶厦发给西藏驻
南京办事处此一消息：

> 至上怙主达赖喇嘛之灵童业已认定，但在其未坐床执掌西藏政教前，
> 经西藏僧俗民众同意，并通过在布达拉宫自在观音菩萨面前占卜，由热
> 振呼图克图出任摄政，司伦、噶厦等文武诸事照旧，此情循例呈报汉
> 政府。②

民国政府获报后即追认第五世热振呼图克图担任西藏地方摄政，并于 5

---

① 巴桑旺堆：《〈热振摄政、噶厦政府眼中的纳粹德国——德国纳粹"舍费尔探险队"在西藏
（1938 年 12 月至 1939 年 4 月）》，四川大学中国藏学研究所，2016 年 5 月 30 日，http://
www.zangx.com/cms/news/guonei/2016 – 05 – 30/791.html。
② 《噶厦为热振出任摄政暨司伦等照旧奉职事循例呈报中央政府致西藏办事处电》，藏历水鸡年
（1933）十二月（西藏馆藏原件藏文），《元以来西藏地方与中央政府关系档案史料汇编》第
六册，中国藏学出版社，1994，第 2695 页。

月 29 日赠渠为"辅国普化禅师"名号。①

　　热振担任西藏地方摄政的唯一大事，就是寻访达赖喇嘛的转世灵童。②对此，他花了两年时间进行搜集与转世灵童相关的征兆，1936 年，热振召集僧俗官民大会，以讨论第十三世达赖喇嘛转世灵童寻访事宜。③虽然会中有不同的主张，但最后仍决定根据热振所说的征兆寻访灵童。1936 年噶厦政府分三路派出了寻访团（ཡང་སྲིད་འཚོལ་མི་ཚོ།），以寻访达赖转世灵童。其中安多寻访团由色拉杰札仓的格乌昌（ གེ་ཚང་། 、参孝纪仓）和俗官凯墨索南旺堆（ཀི་མེ་བསོད་ནམས་དབང་འདུས།）、僧官堪饶丹增（མཁན་རབ་བསྟན་འཛིན།）、孜仲洛桑才旺（རྩེ་དྲུང་ཚེ་དབང་།）等人为首，他们寻到了与热振谕示的转世灵童征兆相符，即生于青海祈家村的拉木登珠（ལྷ་མོ་དོན་གྲུབ།），却遭到时任青海省主席马步芳留难，经过西藏与民国政府的往来斡旋，马步芳从西藏、民国政府两个方面索得巨款后，终于 1939 年 7 月，派人护送达赖喇嘛转世灵童拉木登珠离青赴藏。④

　　国际上，德国正发动对外侵略扩张，于 1933 年袭击奥地利；1939 年 9 月，又袭击波兰，第二次世界大战爆发。二战爆发暂时解除了西方列强对中国的压力。此时，与德国结为轴心同盟的日本也已发动对外侵略，并占领了中国东三省，且持续向中国扩张侵略，终至中国全面抗日战争。尽管此时是中国进行全面抗日战争的艰苦时期，但仍坚持西藏是中国固有领土立场，致力双方关系的改善。民国政府运用班禅离开西藏到内地、第十三世达赖喇嘛圆寂、寻获达赖喇嘛转世灵童，以及 1937 年班禅圆寂于玉树等事件，持续与西藏方面保持密切联系，以维护领土完整。

二　德国的探险队

　　德国与西藏的接触，较明确的记录可以溯及 1908 年 5 月，当第十三世达

①　《国民政府册封热振命令》，民国二十四年五月二十九日，《申报》民国二十四年五月三十日，见中国藏学研究中心《元以来西藏地方与中央政府关系档案史料汇编》第 6 册，中国藏学出版社，1994，第 2696～2697 页。

②　《热振为辞卸摄政由达札继任事致蒋介石电》，民国三十年一月十六日，第二历史档案馆藏蒙藏委员会档案，见中国藏学研究中心《元以来西藏地方与中央政府关系档案史料汇编》第 6 册，中国藏学出版社，1994，第 2701 页。

③　Melvyn C. Goldstein, *A History of modern Tibet*, 1913 – 1951: *The Demise of the Lamaist State* (Berkeley: University of California Press, 1989), p. 315.

④　དྲག་ཡབ་བློ་བཟང་།，《ཆོས་སྲིད་ཀྱི་གནད་དོན་ མི་ཚགས།》（《吾土吾民》）(Darjeeling: Freedom Press, 1963), p. 23。

赖喇嘛在五台山驻锡等候入京时，德国驻天津领事馆官员也在外籍人士到访的行列中前往看望。[①] 随即在当年 9 月 28 日，达赖喇嘛抵达北京后，在北京的各国使节，根据日本的《内厅侦察达赖报告》中指出，当时被达赖喇嘛接见的外交官，按时间顺序有美国、法国、日本、奥国、俄国、丹麦、荷兰、德国、瑞典、葡萄牙、英国、比利时、意大利等国的公使，[②] 达赖喇嘛也派员前往德国等国的公使馆致意。这时的德国外交人员与达赖喇嘛的见面只限于西藏本部之外地区，且仅是官方形式上的见面问候，而德国人士真正进入西藏拉萨探访者则是恩斯特·舍费尔等一行。

恩斯特·舍费尔曾于 1932 年和 1934～1936 年两次随美国人布洛克·多兰（Brook Dolan）到川藏边界考察，但未能深入西藏腹地。1938 年，恩斯特·舍费尔得到了德国纳粹外围组织"祖产继承者"（Ahnenerbe）协会（the SS Ancestral Heritage Society）的资助，终于在 4 月，由其率领植物昆虫学家兼摄影师恩斯特·克劳泽（Emst Krause）、地球物理学家卡尔·维内特（Karl Wienert）、人种学家布鲁诺·贝格尔（Bruno Beger）和负责组织管理考察的埃德蒙·格里尔（Edmund Greer）组成的舍费尔探险队，其直接目的是对西藏进行综合性的科学研究，并希望以此为德国赢得学术声誉，而另一重要目的则是对西藏人进行人种学研究，并试图在喜马拉雅地区寻找原始雅利安民族的遗迹。[③] 当一行人从德国出发后，当地国社党（the National Socialist）的宣传品《民族观察者》报纸（*Völkischer Beobachter*）即以《SS 探险队出发前往西藏的未知地区》（"SS Expedition Leaves for Uncharted Regions of Tibet"）标题刊出，[④] 而于 5 月抵达印度加尔各答时，当地《印度政治家》报纸（*The Indian Statesman*）也随即以《纳粹入侵：黑衫军在印度》（"Nazi invasion—Blackguards in India"）为题发表，[⑤] 而引起世人关注，尤其是与德国敌对的英国政府。恩斯特·舍费尔一行在抵达印度后，先拜访了英国驻锡金行政长官

---

① 伍昆明主编《西藏近三百年政治史》，鹭江出版社，2006，第 239 页。
② 索文清：《一九〇八年第十三世达赖喇嘛晋京朝觐考》，《历史研究》2002 年第 3 期。
③ 赵光锐：《德国党卫军考察队 1938–1939 年的西藏考察》，《德国研究》2014 年第 3 期。
④ Isrun Engelhardt, "The Nazis of Tibet: A Twentieth Century Myth", https://info-buddhism.com/Nazis-of-Tibet-A-Twentieth-Century-Myth_Engelhardt.html.
⑤ Isrun Engelhardt, "The Nazis of Tibet: A Twentieth Century Myth".

古德（Basil John Gould，1883－1956），设法取得英印官方的理解后，即在锡金（Sikkim，འབྲས་ལྗོངས，哲孟雄）等待西藏地方政府入藏批准。其间与锡金王室、西藏贵族晋美车仁（འཇིགས་མེད་ཚེ་རིང）建立了密切关系，他也为德国探险队写了到拉萨访问的推荐信。1938 年 12 月探险队收到了噶厦的入藏批准函后，即从锡金首都甘托克（སྒང་ཏོག）出发，经亚东（གྲོ་མོ）北上江孜（རྒྱལ་རྩེ）。

1939 年 1 月 19 日，舍费尔进入拉萨。到达拉萨后，他首先向噶厦和贵族们表达敬意，并请求延长在拉萨的逗留时间和拍摄纪录片，经批准得以在拉萨停留两个月（约为 1 月 19 日~3 月 17 日）。德国探险队在拉萨期间分别拜见热振、卸任的朗顿司伦与噶伦们，并频繁接触在拉萨藏族政坛中有国际事务知识的精英分子，如卸任噶伦擦绒·达桑占堆（ཙ་རོང་བླ་བཟང་དགྲ་འདུལ），还会晤了有留学经历、精通英语的门卓（Möndro）（门崇·钦绕贡桑）、仁岗（Ringang）（仁岗·仁增多吉）、吉普旺堆罗布（Kyibu Wangdü Norbu）（吉普·罗布旺堆）、晋美车仁等 4 名噶厦中级官员。其中的门卓既是翻译，也是陪同人员。此外，还广泛接触了一些有实权与有名望的人物，如：森普代本（Zimpö Depön）、尼泊尔驻拉萨代表巴尔都洛布（Major Hiranya Bahadur Bista）与民国政府驻拉萨办事处负责人张威白等。① 1939 年 3 月 17 日，探险队离开拉萨，前往雅隆、日喀则、江孜等地考察。1939 年 4 月从日喀则经江孜返回锡金，1939 年 8 月回到了德国。

恩斯特·舍费尔一行在西藏期间，进行了地理学、人类学、植物学、动物学等广泛考察，获得了大量科学的资料及动植物标本，拍摄了大量黑白和彩色照片以及摄影资料，这是德国早期西藏考察中最富成果和影响的一次。德国联邦档案馆已公布了相关档案，主要是编号 R135、标题为"斯文·赫定研究所的中亚和西藏研究"的一个全宗，包括考察队员的手稿、日记、书信、媒体报道等，共有 91 卷，此外还有大量零散档案。参加这次考察的队员也公开出版了 5 份考察报告和游记。② 由于德国探险队的组成与当时德国的纳粹党卫军相关，因而，在纳粹的众多涉藏活动中，"党卫军恩斯特·舍费

---

① Isrun Engelhardt, "Tibet in 1938－1939: Photographs from the Ernst Schäfer Expedition to Tibet", https://info-buddhism.com/Tibet-1938－1939-Ernst-Schaefer-Expedition-Engelhardt.html#Meetings。

② 赵光锐:《德国党卫军考察队 1938－1939 年的西藏考察》,《德国研究》2014 年第 3 期。

尔西藏考察（1938 – 1939）"①最为学者关注。尽管恩斯特·舍费尔等一行前往西藏考察的成果丰富，却是基于近代西方世界对西藏香格里拉圣境的憧憬与幻想，而昧于西藏的真实情况，因此，热振写给希特勒的信是最能反映出当时西藏观点的文件之一。

三　信件的内容

热振给希特勒的信是在热振接见舍费尔一行后，应舍费尔的要求而出现的，它由藏文一般书信通用的草书（ཚུགས་ཡིག）字体所写。信件被带回德国后，舍费尔并未立即交出，而是在返回 3 年之后，才将信和礼物呈交。信文由当时的藏学家约翰内斯·舒伯特（Johannes Schubert）于 1942 年 7 月 12 日译成德文，但译文并没有忠于原文。最明显的是，他增加了原件中没有的一句话："目前，您正在全力缔造一个建立于种族基础上的、持久的、和平繁荣的帝国。"至于希特勒的具体反应如何，没有史料可查，但可以肯定的是，希特勒并没有给热振回信。②

目前收藏于德国慕尼黑巴伐利亚国家图书馆中，共有两封热振写给希特勒的信，这两封信的内容相同，主要的不同是日期：一封为藏历土兔年（1939）1 月 18 日，另一封为 1 月 26 日。前者并无信封，后者则有（信文与信封日期相同）。为了清楚该信内容，现以后者为主，以便从该信来了解当时西藏人对这一次德国的西藏探险队的看法，以及对世界的了解。

（一）信件复印件

热振给希特勒的信件复印件，除了学者的研究需要外，由部分藏族个人收藏，也在网络相关文章中流传，③为本文撰写时的方便，信件复印件如图 1 所示。

---

① 赵光锐：《德国党卫军考察队 1938 – 1939 年的西藏考察》，《德国研究》2014 年第 3 期。
② Isrun Engelhardt, "The Nazis of Tibet: A Twentieth Century Myth", https://info-buddhism.com/Nazis-of-Tibet-A-Twentieth-Century-Myth_Engelhardt. html。
③ 本文所附信件复印件系笔者旅德同学向当地藏族彭措才仁（Puntsok Tsering）商得；再经查证，在相关网络中，特别是与伊斯伦·恩格哈德相关文章中所附者相同。

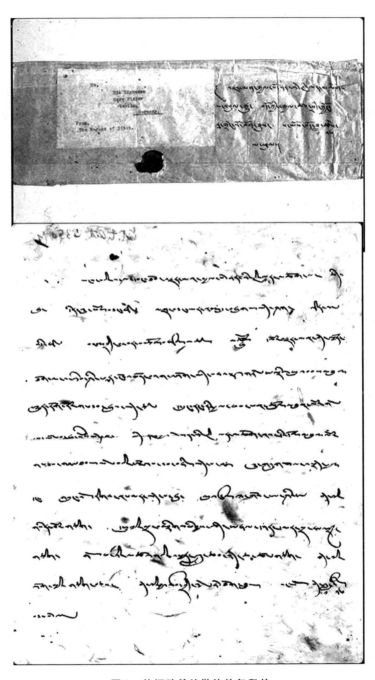

图 1　热振致希特勒信件复印件

（二）拉丁文转写

1. 信封

（1）信封藏文

'jar man rgyal po har he ti lar mchog la 'bul rgyu/bod kyi rgyal tshab srid skyong rwa sgreng ho thog thus/sa yos bod zla dang po tshes nyer drug la phul：//

（2）信封浮贴文字

To,

His Majesty

Harr Hiltler

Berlin,

Germany

From,

The Regent at Lhasha

（火漆蜡印）

2. 信文

yangs pa' i sa lam dbang thob 'jar man rgyal po har te ti lar mchog la/ched zhu/der sku khams bzang zhing/mjad bzang yar ldan du bzhugs yod shag/' dir ky-ang bde zhing/bstan srid bya bar brtson bzhin mchis/mtshams zhu/da lam' jar man bod 'byor/tog ma la heb she phar ngo 'khor bkag 'gog med par 'phral gtong dang 'brel yul babs mthun 'gyur rog ram gang zab zhus yod cing/da dung rang re rgyal khab phan tshun mthun lam gong rgyas yong ba zhu sems yod na/khed rang rgyal po har he ti lar mthog nas de don mthun lam gang zab gnang thabs yong ba' i dgongs pa zab bzhes yod pa nas/sku gzugs la' prod rgyas dang/gsung 'os rigs nang lar yod pa zhu/' bul rten lha gos a she dang/bod kyi gser tam（dam）gcig/dngul kyi phra bstegs khebs gcod dang zhal dkar dmar phra rang' grigs gcig/gos kha ti mtshal ka' i 'phyar gru chab stod cha tshang gcig/bod kyi 'dog（'dogs）khyi gcig bcas/bod kyi rgyal tshab srid skyong ho thog thus/sa yos bod zla dang po tshes nyer drug bzang po la：//

（三）中文译文

1. 信封

尊敬的日耳曼国王希特勒先生钧启

西藏摄政司迥热振呼图克图

藏历土兔年一月二十六日敬上

（火漆蜡印）

2. 信文

致掌广袤土地权力、尊敬的日耳曼国王希特勒先生：

贵体安康，且事业不断发展前进。此处也一切安好，并正致力于政教事务。启悉，近来抵达西藏的日耳曼人舍费尔和他的同伴是首次没被阻挡，以及被提供各种必需帮助者。目前若有意增进友好关系，汝希特勒国王对此友好关系也有意向时，这些都极为重要。最后，祝贵体安泰，并候佳音。

附上礼物：上品哈达一方、藏式金瓶一个、带有银盖与茶托的红色茶杯一个及藏地守门犬一头等。

西藏摄政司迥呼图克图敬上

藏历土兔年一月二十六吉日

四　信件的再考察

伊斯伦·恩格哈德在《处理有误的信：一封热振给希特勒信的奇特案例》（"Mishandled Mail: The Strange Case of the Reting Regent's Letters to Hitler"），将该信件分为：外观形式（External form）、内容（Content）、格式（Style）、第二封信（Second letter）、礼物（Gifts）等部分详为分析。不过，她也提出：

　　由于西藏的外交信函遵循严格的规定，从视觉观察，显然信文行距离边缘太靠近。信文和介绍之间没有尊重的空间。信文行距的间距太宽，且信封只有一个蜡印，却不是信件本身。然而，为什么这封信写在这么小的纸上，却还有那么大的信封呢？为什么信纸太薄了？为什么这封信本身没有印章，只有信封有蜡印？另外，为什么是在这样精美的（信封）纸上随附翻译呢？庞隆仁波切（Panglung Rinpoche）和汉纳·施奈德（Hanna Schneider）曾经对这封信进行了审查，他们的一致判定是，这封信不可能是原件。[1]

　　伊斯伦·恩格哈德的质疑，提供给后继研究者进一步讨论的空间。首先，伊斯伦·恩格哈德同意信文并非原件，并将它分为几部分进行考察，其分析虽算详尽，却忽略了这些分开的部分实际是相关联的，因为：从外观可以初步了解写信者对收信人的重视程度，而内容格式与随附礼物，也与信封、信文关系密切。因此，从传统西藏书信习惯来整体讨论这封信件，或可更深入地了解写信者的心理态度。

（一）身份尊卑

　　在传统的西藏社会中，人的出身、地位尊卑是社交生活中极为重要的，举凡语言、文字用词、来往礼节等都是依此规矩，人与人之间的书信往来也是如此。第十三世达赖喇嘛时代曾担任噶伦的薛札哇（ཤུ༹ད་མི་དབང་འདུས་གགལ）与噶伦秘书诺囊（བགགར་ དྲུང་ནོར་ནང）等人把书信尺牍的规矩分为三个部分：折叠与盖印方式、信文本身、身份尊卑的用字，[2] 其中以写信者与收信者双方的身份尊卑尤为讲究，包括信封、信纸大小、信文内所需留的天头地底、折信的折数规矩、称呼、署名位置、用印，以及折信的折数多寡等皆有不同规范。对于与写信者本身地位较高、平行或较低者的规格也有要求，也就是身份尊卑支配着尺牍的规格，更是传统西藏官员撰写公文书必须学习与遵循的规矩。

　　就热振写给希特勒的信所呈现的身份尊卑格式，须从热振的角度来考察。

---

① Isrun Engelhardt, "Mishandled Mail: The Strange Case of the Reting Regent's Letters to Hitler", https://info-buddhism.com/Mishandled_Mail_Retings_Letters_to_Hitler_Engelhardt.html.

② 塔尔钦（G. Tharchin）：《藏文尺牍》（ཡིག་བསྐུར་རྣམ་གཤག），Tibet Mirror Presss, Kalimpong, 1956, p. 2。

当时是格鲁派独掌西藏政教权力的时代，在宗教地位上格鲁派的达赖喇嘛与班禅额尔德尼是高于热振，但是前者达赖喇嘛灵童仍在青海，后者也刚圆寂于玉树，且尚未寻找转世灵童。在政治地位上，热振已由西藏公推担任代理达赖喇嘛政治权力的司迥（摄政），并也得到民国政府的承认与支持。因此，以当时热振在西藏的政教地位是没有以下对上的身份呈写信件的。然而，基于佛教徒弘法的心理，任何有助于佛法传扬的人、事、物都是善缘，尤其是对佛法之外地区更有兴趣，向遥远而陌生国度的德国国王当然也存着希望与客套敬意，因而热振给希特勒的信不可能是以上对下或以下对上身份的格式对待。从信文中，热振称希特勒一方为"彼处"（དེར）、称己方为"此处"（འདིར）的对等指示代词，可知热振是以平行地位格式发出的。然而，根据传统书信尺牍的规矩，平行地位信文的格式是：信的天头须留一拳宽（བཀྲངས་མཆིད་ཀགn）， 现约 8 公分）的空间，从七指宽（སོར་བ，现约 12 公分）后落笔，地底须留六指宽（སོར་དྲ，现约 10 公分）约二折半。① 但此规格在热振给希特勒的信中并不存在。

（二）信文内涵

在信文的内容上，写信者对收信者的敬语是表达写信者个人与对方地位尊卑的表现。一般而言，越多的赞美形容词句，特别是与佛教有关的辞藻，除了表达个人对收信者的敬意之外，也同时展现写信者个人的才华素养，但这种客套颂词并不存在于热振给希特勒的信文中，且仅有少数几个字："掌广袤土地权力、尊敬的日耳曼国王"（ཡངས་པའི་ས་ལ་དབང་ཐོབ་འཇར་མན་རྒྱལ་པོ），或许是彼此陌生且是第一次写信联系。不过，从这些简短的意思中可以了解到，热振对希特勒的认知仍停留在他是一国或部落之主的"国王"，其地位或等同于英国国王。这个不熟知的国度或部落具有广大的土地，但没有佛法教化的荒漠地区，名称为"日耳曼"，而获得这片土地的权力者就称为"希特勒先生"（ཧར་ཧེ་ཏི་ལར，har he ti lar），其中"先生"（har）与信封浮贴的"先生"（Harr）则为德文的"先生"（Herr）的错字。

在对收信者进行赞美后，信文必有客套的藏文敬语"钧鉴"（གདགས་ཏུ་དུ 致

_____

① 塔尔钦（G. Tharchin）:《藏文尺牍》（ཡིག་བསྐུར་རྣམ་གཤག），第 5 页。

足下或 ཞབས་དྲུང་དུ། 致尊前），然热振写给希特勒的信中却以最基本的虚辞"致"（ལ）字，完全省略代表"钧鉴"的敬语字，而随后的"敬禀"（མཆོག་ལ།）也使用了最基本的"敬启"（ཞེད་ལ།）字。其次，依照尺牍规矩，信文本文段落应从"敬禀"字的断节线后空一行，并以断节线下始接着书写信文内容。明显的，在这封信文中，完全没有传统的客套与行文规矩。

随后，信文的主要内容在于告知希特勒：舍费尔一行是首次没被西藏方面阻挡，以及被提供各种必需帮助的日耳曼人；且（ཞེད）若有意增进各自国家（རང་རེ་རྒྱལ་ཁབ）的友谊时，则汝国王（ཁྱེད་རང་རྒྱལ་པོ）希特勒……此中，"且"字指这二件事是同等重要，并不强调何者；而热振对另一国家之主并未使用敬语的"贵国王"（སྐུ་ཉིད་རྒྱལ་པོ），只使用一般称呼"汝"（你，ཁྱེད་རང་།）。

在信文主要内容表达完之后，便是结束问候语客套话，以及随信附上的礼物等。此中所附的礼物除了代表西藏迎送往来的哈达之外，另附有西藏的手工艺品与动物，这些物品都是舍费尔一行所欲搜集者之一。最后署明写信者的身份，按书信规矩，是其后即接着写"敬上"（ འབུལ།），代表信文结束，但这一敬语却只有代表时间虚辞的"逻"（ལ）字结尾，反而在信封的日期后以"敬上"（ལ་འབུལ།）结束；在信件内文仅以代表行为者的作声（ཞེད་བྱེ）萨（ལ），加在西藏摄政司迥呼图克图（བོད་ཀྱི་རྒྱལ་ཚབ་ཞེད་སྐྱོང་ཏ་ཤེ་ཏུ།）之后，也没使用自谦辞"鄙人"（གུས་པ）于名字之前。按书信规矩，在"敬上"此字之后需空一行，从该字的断节线为始，接着书写信文的年月日，日期写于年月日字之下。最后，在写信者名字用上个人的大、小印章。[①] 若属公务或有世袭爵位或封号尊称等，写信者会在署名处盖上专属的私印，或官印（俗称大、小印），如此才是完整的信文内容（ ཡིག་བསྐུར་དངོས་གཞི）。然而，信件的结尾并无此规矩，更无落款用印。就此观之，热振写给希特勒的信文，并不符合西藏传统尺牍的规范，也不是出自曾受过传统文书训练者的手笔，而像是一件尚待批核信件的草稿。

（三）其他部分

由于热振写给希特勒的信并非个人私谊的通信，而是属于具有公务性质

---

① 塔尔钦（G. Tharchin）：《藏文尺牍》（ ཡིག་བསྐུར་རྣམ་གཞག），第 37 页。

的信件。按照传统公文文书的行政程序，信件应非由热振个人亲笔所写，而是由秘书处的仲译（ དྲུང་ཡིག ）根据热振的意思所拟就草稿，送经审看通过后，再由负责文书誊写人员依照核批完成的内容照样誊写，完成后送司印处在信文结尾处用印，再装入备妥的信封中以火漆蜡印弥封，交由送信者转致。根据舍费尔的记载，他是收到有 5 个印章的信件，[①] 证明了正本原件是交到他的手里。德国慕尼黑巴伐利亚国家图书馆所藏二封信件虽日期不同，但内容相同、字体相近，且都没用印，直接证明它只是录副草稿的誊稿抄件，并非原件。此外，公文书的稿本是以录副方式存盘，并不对外流传，因而可以断定，德国慕尼黑巴伐利亚国家图书馆所藏热振写给希特勒的信是同一人在不同时间内所誊抄的信稿。

最后，尽管藏文尺牍对于包裹文件的外封并无严格的规定，但热振给希特勒的信封却是以工整的藏文行书体书写收信人与地址，与第二件信件日期相同，并在其旁贴以英文译文，显然此一信封是属于原件。明显地，旁贴的英文译文是舍德文而以英文译之，然而，对于某某"先生"的尊称，在德文里是在称呼前使用：Herr；英文则是：Mister，但在希特勒先生（Herr Hiltler）之前却缮打为：Harr，形成英文译文夹杂错误德文。如此明显的错误，特别是给当时德国元首希特勒的信，相信舍费尔等人定会立即发现或要求改正，但却仍被带回德国交出。除了其中道理耐人寻味之外，也反映出英文译文的缮打者是通英文而不谙德文者。

结　论

1938 年底至 1939 年，是国际局势动荡、中国开始全面抗战的时期，而西藏内部也是达赖喇嘛、班禅额尔德尼不在的空窗期与政争暗潮汹涌之时，恩斯特·舍费尔等德国西藏探险队正是在西藏的善意下达成了近代西方世界对西藏的广泛共识，但由于该队与德国纳粹的关系引起注意，使其在西藏所搜集到的成果，也得到了清晰的轮廓。德国的伊斯伦·恩格哈德是长期关注此一课题，且有深入分析与讨论的学者之一，在她处理热振写给希特勒的信

---

① Isrun Engelhardt, "Mishandled Mail: The Strange Case of the Reting Regent's Letters to Hitler".

时，虽也征询过相关藏传佛教僧侣庞隆仁波切等专家看法作为参考，却明显地已经排除了西藏观点。

书信是人与人之间交往的重要工具之一，在身份、地位尊卑极为分明且是虔诚信仰佛教的传统西藏社会，书信的尊卑规矩要求更为明显。当以此观点来考察热振写给希特勒的信文时，立即会发现写信与收信者间的尊卑关系。再以传统的西藏尺牍与官方文书的处理程序进行考察时，则更可发现它并不符合规范，或可勉强解释为是西藏从传统走向现代的过渡，却无法掩盖信文所反映的西藏人内心的尊卑关系事实。从信封的浮贴英德文错误夹杂、信纸格式不符平行身份传统尺牍规格、内容用词遣字不存有对一国之主应有的敬语等，足见这封不严谨的信件不是正式官方原件，只是原件稿本或录副的抄本。

热振写给希特勒的信只是恩斯特·舍费尔等一行在西藏将近 5 个月的考察成果中的一个小插曲，然而，它对远自欧洲德国到西藏的探险队而言，却是视如珍宝。究其原因，一则说明德国探险队已经成功到达西藏首府拉萨，二则明示德国与当时西藏最高领导人已有交流。如此便可证明，德国的西藏探险队任务圆满达成，西方世界对西藏的美好想象空间仍然存在。

西藏商务代表团的美国之行与
美国对西藏政策的转变

胡　岩[*]

1947～1948 年正值中国人民解放战争时期，西藏当局派出以孜本·夏格巴为首的西藏商务代表团，赴印度、美国、英国等国游说西藏独立，但是无功而返。围绕对于该代表团的接待问题，南京国民政府与美国政府就西藏的地位问题发生争执。美国政府最后尊重了中方的立场，承认西藏是中国领土的一部分。整个事件的处理过程表明，在冷战的大背景下，当南京政府在全中国的统治行将覆灭之际，美国政府对于西藏的政策开始发生转变。

一　夏格巴使团组建和出访的背景

第二次世界大战结束后，冷战开始，美国干涉中国内政，帮助蒋介石打内战。美国政府本来预期可以帮助蒋介石政权消灭中国共产党，却没有料到中国的政局在短短几年间发生了迅速的变化。当以蒋介石为首的南京政府在中国大陆的统治日益显现危机之际，美国政府对于中国西藏地位的态度也开始逐渐发生变化。美国一方面在正式外交场合不得不继续承认西藏是中国的一部分，另一方面却在半遮半掩地鼓动和支持西藏当局图谋西藏独立的活动，考虑改变其传统的西藏政策。这种转变，是从 1947 年，也就是中国人民的解放战争从战略防御转入战略进攻的时候开始的，至 1949 年《露丝·培根备忘录》的提出而确立了基本原则。1947～1948 年由孜本·夏格巴率领的"西藏商务代表团"的欧美之行，为这一政策改变提供了契机。而美国对于"西藏商务代表团"的接待，则清晰地反映了美国政府，或美国政府中某些决策

＊　胡岩，中共中央党校教授。

者，准备改变其西藏政策的迹象。

对于西藏当局来说，"西藏商务代表团"虽以"商务"为名，然而，其主要目的却并不在商务，而在政治，在于向世界表明西藏的"独立"。与战后西方的头号强国美国建立直接联系，为从事"西藏独立"的活动争取美国的支持，是西藏商务代表团 1947 年出访欧美的一个最重要的目的。代表团的组建和出访，经过了相当长时间的准备。介绍该团的情况，不能不首先概括地介绍当时的历史背景。

第二次世界大战把西藏带入了风云变幻的国际政治格局中，同时使得西藏当局内部的一部分官员，特别是俗官，对于国际形势有了更多的了解。战争期间美国政府派出的托尔斯泰—杜兰"使团"，不仅开阔了西藏当局的眼界，尤其使这个封闭落后的政权对于英国之外的另一个实力远远超过英国的西方强国——美国——有了新的认识。美国总统和西藏的达赖喇嘛十四世交换了信件和礼物。而国民政府除了在 1943 年前后曾经一度试图打破僵局，恢复中央政府与西藏的领属关系之外，再也无暇西顾。国内外形势的发展变化，为西藏内部的分裂势力从事"西藏独立"活动提供了适宜的条件。西藏当局加紧进行争取西藏独立的活动。在大英帝国战后走向衰落的形势下，西藏当局越来越重视美国的影响和作用，千方百计与这个西方世界的头号强国建立联系，以便在将来获得美国对于西藏独立的支持。

出于上述考虑，还在第二次世界大战结束后不久，达赖喇嘛、摄政大札和噶厦政府就曾致信美国总统杜鲁门，希望加强"两个政府"之间的联系。发自拉萨的这三封信件，签署日期是 1946 年 1 月初，由西藏当局派往南京的所谓"慰问同盟国代表团"在途经新德里时面交美国驻印度大馆临时代办乔治·梅里尔（George Merrell）。乔治·梅里尔在 1946 年 3 月接到信件后，于当年 5 月寄交美国国务院。但是半年多之后，西藏当局的这些信件却于 1946 年 12 月被退回了印度——国务院要求美国驻印度大使馆将该信翻译为英文。可能因为大使馆工作人员中无人通晓藏文，翻译工作是由英国驻锡金政治官霍普金森的部下完成的，这时已经到了 1947 年 1 月中旬。梅里尔对于西藏当局发展与美国关系的主动表示颇为重视，在寄回信件译文的同时，还提交了一份详细报告，建议国务院对西藏方面的信件给予礼貌的答复，并批准借此机会再度派员入藏。

梅里尔的报告分为以下几个部分。

（1）西藏对于加强双方关系的愿望；（2）与西藏礼尚往来的政治原因；（3）中国和英国的态度；（4）派员前往拉萨应当注意的事项。

就美国政府的驻外机构而论，驻中国大使馆和驻印度大使馆无疑是最为了解西藏的。由于地理上的接近，后者的了解可能更多些。因此可以说，这份报告代表了当时熟悉西藏局势和特别关心西藏未来发展与影响的美国外交官的看法。

接着，梅里尔谈到了与西藏当局礼尚往来的军事方面的考虑。他说：

　　尽管美国希望与那些在未来几年内将会最终掌握政权的印度（当时尚未独立）、缅甸、印度支那和中国的政府保持友好关系，但是上述政权有可能采取对美国不友好的态度。亚洲的动荡局势使得我们担心，也许有一天，美国将不得不再度派兵前往亚洲。

　　果然如此，西藏就能为美国提供唯一的一个可以建设导弹发射场的广大地区。……出于宗教原因，目前藏人可能不愿意看见在他们境内出现导弹发射场。但是我相信，假如他们意识到，保持其独立与导弹发射场的建设是联系在一起的话，他们就会改变目前的态度。

这里需要指出的是，把"独立"与西藏联系在一起，在美国政府的文件中可能是第一次。

在谈及西藏在意识形态方面的重要性时，梅里尔说，西藏的周边地区都或多或少地受到共产主义胜利的影响，而西藏尚属平静。

梅里尔要求美国国务院考虑西藏战略地位的重要性，改变对于西藏地位问题采取的模糊和不承担责任的态度（noncommittal attitude）。

最后，乔治·梅里尔还对如何具体安排美国官员访问拉萨提出了自己的建议。①

然而，在1947年初的形势下，主要是由于中国的政局变化尚未表明南京

---

① 《驻印度临时代办梅里尔致国务卿》（1947年1月13日），《美国对外关系·1947年·远东：中国》，第7卷［The charge in India（Merrell）to the Secretary of State, January 13, 1947. United States of America, Department of State, *Foreign Relations of the United States*, *Diplomatic Papers* 1947, vol. Ⅶ, Washington, 1972。*Foreign Relations of the United States*, *Diplomatic Papers*，以下简作 *FRUS*］，第588～592页。

政权最终将失去对于中国的统治，美国副国务卿迪安·艾奇逊（Dean Acheson）在其 4 月中旬的复函中，给梅里尔泼了冷水。

迪安·艾奇逊告诉梅里尔：国务院与陆军部的官员进行了讨论，得知后者并不认为西藏的战略地位像他所说的那样重要。

此外，从中美关系的角度来看，国务院觉得在目前提出美国对于西藏地位的官方态度问题并无益处。国务院尤其认为，你提出的对于拉萨的访问，在一定程度上会张扬出去，并且可能使藏人和中国人双方对于美国的意图产生误解。

随后，迪安·艾奇逊话锋一转，又告诉梅里尔：

美国政府希望西藏当局和人民视美国为一个友好而善意的国家，并且希望获悉该地区（region）形势发展的重要趋势。我们正在草拟由总统签署的给西藏当局的复函。你可以从德里经由现存的联系渠道寄交上述复函。在有适当人员和经费许可的前提下，我们并不反对由（美国）外交官对于西藏地区（Tibetan area）进行临时访问。但是在目前形势下，这种访问应该是谨慎的和非官方的。①

迪安·艾奇逊所说的美国总统给西藏当局的复函，后来根本没有寄出，而美国驻印度大使馆也不曾派出任何外交官，进行在国务院种种限制之下的对于"西藏地区"的"非官方的"访问。

十分明显，国务院考虑到中美关系的大局，考虑到当时与南京政府的关系，搁置了乔治·梅里尔的动议。

1947 年，中国的政局和世界的形势继续变化，继续对西藏产生影响。1947 年 3 月，西藏当局派代表参加了在印度召开的"泛亚洲会议"。会上，西藏当局图谋独立的活动更加公开化，其代表甚至带去了"雪山狮子旗"作

---

① 《副国务卿致驻印度临时代办梅里尔》（1947 年 4 月 14 日），《美国对外关系·1947 年·远东：中国》，第 7 卷 [The Acting Secretary of State to the charge in India（Merrell），April 14, 1947, *FRUS*, 1947, vol. Ⅶ]，第 594 页。

为"国旗"。而当时尚未正式独立的印度也明显地表现出对于西藏当局分裂活动的支持倾向。西藏商务代表团就是在这样的形势下组建的。1947 年下半年，在一年前的去信没有下文的情况下，西藏当局向美国驻印度大使提出了派遣西藏商务代表团访问美国的要求。

二　夏格巴使团的出访活动与美国政府的态度

西藏商务代表团由噶厦政府的孜本·夏格巴率领，其他成员是强钦巴·土登泽贝、邦达瓦·洛桑央培（即邦达养壁）和索康色·拉旺多杰等人。夏格巴一行于 1947 年 10 月 15 日离开拉萨，前往印度。动身离藏之前，由西藏"外交部"出面，致信美国驻印度大使，请其将夏格巴一行准备访美之事转告美国政府。[①] 为了向国际社会表明西藏的所谓"独立"，噶厦政府为该团的成员印发了西藏的"护照"，指令他们在旅途中尽量使用这种护照。后来，正是由于护照和与之相关的签证问题，引发了中美之间关于西藏问题的交涉。

12 月 17 日，夏格巴一行途经噶伦堡抵达加尔各答。当时印度已经独立，英国与印度之间的政权交接过程基本完成。独立后的印度成为英联邦的一个成员，在首都新德里有中国和美国驻印度的大使馆，以及英国外交与联邦关系部的高级专员公署。夏格巴一行途经加尔各答时，中国驻加尔各答总领事馆为其代订旅馆，招待住宿。当总领事馆询问夏格巴前往新德里的目的时，夏格巴只是答称在印度考察，拒绝做出进一步的说明。12 月 23 日，夏格巴一行抵达新德里。中国驻印度大使馆因为对夏格巴一行的真实意图已经有所了解，乃由罗家伦大使出面，向印度总理尼赫鲁提出交涉，要求印方拒绝承认西藏当局自行印发的护照。尼赫鲁对此答称，藏人前来印度向无护照，赴英护照系由英国政府驻印高级专员签证，不归印度政府办理。当经过了解得知尼赫鲁的回答并非实情，此类赴英签证确系由印度政府外交部办理时，中

---

① 《国民党拉萨情报》（1947 年 10 月 24 日），北京大学历史系等编《西藏地方历史资料选辑》，内部发行，生活·读书·新知三联书店，1963，第 359 页；参见罗家伦 1948 年 1 月 6 ~ 8 日日记。罗家伦先生文存编辑委员会：《罗家伦先生文存》，中国国民党中央委员会党史委员会、国史馆，1989，第 8 册，第 169 ~ 170 页。驻印度大使格兰迪致国务卿，1947 年 8 月 1 日，《美国对外关系·1947 年·远东：中国》第 7 卷［The Ambassador in India（Grady）to the Secretary of State, August 1, 1947, FRUS, 1947, vol. Ⅶ］，第 595 页。

国驻印度大使馆再度进行交涉，提请印方注意。

1948 年 1 月 8 日，中国驻印度大使罗家伦电告南京：西藏商务代表团"自发护照事，经与印政府及有关各使馆商洽就绪，彼无法不经本馆同意取得签证，故知难而退，决定先回中国，已于（1948 年 1 月）7 日离德里赴加城候机转昆明，再来南京"①。

然而实际上，西藏商务代表团逗留印度期间，英国政府为夏格巴等人所持的西藏护照签发了进入香港的签证。夏格巴等人持噶厦政府擅发的"护照"及英方的签证首先前往香港，而后，却不得不用中国政府驻加尔各答总领事馆为他们签发的中国护照从香港进入中国内地。十几年后，当夏格巴在其所著《西藏政治史》中，以英美在其"西藏护照"上签证而论证英美两国政府承认"西藏独立"时，对他持中国护照由香港抵达南京的这段经历却是讳莫如深，绝口不提。

在 1947 年 6~7 月，美国驻印度大使馆就已经接到噶厦政府"外交部"（Foreign Office）和夏格巴的信件，获悉西藏商务代表团一行访美的意图，并于 8 月 1 日向国务院做了报告。美国驻印度大使馆的报告包括以下几个附件：西藏政府"外交部"和夏格巴致印度大使馆的信的英文译文，以及印度大使馆给西藏当局的复信。②

需要指出的是，美国驻印度大使格拉迪（Grady）先是在报告的开头把英文"Foreign Office"（外交部）打了引号，而后又告诉国务院，鉴于国务院希望避免任何可能涉及"中国宣称的对西藏拥有主权（sovereignty）"的行动，大使馆在给西藏当局的复函中，并未使用藏方来函落款中的"外交部"（Foreign Office），而是将其改成了"外交局"（Foreign Bureau）。换言之，美国驻印度大使依据美国政府对于西藏地位的一贯立场，自行给已经打出招牌五年之久的西藏当局外交机构改了名称，以示美国并不认为该机构是一个主权国家的外交机构，而是只将其视为中国政府外交部的一个下属部门或较低一级的机构。这就表明，美国尽管与西藏进行了直接交往，但是仍然将西藏

---

① 《国民党政府驻印大使罗家伦电》（1948 年 1 月 8 日），北京大学历史系等编《西藏地方历史资料选辑》，内部发行，生活·读书·新知三联书店，1963，第 361 页。

② 《驻印度大使格兰迪致国务卿》（1947 年 8 月 1 日），《美国对外关系·1947 年·远东：中国》第 7 卷［The Ambassador in India（Grady）to the Secretary of State, August 1, 1947, *FRUS*, 1947, vol. Ⅶ］，第 595~598 页。

视为中国的一部分。更值得注意的是，西藏当局后来也默认了美方的这一改动，从此放弃了"Foreign Office"（外交部）的招牌，而在给美英两国政府，甚至给中国中央政府的信件中自称"Foreign Bureau"（外交局）。这一事实，对于澄清美国政府当时关于西藏地位的认识无疑很有意义。然而后来，无论是从事"西藏独立"活动的夏格巴等人，还是支持"西藏独立"活动的美国人，都不愿意再提及这一事实。只有加拿大学者谭·戈伦夫教授在其《现代西藏的诞生》（The Making of Modern Tibet）一书中将此事挑明。①

1947 年 8 月 21 日，美国驻印度大使再次致电国务卿，汇报了西藏商务代表团访美的背景及其重要性，要求重视西藏的地位，在华盛顿礼貌地接待该团，并建议排除中国驻美国大使馆插手西藏商务代表团与国务院的接触。在电报的结尾处，格拉迪回顾了美国对于西藏地位的一贯立场，并询问美国国务院美国政府视西藏为中国一部分的立场是否有所改变。

10 月 28 日，国务院通知驻印度大使，关于西藏商务代表团访美一事：

> 应该想到，中国声称对西藏拥有主权（sovereignty），而本政府从未对此提出过疑问。相应的，除非该代表团得到了中国政府的正式批准，本政府只能以非正式的礼节接待准备来访的西藏代表团成员。

美国国务院已经预料到会发生护照和签证问题，因此及时指示格拉迪：

> 假如该代表团成员只携带有西藏旅行证件，任何签证都应当签注于"257 表格"上，而不能签注于他们的护照上。假如他们申请签证而现存的技术问题会阻止他们前来美国，大使馆应当迅即电告国务院，由国务院作出相应决定，安排移民当局给予必要的豁免。②

美国国务院的指示精神是明确的：第一，不得在西藏人携带的西藏旅行

---

① 谭·戈伦夫：《现代西藏的诞生》伍昆明、王玉宝译，中国藏学出版社，1990，第 128 页。
② 《国务卿致美国驻印度大使格兰迪》（1947 年 10 月 28 日），《美国对外关系·1947 年·远东：中国》第 7 卷［The Secretary of State to the Ambassador in India（Grady），28 October，1947，*FRUS*，1947，vol. Ⅶ］，第 600～602 页。"257 表格"通常是美国在对申请赴美签证者所出示的护照不予承认时发给申请人的一种签证。

证件即"护照"上签证；第二，不要由于护照与签证等技术问题而阻止西藏人访问美国。

12 月 26 日，美国国务院再次就护照与签证问题指示美国驻印度大使馆临时代办多诺万：假如西藏人出示中国护照，即在该护照上签证；假如西藏人出示的不是中国护照，则妥善的办法是请他们到南京后再提出申请；假如他们表明不愿这样做，则应该在"257 表格"上签证。而如果在"257 表格"上签证，在日后与中国驻印度大使馆官员的进一步讨论中，应当向他们指出，这是对于美国不承认其护照的签证申请者的通常做法。如果中方提出交涉，你应当告诉他们，美国政府从未对中国在西藏的主权提出疑问。总之，国务院既不希望你对西藏人施加压力，令其屈从于中国当局，也不希望西藏商务代表团访美一事在中美之间引起纠纷。①

夏格巴一行抵达印度之后，于 1947 年 12 月 30 日往访美国驻印度大使馆，向大使馆官员转交了摄政大札和噶厦政府的信函，通报了访美的目的。在提到赴美签证问题时，美国驻印度大使馆答复说，既然他们准备先去中国内地，可以在那里提出申请。

三　南京政府就夏格巴使团的活动同美国的交涉

早在 1947 年夏季，南京政府就得到了西藏地方政府准备组团经由印度前往中国内地，而后出访美英等国的情报。据南京政府外交部的报告，西藏当局组团出访的一个原因，是"处理热振事件未遵中央意旨，心怀疑惧"，所以决定派夏格巴往英美乞援。这一情报显然是不准确的。但是外交部对于西藏商务代表团出访英美等国目的的分析却十分准确而全面。其中包括：想在国际表示西藏独立之身份；欲前往联络当今强国美国得其助力；使西藏能与英美商行直接贸易与美金联系（即不经过印度直接与美国进行贸易，并以美元结算）；等等。南京政府蒙藏委员会的报告，更是直接点明夏格巴此行就

---

① 《助理国务卿致美国驻印度大使馆代办多诺万》（1947 年 12 月 26 日），《美国对外关系·1947 年·远东：中国》第 7 卷 ［The Acting Secretary of State to the Charge in India（Donovan），26 December，1947，*FRUS*，1947，vol. Ⅶ］，第 604 页。

是为了"赴英美从事西藏独立活动"。①

蒋介石对于西藏商务代表团给予了充分的注意。得到相关情报后，他指示外交部部长王世杰：

> 据报西藏地方政府近派谢高巴及邦达昌于 8 月中旬启程赴英美活动独立。希转饬我驻英美两大使注意随时具报。②

从 1948 年 1 月初到 7 月初，夏格巴使团在中国内地逗留了大约半年，由蒙藏委员会安排到上海、杭州等地参观考察。在此期间，该团提出了一些有关西藏与内地贸易和税务、外汇方面的要求，如内地产品由陆海道运藏免税、免交外汇保证金，西藏货物经海道运往内地享受免税待遇，等等。同时，要求国民政府"结购外汇二百万美元以供前往英美之需"。但是在当时的形势下，南京政府以"数目太大，外汇支绌"为由，未予核准。③ 获悉夏格巴等人出访欧美的意图之后，中国外交部和蒙藏委员会的官员尽力劝导他们不要自行前赴英美，而夏格巴等人也表示同意，并称将从上海经由香港返回印度，如能向印度政府洽购黄金成功，再设法由印度前往英美。在这种情况下，外交部并未发给他们前往英美的中国护照，而是指示中国驻印度大使罗家伦密切注视该团返回印度后的动向。然而，夏格巴等人却骗过了南京政府的官员。④ 他们在离开南京之前私下获得了英国驻华大使馆为其签发的赴英签证，在香港又获得了美国驻香港总领事馆签发的赴美签证，于 1948 年 7 月 3 日离港赴美。

美国政府对于西藏商务代表团给予了相当的关注，表面上和在一定意义上将其作为对五年前托尔斯泰—杜兰"使团"西藏之行的回访，但是在更深层的意义上，当然是把西藏商务代表团的来访放在中国政局迅速变化的背景

---

① 《国民党拉萨情报》（1947 年 10 月 24 日），北京大学历史系等编《西藏地方历史资料选辑》，内部发行，生活·读书·新知三联书店，1963，第 358 页。

② 中国藏学研究中心等合编《元以来西藏地方与中央政府关系档案史料汇编》第 7 册，中国藏学出版社，1994，第 2895 页。

③ 《国民党政府外交部致驻英大使郑天锡电》（1948 年 9 月 10 日），北京大学历史系等编《西藏地方历史资料选辑》，内部发行，生活·读书·新知三联书店，1963，第 361 页。

④ 牙含章：《达赖喇嘛传》，人民出版社，1984，第 335 页；〔美〕梅·戈尔斯坦：《喇嘛王国的覆灭》，杜永彬译，时事出版社，1994，第 600 页。

下加以考虑的。

7月9日，西藏商务代表团抵达旧金山，而后乘坐横贯美国的火车前往华盛顿。10天之后，美国商业部的一位官员在华盛顿的火车站迎接夏格巴一行。在此期间，南京国民政府已经获悉夏格巴的去向。美国驻香港总领事馆给夏格巴一行签发赴美签证一事，引起南京政府的极大关注和不满。1948年7月12日，南京政府外交部次长叶公超就此事向美国驻华大使馆提出口头声明与质询：

> 美国政府对于西藏素以承认中国之主权为原则。此次接受西藏地方当局所发证件，中国政府颇为诧异。如此非美政府驻香港总领事私人之错误，是否为美政府变更其对西藏态度之表示？此点盼美政府予以说明。①

随后，中国外交部指示驻美大使顾维钧与美国国务院联系，查明夏格巴等人在港所获签证是否系经美国国务院核准发给，并随时报告夏格巴等人在美国的行动。

7月15日，顾维钧向美国国务院递交了一份内容与叶公超所提口头声明与质询基本相同的备忘录。据顾维钧的回忆，那天，他陪同陈立夫对美国国务卿马歇尔（George Catlett Mashall）进行礼节性的访问。当将近一个半小时的交谈即将结束时，顾维钧提出西藏商务代表团（《顾维钧回忆录》译作"西藏贸易代表团"）问题，并交给马歇尔一份备忘录，内容如下：

> 1. 西藏是中华民国领土的一部分，根据民国宪法，西藏无权和外国政府进行外交谈判，其与外部世界的关系，要受中国中央政府的指导和批准。
>
> 2. 以夏格巴为首的西藏贸易代表团成员所持的旅行证件，不能代替中国政府为出国旅行签发的必要的护照。美国驻香港总领事签证于这些异乎寻常的旅行证件，事先并未通知或磋商代表外交部的中国驻香港的

---

① 《国民党外交部政务次长代理部务刘师舜报告》（1948年9月17日），《西藏地方历史资料选辑》，第362页。

外交特派员，是一项出乎意料之事。估计他这样做也未曾事先向其政府请示。

3. 夏格巴和该代表团的其他成员无权和美国政府发生直接关系，但中国大使馆将乐于为他们访问的目的，即为了贸易利益的目的，提供便利。

4. 美国政府一向承认中华民国的领土主权。因此，中国政府相信，美国（驻香港）总领事为西藏贸易代表团签发旅行证件以代替中国政府的正式护照是一种疏忽，而不是有意违反美国政府尊重中华民国领土完整的传统政策。①

这就使得马歇尔不得不做出非此即彼的选择：要么承认是驻香港总领事馆出了差错，要么肯定美国政府对于西藏地位的态度已经改变。选择后者在当时的条件下没有任何充分的理由，因而是不现实的。马歇尔当即告诉顾维钧，他已经知道此事，美国政府会完全按照中国政府关于西藏的看法和愿望行事。

在送陈立夫和顾维钧离开时，美国国务院远东司司长巴特沃思（Butterworth）表示，美国驻香港总领事给夏格巴等人的签证，不是签在他们的旅行证件上，而是签在另外一张普通纸上的。顾维钧再次追问香港总领事这样做是否事前曾报请国务院批准，巴特沃思推说要在查阅记录后再做明确答复。但是他保证，"美国政府没有任何侵犯中国对西藏主权的打算"。后来美国国务院向顾维钧解释，称此事件系由于"美国驻香港总领事对发给签证规定的误解，因此不必过于认真"。马歇尔为此指示美国驻华大使，可以向中国外交部次长指出，"当签证申请者不能出示有效护照或签发护照的国家（country）不被美国承认时，通常就在1类签证申请表格上签字核准"。②

尽管美国国务院不准备在接待西藏商务代表团的问题上完全尊重中方的意见，然而，经过此番交涉，美国国务院也不得不在接待夏格巴的问题上与

① 顾维钧：《顾维钧回忆录》第6分册，中国社会科学院近代史研究所译，中华书局，1988，第408~409页。
② 《国务卿致驻华大使司徒雷登》（1948年7月22日），《美国对外关系·1948年·远东：中国》第7卷［The Secretary of State to the Ambassador in China（Stuart），July 22, 1948, *FRUS*, 1948, vol. Ⅶ］，第764~765页。

中国驻美国大使馆保持联系。7 月 22 日，美国国务院通知中国驻美国大使馆，夏格巴一行要求谒见杜鲁门总统（President H. Truman），亲自递交达赖喇嘛给杜鲁门总统的署名照片和信函。美国国务院负责中国事务的官员弗里曼（Freeman）告诉中方：

> 国务院当然不希望在事先没有通知中国大使馆并征得其同意的情况下，便安排美国总统会见西藏代表团；但是另一方面，国务院也不希望在没有经过充分考虑的情况下就拒绝西藏人的要求。在第二次世界大战期间，西藏人曾经十分礼貌地为前往西藏的美国军官提供帮助；而安排这样一次会见无疑将有助于（西藏）代表团出访的成功。[①]

得到美方的通知后，顾维钧一方面电告南京政府外交部，请求指示；另一方面通知夏格巴，他愿意为其安排谒见美国总统杜鲁门事宜。顾维钧告诉夏格巴，中国要员前来美国提出谒见美国总统的要求，均由大使馆出面联系。假如他们不能在华盛顿逗留太久，他可以代为转交上述照片和信函。但是夏格巴坚持要自己面交照片和信函。

7 月 26 日，南京政府给驻美大使馆的复电抵达华盛顿。外交部部长王世杰指示顾维钧，要求美国总统不要接见夏格巴，并争取收回夏格巴等人的旅行证件，另发中国护照。[②]

顾维钧并不完全赞同外交部的指示。他认为应当谨慎处理此事，不使争端激化，避免"拉萨和南京之间公开决裂"。顾维钧的考虑，是与美方态度的微妙变化有关的。美国国务院在得知南京方面的强硬态度后，7 月 28 日由巴特沃思出面，约见中国驻美国大使馆公使谭绍华。巴特沃思告诉谭绍华："美国政府对中国与西藏之间的关系的态度和政策仍保持不变，但国务院觉得不能拒绝西藏代表团向杜鲁门总统致敬的请求。"这是因为，在第二次世界大战期间，托尔斯泰—杜兰到过西藏，受到过达赖喇嘛的接见。杜鲁门总

---

① 《中国事务科助理科长（弗里曼）所做的谈话备忘录》（1948 年 7 月 22 日），《美国对外关系·1948 年·远东：中国》第 7 卷［Memorandum of Conversation, by the Assistant Chief of the Division of the Chinese Affairs (Freeman), July 22, 1948, *FRUS*, 1948, vol. Ⅶ］，第 764～765 页。
② 顾维钧：《顾维钧回忆录》第 6 分册，中国社会科学院近代史研究所译，中华书局，1988，第 411 页。

统也已经表示愿意接见西藏代表团。美方还提醒中方，华盛顿并没有邀请西藏人，但是他们今天已经来到美国，美国"不得不隆重接待这些来自遥远的异国他乡的高级代表。……如果总统不接见他们，就等于当众羞辱了他们"。巴特沃思还表示，美国新闻界十分关注此次西藏代表团的访问，美国公众把代表团成员视为来自香格里拉的带来异国风情的客人。假如中国政府阻挠他们谒见美国总统一事被公之于众，媒体的报道将对中国非常不利。"由于美国人民普遍接受自决这一概念，所以，目前的局面很可能在美国引发一场有关西藏的争论。"当天晚上 7 时，美国国务卿马歇尔致电美国驻华大使馆，把同日早些时候巴特沃思与中国驻美公使谭绍华约谈的情况通报驻华大使司徒雷登。电报称，美国国务院向谭绍华强调指出：尽管美方"并没有以某种方式对于中国在西藏的法理上的主权（China's *de jure* sovereignty over Tibet）表示怀疑的意思"，但是中方也应当"意识到，中国在实际上没有行使对于西藏的权力（it exerts no *de facto* authority over Tibet）这一事实，乃是造成目前局面的根源"①。显然，美方试图在违背中国政府的意愿接待夏格巴使团的同时，把责任推卸给中国政府。②

在这种情况下，顾维钧与谭绍华研究之后，复电王世杰指出，由大使馆为西藏代表团提出谒见杜鲁门总统的要求，并由他本人带领夏格巴前往白宫，是最为得策的妥协办法。否则，如果美国国务院径行安排杜鲁门总统接见西藏代表团，将会造成困难的局面和尴尬的后果。而如果由于我方的坚决阻止而使得代表团无法见到美国总统，代表团可能"觉得愤慨而采取一种更不友好的态度，随之而来的可能情况是拉萨会有同样反应，并采取某些步骤宣布独立"。此时，美方也一度劝告夏格巴接受顾维钧的安排，但是遭到拒绝。在后来的接触中，顾维钧告诉夏格巴，中美关系非常真挚，美国政府和中国驻美国大使馆保持着密切的联系。凡涉及中国的问题，美方总是与大使馆合作。在夏格巴谒见杜鲁门总统问题上，国务院还在等候大使馆的答复。如果夏格巴认为谒见杜鲁门一事已无必要，大使馆可以通知美方取消安排。但是

---

① 《国务卿致驻华大使司徒雷登》（1948 年 7 月 22 日），《美国对外关系·1948 年·远东：中国》第 7 卷 ［The Secretary of State to the Ambassador in China（Stuart），July 28, 1948, *FRUS*, 1948, vol. Ⅶ］，第 767～768 页。《顾维钧回忆录》第 6 分册，第 409, 412 页。

② 顾维钧：《顾维钧回忆录》第 6 分册，中国社会科学院近代史研究所译，中华书局，1988，第 414 页。

如果仍然愿意拜访总统，他（顾维钧）准备催促美方尽快约定接见日期。

顾维钧还告诉夏格巴，在目前动荡不安的国际形势下，西藏当局如要自己寻求新路（此是寻求独立的委婉说法。顾维钧已经觉察到夏格巴是为寻求西藏独立而来），是鲁莽的。然而，夏格巴最后还是拒绝了顾维钧的方案。在美方的安排下，夏格巴于8月6日非正式地会晤了国务卿马歇尔，转交了达赖喇嘛致杜鲁门总统的信函、照片以及西藏地方政府的信函。8月8日星期日上午，夏格巴离开华盛顿前往纽约。

依据目前公开的档案资料，没有证据表明西藏商务代表团的美国之行是由美国政府邀请的。但是，美国政府决策者中至少有一部分人希望并且确实在利用这一事件，试图在南京政府走向崩溃之际悄悄改变美国传统的西藏政策。由于南京政府态度坚决，美国政府在接待夏格巴一行和西藏代表团会见美国总统杜鲁门的问题上，被迫基本上尊重了中方的意见。但是在其他一些问题，特别是护照和签证问题上，仍然做了手脚。

国务院远东司司长巴特沃思对顾维钧所说"驻香港美国总领事并未于夏格巴等所持旅行证件上签证，仅于另一普通纸上签注可入美境，此项签注并无损害中国对西藏主权之意"，以及后来所说"美国驻香港总领事对发给签证规定的误解"云云，显然都是谎话。根据夏格巴本人后来提供的照片，此项签证分明是直接签注在夏格巴所持西藏当局擅自印发的护照上。① 而美国国务院在此之前至少一个月，已经得知美国驻华大使馆的报告，知道夏格巴肯定要来美国。种种证据表明，给夏格巴出主意，让其在香港申请赴美签证，并向美国国务院提出此项建议的，正是当时的美国驻华大使司徒雷登（John Leighton Stuart）。②

1948年5月11日和29日，当夏格巴一行正在南京时，司徒雷登两次为夏格巴等人的赴美签证问题致电美国国务院。当时夏格巴对南京的欺骗已经得手，中国媒体已将夏格巴放弃访美计划，拟由香港、印度返回西藏这一消

---

① 夏格巴护照复印件，见夏格巴《西藏政治史》（Tsepon W. D. Shakabpa, *Tibet A Political History*, New Haven and London, Yale University Press, 1967）书末照片。

② 《驻华大使司徒雷登致国务卿》（1948年5月11日），《美国对外关系·1948年·远东：中国》第7卷［The Ambassador in China (Stuart) to the Secretary of State, 11 May, 1948, *FRUS*, 1948, vol. Ⅶ］，第758页。《达赖喇嘛传》，第335页。夏格巴·旺曲德典：《藏区政治史》（藏文原书汉译，下册），刘立千、罗润苍等译，中国藏学研究中心内部资料，1992，第223页。

息公之于众。司徒雷登无疑知道全部内情。他在第一封电报中报告美国国务院：

> 在过去的几周，代表团访问了杭州、上海，刚刚返回南京，目前正在准备拟议中的对日本和美国的访问。……旅行证件问题依然困扰着代表团。按照国务院的指示（国务院 1947 年 12 月 26 日电报，第 1573 号），大使馆没有拒绝在他们所持的西藏旅行证件上签证，但是试图诱导西藏代表团首先获得中国的出境签证，而后再来大使馆获取（赴美）入境签证。

在随后的第二封电报中，司徒雷登称，西藏代表团通知大使馆，他们将经由香港、东京前往美国。"估计代表团途经香港是为了'保住面子（save face）'。他们将在那里放弃中国护照，改用西藏旅行证件。美国的签证将在香港签注于西藏旅行证件上。"[①]

这里，司徒雷登根本未再提及"257 表格"，美国国务院也不再坚持只可以在"257 表格"上签证的原来意见。此时距 1949 年 4 月 23 日"百万雄师过大江"，只有不足一年时间，而国务院的指示已经是将近半年前的事了。在更多历史资料（例如，美国国务院的更多档案和司徒雷登的日记，等等）陆续刊布之前，人们有理由推测，司徒雷登可能曾经为没有多少外交经验的夏格巴出谋划策，告诉他如何摆脱困扰他的护照和签证问题。

结　语

在 1948 年春夏之交，司徒雷登处理签证问题的做法显然是另有所图的，这就是为美国把西藏从中国分裂出去进行准备。他认为他的主张符合美国的长远利益，也确实对美国国务院产生了很大影响。[②] 他之所以没有在南京给

---

① 《驻华大使司徒雷登致国务卿》（1948 年 5 月 11 日、5 月 29 日），《美国对外关系·1948 年·远东：中国》第 7 卷［The Ambassador in China（Stuart）to the Secretary of State, May 11, May 29, 1948, *FRUS*, 1948, vol. Ⅶ］，第 758～759 页。

② 顾维钧：《顾维钧回忆录》第 6 分册，中国社会科学院近代史研究所译，中华书局，1988，第 241 页。

夏格巴等人赴美签证，不过是为了在日后中方提出交涉时，留有回旋余地。后来美国国务院果然故意撒谎，否认在"西藏护照"上签证的事实，也表明美方心中有鬼，不敢公开司徒雷登的阴谋。

美国政府此次从事分裂我国西藏的阴谋活动之所以犹豫不决，浅尝辄止，一是因为它还在支持国民党反共、打内战，不能不顾及南京国民政府在西藏问题上的立场，因小失大；二是因为在短时间内尚难以公开转变其传统的西藏政策。但是美国政府在尝试调整其西藏政策，不惜为了自己的利益而损害中国对于西藏的主权，已可窥见端倪了。

在南京国民政府统治中国的最后几年，美国希望尽量回避提及中国对于西藏的主权，但是夏格巴与西藏商务代表团的来访却使其无法回避。美国政府又认为，公开声明自己已经改变对西藏地位的历来态度和立场的时机尚不成熟。这样，西藏商务代表团访美事件，实际上为南京国民政府提供了一个要求美国确认其关于西藏地位的一贯立场的机会。在西藏问题上，南京国民政府在其危难之际，变被动为主动，迫使美国政府不得不重申其视西藏为中国一部分的传统立场。就此而言，南京国民政府维护了中国领土主权的统一和中华民族的最高利益。西藏商务代表团的美国之行，在宣传西藏独立、争取美方支持的问题上，不仅失败了，而且弄巧成拙，在一定意义上把美国政府今后改变立场的路也堵住了。

1949～1950 年两个美国特工与人类学家在中国西部的间谍活动

〔英〕罗杰·克罗斯顿（Roger Croston）*

在 21 世纪初期，美国国务院的解密文件披露了美国驻乌鲁木齐领事馆副领事、中情局谍员道格拉斯·麦坎南（Douglas Mackiernan，另作马克南）和美国"富布赖特学者"弗兰克·贝萨克（Frank Bessac，又称白智仁，当时他正在中国游历）在新疆所开展的秘密活动的更深层信息。早在 1950 年，《生活杂志》已经讲述了有关这一事件的部分始末，但在时隔 50 多年后，更深层次的秘密谍报被揭露出来。事情发生在 1947 年的乌鲁木齐，结束于 1949～1950 年，这两个美国人在中国新疆和印度之间（途经西藏拉萨）经历了一场漫长、艰难、悲惨的致命旅程。尽管也有三名俄罗斯人参与其中，但他们在更大的密谋活动中参与甚少，两名美国人则更多地参与了更大的密谋活动。那么他们到底是谁，他们又为什么出现在那里？

一　事件过程

事件发生 50 多年后，美国国务院的绝密文件中还继续保留着美国驻乌鲁木齐领事馆副领事道格拉斯·麦坎南以及在中国各地云游的美国"富布赖特学者"弗兰克·贝萨克先生的活动事迹。1950 年，美国杂志《生活周刊》已部分报道过他们的故事。托马斯·莱尔德（Thomas Laird）先生和本文作者分别于 2002 年和 2006 年采访了参与这次事件的两名幸存者：贝萨克先生和

---

*　罗杰·克罗斯顿（Roger Croston），英国皇家亚洲事务学会（the Royal Society of Asian Affairs, England）理事。

瓦西里·兹万索夫（Vasili Zvansov）先生，并首次谈到他们的间谍活动。他们的故事始于 1947 年的乌鲁木齐，中途经历了横穿新疆、西藏（途经拉萨），然后到达印度的一段漫长、艰难、悲惨、致命的旅程，最后于 1950 年结束。尽管三个俄罗斯人（其中包括兹万索夫先生）也参与了这段旅程，但较少参与宏观活动，主要还是两个美国人负责。那么，这两个美国人是谁，为什么会参与这次旅程？

第一个美国人是道格拉斯·麦坎南先生（1913 年 4 月 25 日出生，1950 年 4 月 29 日去世）。1943 年 11 月，第二次世界大战期间，他作为美国空军天气预报员被派往乌鲁木齐。战争结束时，他回到美国；1947 年 5 月，他被指派为美国国务院常驻副领事又回到乌鲁木齐。然而，在这个外交身份的掩护下，他还担任了美国中央情报局（CIA）第一批官员这个秘密角色，参与刺探苏联第一颗原子弹情报的间谍活动，而这枚原子弹当时在塞米巴拉金斯克附近的边境地区进行测试。1947 年 6 月 19 日，北塔山战役爆发之初，麦坎南先生被派往北塔山，观察维吾尔族和哈萨克族部队（包括乌斯满·巴图尔在内）的行动，这两支部队支持国民党对抗蒙古人民共和国和苏联的入侵。后来，1949 年 7 月 29 日，美国国务卿迪恩·艾奇逊先生下令关闭美国驻乌鲁木齐领事馆。麦坎南留下来销毁文件和设备，并继续刺探苏联原子弹的情报。1949 年 8 月 29 日，苏联第一颗原子弹爆炸，麦坎南的情报工作也结束了。1949 年 9 月 27 日，麦坎南决定尝试南下去印度。他和三名反苏联的白俄罗斯人以及一位名叫弗兰克·贝萨克的美国人一起离开乌鲁木齐。弗兰克·贝萨克先生开始参与到这个故事中来。

弗兰克·贝萨克先生（1922 年 1 月 13 日出生，2010 年 12 月 6 日去世）是美国人类学家。1943 年，他自愿加入美国陆军作战工程师行列，在康奈尔大学学习中文后，被美国战略研究办公室（OSS）派往中国。1945 年，他从英属印度出发，飞越缅甸山区，来到中国昆明，加入中国伞兵突击队，准备营救击落在日本敌后的美国机组人员。对贝萨克先生来说幸运的是，战争很快就结束了，他被派往北京协助日军投降事宜，并于 1945 年 8 月被派往东北营救可能面临苏联入侵的更多美国伞兵。

1946 年夏天，贝萨克先生从加利福尼亚退伍，然后回到中国，参与 OSS 后续组织工作。1947 年，OSS 更名为 CIA。他本想收集关于日本勾结者和共产主义者活动的情报，但发现这是项秘密工作，考虑到该间谍工作会妨碍他在内蒙古进行人类学学术研究，便辞去了该工作（2006 年，有人指控他曾继续在 CIA 工作，贝萨克先生非常恼怒，回应称："我的档案还在政府，但我没有权限拿到档案，也没法授权任何人拿到，这明显侵犯了我的隐私权！"）。辞去工作后，贝萨克先生在北京辅仁大学穿着中国学者的长袍学习古典汉语和蒙古语。

1946 年 3 月，中国陷入混乱局面，贝萨克访问张家口的共产党八路军，了解共产党是否违反了经美国调解后与民族主义者之间的休战协定。他说："大家都不知道外蒙古发生了什么事，然后我便开着一辆吉普车（美国军车）亲自去寻找答案。"吉普车燃油用尽后，他的无线电人员为他叫来了一架飞机。飞机降落在草原上，他们乘坐飞机来到班迪格根苏梅喇嘛庙（Bandi Gegen Sume lamasery），然后贝萨克骑骆驼去采访蒙古游牧民族。回到北京，蒙古王公德王（成吉思汗第三十一代直系后代）联系贝萨克，想向他了解此次采访的情况，并确保在日军扶植建立的蒙古联盟自治政府的安全。

1948 年春天，贝萨克和德王为美国国务院中国救援团蒙古分部向鄂尔多斯和乌兰察布地区的蒙古人分发食品援助。德王为表感激，宣布赐予贝萨克"巴图尔"（在蒙古语中是"英雄"的意思）的称号，并送给他哈达，同时贝萨克单膝跪地，触摸成吉思汗的旧弓。通过这一仪式，他发誓参与伟大战士的事业，并被授予名誉蒙古人、成吉思汗骑士的称号。

随着内战规模和范围的扩大，贝萨克决定前往南京，了解 OSS 一位秘书的家人的现状，这位秘书的父亲曾是"王姓统治者"，是日本统治下的北京市市长。北京突然禁止美国人入境，贝萨克无法返回北京，便前往上海，中国救援团蒙古分部提出让他担任董事成员。不幸的是，他患有青光眼，无法在美国外交部工作。1948 年 9 月，贝萨克获得"富布赖特奖学金"（世界上最著名的奖学金之一，成立于 1946 年，旨在开展海外研究生高级研究，增进美国和其他国家之间的相互理解、相互推理、相互同情，促进美国与各国之间的和平与友谊）。

贝萨克决定学习蒙古语和了解蒙古人的游牧生活。1949 年初，贝萨克来到兰州和定雅云英（Dingyaunying），稳定下来后，雇用了一名语言教师。8月，德王召开大会，邀请贝萨克出席。大会宣布成立临时蒙古共和国。然而，民族主义者和共产主义者之间的战争升级，即将席卷该地区，大会代表不得不赶紧逃离。贝萨克回忆道："我当时在想，我可不想因此被杀。对于战争双方，我都不表示立场，不支持也不反对，所以对我而言比较艰难，我只能带着一群骆驼向西走 320 公里，中途在蒙古人的营地休息，最后到达山丹。"后来，贝萨克搭了一辆顺风卡车去了哈密，然后一个人乘坐飞机从哈密飞往乌鲁木齐。然而，令他吃惊的是，他在乌鲁木齐碰到一辆挂着美国星条旗的汽车。这辆车是麦坎南先生的，他起初问贝萨克先生是否愿意开着一辆装满文件的卡车去印度——这对于贝萨克来说是一个不可抗拒的机会，这样，他就可以穿越天山，然后在天山做更多的人类学研究。

然而，天有不测风云。1949 年 9 月 26 日，乌鲁木齐的民族主义驻军一夜之间转变了对共产党的态度，决定忠诚于共产党。麦坎南先生在美国驻乌鲁木齐领事馆随意提起了贝萨克之前的中情局代码词的开头，试图确认贝萨克的身份——如前所述，麦坎南不仅是美国驻乌鲁木齐领事馆的副领事，还是 CIA 特工。几年后，贝萨克反思道："我当时还在 CIA 工作吗？我觉得不在。他们没有支付我薪水，我也没有接到任何'任务'。有人曾提醒麦坎南要警惕我；我该怎么回答呢？后来，我了解到麦坎南已经联系了华盛顿并获得了我的代码词。我原以为麦坎南会向我解释详情，但他从未解释过。尽管如此，我认为在努力促成他们与共产党达成协议，或者帮助他们逃往西藏的同时，能在哈萨克集中营待一段时间也是非常有趣的。"所以，尽管存在致命的危险，1949 年 9 月 27 日，两个美国人还是开着吉普车离开了乌鲁木齐，在路上接济了 3 个白俄罗斯难民——瓦西里·兹万索夫（没有他的狩猎技能，他们就活不下来）、斯蒂芬·扬努什金（Stephan Yanuishkin）和列昂尼德·舒托夫（Leonid Shutov）。自此，他们五个人便开始了长达一年的 3200 公里的长途之旅，穿越了几乎杳无人烟的、地图上未标明的区域。很快，他们就丢弃了吉普车，加入了乌斯满·巴图尔和他的哈萨克骑兵部队，并在他们的帮助下，两周内就来到了哈密北部的一个冬季营地。这时，麦坎南建议贝萨克独自前往蒙古人民共和国。贝萨克害怕到那边会遭到苏联的逮捕，拒绝前往。贝萨克还是没有发觉麦坎南的意图和计划，但猜想他可能正劝乌斯满·巴图尔抵制新疆人民政府。几年后，贝萨克回忆，"共产党人知道我们在哪"，所以他坚持向南前往提木里克（Timurlik），离开共产党控制的区域，进入西藏。4 天后，贝萨克从马背上摔下来，造成脊椎骨折。"中亚小马短腿、肚子肥，给它们装马鞍有一个诀窍，为了让这些小马吸到尽可能多的空气，人们一般不会将马鞍绑得很紧，必须在快速系马鞍的同时，用膝盖戳它们，让他们呼气。当时，我还没有掌握这个诀窍，因为美国骑兵踢马是非常不齿的行为。后来我的马鞍滑了下来，我重重地摔在随身携带的冲锋枪上。"

他们穿过卡拉或黑色戈壁边缘时，有时到处焦急地找水喝。连续 30 天，行走了 800 公里后，他们终于在 11 月 29 日抵达提木里克，受到胡赛因台吉的邀请，将在那里过冬，等到来年 1950 年 3 月 20 日再出发。在当地的 3 个多月内，贝萨克沉浸在游牧民的研究当中。

1950 年春天，他们购买了一些马匹和骆驼，这些马匹和骆驼是经过特殊训练的，在没有草的地方也能接受干肉作饲料。他们装备精良，即将踏上西方人都没有走过的一条路。贝萨克回忆说："我们当时骑的是双峰驼。我骑的骆驼经常是一副傲慢的表情，我便把它命名为'伪善的山姆'。骑在骆驼身上，感觉非常冷，实在受不了，我们就下来步行，保持血液循环流动。我们所在的区域在随身携带的大部分地图上都显示空白，从未有人走过。"

4 月 29 日，他们已经在杳无人烟的荒原上行走了很多天，在新定日孔隆（Shegarkhung Lung）附近的营地里见到第一批藏民。接近营地帐篷时，有一个女孩被派过来迎接他们，他们自行在 50 米外搭起了帐篷，也因此犯了一个致命的错误。有经验的兹万索夫知道，哈萨克人作为无情的强盗臭名昭著，可能会误解他们五个人，但是他的建议被麦坎南草率地拒绝了。正如贝萨克所回忆的："我们当时应该先去藏人帐篷里，等他们确认我们不会给他们带来危险后，他们自会邀请我们到他们营地。"这时，6 个人骑着马来到他们身边——他们是西藏边防警卫。此时，贝萨克已经带着礼物去了藏人营地，向他们解释说自己是美国人。然后，等他回到同伴身边时，他却听到了几下枪声，看到他的 4 个同伴举起了手臂。4 名警卫下马，毫无征兆地再次开枪，杀死了麦坎南、扬努什金和舒托夫，兹万索夫腿部中弹。子弹嗖嗖地从贝萨克耳边飞过，穿透了他手中表示投降的白旗。他和兹万索夫被抓获，被迫跪下，还用绳索捆了起来。尽管藏人已经意识到他们犯了大错，但还是将他们的营地洗劫一空。现在，被关起来的贝萨克和兹万索夫受到了善待。边防警卫带着他们俩出发前往拉萨。

贝萨克认为，麦坎南早些时候通过他携带的无线电向华盛顿发送了一条信息，要求藏人让他们一行 5 人安全通过。拉萨同意了，由"红色箭头"递送的邮件信息不幸晚了 5 天才到达营地。后来，贝萨克表示，边防警卫不是肆意杀人，因为他们本可以开枪打死他和兹万索夫，将这件事永远埋藏在地底下，无人知晓。他们到了拉萨后，西藏政府向贝萨克提出，他可以决定是处决袭击他们的人还是将其严重肢解，但最后他决定在他们裸露的臀部上打40大板。没想到，那些人还感谢他不杀之恩。

在前往拉萨的途中，他们在申察镇停留了3个星期，当地官员英语非常流利，一定要挽留他们，让兹万索夫康复后再出发。抵达拉萨的前一天，贝萨克和兹万索夫很惊讶，他们俩居然受到了逃离英属印度政府拘留的奥地利登山运动员海因里希·哈勒先生的欢迎。1950年6月12日，贝萨克和兹万索夫进入西藏圣城拉萨。1904年，英国入侵中国，当时有623位英国人曾抵达拉萨，而他们两个是1950年之前抵达拉萨的第75、76位西方游客。他们在拉萨遇到了前英国使团团长休·理查森（Hugh Richardson）先生，他留在那处理印度独立事宜；还遇到了俄罗斯人德米特里·内白洛夫（Dmitri Nedbailoff）先生，他逃离英属印度的拘留，在拉萨担任机电工程师一职。藏人邀请贝萨克和兹万索夫参加聚会、野餐，盛情招待他们。一个星期后，他们在达赖喇嘛的罗布林卡夏宫正式拜访了他，当时达赖喇嘛只有14岁。按照礼仪要求，他们不得说话，但是他们相视一笑，达赖喇嘛双手放在他们的头上，表示双重祝福。贝萨克准备参观这座古代圣城壮丽的中世纪景观，想记住这样一个后来几乎被摧毁的伟大文明。他还记录了拉萨的泥土、露天下水道、垃圾堆、饥饿的狗和乞丐，并认为它们都没有之前在中国大陆大部分地区看到的那么糟糕。

在拉萨逗留期间，西藏外务局邀请贝萨克一起讨论与美国建交事宜。"我试图解释说，我只是一个没有任何权力的迷茫的富布赖特学者，但他们不想听到这些——他们迫切需要美国的联系和帮助，并寻求联合国的认可。我解释说，独立比自治虽然更好，但也存在相应的问题。一些西藏官员完全信任中国，因为一些中央政府官员希望给予西藏完全的自治权。他们要求神谕帮助我进入出神冥想状态，但我没有获得任何指示。最后，我建议，如果他们真想联系美国那边的话，最好起草并签署一份正式的美国军事援助请求。"贝萨克还在布达拉宫对面的一栋建筑内参加了噶厦（政府内阁）会议，当时正在召开政府内阁会议和国民议会。贝萨克回忆道："我当时没有发言，只是在一旁作为见证人。理事会仅以一票之差通过了这项提案。他们认为，中华人民共和国要到1951年春天才会入侵西藏，如果能得到美国的军事援助和联合国的承认，就可以拯救他们的国家。"贝萨克本人希望西藏事件和平解决。他曾目睹了中亚许多地方出现了非常糟糕的境遇，包括饥饿、疾病、无止境的通货膨胀、目无法纪的社会。"整个东亚都在为建立负责任的、公正的政府而沸腾。民族主义者和共产主义者已明确同意建立一个多民族国家，所有民族都享有自治权。"

7 月底（藏人已经拒绝了美国驻新德里大使馆的"救援任务"），贝萨克和兹万索夫离开拉萨，穿过通往印度的喜马拉雅山关口，划着小竹筏，顺吉楚河（Kyi Chu river）漂流了 48 公里；然后穿过高耸的纳图拉关口（Natu La pass），进入当时的锡金王国。《生活月刊》杂志的一名记者和美国驻印度副领事弗雷德里克·拉特雷希（Frederick Latrash）在关口接待了他们，然后带他们来到加尔各答。拉特雷希在加尔各答第一次确认了贝萨克的代码词，然后向他简单说明了情况，但是贝萨克没有获得多少情报信息，除了能告诉他自己从乌鲁木齐出发一路上的长途跋涉之外，其他都无可奉告。

在新德里，贝萨克将藏人的一封信交给了美国大使馆。回到美国后，他又将第二封信交给了华盛顿的国务卿。贝萨克回忆道：

当时中国人民解放军（PLA）已经进入西藏，美国政府已经无能为力。如果我们没有遭到射杀，可能会早些到达拉萨。这样一来，麦坎南就有时间与西藏当局对话，可能还能说服华盛顿承认西藏的国家主权地位。就我个人而言，与申扎县的藏民谈过后，我才决定帮助西藏。有些藏民想与解放军奋勇作战，我没有同意，我想麦坎南也会完全同意我的做法。避免西藏遭到毁灭是我的使命。如果他们反抗解放军入藏，拉萨可能会遭到轰炸；一半的人口可能因此丧命。此时，美国政府应该解释为什么麦坎南邀请我参与那次漫长而危险的旅途。我提出了一些问题，但他们没有回答我，我仍然无法拿到我的政府档案。

后来，贝萨克成为一名大学学者、教授。他回忆道："如果没有在亚洲那些年的经历，在亚洲到处云游，结识很多人，了解他们的生活，我永远也无法成为终身人类学家。"中国实行对外开放政策时，贝萨克于 1984 年和 1991 年应邀访问中国。

结　论

在这个故事中，美国的主要目的是获得苏联原子弹计划的第一手准确情报，但是随着中国局势的变化，美国还得继续观察中国的状况。麦坎南似乎得到国家指示，要帮助哈萨克人建立自治国家，但他是否打算获得有关西藏局势的情报报告却不得而知。弗兰克·贝萨克从未发现当时美国政府在中亚的企图。他到达拉萨对西藏噶厦政府而言是个意外之喜，噶厦政府可以通过西藏外事局向美国发出援助请求，保证他们继续以旧的传统方式生活下去，不受外界的干扰。本文作者详细采访贝萨克和兹万索夫后，得出了这个简单、直接、清晰的结论。

今天我们仍然是香格里拉的囚徒吗？

——东方主义、内部的东方主义和东方主义的内化

沈卫荣[*]

一直以来，我自视为一位职业的语文学家，从事的都是有关西藏历史和佛教的语文学研究，很少探讨涉及与现当代现实政治相关的问题。语文学正如钱锺书先生所说，"大抵是荒江野老，屋中两三素心人议论之事"；同样，按照西方人的说法，语文学家是可以对拿破仑倒台或者俄罗斯革命都不闻不问，却依然枯坐在巴黎、圣彼得堡的图书馆中，怡然自得地看书做学问的那些人。我自然做不到那样的纯粹，没有能够像前辈语文学家那样彻底地与世隔绝，时不时会被"朝市之显学""俗学"打扰。即使一直在研究古代的西藏，但也难免会受当下的一些事情的影响。当然，再好的语文学家也从来不可能完全脱离政治、权力、利益与意识形态的影响。而与"香格里拉的囚徒"这一说法相关的讨论，是我这些年来在从事藏传佛教语文学研究之余常常会思考的一个与现实相关的问题。需要说明的是，以下我对于"香格里拉的囚徒"这一问题的想法，基本上只是从文本到文本、从纸面到纸面的讨论，实际上，它们既不很现实，更不够深刻。

在20世纪90年代初，我就遭遇了"香格里拉"。那时我刚到西方留学，在德国波恩大学攻读中亚语文学（藏学）的博士学位。而20年前美国芝加哥大学出版社出版的一部名为《香格里拉的囚徒：藏传佛教和西方》（*Prisoners of Shangri-la：Tibetan Buddhism and the West*）的著作，当时给了我天大的启发，让我知道什么才是"香格里拉"。这本书的作者是二世唐纳德·洛佩兹（Donald S. Lopez, Jr.）先生，他是当今美国学界一位赫赫有名的大人

* 沈卫荣，清华大学中国语言文学系教授。本文由任柏宗先生根据沈卫荣教授2018年9月13日在四川大学西部边疆中心讲座录音整理而成，沈卫荣教授最后对整理稿做了文字订正。

物，是后殖民主义文化批判的大佬。20 年前我捧读那本书时的心情，真可以用心潮澎湃来形容，故至今记忆犹新。光阴飞逝，一转眼 20 年过去了。日前芝加哥大学出版社已隆重推出了该书出版 20 周年的纪念版，洛佩兹教授也为此书的新版写了新的导论。在以往这 20 年间，由《香格里拉的囚徒》引发的讨论一直持续发酵着，不同学者对该书的赞扬或批判始终不绝于耳。20 年之后重读这本《香格里拉的囚徒》，再来反思今天的我们是否仍然还是"香格里拉的囚徒"，在我看来，它还是一件十分现实和有意义的事情。

一 美国藏学的崛起与《香格里拉的囚徒》的诞生

在讨论"香格里拉的囚徒"这个主题之前，请让我先来回顾一下美国藏学的发展历程与基本面貌。美国藏学其实是很多元的，但这里要讨论的主要是在美国本土发展起来的那一支藏学队伍。为了和欧洲藏学的传统相区别，我称其为"美国本土藏学"。像大家很熟悉的范德康（Leonard van der Kuijp）先生，尽管他一直在美国当教授，但他所秉持的仍是欧洲藏学的传统，而非美国本土藏学的那一套做法。美国本土藏学诞生之前的早期美国藏学，是由一些"天才的票友"们开创的，比如曾担任美国驻大清朝公使的柔克义（William Woodville Rockhill, 1854 - 1914）先生，他不只是主张对中国实现门户开放政策的著名外交家，同时也是西方最早写作与达赖喇嘛有关的论著的学者之一，也曾在蒙古、西藏等地区广作游历，他的贡献更多的是他本人的旅行经历的记录。柔克义之后美国藏学并没有立刻发展起来，此后的美国藏学长期由欧洲藏学家们主导，如在北京待过很长一段时间，并专门研究雍和宫的德国学者费迪南·雷森（Ferdinand Lessing, 1882 - 1961），最早研究苯教的德国学者赫尔穆特·霍夫曼（Helmut Hoffmann, 1912 - 1992），还有像印藏佛教语文学家大卫·鲁埃格（David Seyfort Ruegg, 1931 - ）等，他们都是欧洲藏学家。就是今天，除了前面提到的哈佛大学教授范德康以外，美国还有不少研究藏学的学者，他们传承的依然是欧洲的藏学研究传统。

那么，美国本土藏学是何时诞生的呢？如果说欧洲的藏学研究始于亚历山大·乔玛（Alexander Csoma De Koros, 1784 - 1842），那么美国的藏学之父是格西旺杰（Geshe Wangyal），此人是来自俄国的一位卡尔梅克蒙古喇嘛。二战之后，美国吸纳了一批卡尔梅克难民，格西旺杰是被美国人招来做这些蒙古难民们的"心灵牧师"的。在 20 世纪 50 年代格西旺杰到达美国之前，他曾随沙俄间谍德尔智从俄罗斯经蒙古到拉萨，一度还曾在北京跟随德国汉学家、东方学家钢和泰先生（1877 - 1937）学习梵文，后来又担任过英国外交官查尔斯·贝尔（Charles Bell，1870 - 1945）的翻译。可见，格西旺杰的个人经历相当复杂，并不是一位一心求法的喇嘛。到美国之后，格西旺杰在新泽西建立了一座美国最早的藏传佛教寺庙，并很快在大纽约地区产生了影响，一批对东方文化和藏传佛教感兴趣的美国人开始聚集在他的身边，其中至少出现了两位对美国本土藏学传统的建立举足轻重的重要人物，他们是罗伯特·瑟曼（Robert Thurman，1941 - ）和杰弗里·霍普金斯（Jeffery Hopkins，1940 - ）。这两位弟子日后都成为魅力十足的大人物，比如瑟曼曾经在 1995 年被评为美国最具影响力的 25 位大人物之一，他的人生经历非常传奇，他写过一本名为《内在的革命》（Inner Revolution）的自传，其中有详细和生动的讲述。瑟曼生长于二战末期，家庭饱受战争创伤，故从年轻时就开始苦苦地寻找人生的意义和出路，后来又经历了一次短暂和不成功的婚姻，情感受挫，所以从哈佛大学退学，来到新泽西跟随格西旺杰喇嘛学习藏传佛法。随后，他又去印度达兰萨拉跟随达赖喇嘛学法，并成为历史上的第一位白人出家喇嘛。不过出家一年多后，他就还俗回到美国，后来拿了博士学位，最终成为哥伦比亚大学的教授，逐渐成为全美藏传佛教领域里最具号召力的人物。而霍普金斯同样也是从哈佛退学后来新泽西随格西旺杰学法的，其后也曾去印度随喇嘛们游学多年，再后来他到威斯康星大学创办了美国第一个佛教学的博士生项目。1973 年，霍普金斯受聘到弗吉尼亚大学宗教系任教，在此建立了藏传佛教研究和教学中心，并长期担任达赖喇嘛的英文翻译。霍普金斯教授在弗吉尼亚大学培养了一大批藏学人才，现在在美国从事藏传佛教研究和教学的大学教授很多都是他的学生。可以说，瑟曼与霍普金斯共同奠定了当代美国本土藏学的基础。

　　以上对美国本土藏学的发展历程的回顾，对于我们今天理解"香格里拉的囚徒"这一主题有何意义呢？我想借此说明的是，美国本土藏学产生的时代，大致也就是"嬉皮士"出现的时代，是一个流行性解放的时代，或者是一个被称为"New Age"的时代。在这样的时代背景下，美国本土藏学家们学习藏传佛教无论是其动机，还是其学习的过程，往往都不是纯学术的、纯文化的，相反是一种"反文化"（counter culture）的表现。显而易见，最早接触藏传佛教的美国本土藏学家们身上一般都带有鲜明的"新时代"印记，他们对藏传佛教的热情其实就是新时代运动的一种典型标志。他们的学术兴趣往往集中在教法、仪轨，过于关注精神救赎，而不太重视严谨的学术研究规范，所以他们的作品经常并不是特别严格的学术著作。包括作为美国第一代本土藏学家的杰出代表瑟曼、霍普金斯等人，他们翻译的宗喀巴的著作文字十分优美，但缺乏像欧洲藏学著作那样严格的翻译规范，以至于读者有时不太容易判断这些翻译的章句源于何处，它们到底是宗喀巴大师本来的思想，还是传译者们自己的领会。

《香格里拉的囚徒》的作者洛佩兹先生正是第一代美国本土藏学家的最早的那批学生当中的一位杰出代表。洛佩兹80年代初毕业于弗吉尼亚大学，此后长期在密西根大学任教。他很早就开始对美国本土藏学研究进行反思和批判，曾形容美国第一代本土藏学家和他们的学生们为"拜倒在喇嘛脚下的"藏学家，认为他们对藏传佛教的研究并不是为了学术，而是为了追求和完成他们的一项"伟大使命"。在美国本土藏学诞生之前，藏传佛教时常被妖魔化，被西方学界看成是离原始佛教最远、最不正宗的佛教派别。但在第一代美国本土藏学家看来，藏传佛教是离佛陀最近、最正宗的派别，他们的伟大使命就是要将佛法传承下来。因此，第一代美国藏学家们会让他们的学生到印度去，拜倒在喇嘛们的脚下，把喇嘛们所传承的教法一字一句地记录下来，然后由他们带回西方，传承下去。洛佩兹自己就是这样开始其灿烂的藏传佛教研究生涯的，他曾在印度跟着著名的流亡喇嘛研究《心经》，和他们一起阅读《心经》的八个不同传轨的释论，让喇嘛们把《心经》的微言大义讲给他听，由他一句句地记录下来。洛佩兹在《香格里拉的囚徒》一书中有一章题为"领域"（field），专门叙述美国本土藏学研究的历史，他对第一代美国藏学家们的研究方式冷嘲热讽，认为他们所做的工作不过是照搬了藏传佛教寺庙的基础教学方式罢了，是非学术的。在洛佩兹看来，自己在那里经过了十多年的训练，所获得的藏学学术能力仅仅相当于藏传佛教寺院里十多岁的小喇嘛而已。

不过，洛佩兹本人实际上是美国学界极少见的一位"学术超男"。一般的美国教授一生就写两本书，通过第一本书拿到终身教职，第二本书拿到正教授，此后一生的学术历程也就差不多走完了。可是，洛佩兹截至目前自己写作的和由他主编的书已经出版的有近40本之多。洛佩兹的学术研究涉及好几个重要的学术研究领域：一是对《心经》等佛教经典的解读和研究；二是批判东方主义思想影响下的西方藏学和佛学研究；三是对根敦群培的研究；四是编著大量普及藏学和佛学的学术参考书，如对佛教词典、文集的编纂等。由于这些著作的出版，洛佩兹在世界宗教学界的影响非常大。顺便应该提到的是，洛佩兹的日本裔夫人增泽知子（Tomoko Masuzawa）教授也是一位在美国学界具有重要影响的人物，她的代表作是一本题为《世界宗教的创造》（*The Invention of World Religions*）的著作。总之，洛佩兹教授的学术影响并不限于佛教学界与藏学界，他在整个美国宗教学领域和后殖民主义文化批判领域都有着非常广泛的影响。

　　美国本土藏学在起步阶段由霍普金斯、瑟曼二位先生主导，但很快美国本土藏学的学术脉络就开始发生变化。如前所述，到了洛佩兹时代，美国本土藏学的面貌已经有所改变，开始对本土藏学进行反思和批判了。再往后，美国本土藏学则更加接近美国宗教研究的主流做法，只是相对而言，仍然与欧洲的语文学研究传统存在明显的差异。美国藏学与美国其他学术领域一样，比较重视研究范式和理论的建构。站在美国学界的立场上看，像欧洲学者那样去费力地译注一部经典的做法，大概连一个终身教职也难求得。美国本土藏学发展到今天已出现了一大批优秀学者，而不再像它创立初期那样脱离学术了。以克里斯钦·魏德迈（Christian Wedemeyer）教授为例，他从密教解释学的角度写了一本名为《为密教正名：印度传统中的违规、符号学和历史》（*Making Sense of Tantric Buddhism：History，Semiology and Transgression in Indian Traditions*）的名作，从中可以看出他的语文学功底相当扎实，梵文、藏文也都很好。他此前还写过一篇文章，专门讨论宗喀巴著作中对梵文的引用，探讨宗喀巴对梵文的理解是否准确。从中不难看出，他从事的学术研究相当精深，一般人是很难做到的。而且，魏德迈的理论水平也很高，他利用符号学的理论来解释密教中很多看起来很奇怪的修法，自成一家之言。像霍普金斯等人翻译藏传佛教经典的做法逐渐被新一代的美国本土藏学家们扬弃。如今，放眼美国藏学界，瑟曼、霍普金斯的弟子差不多把美国藏学界的知名人物"一网打尽"了。先说霍普金斯的弟子，除了洛佩兹，还有莱斯大学的安妮·C. 克莱因（Anne C. Klein），威廉姆斯学院的乔治·德雷弗斯（Georges Dreyfus），堪培拉国立大学的约翰·鲍尔斯（John Powers，他编写过《藏传佛教入门》的教科书），密歇根大学的盖·纽兰（Guy Newland），研究中观的伊丽莎白·纳帕（Elizabeth Napper），研究《西藏生死书》的布莱恩·奎瓦斯（Bryan Cuevas），研究在西藏的天主教传教士的特伦特·蓬伦（Trent Pomplun）等，还有一些是霍普金斯的再传弟子，如雅各布·道尔顿（Jacob Dalton），他是美国研究敦煌藏文文献的新星，此外还有耶鲁大学的安德鲁·奎特曼（Andrew Quintman）等。瑟曼的弟子相对来说少一些，主要的弟子包括研究拉卜楞寺的保尔·奈特普斯基（Paul Nietupski），前面提到过的芝加哥大学的魏德迈，以及研究胜乐本续的大卫·格雷（David Gray），研究宁玛派大圆满法的约翰·W. 皮提特（John W. Pettit）等。上面提到的这批人就是目前美国本土藏学的主流人物，他们基本上都是从研究藏传佛教之教法和仪轨入手，逐步进入美国规范的宗教学研究领域，目前这些学者在国际上的影响越来越大。如果以严格的语文学角度来衡量的话，美国本土的藏学研究与欧洲、日本的印藏佛教研究尚有较远的一段距离，但美国本土藏学的优秀成果往往兼容语文学的严谨与哲学的智慧，将朴学与理学更好地结合在一起，具有强烈的时代感与现实价值。因此，今天我们绝对不能小看美国本土藏学。

二 "香格里拉"的建构和解构

西方的西藏热从 20 世纪六七十年代开始一直持续至今，而 90 年代无疑是一个高峰。人们不断地将西藏和藏传佛教神话化，将西藏和藏传佛教抬高到了一个无以复加的地步。我在 20 世纪 90 年代初去德国留学，攻读藏学博士学位。记得当时德国人初次遇见我时一般先会问我是中国人还是日本人，接着就会和我大谈一通西藏。在 20 世纪 90 年代初的德国，人们对西藏的热爱和激情都特别强烈，甚至超过了我这个藏学博士生对西藏的热情。但我慢慢发现这种激情其实与西藏本身无关。不少西方人对西藏和藏传佛教的热爱，往往是建立在他们对西藏的误解和想象的基础上的。比如在西方非常流行一部被称为《西藏生死书》的书，这本书在西藏本土并不那么有名，可很多次我去德国朋友家中做客，当他们向我炫耀他们家中收藏的一本与西藏有关的书时，结果十有八九都是这本《西藏生死书》。现在常听有人争论在西方最流行的来自东方的圣典到底是哪一部？有人说是《论语》，有人说是《道德经》或者《易经》，可是这几本书与《西藏生死书》在西方的流行程度相比，恐怕都是小巫见大巫。但是，这本《西藏生死书》对于大部分西藏人来说却是闻所未闻，藏传佛教徒只知道宁玛派所传的《中阴闻解脱》。即使在专业的藏学学者看来，《中阴闻解脱》也并不是一部像宗喀巴大师的《菩提道次第广论》一样可以全面代表藏传佛教的经典之作。再如，有一年在法兰克福举办了一个西藏电影节，主要播放一些涉及西藏的老电影，我专程从波恩赶去参加。我本以为这是一个小众的活动，没想到竟然场场爆满，让我十分惊讶。刚到德国时，我并不能理解西方人何以对西藏如此的狂热，直到几年之后，我逐渐意识到，西方人对西藏的这种热爱其实并非对一个真实的西藏和西藏文化的热爱，而不过是将西藏视为后现代的一个乌托邦，把西藏当作他们心中的一个理想世界来热爱。因此，西方人对西藏的热爱是西方人对自身的一种理想的热爱，并非对现实的西藏抱有切实的兴趣。

可是物极必反，任何事情到达极致了，就一定会开始走向它的反面。也就是在20世纪90年代，西方学界逐渐有人开始意识到神话化西藏这个现象的严重性了，有人开始利用萨义德的东方主义理论，对东方主义影响下的神话化西藏的潮流进行批判和清算。1996年，我在读的波恩大学中亚系的两位至今还没有毕业的博士生同学蒂埃里·多丁（Thierry Dodin）和海因茨·拉尔瑟（Heinz Raether）先生组织了一场题为"神话西藏"（Mythos Tibet）的国际性学术讨论会，对世界性的神话化西藏的思潮进行了讨论和批判。其中的参会代表就包括霍普金斯、瑟曼和洛佩兹等人，我也是在这一次会议上第一次亲眼见到了这三位美国本土藏学界的大神。那时使我感到十分惊讶的是，一大批原本为西藏和藏传佛教大唱赞歌的著名藏学学者们却开始批判起西藏和藏传佛教来。霍普金斯教授就在他的报告中指出，西藏和藏传佛教历史上也存在过暴力，宗教派别之间的冲突和战争在藏传佛教史上并不罕见。洛佩兹则十分引人入胜地探讨了20世纪50年代一位名叫塞诺思·霍斯金的爱尔兰人如何自称是藏人喇嘛的转世，先后写作了三篇关于西藏和他本人传奇经历的小说，这三部离奇的小说又是如何在西方引起一股"西藏热"的。按照他的叙述，这三篇小说的作者完全是一位爱尔兰的乡下人，对西藏几乎一无所知，可是正是这三篇小说，却对当代西方人的西藏观的塑造起了无与伦比的作用。同样也在这次会议上，有几位西方藏学家报告了历史上西方人是如何看待西藏的，他们的研究成果表明，历史上西方人绝大部分对西藏的印象都带有妖魔化的色彩。当时会议上种种有关想象西藏的热烈讨论对我的启发非常大，我也是在那时才豁然开朗，最终明白了为什么西方人对西藏会那样痴迷、狂热。此后不久，《香格里拉的囚徒》就问世了。

《香格里拉的囚徒》一书出版后，立刻引起了激烈的反响，尽管好评如潮，但同时也出现了很多批评的声音。很多热爱西藏和藏传佛教的人站出来激烈地批判这一著作，愤怒地指责洛佩兹责备受害者。洛佩兹当时曾戏言，他以为这本书出版后中国政府会来找他的麻烦，没想到倒是很多西方支持西藏的人来找他的麻烦了。《香格里拉的囚徒》一书共有七章，第一章讨论喇嘛教这一名称的由来，指出历史上的喇嘛教在汉地或西方都不被普遍视为佛教的正宗；接下来的第二章专门介绍了《西藏生死书》的流传与对该书的种种翻译和解释，指出其中对藏传佛教的种种挪用和歪曲；第三章讨论前文提到的关于爱尔兰人写作的三篇小说如何影响了西方人的西藏观的问题；第四章谈西方对六字真言的理解和吸收；第五章谈唐卡艺术；第六章谈美国藏传佛教研究领域的发展史。通过上述各章，洛佩兹还原了西方人构建"香格里拉"的历程，于是在名为"囚牢"（Prison）的最后一章中，他提出了他写作这本书的一个最基本的观点：长期以来，西方人对西藏和藏传佛教的理解与西藏的实际情况相隔得很远，西方人接受和理解藏传佛教的历史实际上是西方人自己的社会史、文化史的一个组成部分，它是西方人自己的一部心灵史。无论是妖魔化还是神话化西藏，西方人对"香格里拉"的建构都是从西方人自己的关注和需要出发的，与东方的实际情况并无直接的关联。西方人的西藏观是建立在想象的基础上的，他们对西藏的认识显然也是错误百出的。例如，西方人对达赖喇嘛和活佛转世制度的看法就是不断变化的，20 世纪 70年代以前基本上是负面的，往往将其视为一个政治骗局，可是如今西方人对西藏和活佛转世制度的看法发生了巨大的变化。

显然，洛佩兹对当时流行世界的"香格里拉"神话提出了振聋发聩、发人深省的质疑和批判，他认为西方人构建出了一个后现代的乌托邦和精神家园，随后将全部的热情投入这个精神家园的建设之中。因此，那些号称热爱西藏和藏传佛教、积极支持"西藏事业"的西方人，事实上已经沦为"香格里拉"的囚徒了。西方人和达赖喇嘛等一起构建起了一整套在世界思想界和舆论界被普遍接受的"西藏话语"，即将西藏视为和平非暴力、环保绿色的标本，将西藏人称为一个精神的民族，西藏人追求的是宗教的解脱，而不是世俗的利益，西藏是一个男女平等的公平社会等，总而言之，西藏就是一个"香格里拉"，是一个后现代的乌托邦。然而，这样的一个理想社会不但不是现实西藏的真实面目，也难以成为西藏未来发展的蓝图。而热爱和支持西藏的西方人却把这个虚幻的"香格里拉"当成了西藏，把他们的热情和理想都投注到了一个海市蜃楼般的梦幻泡影之中，这岂不是一件让人觉得有点可笑和难堪的事情。

西方人构建的这套"西藏话语"具有无比强大的渗透力，在它的影响下，世人很难可以摆脱成为"香格里拉的囚徒"的宿命。像世上所有流行的"话语"一样，"西藏话语"具有无比强大的影响力，它完全左右了世人对西藏和藏传佛教的理解。洛佩兹这部《香格里拉的囚徒》的出版就是想让世人从梦中惊醒，让他们明白，当他们自以为是在为一个伟大的"西藏事业"而奋斗的时候，实际上他们不过是在为一个虚无缥缈的理想、一个后现代的乌托邦而奋斗。洛佩兹希望他们能够跳出他们自己为自己设置的这个囚牢，从今往后当他们要投身到"自由西藏"的运动中时，应当首先问问自己："我们依然还是香格里拉的囚徒吗？"应该问问自己："我们是真心在关心西藏？还是只是热爱和关心我们心中的那个香格里拉？"

《香格里拉的囚徒》一书虽然只是一本学术专著，但它的影响力却超越了学术范畴。它不光是在藏学界、佛教学界，或后殖民主义文化批评领域，而且在整个知识界、文化界都具有重大的影响。虽然在它出版之后，很快受到了不少人的批评和责难，但我觉得此书的主调无疑值得肯定和赞赏，因为它明确指出了西方人普遍认可的西藏观念实际上是建立在他们对西藏和藏传佛教的简单的想象和构建之上的，这样的见解对于探讨现实的西藏问题具有重要的启发意义和参考价值。一个很迫切地摆在我们面前的问题是：如果香格里拉的神话破灭了，那么，还会有那么多西方人会关注西藏吗？他们还会继续对西藏有如此浓厚的兴趣吗？

三　"香格里拉神话"与东方主义和文化帝国主义

洛佩兹夫人 Masuzawa（增泽）教授曾经一针见血地指出，詹姆斯·希尔顿（James Hilton）的小说《消失的地平线》（Lost Horizon）中对"香格里拉神话"的构建反映的是西方人意识深处的帝国主义和殖民主义梦想。西方帝国主义的形式是多样的，既有直接的军事征服和政治上、经济上的压迫与掠夺，也有通过对东西方形象的比照来实现他们对东方进行文化帝国主义的渗透。对东方进行与西方截然不同的形象制造，将西藏塑造为一个"和平、绿色、男女平等、精神、道德"的标杆，并要求西藏按照这样的标签、这样的形象塑造来发展，这实际上就是西方将其文化帝国主义强加给西藏的一个标志性特征。塑造了香格里拉形象的小说《消失的地平线》本质上是一部文化帝国主义的典型著作。所以，只有打破香格里拉的神话，我们才能真正与西方就现实的西藏的进步和发展进行建设性的对话，倘若香格里拉的神话不被揭穿，现实的西藏将始终被掩盖和抹杀。

洛佩兹的《香格里拉的囚徒》一书的出版无论在国际学术界，还是在弥漫着西藏热的整个国际社会，无疑都像是刮过了一阵旋风。赞赏也好，批评也罢，从此人们大概都无法不记得香格里拉和"香格里拉的囚徒"这两个概念了。既然香格里拉的神话已被洛佩兹先生揭穿了，那从此我们应该回归和关心现实的西藏了。岁月荏苒，一转眼竟然就已经20年过去了。回望这过去的20年，我们不难发现关于香格里拉和"香格里拉的囚徒"的讨论似乎一直就没有停止过，十多年前我曾天真地以为从此我们就将和"香格里拉"说拜拜了，可是今天我们却很绝望地发现西方人从来没有从香格里拉这个囚牢中突围而出，《香格里拉的囚徒》一书带来的实际影响原来是十分有限的。眼下流行的西方人关于西藏的主流话语、关于香格里拉的建构和想象，与20年前相比较，看起来几乎是没有什么变化的。如果说它们之间或有所不同的话，那么我觉得在20世纪90年代，西方人对西藏的关注更多表现为一种自下而上的群众运动，或者说是一种基于民间的社会文化运动，而现在似乎西藏成为一种更受上层关注的政治议题，比较而言好像眼下的西方大国政府比以前更经常把西藏作为一个政治和外交议题，相反西方民间社会对藏传佛教的热度似乎反而没有以前那么高了。但总体说来，西方社会对西藏和藏传佛教的态度和认知，与以前相比都没有特别明显的改变。不要说民间的西藏形象在这20年间并没有发生根本性的改变，事实上即使是美国学术界今天对西藏和藏传佛教的研究，从方法到成果，也依然还有一批人继续延续着在"新时代运动"背景下产生的美国本土藏学奠基者们设定的学术传统。甚至，若我们回过头来看看洛佩兹本人的学术研究，他每年出版好几本书，其中最为突出的成就当然是他对东方主义影响下的西方西藏形象和西藏研究的批判，然而，他自己的西藏和藏传佛教研究或许也可以是被别人批判的对象。他的藏传佛教研究与他的老师霍普金斯的研究实际上没有本质的差别。特别是洛佩兹对根敦群培的研究，基本上又是一个造神运动。他所著作的《疯子的中道》一书，塑造了一个于佛教思想史上具有革命性意义的现代知识分子根敦群培，这与历史上真实的根敦群培只怕还有不少的距离。洛佩兹习惯于批判他的学术前辈，批判西方藏学先驱、泰斗如乔玛、图齐等人为法西斯分子、殖民主义者等，但是从洛佩兹的研究看，他的学术关注与现实中的西藏渐行渐远，他真正的关注点并不是西藏，而是西方。谁敢说洛佩兹身上真的就没有东方主义的气息了？恐怕未必。

　　值得指出的是，《香格里拉的囚徒》并不是无懈可击的，以往有些学者对它的批判十分准确和深刻，也值得我们借鉴。我觉得《香格里拉的囚徒》犯了一个在东方主义理论指导下所进行的后殖民主义文化批判通常会犯的一个毛病，即在解构东方主义影响下西方人对东方的建构的同时，也把东方本身一起给解构掉了。所以，瑟曼先生在情绪化地批评《香格里拉的囚徒们》时就曾这样说过，读了洛佩兹的这本书之后，还有谁会对西藏和藏传佛教产生和保持原有的热爱呢？《香格里拉的囚徒》本来是在批判西方人对西藏和藏传佛教的建构，然而我们读着读着就觉得它是在批判西藏和藏传佛教本身了。问题明明是因为西方将西藏建构成为"香格里拉"而造成的，但读《香格里拉的囚徒》时经常会让人觉得好像反倒是藏传佛教本身出了问题了。所以，瑟曼指责洛佩兹是在责备受害者，在将西方对藏传佛教进行想象和建构的责任归于藏人和藏传佛教本身。还有学者认为洛佩兹夸大了东方主义的影响，指出他以封闭的眼光将西藏固化为一种一成不变的实体。《香格里拉的囚徒》虽然指出了"拜倒在喇嘛脚下的"藏学家们的种种问题，解构了东方主义影响下的美国藏学和藏传佛教研究，却没有为读者和学界提供一种认识、理解西藏和藏传佛教的新眼光、新方法，没有提供东方主义之外的一种可取的、靠谱的学术道路。

四　内部的东方主义与香格里拉神话

　　放眼当下，我觉得"香格里拉的囚徒"反而越来越多了。香格里拉的囚徒已经不仅仅只在西方，在汉地、在西藏，香格里拉的神话越来越深入人心，香格里拉的囚徒们也就变得越来越多了。20 世纪 90 年代时，一位名叫路易莎·谢恩（Louisa Schein）的美国人类学家曾经写过一篇很有意思的文章，题为《中国的性别和内部的东方主义》（Gender and Internal Orientalism in China)，谈的是 80 年代作者在云南、贵州进行田野调查时发现汉族在看待少数民族及其文化时普遍存在一种被她称为"内部的东方主义"的倾向。与西方人看东方类似，一部分汉族知识分子往往也倾向于寻找和表述少数民族的异域情调，并在此基础上对少数民族及其文化赋予特定的标签，比如对少数民族"能歌善舞"认知的形成，等等。汉人去民族地区采风时，总是希望少数民族穿上自己民族的服装，跳起自己民族的舞蹈，把他们的异域情调充分地表现出来。可是，即使在 20 世纪 80 年代，少数民族中有很多人在生活方式上与汉族实际上已经没有特别明显的差别了，所谓异域情调很多是那些汉族文人们想象和构建出来的。80 年代开始，汉族文人的"内部的东方主义"倾向在云南等西南民族地区表现得较为明显，这种倾向目前在西藏也非常盛行，而且愈演愈烈。

我曾经写文章谈到，想象西藏是一个几百年来一直都在持续进行的文化工程，尽管如今我们坐火车、飞机前往西藏已经很方便了，但我们对西藏的想象却一直没有停止。很多人到西藏后看到的依然不是一个真实的西藏，而是自己想象的那个西藏，去西藏不过是为了验证自己对西藏的种种想象。在中国古代历史上，汉族对西藏的想象非常明显和富有特色。我过去研究过元代藏传佛教和喇嘛们在汉文文献中的形象，发现元代汉人明显地将藏传佛教色情化、巫化、野蛮化，这样一种趋势在中国古代历史上持续了很长一段时间。然而最近几十年来，巫化西藏的趋势完全改变了，藏传佛教被神话化，汉人对西藏的想象走向了另一极端。

眼下有这样一种说法，说如今北京朝阳区有 10 万位，甚至 30 万位仁波切。这个说法显然非常夸张，有点危言耸听，但说北京有不少仁波切，或者北京有大量藏传佛教的信徒或者粉丝，则肯定是事实，藏传佛教于汉地被严重神秘化和神话化也是一个基本的事实。在明代永乐年间，皇帝很相信藏传佛教，允许喇嘛在北京长住，据说当时居住在北京的喇嘛共有 2000 多人，引起了言臣们的激烈批评。而眼下在北京居住的喇嘛们应该至少超过这个数，他们在北京受到的礼遇和追捧也是前所未有的。20 世纪六七十年代从北美开始的西方人对藏传佛教的神话化和痴迷程度，跟当下大陆的情况相比，实在是小巫见大巫了。我觉得"香格里拉"的热度眼下在中国已经远远超过了它在西方的热度。我们看到，当代各界都有不少明星据称都成了藏传佛教的信徒，不少企业家、有钱人，互相之间都喜欢自称为某活佛门下的师兄弟。而六世达赖喇嘛则被捧为空前绝后的情圣，他的情歌被篡改、演绎成为让世人迷醉的情感鸡汤。几年前，我曾写过文章呼吁大家要破除对六世达赖喇嘛和他的情歌的盲目崇拜，还他们的本来面目。可是，我的声音实在是太微弱了，我说玛吉阿米其实不过是一个被捏造出来的情人，并非历史上真正有过的人物，但是世人对玛吉阿米的故事依然津津乐道，并大多信以为真。我说市面上流行的很多六世达赖喇嘛的情歌事实上并非都出自六世达赖喇嘛之手，但六世达赖喇嘛情歌的各种各样的新译、新版还是一本接着一本出版，世人也依然读得如痴如醉，柔情满怀。

值得指出的是，当代中国大众传媒对西藏的宣传和想象，特别是对藏传佛教的宣传，显然受到了东方主义影响下的西方"西藏话语"的深刻影响，有些甚至是全部照搬的。西方盛行的这套"西藏话语"很大程度上已经在中国被很普遍地内化了。尽管，一方面我们很激烈地批判西方对西藏的种种想象和偏见，另一方面我们却深受其影响，自觉不自觉地把西方的这套话语照搬过来。比如，为了旅游宣传和其他经济和商业利益等，早在20世纪90年代就将云南的中甸更名为香格里拉了。甚至在对西藏未来发展之蓝图的设计中，我们也能看得见"香格里拉"的影子。好像是2017年，曾在微信上看到一条消息，说国家将把整个青藏高原建设成为一个国家级的自然保护区了，要把整个青藏高原转化为"香格里拉"了。再如前不久流行的一部电影，名为《冈仁波齐》，曾经产生了不小的议论和影响。很快这部电影受到了现在就读于哥伦比亚大学的一位海外藏族博士生的批判，认为其中的东方主义气氛过于浓厚了。1997年，好莱坞拍了两部与西藏有关的电影，一部叫Kundun，展示的是十四世达赖喇嘛年轻时的生活经历，另一部叫《在藏七年》（Seven years in Tibet），讲的是纳粹分子、奥地利登山运动员Heinrich Harrer二战期间在西藏7年生活的故事。这两部电影都是非常典型的西方的东方主义的作品，其中的情节设计和语言凸显出东方主义影响下的西方的西藏话语和西藏形象。当时我坐在电影院里看这两部电影时，基本上是听了前一句，就能想象到后一句应该怎么说。而眼下我们看国内出版的有关西藏的影视或者文学作品，我同样也会产生这种感觉了，"内部的东方主义"已经无处不在了。不可否认，国人眼下对于西藏和藏传佛教的认识和宣传，在不知不觉中已经深刻地受到了"香格里拉"神话的影响。

五　东方主义的内化与香格里拉神话

最后，我们来看看藏族同胞们现今自己又是如何看待西藏，如何看待藏传佛教的。需要说明的是，对此我并没有做过深入细致的调查研究，所以，没有太多的发言权。而且，我也明白，我不应该，也没有资格代替他们发声，我非常期待很快有藏族学者们自己来研究和讨论这个问题。在此我只想谈一点我自己经历和观察所得到的经验和体会。我第一次去西藏游学是在 1988年，就我当时接触到的西藏学术同行、前辈而言，我感觉到 1988 年的西藏同当时的内地一样，很多人都对自己民族的传统文化持明显的批判态度，都在谈应该怎样破除传统文化的负面影响，以促进本民族之政治、经济、文化和科技的发展。当时有一部名叫《河殇》的纪录片非常流行，当时大家的一个普遍的焦虑是，百余年来中国落后挨打，而导致我们落后、不发达的一个最重要的原因就是中国传统文化的包袱、负担太沉重了，只有丢掉传统文化这个沉重的负担，中国才能走上繁荣富强的道路。所以，"中国文化到了该终结的时候了"，只有抛弃"黄色文明"，拥抱"蔚蓝色的大海"，我们这个民族才能得到新的活力。这个思潮在 20 世纪 80 年代中后期非常活跃和流行，后来受到了批判。我首次去西藏时，发现很多藏族知识分子同样有与汉族知识分子类似的焦虑和想法。虽然，藏族的传统文化已经在"文革"时期遭受了十分严重的破坏，但一些藏族的知识精英们也依然会将西藏落后的原因归结为藏族传统文化的束缚，认为藏族对藏传佛教的信仰是西藏人民积极发展社会、经济和科技，实现四个现代化的巨大障碍。

与 20 世纪 80 年代的情况截然不同，也与当下内地汉族知识分子的情况类似，现今一批藏族知识分子对本民族的传统文化的态度同样发生了 180 度的大转变。与世界其他地区一样，西藏也卷入了全球化的洪流之中，随着经济的迅速发展和社会面貌的巨大改变，藏族同胞开始越来越关心、热爱和保护自己的传统民族文化。因为全球化的影响力实在太强，对于相对弱小的民族和文化传统而言，它们所面临的冲击十分巨大。今天，即便像汉族文化这样拥有超大人口数目的文化实体也遭受到了很大的挑战。所以，今天不断有人呼吁和鼓励要复兴"国学"，传承传统文化。对于藏族文化而言，受到全球化的冲击和影响显然也非常猛烈。在全球化这一大背景下，各民族都在强化自己的民族和文化认同，对自己的民族和文化传统的感情越来越强烈，这是一个完全可以理解的现象。1996 年，我曾在德国听过一位著名的海外藏胞作家的演讲，他很激烈地批判全球化，说 20 年以后，世界不同地区和民族之间的区别也许就是有些人喜欢喝可口可乐，有些人喜欢喝百事可乐这样的区别了。当时我听了觉得十分形象，但没想到这样的预言真的会成为现实。可见，全球化给每个民族、每个人的影响都是巨大的，如果藏族不关心自己民族文化的延续和发展，那么民族文化将会消亡的危险是十分巨大的。这个时候，如何构建自身的民族文化认同也就自然成为一件迫在眉睫的事情了。

但是，在设计和定位自身的民族文化的过程中，我们往往都会犯同一个错误，就是为了确立自己独特的民族身份和文化认同而刻意建构和创造自己的民族文化传统。研究近现代民族国家及其文化历史的历史学家们常常用到的一个概念是"Invention of tradition"，即"传统的创造"，我们研究各民族、国家和地区的历史时，常常发现不少被认为自古以来就有的伟大传统，实际上并不是古已有之的，其中有不少就是在近现代确立民族、国家认同时被人为地建构和创造出来的。为了显示自我的独特性（uniqueness），显示自己的与众不同，我们构建和创造了太多各种各样的传统。放眼当下中国，大部分的地区或者族群，出于各种各样的原因，都或多或少地在进行对自己的过去和传统的建构和创造，打造出自己与众不同的特色。比如，宁波跟绍兴当然是不一样的，绍兴又一定跟苏州不一样，苏州也不能跟上海一样，等等。为了建构自己与众不同的特色，不知道有多少这样或那样的传统被人为地创造了出来。

同样，不管是作为一个整体的西藏和藏族，还是西藏和藏区不同的地域和不同的宗教派别，他们也都在积极地寻找和发现自己所在的这个地区之自然环境、族群和宗教传统的与众不同的特色，以建构起自己独特的传统和认同。但有一个不可忽略的现象是，在界定和建构西藏的民族和文化认同时，不难看出有一种有意或无意的"自我香格里拉化"的倾向。很多时候甚至直接把西方建构的"香格里拉"理想照搬过来了，很乐意按照这种理想化了西藏形象而自我东方化。有人甚至认为，西方构建的"香格里拉"就是真实的西藏，甚至真实的西藏比"香格里拉"更好，所以完全按照"香格里拉"这一套东西来构建自己的文化和民族认同。尽管洛佩兹 20 年前就批判过香格里拉，可是这套东西早已深入人心。如果今天我们发现，西藏人和世界上所有人一样，并不只追求精神的自由和解脱，西藏人也要喝啤酒、吃肉，那么，这就不符合香格里拉的设想了，于是西藏人就会失去他们的民族文化的优越性了。因此，在构建藏族文化认同时，自觉或不自觉地自我东方化是一种可以理解的现象。过去，藏族学者们对于他们的民族宗教文化的态度相对开明和宽容，很多宗教问题都是可以进行讨论和批评的，现在好像变得没那么开明和宽容了，经常有中西方的藏学家们被藏族同胞批判为根本不懂西藏和西藏宗教文化。可是，需要思考的是，西藏的文化传统是否只有西藏人自己才能理解？作为身处西藏之外，但长期研究西藏的专业学者来说，是否仅仅因为他们不是西藏人的身份就丧失了理解西藏和藏传佛教的可能呢？

前段时间读到前国际藏学研究会主席、美国哈佛大学教授珍妮特·亚当特肖（Janet Gyatsho）先生的一个报告，她对这种被她称为"文化主义"（Culturalism）的现象提出了批评，她说佛教本身是从印度和汉地传入西藏的，世界文明也有许多共性，为什么外人就一定不懂西藏和藏传佛教了呢？像她这样学习研究藏文文献和藏传佛教达 40 余年之久的美国藏学家，应该也对藏传佛教和西藏文化有一定的发言权吧？说外人一定不懂西藏，有时是在构建自己民族文化传统之身份认同时的一种不理智的排斥行为。洛佩兹先生曾经提过一个观点，说塑造香格里拉神话，很多时候不一定有利于西藏和藏传佛教文化的发展，有时反而是很不利的，因为话语霸权的力量常常过于强大，被话语霸权长期压制就会产生负面的效果。比如，将藏传佛教塑造为心灵鸡汤，一时可能会吸引很多人，实际上大多数所谓"关心"藏传佛教的发烧友们，关心的无非就是加持、神通之类的东西，但在这过程中，广大的藏传佛教传统本身却很容易就被忽视了。对"香格里拉"的迷恋可能改变和损害藏传佛教的传统，使西藏和藏传佛教失去其本来的面目。

总而言之，香格里拉从来就不是一个西藏人的乐园，而是一个帝国主义、殖民主义的乐园。在《消失的地平线》中，香格里拉的统治者是天主教徒，香格里拉的居民大部分也不是藏族同胞，藏族同胞更多是住在"蓝月谷"的山脚下替西方人服务的下层老百姓。而且，传说中的香格里拉遍地是黄金，所以香格里拉的居民不需要从事任何物质生产，就能享受荣华富贵和高尚的精神生活。显然，现实的西藏永远不可能成为西方人想象中的那个"香格里拉"，我们不应该把"香格里拉"这个后现代的乌托邦内化为我们对现实西藏的理想，相反，在确立西藏之传统和身份认同时，在为现实西藏的发展设计宏伟蓝图时，我们应该彻底地去除香格里拉的幻影。

在讲座结束后的互动环节，不少师生就如何走出香格里拉的迷雾与沈卫荣教授进行了深入的互动。

问：对于西方而言，与西方异质的文明有很多，为什么最终西方热衷于将西藏塑造为"香格里拉"，是不是西藏文明自身具有某些特质符合西方的期待？

答：西方人对西藏的认识并不是一成不变的，西方人对西藏的早期认识基本上是妖魔化的，只是到了近代，西藏的形象才开始发生了根本性的改变。当然，西藏的地理和人文都确实有它的特殊性。西藏的地理环境被视为"第三极"，对于一般人而言难以到达，这使其具有神秘性。另外，西藏的文化与世界上任何其他文化相比也都有一些特别之处，当受到现代性困扰的西方人发现西藏和藏传佛教的与众不同时，他们通过神话化西藏和藏传佛教的方式来满足自己的期待，所以选择西藏作为香格里拉的原型。

问：既然人人都可能是"香格里拉的囚徒"，那么怎样才能更加深入地了解西藏呢？

答：对于一个研究者来说，首先应当从藏语文学习开始，逐步进入文本的研究，打好语文学基础。藏学研究必须回到西藏，回到藏传佛教和西藏文化本身，而不是在某种主义或者思想影响下来对西藏和藏传佛教进行一种新的建构。不过，正像洛佩兹受到的批评一样，解构香格里拉并非难事，但如何建立起一种新的学术路径以正确地认识西藏文明却并不简单。至少，我们能够意识到香格里拉的迷雾对我们认识西藏造成障碍这就已经迈出了重要的一步。我认为了解西藏、研究藏传佛教应当回归学术的层面，从事藏学研究不是为了在意识形态指导下建构某种理解，而是要把西藏和藏传佛教丰富多彩的面貌介绍给公众。

问：历史上，除了他者对我者的想象之外，也有我者对自身的想象。比如，您在《想象西藏》一书中提到藏传佛教中关于桑耶僧诤的记载就存在基于宗教需要而建构历史的嫌疑。在此前提下，西藏的自我想象是否也影响到了他者对西藏的了解？

答：这是显而易见的。西藏的历史书写基本上受佛教史观的掌控，在11世纪以后出现的西藏历史书写中，我们很难找到完全世俗而未受佛教影响的内容。可见，西藏的"历史"并不是绝对的一手史料，而是系统化、佛教化的历史书写，它们并非历史事实本身。因受佛教世界观的影响，西藏的历史书写基本上遵循由腐败、堕落到改革的循环模式。按照佛教的世界观，世界总是每况愈下逐渐变坏的，当世界糟糕到一定程度就需要有人来拯救。具体来说，就是由释迦牟尼到龙树菩萨，由龙树菩萨到莲花生再到阿底峡、宗喀巴依次降世拯救人间的过程。可历史事实真的就如佛教史家所建构的那样吗？历史上的宗喀巴真的就是我们今天所认为的那样是注重维持佛教戒律的宗教改革家吗？答案是否定的。包括对和尚摩诃衍形象的塑造，也是基于藏传佛教自身发展的需要。11 世纪以后，藏传佛教认为西藏已成为佛教的"中国"，印度的佛教已经消亡，汉地的禅宗不是佛教的正统，在这种情况下，藏传佛教基于排斥其他佛教派别的心理，对桑耶僧诤的历史进行改写也就顺理成章了。显然，无论是历史上，还是现实中，自我想象都是客观存在的，它也对外人认识和理解西藏和藏传佛教有很大的影响，自我想象和他者想象相辅相成。

问：在藏族心中，香巴拉是一个重要概念。香巴拉与香格里拉之间是一种怎样的关系？有人认为，香格里拉一词的来源可能跟彝语或其他语言有关，您怎样看香格里拉一词的来源？此外，除了藏族在全球化潮流中存在回归传统的趋向，汉族或其他民族也同样有类似的情况，比如穿汉服、举办汉字书写大赛。由此可知，各民族文化认同的塑造与自我东方化趋向的种种表象背后展现出了一种共性。

答：香格里拉一词跟藏语或其他语言应该完全没有关系，这一概念也与香巴拉无关，而是詹姆斯·希尔顿凭空创造出来的一个词语。我觉得香格里拉的流行，对香巴拉的信仰是有负面影响的。如果我们神往香格里拉，生活在香格里拉的阴影下，那么我们很容易就会忘记香巴拉。至于你提到汉人对传统文化的重塑，我完全同意你的说法，它与对西藏的香格里拉式的重塑异曲同工。我认为出现这样一种带有共性的现象是可以理解的，但是我们必须防止民族主义倾向绑架我们对优秀传统文化的维持。我在中国人民大学国学院工作时一直强调，国学绝对不只是"四书五经"，国学不只是汉文化，藏学、蒙古学和西域研究等也都是国学研究的一部分。把国学变成"四书五经"，这就有点大汉族主义了，它是非常有害的。汉族跟当下世界上其他族群一样，在强调自己文化优越性时往往也会掺杂着一点民族主义的情绪。一味展示自身文化优越性而不客观地评价和批评自己传统文化中的糟粕，这并不是对自己优秀传统文化的珍视，而是民族主义思潮在作祟。在全球化影响下，各民族强化文化认同、弘扬民族文化的行为本身并不是坏事，但在弘扬自己传统文化的过程中掺杂过多民族主义的成分就有可能掩盖或压制其他优秀文化的价值。比如，近年来比较流行谈中华文化的传播与输出，然而经常人们在谈"中华文化"时，实际上说的就是汉文化，这是不正确的。既然要传播中华文化，为什么不对西藏文化、蒙古文化等同样给予应有的关注呢？所以，我们不仅要警惕自己成为"香格里拉的囚徒"，同样也要警惕自己成为"炎黄子孙的囚徒"。

问：在讨论有关"想象西藏"的议题时，是否还需要对学界和一般大众进行区分？单就学术研究而言，中西方研究存在很大的差异，西方学者可能更重视理论建构，中国学者则更重视实证，关注实证的中国藏学界似乎没有太强的香格里拉情结。沈教授您近年来在很多场合呼吁回归语文学，我想这可能是针对学术界的，但对普通大众来说，也许没有太多的必要。

答：首先，不能简单地将中国藏学看作实证的，而将西方藏学看作想象的。西方藏学，特别是早期的藏学，对语文学是极为重视的。"Tibetology"本身就意味着是对西藏的语文学研究，是对西藏的语文和文献、文化的研究，所以，早期西方藏学家大多是从事对藏文文本的实证研究。不过，语文学家对于时代思想或意识形态并不是免疫的，他们从事学术研究也会受到他们所处时代的思想、观念的影响。所以，无论是中国学者还是西方学者，他们从事藏学研究都会受到各自政治观念、意识形态的影响，他们都有自己的视角，受自己的情感与意识倾向的影响。即使像世界最伟大的藏学家、意大利杰出学者图齐先生，他在从事藏学研究时也不可避免地受到了当时的纳粹意识形态的影响，宣传过日本军国主义，而德国早期的藏学家也曾对日耳曼民族的建构和宣传雅利安人的优越性做过特殊的贡献。

至于大众和学界的关系，有时是相辅相成、推波助澜的。我前面讲过，美国藏学传统的形成与美国的新时代运动有很大的关系，而藏学家们也为香格里拉神话的形成做出了巨大的贡献。当然，严肃的藏传佛教研究本来可以起到祛魅的作用，比如，越来越多热衷于藏传佛教的人，倾向于将藏传佛教转化为心灵鸡汤，以为自己不需要经过长期的训练就能修行，取得成就。可是，当藏学家们告诉他们藏传佛教是多么神圣和广大，学习藏文、修习藏传佛教是多么艰辛和精深的一件事时，很多人大概也就不会盲目地将藏传佛教视作心灵鸡汤了。当然，我们不能夸大学界对大众的影响，如前所述，洛佩兹的书问世20年了，"香格里拉的囚徒"也不见减少了。但是，大众的认识也是会变化的，当社会发展到另一个阶段，许多原本非常有热度的东西自然慢慢会被淡化，甚至可能走向另一个极端。比如，中国形象在西方也是不断变化，既有好的时候，也有不好的时候。现在西方人脑海中一切好的东西都在西藏，一切坏的东西都在汉地，这种认识再过一二十年肯定又会改变的。

问：作为一种心灵的慰藉，西方对西藏的想象不能说完全没有价值。对于深受现代性和后现代困扰的当代人来说，通过传统文化解决现代人面临的问题是否也是一种值得参考的做法？

答：如果弘扬国学能使当代人的道德、性情都有所提升，那何乐而不为呢？哪怕这是一种制造出来的传统，也仍是有价值的。不过，作为学者，应该客观和严肃地对待传统文化，至少不能将本来是糟粕的东西说成精华。在20世纪六七十年代，西方人对藏传佛教极度推崇，所造成的影响并不全是正面的。例如，有人将《西藏生死书》改变为食用迷幻药LSD的指南书，认为吃了迷幻药后所见到的场景就是《西藏生死书》中所描写的场景，所以食用迷幻药也可以让人成佛。这显然是很可笑的。我觉得夸大传统文化的价值未必能对我们解决现代人所面临的问题有真正的帮助。当下的"国学热"让小学生们背诵《弟子规》、穿汉服复古等，其实也跟西方人曾经对东方神秘文化的盲目崇拜类似，这是毫无意义的行为。至于发掘传统文化中的优秀成分，用它们来激励自己、陶冶自己的道德情操，则无疑是有益的，哪怕有一点想象的成分也仍值得肯定。

藏区的水电开发与可持续发展治理

周　勇[*]

导　论

青藏高原与南极、北极一起被称为世界的三极，它是"亚洲的水塔"，许多亚洲著名的大河如长江、怒江、澜沧江和雅鲁藏布江、印度河、伊洛瓦底江等都发源于此。这些大河水能资源富集，也是中国和其他亚洲国家竞相开发水电的重点区域。

水电被视为清洁能源，水电开发也能带动经济的发展。水电开发带来的生态环境和移民问题，在20世纪80年代后受到普遍关注。2000年世界水坝委员会（WCD）根据其对全球约125个水坝项目的研究报告指出：过去几十年的大坝修建活动对开发地的生态环境和社区（特别是具有文化特殊性的原住民或部落民群体）的经济社会生活和精神都造成极大的负面影响。[①] 可持续发展理念的提出，要求进一步反思水电开发如何整体平衡经济发展、环境保护和社会公平的目标。

水电开发的规划和项目实施在利用水能的同时也改变了河流的其他功能属性，涉及诸多相关方面既有利益的重新调整。河流是经济的，具有航运、捕鱼、发电等商业价值；河流又是生态的，它是水生动植物的家园和通道，影响整体的环境和生态多样性；河流也是文化的，它与地方社会或世居民族的宗教信仰和生命的意义紧密相连；河流还是社会的或政治的，它涉及自然资源的管理制度以及与其相关的国家政权建设或国家安全。国家、公司、以各种方式组织起来的民间社会以及当地社区（特别是世居民族群体）分别代

---

* 周勇，挪威奥斯陆大学法学院研究员、北欧中国法律研究所所长。

① 世界水坝委员会：《水坝与发展：一个新的决策框架》，Earthscan Publications Ltd.，2000，第110页。

表着水电开发规划和实施活动的不同利益方。如何恰当地调整藏区的水电开发所涉及的经济增长、生物和文化多样性保护，以及维护社会公平和地区安全等复杂的问题，构成对实现可持续发展治理的新挑战。

中国政府近年来就可持续发展提出"转向新的经济增长和消费模式，推进环境保护和生态文明"重要举措①，制订了《中国落实 2030 年可持续发展议程国别方案》，建立由政府、企业和公众等多方利益相关者参与的"环境治理机制"。②

但是，中国水电开发的治理多是基于先前靠近工业化发达的东部地区的情况，具体到目前水电规划和开发活动拓展到最具文化和生态多样性的西南藏彝走廊和青藏高原，如何计算水电开发的经济、社会文化和生态环境的成本与收益？平衡经济增长的能源需求和保护生态和文化多样性资源的底线何在？开发利用跨境河流如何评估上下游、左右岸的国家和地方社区（特别是具有文化特殊性的世居民族）的环境和社会影响并协调相互冲突的利益关系？这些现实问题必须及时深入地讨论。

本项研究设定可持续发展目标的达成，以存在一个使相关利益方彼此能够依据公认的程序规则，诚意而平等地协商相互冲突的利益关系为前提。为此，本文以观察先前和现存的纷争个案所引发的问题为切入点，分析和探究各利益方之间可能达成的某种合作途径。

一 藏区水电开发与可持续发展的新挑战

开发藏区丰富的水电资源是中国 2000 年西部大开发"西电东送"战略的继续，也是降低化石能源消费比例以应对气候变化的既定方针。③ 从 2001

---

① 《中国落实 2030 年可持续发展议程国别方案》（2016），第 49 页。
② 2014 年 3 月 5 日，国务院总理李克强在第十二届全国人民代表大会第二次会议上做的"政府工作报告"。
③ 2009 年 9 月 22 日，胡锦涛在联合国气候变化峰会开幕式上表示中国将进一步把应对气候变化纳入经济社会发展规划，争取到 2020 年非化石能源占一次能源消费比重达到 15% 左右。2017 年 1 月 5 日发布的《能源发展"十三五"规划》正式提出"十三五"时期非化石能源消费比重提高到 15% 以上，天然气消费比重力争达到 10%，煤炭消费比重降低到 58% 以下。这项目标中一半以上是靠发展水电来完成的，http://www.gov.cn/xinwen/2017-01/05/content_5156795.htm#1。

年中央第四次西藏工作座谈会确定将水电作为藏区发展主要能源的战略以来①，2005 年中共中央国务院又指示尽快开发雅鲁藏布江和藏东南的"三江"（金沙江上游、澜沧江上游、怒江上游）流域等水能资源。② 2010 年藏木水电站对雅鲁藏布江的截流，标志着西藏水电大开发的开始。2015 年中央第六次西藏工作座谈会明确要求推进"西电东送"接续能源基地建设，加快开发藏东南水电。2016 年底，国家《能源发展"十三五"规划》提出支持西藏开发清洁能源示范区建设、合理开发雅鲁藏布江中游水电基地、推进实施西藏联网重大工程等重点任务，国家能源局基于这一规划编制《电力发展"十三五"规划》，进一步明确藏东南"西电东送"接续能源基地建设等具体工作。《国家能源局关于加快西藏能源发展的指导意见》就"十三五"期间西藏能源发展的主要目标、政策机制和保障措施以及相关水电开发重点工程予以指导落实。③

　　开发水电资源具有许多积极的成果。④ 就其经济影响方面看，它不仅仅能满足工业化生产的能源需求，其项目的实施还能带来电缆架设、公路交通运输、城市基础设施建设的发展以及水泥、钢铁等建材产业的发展，拉动经济增长。水电开发在帮助消除贫困的社会效益方面也时有报道⑤，一些大型水电公司将"建设一座电站、改善一片环境、造福一方百姓"作为其企业责任和目标。⑥ 在生态环境方面，由于近十年来中国成为世界上最大的二氧化碳排放国，为优化能源结构减少煤炭等化石能源生产和应对气候变化降低碳排放，政府制定的"西电东送"和"藏电外送"等战略获得了履行 2015 年

---

① 《西藏水电开发现状及规划解读》，《中国能源报》2010 年 10 月 12 日。

② 《中共中央、国务院关于进一步做好西藏发展稳定工作的意见》（2005）明确指出，尽快开展雅鲁藏布江和藏东南"三江"流域等水能资源开发规划和前期工作，论证建设"西电东送"接续能源基地。

③ 《国家能源局对十二届全国人大五次会议第 3779 号建议的答复》，索引号：000019705/2017 - 00186，2017 年 6 月 29 日。

④ 2004 年 10 月联合国水电与可持续发展研讨会《水电与可持续发展北京宣言》。

⑤ 例如：杨迪、刘洪明报道《华电"三定培养"助力藏区脱贫攻坚》，《经济参考报》2018 年 11 月 6 日。2018 年 2 月 27 日中国西藏网关于 2012 年华能果多水电站在柴维乡境内开工建设，774 名村民集体搬迁到新的安置点的报道。《西藏："挪穷窝"迁新居 易地扶贫搬迁"照亮"群众致富梦》，http://news. cnr. cn/native/gd/20180227/t20180227_524146158. shtml。

⑥ 中国华电集团公司《水电可持续发展报告》，https://www. unglobalcompact. org/system/attachments/14129/original/_0517. pdf? 1329271008。

《巴黎协定》的理据①。

但是，新近增加的水电装机容量与事实上减少煤炭等化石能源生产的关系非常复杂。一个例证就是在中国西南水电建设的同时因地方工业的需要却又带来新的煤电厂建设。②此外，由于行政管理规划或其他产业建设等问题，新增加的水电和其他新能源产能发生了严重的弃水、弃风、弃光现象③，因此，清洁的可再生的新能源的产能增加并不能简单换算为煤炭等化石能源使用的减少。当前中国的水电开发，要求总结和反思先前的实践，同时面对新的挑战，在法律规范框架整合、生物和文化多样性保护以及预防区域性冲突等方面，致力于可持续发展目标的合作治理的达成。

（一）可持续发展治理规范框架的整合

30 年前"可持续发展"理念的提出是基于对经济增长、生态环境保护和社会公平失衡的反思。④2015 年联合国发展峰会通过的《2030 年可持续发展议程》设定了未来 15 年全球在减贫、健康、教育、环保等 17 个领域的发展目标，将可持续发展理念具体化。⑤2016 年《中国落实 2030 年可持续发展议程国别方案》的发布，提出了实施这一理念的具体举措。

自 20 世纪 80 年代以来，中国也从实践中吸取以往的过于注重经济发展指标的经验教训，先后提出了"科学发展""创新、协调、绿色、开放、共享的发展"等综合社会向度和生态文明向度的发展理念⑥，与可持续发展的理念异曲而同工。具体在水电项目的规划和实施上，近年规划拟建的新坝大多位于中国西部世居民族聚居的自治地方，这些大河流域是最具生物和文化

---

① "藏电外送"主要方向为川渝、华中东四省和广东；主要外送电河流为金沙江上游、澜沧江上游、怒江上游及雅江鲁藏布江干流和主要支流。其方式有两种：一种是接力式，即澜沧江、怒江上游水电开发后送电云南，金沙江上游水电开发后送电四川。另一种是直送式，即通过特高压输电系统直接将藏电送电南方电网、华中四省电网或华东区域电网。见 21 世纪经济报道《四大电力集团进入西藏加快水电开发》，2011 年 1 月 27 日，https://finance. qq. com/a/20110127/000672. htm。

② https://www. chinadialogue. net/article/show/single/en/8093-China-s-shift-from-coal-to-hydro-comes-at-a-heavy-price.

③ 《关于 2017 年前三季度缓解弃水弃风弃光状况的通报》，国能综通新能〔2017〕100 号。

④ 世界环境与发展委员会报告：《我们共同的未来》。

⑤ http://www. un. org/sustainabledevelopment/sustainable-development-goals/.

⑥ 中国共产党十八届五中全会提出"创新、协调、绿色、开放、共享的发展理念"习近平的"协调发展观"，《中国共产党第十八届中央委员会第五次全体会议公报》2015 年 10 月 29 日，新华社，http://cpc. people. com. cn/n/2015/1029/c399243 – 27755578. html。

多样性的地域，由此也引发了政府的环保部门、民间社会以及受影响的移民等利益相关方的强烈关注，并针对具体的河流（如怒江等）开发规划提出异议。这些利益方的广泛参与和关注使"十一五"期间（2006～2010）原先规划的水电开发实施放缓，国务院主管部门搁置了一批水电项目的审批。[①]

即便如此，在此五年间新建大坝的发电装机容量相当于1910年以来中国所有修建的大坝的装机容量的总和。[②] 与此同时，各大水电公司继续布局藏区河流，规划开发雅鲁藏布江和澜沧江上游（华能）、金沙江上游（华电）、怒江上游（大唐）以及帕隆藏布（含易贡藏布、拉月曲）流域和尼洋河流域（国电集团）的水电资源。

"十二五"（2011～2015）期间，中国西南地区发源于青藏高原的几条大河如怒江、澜沧江和雅鲁藏布江流域"积极推进水电开发项目"，恢复了修建一系列备受争议的水电大坝的计划。[③] 在此期间，根据官方规划统计，中国西南地区因新建水电站的移民安置人口预估达到40万[④]，但是实际移民和受影响的人数可能远超这一估算[⑤]。"十三五"期间（2016～2020）规划开发的一些大型水电项目主要位于生物多样性丰富、生态环境脆弱和世居民族聚居的青藏高原和藏彝走廊。具体就藏东南"三江"流域的进展看，2018年金沙江上游苏洼龙、叶巴滩、巴塘水电站已开工建设，计划到2020年开工的还有拉哇、岗托、波罗、昌波水电站。该地的电力依据协议将外送河北。[⑥] 澜沧江上游班达、如美、古学、曲孜卡水电站项目前期工作正加快推进。怒江上游水电规划已经完成河流水电规划报告和流域环评，并开展了同卡、怒江桥、罗拉、俄米、松塔水电站项目前期工作。[⑦] 此外，云南、四川等藏彝走

---

① 据业内人士说，"十一五"期间（2006～2010）水电实际开工量只有原先规划量的20%～30%。见《我国水电市场再现"圈地"潮 "十二五"开工近一亿千瓦》，2010年8月3日，新华网 https://finance.qq.com/a/20100803/002224.htm。

② 国家发改委、水利部和城乡建设部：《水利发展"十二五"规划》，2012。

③ 杨仕省：《搁浅十年未批，开发却一直在进行 怒江水电"复活"背后推手》，《华夏时报》2016年5月6日，http://www.chinatimes.net.cn/article/56553.html。

④ 《水电开发"十二五"规划》，国家能源局，2012。

⑤ 由于没有水电开发计划，少数民族移民安置人数统计不详；少数民族人口的人数在800万～1000万。如果将汉族（最大的民族）包括在内，水电开发移民安置总人数将达到1600万～2500万。参见贾仲益、张海洋编《和在多赢》（中央民族大学出版社，2009）。

⑥ 依据西藏自治区、河北省政府、华能集团：《关于金沙江上游藏川段水电送冀战略合作协议》。

⑦ 西藏自治区发展和改革委员会对自治区十一届人大一次会议第076号（C类9号）建议的答复，2018年8月1日。西藏自治区发展和改革委员会文件藏发改案字（2018）26号。

廊区域的水电开发近年来一直以"跨越式发展"的方式推进，依据水电业内人士的估算，西藏自治区的主要河流将是 2030 年后中国水电大开发的重点。①

可持续发展的目标达成有赖于一个多方合作的治理，这种治理活动依据一套多元的法律框架体系，主要由国际法、国内法和民间法三个层面的规范构成。可持续发展的原则只有在这一彼此竞争或互补的多元互动的规范体系中"制度化"才有可能实现其目标。因此，仅有可持续发展的目标和原则的设定是不够的，可持续发展法律的实施必须整合经济、环境和社会三要素并达到冲突利益关系的平衡。

具体来说，当水电开发作为中国政府实施 2016 年生效的联合国气候变化框架公约下的《巴黎协定》的重要举措时，中国的国内法如何在立规、用规和司规过程中将这一原则和程序规范具体地"制度化"？此外，依据中国批准加入并具有法律约束力的《联合国经济社会文化权利公约》，政府和公司在水电开发规划和项目实施时应当尊重和保障公民个人和民族群体的各项权利，这些权利如何与现有的国内法规范进行整合？

中国宪法在规定公民的基本权利和自由之外，特别就少数民族的语言和风俗习惯做出规范。② 但是就水电开发的现有规范来看，在 60 多份移民安置的规范性文件中，仅有一条相关的原则性规定，即"移民安置方案的编制应尊重少数民族的生产生活方式和风俗习惯"③。它难以满足恰当规范和平衡目前在少数民族聚居的民族自治地方进行的大规模的"跨越式发展"水电开发过程中的利益冲突。④

以木格措湖水电开发的纷争为例。木格措是藏地康区最神圣的湖泊。⑤ 附近的贡嘎山——东喜马拉雅山脉的最高峰（7556 米）——也是该地区最神

---

① 《中国水电开发的未来在世界屋脊》，访谈中国水利水电规划设计总院院长、中国水电工程顾问集团公司总经理晏志勇，http://www.hydro.iwhr.com/gjsdkcxfzyjzx/rdgz/webinfo/2011/09/1314322532727870.htm。

② 《中华人民共和国宪法》第四条规定，"各民族都有使用和发展自己的语言文字的自由，都有保持或者改革自己的风俗习惯的自由"。

③ 2006 年《移民安置条例》第十一条。

④ "跨跃式发展"专门用于描述少数民族地区加快经济发展，以实现经济发展目标。

⑤ 木格措湖，藏语为"Megoe Tso Lake"，英语为"Yeti Lake"。

圣的山峰之一。① 朝圣木格措湖和贡嘎山是藏区民众的传统习俗。对于朝圣的信众，神山和圣湖不仅是礼拜的对象，而且它们是"污染"和"损害"的屏障，对于该地域和人民的生存福祉至关重要。这与 bla（大致可翻译为"灵魂"或"生命力"）的信仰有关，根据这一信仰，个人、家庭甚至整个国家都有 bla。bla 与某一特定的人或地方相关联，就被称为 bla-gnas（bla 的居所）。很多时候，湖泊被认为是承载个人和社区生命、健康的 bla-gnas。对 bla-gnas 的摧毁或伤害会对其个人、家庭、社区或国家带来致命的损害。② 从这个角度来看，木格措水电项目实施的行为对当地藏民信众造成了较大的文化心理和精神伤害，因此在 2003～2004 年发生了数起当地藏民抵制修建大坝的事件，而规划该项目的政府部门和公司对此表示不解。③ 如何弥合决策者、开发公司以及当地社区和世居民族之间对自然环境的文化认知方面的差异，并正当合理地协商解决相关自然资源开发的纷争？

世居民族聚居地方的自然资源开发管理一直是《民族区域自治法》在立法和实施过程中讨论的核心问题之一。《民族区域自治法》提出了解决国家、企业和当地少数民族社区之间的利益冲突的以下几项原则，国家的法律义务包括：（1）照顾民族自治地方的利益；（2）做出有利于民族自治地方经济建设的安排；（3）照顾当地少数民族的生产和生活；（4）在将自然资源出口到自治区以外时，国家应给予一定的补偿。④ 与此同时，《民族区域自治法》规定民族自治地方的自治机关有权对本地区的自然资源"优先合理开发利用"的原则，但同时又限制其权力的行使必须遵循以下的三个条件，即：法律规定；国家的统一规划；可以由本地方开发的自然资源。⑤

世居民族对于其生存的自然环境的精神联系基于其"人与自然相互依存"而不是截然两分的生命意义，是一个普遍存在的文化社会现象，而对其自然资源依据其独特的生活方式的使用又是确保其维系文化认同、享有其

---

① 有关山湖文化意义的更多阅读材料，请参阅 A. W. McDonald 编辑《曼荼罗和景观》，D. K.，新德里，1997；Toni Huber：《达瓜西热朝拜：西藏东南部流行的朝圣和视觉景观》，牛津大学出版社，1999。

② Tsering Tashi：《木格措：西藏圣湖筑坝》，西藏司法中心，2005。

③ 自由亚洲电台、《中国青年报》、《南华早报》对这些冲突事件做了一系列报道。当地人的书面请愿书也经由平旺转交给温家宝总理。

④ 《民族区域自治法》第六十五条。

⑤ 《民族区域自治法》第二十八条。

"风俗习惯"的物质基础。从事水电资源开发的政府和公司需要诚意倾听和理解世居民族的利益表述和需求，进行相关文化多样性调查[①]，整合和完善相关的国际环境法、人权法和国家宪法、民族区域自治法等法律规范框架，使可持续治理的原则在水电开发的规划和项目实施过程中制度化。

事实上，中国制定了很多实施细则或技术指南来指导自治区、自治州及自治县实施《民族区域自治法》和相关资源开发的活动，但在水电开发的实践中如何依法尊重和保护世居民族权利？在存在文化价值和生活意义分歧的情况下依据怎样的协商程序沟通这种间隔并达成协议？当协议无法达成时，依据怎样的规则来平衡相互冲突的利益关系？这些问题仅仅是整合法律规范框架实现可持续发展的目标挑战的一部分。

（二）生物多样性保护与水能开发的平衡

上述木格措湖水电开发的纷争还与生物多样性的保护相联系。木格措是保护国际（Conservation International）组织列为世界生物多样性"热点地区"（Biodiversity Hotspots）之一，这些地区既是生物多样性丰富，又是受到极大威胁的地方，亟须采取保护措施。[②] 如果规划的大坝建成，水库将淹没近 100 公顷的老龄林、杜鹃花树和高原草地。木格措湖因此也成为中国民间环保组织最初介入讨论水电开发规划的早期项目之一。[③]

因此，与中国西南这些大河流经的具有丰富的文化多样性相映成趣的，是这里的生物多样性。依据中国政府和相关国际组织包括保护国际、美国大自然保护协会以及世界自然基金会等商讨和调研的成果认为："中国西南山地热点西起西藏东南部穿过川西地区延伸至云南中部和北部。该热点东与成都盆地接壤，西邻青藏高原，地形崎岖不平，具有独特的生物和文化多样性。地势从海拔几百米的河谷地带陡然攀升到六七千米的山脉顶部，错落生长着谱系完整的植被类型：海拔较低的地方是热带、亚热带常绿阔叶林，再往高处依次是温带落叶阔叶林、阔叶针叶混交林、伴有茂密竹林和杜鹃等下层林木的亚高山针叶林，一直到树木线以上的高山草甸。这一地区的树木线可达到海拔 4600 米的高度，堪称世界之最。夏季月份位于西北部的青藏高原把东

---

① 甘孜州绿色康巴协会："神山、圣湖生物多样性保护本底资源调查项目。"
② 全世界只有 35 处符合其严格的筛选标准，https://www.conservation.org/how/pages/hotspots.aspx。
③ 汪永晨、于晓燕主编《江河十年行》，北京出版社，2010。

南季风挡在了热点地区之内，致使该地区形成多云潮湿的封闭环境，其高山植物之茂盛是别处所罕见的。该地区复杂的地形与有利的湿润条件的独特结合致使其生物多样性极其丰富，拥有大量的特有动植物物种，可能是世界上温带区域植物物种最丰富的地区。"此外，该热点地区的野生动物物种同样非常丰富："该热点地区约占中国地理面积的10%，但却拥有约占全国50%的鸟类和哺乳动物以及30%以上的高等植物。中国87个濒危陆生哺乳动物物种中，本地区拥有36个。"①

2004年，国家环保总局发布了《环境保护行政许可听证暂行办法》，规定对两类建设项目和十类项目规划进行听证。这两类建设项目包括可能造成严重环境影响且因此需要环评报告的大中型建设项目。十类项目规划包括可能对环境造成负面影响以及直接涉及公共利益的能源和水资源部门。

二　迈向藏区水电可持续治理的可能途径

（一）利益相关方的参与和协商机制

藏区的水电开发依其不同的利益和目标诉求主要可以分为四类相关利益方：国家、公司、受开发影响的当地社区（世居民族），以及捍卫生态伦理和表达公民社会利益的非政府组织。简言之，国家有民生改善、经济增长、能源安全、政权建设以及生态环境保护等多重目标；公司以市场为导向，从技术和经济角度筹划投入与产出。

世间没有百利而无一害的水电开发规划。新的项目规划无论其具有多大的"利"，都是从某个或几个利益方的角度的论辩，项目的实施就是对利益现状的改变。规划开发的"利弊权衡"就是重新界定和分配各利益方现有利益的过程，如果其结果不是通过一个各方都参与协商的机制达成，就必然带来利益方关系的紧张和纷争冲突。因此，达成可持续理念为基础的良政善治，首先需要建立一个各利益相关方有效参与以及平等协商的合作机制。

国家作为一类利益方也有其不同的利益诉求。"中国模式"的政治经济学特色之一，就是由政府主导的经济发展。中央政府设定社会经济发展的五

---

① 《中国西南山地生物多样性热点地区》，2002，https://www.cepf.net/sites/default/files/final.chinese.china_.southwestchina.ep_.pdf。

年规划和目标，在具体制定和实施发展规划和项目时，政府的经济发展和环境资源保护部门之间、中央政府和地方政府之间在移民、环境保护和经济发展方面都有其不同的利益和优先目标取向，中央的政策在实施过程中常偏离其原先的既定目标。学者对这一现象的描述和解释主要归结为"碎片化的权威主义"[1]。

这种"碎片化的权威主义"框架下的行政管理体制在政治体制没有实质性变化的情况下，其行政管理体制却发生了利益多元化的变革。在这一过程中，具有标志性的事件是国家电力部的解散（1998）和国家电力公司的成立。当时的国家电力公司拥有全国46%的发电资产和90%的供电资产，雇员人数超过200万。

四年之后，国务院通过了《电力行业改革方案》（2002），引入有限的竞争机制，打破发电和输电的市场垄断，以提高经济效率。国家电力公司由此被拆分为五大发电集团，即华电、华能、国电、大唐和中电投[2]，每家集团分别占有全国20%不到的市场份额，它们都是国务院国有资产监督管理委员会监管的大型中央企业。

企业从高层的人事干部管理到企业决策的体制，以及企业在经济要素（生产资料、资本、劳动力等）和市场的获取，都没有离开国家体制。作为五大水电集团之首的华能提出企业的"三色"使命："红色"代表为社会主义服务，"绿色"代表支持技术进步和环境保护，"蓝色"代表强调持续创新和国际化。[3]

近20年来，中国环保公益组织积极参与水电规划与项目实施的讨论，并从事环保公益诉讼，显示了相对于国家的"社会"的成长。但是，要使它们能够有效地代表社会公益参与同国家和公司的协商对话，必须明确其法律赋予的权利并拓展其可能的生存活动空间。它们对于受水电影响的地方社区（尤其是具有特殊文化生活方式的世居民族）的帮助和能力建设，应当受到

---

① 由李侃如（Kenneth G. Lieberthal）与奥森伯格（Michel Oksenberg）于20世纪80年代末提出，参见 Kenneth Lieberthal, Michel Oksenberg, *Policy Making in China: Leaders, Structures, and Processes* (Princeton: Princeton University Press, 1988)。

② 中国电力投资集团，是中国三大可以开发、建设和运营核电站的公司之一。成立于2002年12月29日，注册资本为120亿元人民币，http://eng.cpicorp.com.cn/AboutUs/cp/201406/t20140609_233973.htm。

③ http://www.chng.com.cn/eng/。

鼓励和支持。可持续发展的理念和规范框架应当明确对各种相关非政府组织和世居民族的赋权，同时严格划定国家和公司行为的法律界限，只有这样才可能让处于弱势的民间公益组织和地方社区（尤其是世居民族）依据一种整合各相关利益方平等参与、自由协商的正当法律程序有效地参与协商。

要建立这样一种参与协商的正当法律程序还需要克服许多具体的困难。例如识别关键的利益相关者在具体的规划或项目实施过程中并不是一项简单的任务，因为它是依据具体开发活动可能造成的环境和社会影响来确定的。鉴于大规模开发跨境河流的规划和项目实施业已引发的上下游国家和左右岸社区的担忧和紧张关系，在相关国家之间建立协调该国际河流的流域开发规划，建立多层级的、双边或多边的各主要利益方之间的协商合作机制是化解彼此之间不信任和潜在冲突的当务之急。

（二）可持续性与公司治理

目前，世界水电行业就其规划项目进行可持续性管理和实施时，最普遍使用的工具就是国际水电协会（International Hydropower Association）2011 年颁布的《水电可持续性评估规范》（Hydropower Sustainability Assessment Protocol，以下简称《规范》）。① 该《规范》在综合考虑水电开发的技术、经济、环境和社会等因素的基础上，参照世界水坝委员会的建议、《赤道原则》、世界银行和国际金融公司的社会安全保障政策等规范框架，对水电可持续发展的基本概念和要素做了整体的设定和描述，提出了一套适用于水电工程规划、准备、建设、运行和更新改造的全过程的评估方法。2018 年底，新版的《水电可持续性指南》发布②，就水电行业实践可持续发展的成功实践进行了新的补充界定，成为运用 2011 年《规范》的最新阐释文本。

该《规范》的应用和借鉴价值已经被国家的能源和水利等主管部门确认③，其本土化适用也已进行了多年的研究。中国水利水电科学研究院国家水电可持续发展研究中心在 2011～2012 年开展了澜沧江景洪和糯扎渡水电站的《规范》本土化应用研究，并在 2011～2015 年对乌江、北盘江梯级水电

---

① http://www.hydrosustainability.org/Protocol.aspx.

② 其英文全名为 The Hydropower Sustainability Guidelines on Good International Industry Practice，见 https://www.hydropower.org/cn/publications/hydropower-sustainability-guidelines。

③ 《〈水电可持续性评估规范〉中文版日前在京发布》，《科技日报》2011 年 9 月 28 日，http://www.nea.gov.cn/2011-09/28/c_131164400.htm。

站的规划、设计、施工、运行四个阶段进行了评估实践。2017 年 8 月，国家水电可持续发展研究中心会同水电水利规划设计总院等启动能源行业标准《可持续水电评价导则》的编制工作，目前已形成《可持续水电评价导则（草稿）》。①

　　这套致力于水电与可持续发展的评估工具和规范指南是国际水电协会近 20 年努力的结果。该《规范》包括了一系列对于了解水电项目整体可持续性至关重要的主题。如图 1 的"蜘蛛网图"所示，它将环境、社会、技术和经济方面的要素依 20 多项指标进行细化，例如：P–1 沟通与协商、P–2 治理、P–3 需求和策略的一致性、P–4 选址与设计、P–5 环境和社会问题管理、P–6 项目综合管理、P–7 水文资源、P–8 设施安全、P–9 财务能力、P–10 项目效益、P–11 经济能力、P–12 采购、P–13 项目影响的社区、P–14 移民、P–15 土著居民、P–16 劳工和工作条件、P–17 文化遗产、P–18 公共健康、P–19 生物多样性和入侵物种、P–20 泥沙冲刷和淤积、P–21 水质、P–22 水库规划、P–23 下游流量制度。

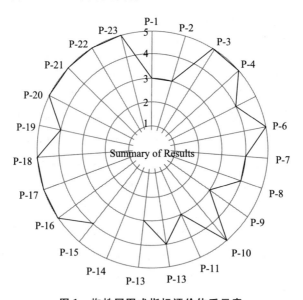

图 1　蜘蛛网图式指标评价体系示意

　　评估对于每项指标主题的表现绩效分为五个等级进行评分，5 分代表最

---

① 苏南：《我国启动可持续水电评价工作》，《中国能源报》2018 年 10 月 31 日。

佳实践，3 分以上代表基本良好实践。2018 年新发布的《水电可持续性指南》进一步明确了从评估、管理、利益相关者参与、利益相关者支持、合规履行和结果等六项标准对每个指标主题的评估。

《规范》可用于水电项目开发的不同阶段（规划、准备、实施和运营），并涉及广泛的指标主题，利用《规范》的评估可以帮助识别需要采取进一步措施的问题。但是需要指出的是，《规范》评估的结果即使大多数指标主题都获得满意的评分，但如果某项主题例如"土著居民"方面不达标，那么该项目也不能认定为符合可持续发展的理念和目标。国际水电协会也承认：

> 水电开发商面临的最大挑战之一是了解并妥善管理影响土著居民及其土地的项目活动。经验表明，成功的项目将专门与土著居民进行磋商，尊重他们的文化和做法，并确保项目为受影响的社区带来切切实实的利益……解决土著居民和水电开发相关的问题需要进行全面规划，同时有对与闭塞、弱势社区合作现实的深刻认识。[①]

因此，尽管该《规范》提供了一种让具有不同利益诉求的政府部门、公民社会、受影响的移民和地方社区、金融机构和水电公司等讨论可持续性问题的框架，但是并不等于说水电公司运用这一评估实现了其公司治理的可持续发展责任和目标。为此，公司的可持续性治理还应参照企业的社会责任和联合国关于工商企业和人权的指导原则等规范框架来完善。

经由联合国倡导的具有广泛影响力的规范框架有《全球契约》（2000）[②]和《工商企业与人权：实施联合国"保护、尊重和补救"框架指导原则》（2011）。[③] 依据《全球契约》，企业承诺在其管理、战略、文化和日常运作的活动中，遵循在人权、劳工、环境和反腐败方面普遍接受的十项原则，并在其年度报告或其他类似的公开报告（如可持续性报告）中说明其实施各项原

---

① http://www.hydrosustainability.org/Protocol.aspx.

② 参见 https://www.unglobalcompact.org/《全球契约》，中文版见 http://www.gcchina.org.cn/download/674_1_1326984563.pdf。

③ https://www.business-humanrights.org/sites/default/files/media/documents/ruggie/ruggie-guiding-principles-chinese-21-mar-2011.pdf.

则的方法和进展情况。① 在全球已有 160 多个国家的近万家企业参加并做出了近 6 万份报告说明企业实施的情况。②

这一世界上最大的全球企业公民行动倡议也得到许多中国企业的认同，并努力践行其原则。③ 以国有企业为例，截至 2015 年，中国各部门共有 27 家国有企业参与了《全球契约》，其中包括国家电网（2006）、大唐（2008）、华能（2008）、华电（2009）等水电巨头。2008 年国资委发布《中央直属国有企业履行企业社会责任指南》，国有企业自 2012 年以来一直在发布企业社会责任报告。

《工商企业与人权：实施联合国"保护、尊重和补救"框架指导原则》于联合国人权理事会在 2011 年得到包括中国政府在内的所有成员国的一致同意并通过。该指导原则提出了其规范框架的三个支柱："国家有义务通过适当政策、规章和裁决提供保护，防止包括商业企业在内的第三方侵犯人权；公司有义务尊重人权，意指尽责行事避免侵犯他人权利；让受害者有更多途径获得有效的司法和非司法补救"④。

要求企业承担社会责任，将尊重人权、保护环境等可持续发展的原则纳入公司的日常治理和运作，为藏区水电开发的可持续性提供了解决问题的一种途径。依据这一实践，企业必须采用各种诸如决策的利益相关者参与、增加透明度、采取预防性措施、社区投资以及合规履行和问责等多种方式，将这些规范内置于公司的治理活动之中。

在具体实施这些规范时还有一些相关主题的指导性文件。例如，联合国《全球契约》在关于土著人民权利问题方面于 2013 年举行的第二届联合国工商业与人权论坛上发布了《联合国土著人民权利宣言商业参考指南》⑤，旨在增进商界对土著人民权利的认识，并为尊重土著人民的权利提供了切实的可

---

① http://www.gcchina.org.cn/view.php? id = 674.
② https://www.unglobalcompact.org/.
③ 参见全球契约中国网络，http://www.gcchina.org.cn/view.php? id = 674。
④ 联合国人权理事会，第 A/HRC/17/31，中文版见 https://www.business-humanrights.org/sites/default/files/media/documents/ruggie/ruggie-guiding-principles-chinese-21-mar-2011.pdf.
⑤ The Business Reference Guide to the UN Declaration on the Rights of Indigenous Peoples, 2013, https://www.unglobalcompact.org/library/541.

操作的建议。之后，全球契约组织还提供了该指南的《实用补充》（2015）①，其中收入与《联合国土著人民权利宣言》相关的案例供进一步研讨。此外，《全球契约》还提供了特别重要的原则，诸如关于土著人民的自由、事先、知情同意权利的良好实践的指导文件。②

　　尽管国际社会在指向工商企业尊重人权和保护环境等可持续治理的规范方面做出不懈的努力，但要真正建立一个尊重具有文化特殊性的世居民族与国家和公司开发自然资源活动的新型伙伴关系并不容易。这其中有许多制度性障碍，例如法律多元、不同的社区组织和参与文化、公司治理过程中对不同文化价值观和意义的理解以及采取相应的具有文化敏感度的措施，等等。在更广泛的层面上，中国企业对商业、人权和可持续发展主题的理解仍然非常有限。一项调查显示，大多数中国公司并不认为人权的考虑与其业务有关。③此外，尽管中国的立法也显示了将企业的社会责任转化为法律规范的趋向，例如2013年新修订的《中华人民共和国公司法》第五条规定："公司从事经营活动，必须遵守法律、行政法规，遵守社会公德、商业道德，诚实守信，接受政府和社会公众的监督，承担社会责任。"但是，如何将企业应承担的社会责任整合进具体的公司治理还需要克服许多制度障碍。④

　　（三）基于法治原则的赋权

　　法治原则有其实体性和程序性两个方面的要素。程序性要素是法律规则的公开、明确和普遍有效的适用，实体性要素则是对实体规范权利的正当性的探究。水电开发过程中引发的一系列复杂问题，可以通过《环境影响评价法》的实施和"自由、事先、知情同意"原则对公民社会和世居民族参与规划和项目实施的赋权和救济问题略知一二。

　　中国的"环境影响评价"是指对规划和建设项目实施后可能造成的环境影响进行分析、预测和评估，提出预防或者减轻不良环境影响的对策和措施，

①　https://www.unglobalcompact.org/docs/issues_doc/human_rights/IndigenousPeoples/Case_Examples.pdf.

②　Indigenous Peoples' Rights and the Role of Free, Prior and Informed Consent, http://solutions-network.org/site-fpic/files/2012/09/FPIC_Indigenous_Peoples_UN-global-compact.pdf.

③　瑞典驻华大使馆：《中国企业社会责任发展与趋势研究》，北京，2015。

④　Beate Sjåfjell 和 Benjamin J. Richardson 编《公司法与可持续性：法律的障碍和机遇》，剑桥大学出版社，2015。

进行跟踪监测的方法和制度。① 尽管"环评"在 2002 年并不是一个新概念，但就此特别颁布《环境影响评价法》并付诸实施，却是新创。② 2014 年新修订的《环境保护法》又重复这一规范要求，不进行"环评"就不能实施开发计划和项目。③

《环境影响评价法》将环评分为"规划"的环评和"建设项目"的环评两种。"规划"又包括土地利用和区域、流域、海域开发利用的"指导性规划"和工业、农业、畜牧业、林业、能源、水利、交通、城市建设、旅游、自然资源开发等"专项规划"④。该法规定在编制"专项规划"（不包括"指导性规划"）时，编制机关对可能造成不良环境影响并直接涉及公众环境权益的规划，应当在该规划草案报送审批前，举行论证会、听证会，或者采取其他形式，征求有关单位、专家和公众对环境影响报告书草案的意见。但是，国家规定需要保密的情形除外。编制机关应当认真考虑有关单位、专家和公众对环境影响报告书草案的意见，并应当在报送审查的环境影响报告书中附具对意见采纳或者不采纳的说明。⑤ 同样，对于"建设项目"的环评，法律规定除国家规定需要保密的情形外，对环境可能造成重大影响、应当编制环境影响报告书的建设项目，建设单位应当在报批建设项目环境影响报告书前，举行论证会、听证会，或者采取其他形式，征求有关单位、专家和公众的意见。建设单位报批的环境影响报告书应当附具对有关单位、专家和公众的意见采纳或者不采纳的说明。⑥ 与此同时，法律要求"环评"必须"客观、公开、公正"⑦，并"鼓励各有关单位、专家和公众以适当方式参与"环评⑧。

虽然环评法中规定了上述"公众参与"的条款，但是法律模糊了"公众

---

① 《环境影响评价法》（2002 年通过，2016 年修改）第二条。
② "环评"最早于 1978 年提出，并于 1979 年正式纳入《环境保护法（试行）》，规定企业在实施开发计划和项目之前，须向环保部门提交环评报告供审批。1989 年的《环境保护法》重申这一规定，20 世纪 80 年代以后的大部分法律法规都要求进行环评。2016 年环评法做了新的修改。
③ 2014 年新修订的《环境保护法》第十九条。
④ 《环境影响评价法》第七条和第八条。
⑤ 《环境影响评价法》第十一条。
⑥ 《环境影响评价法》第二十一条。
⑦ 《环境影响评价法》第四条。
⑧ 《环境影响评价法》第五条。

参与作为一项合法权利"的规则。法律规范并没有明确"谁是公众""谁有权要求参与这些活动""如何参与环评活动过程"等关键问题。公众参与环评的过程从未被认定为一项权利的论断可以从观察环评法起草的过程找到答案。尽管"公众参与"曾作为该法关键的条款之一，但是经全国人大常委会两次审议后删除了原草案中有关"公众参与"的操作性条款①，到2002年该法通过时，公众参与仅仅成为一项抽象的原则，而不是可以赋权于公民社会和其他利益方主张其权利参与的程序法规范。由此，也不难理解为什么该法的实施结果令人担忧，即便是国家环保总局发起名为"环保风暴"的严格执法行动，也难毕其功于一役。

　　此外，在中国有关水电开发项目的许多公开激烈的争论中，受开发活动影响最大的移民群体特别是世居民族的声音却少有耳闻。从近半个世纪世界范围内的水电开发、土著人民的权利诉求和相关国际国内法的发展看，它们之间的关系密切。例如"发展侵略"是菲律宾土著人民用来描述世界银行贷款的奇科河水大坝项目的一个新术语。它是当地的伊戈罗特人对这种发展的目的和主体的反思，也是对该开发项目侵犯其权利的表述。世界银行最终在1986年终止了对该项目的贷款。这项抗议与其他活动一起成功地推动了1982年《世界银行部落民族操作手册声明》（OMS 2.34）的制定。② 与之前将"环境"仅仅视为人类征服对象或用于发展的"自然资源"的观念相比，世界银行在将环境和土著人民的保护纳入发展框架方面迈出了重要的一步，并产生了深远的影响。在挪威，由于阿尔塔电站项目的修建在20世纪80年代引发了挪威的环境保护和萨米人的权利运动。挪威政府由此建立了萨米权利委员会调查萨米人的文化和权利状况，委员会报告提出了一系列依据国际人权公约进行法律改革的建议。③ 基于此，挪威通过了确认萨米人地位的宪法修正案和《萨米法案》，在全国选举基础上建立了萨米议会这一作为萨米

---

① 汪劲：《中外环境影响评价制度比较研究》，北京大学出版社，2006，第343页。

② Victoria Tauli Corpuz：《人类发展框架和拥有自身独特文化和认同的土著人民的自主发展》（E/C. 19/2010/CPR. 4），p. 6。

③ 《挪威官方报告1984》"18 萨米人的合法权利"，NOU 1984：18；Carsten Smith，《1980年以来萨米人权利的发展》，特罗姆瑟大学萨米研究中心出版系列，http：//www. sami. uit. no/girji/n02/en/105 smith. html。

人群体代表的组织。①

　　"以人为本"的发展如何将资源开发地的世居民族作为发展的主体而不是开发的对象？如何尊重他们对当地的"自然资源"的文化和精神联系，以及他们对生活方式的优先选择？如何让他们正当地平等地参与发展规划和进行协商，并共享开发项目所带来的经济效益和成果？这些问题都是可持续发展的题中之义，在不能完全达成有关这些问题的实体性规范前，需要有一套程序性规范来建立一个自由、平等协商的机制来协调合作。

　　"自由、事先知情同意"的原则就是这样一条规则。世界水坝委员会在其2000年具有里程碑意义的报告中将适用该原则作为可持续水资源管理和能源开发决策的关键。② 2007年联合国大会通过的《联合国土著人民权利宣言》规定在以下三种情况下适用该原则。

　　（1）移民安置；③

　　（2）采纳和实施可能影响他们的立法或行政措施；④

　　（3）批准任何影响其土地或领地及其他资源的项目，特别是涉及矿物、水或其他资源开发、利用或开采的项目。⑤

　　该规则赋予土著人民在上述事项上有权通过自己的代表机构参与决策。尽管在法律概念上"土著人民"并不为中国法律所接受，但是实践中的发展项目评估和国际人权公约机构已经将这一原则运用于具体的个案中。这一具有广泛影响的规则尽管在许多操作的适用方面富有争议，但其正逐渐被国内和国际的立法和司法实践所接受，在诸如移民搬迁土著民族的事项方面，该规则就其广泛性适用和明确认同方面看，已经成为国际习惯法规范。

　　中国公司在其境内和海外的水电大坝项目正受到联合国各相关机构包括

---

① 萨米语 Samediggi 和挪威语 Sametinget。1987年6月12日颁布的关于萨米议会和其他萨米法律事项的第56号法（《萨米法》），可登录以下网站查看：https://www. regjeringen. no/en/doku-menter/the-sami-act-/id449701/；《挪威人权问题白皮书》，"4.6.2 萨米政策"，https://www. regjeringen. no/no/dokument/dep/ud/stmeld/19992000/report_no-21_to_the_storting_1999-2000/4/6/2/id192550/。

② 《水坝与发展：一个新的决策框架》，《世界水坝委员会报告》（Earthscan Publications Ltd.，2000），第110页。

③ 《联合国土著人民权利宣言》第十条："如果未实现获得有关土著人民的自由知情同意和商定公正和公平的赔偿，并在可能时提供返回的选择，则不得进行迁离。"

④ 《联合国土著人民权利宣言》第十九条。

⑤ 《联合国土著人民权利宣言》第三十二条。

土著人民权利问题特别报告员的关注。① 自 20 世纪 80 年代以来，国家立法也趋向于赋予逐渐成熟的民间社会组织以恰当的法律地位和表达活动空间，包括环境保护的公众参与和公益诉讼等方面，世居民族作为水电开发利益方的合法有效参与，对于建立新型的可持续发展治理机制至关重要。为此，将国际法上关于资源开发和世居民族移民搬迁等相关原则规范的制度化，在完善法治的基础上使世居民族从利益攸关方向权利主体的转变，就是迈向这一目标的可能选择。②

结　语

当代中国的水电开发一路西向拓展至最具生态和文化多样性的藏彝走廊和青藏高原，也持续引发公民社会参与规划决策研讨、项目实施监督以及对违法行为提起环保公益诉讼。政府机关信息公开、决策透明和依法行政以及大型水电公司守法并履行社会责任成为公众的期待。具有文化特殊性的世居民族和受到开发项目不利影响的地方社区开始通过各种方式表达其诉求，从利益攸关方的参与要求转向"自主发展"的权利主体的主张，这些新的态势促进了河流水资源可持续发展治理合作机制的建立和完善。

可持续发展理念的核心就是整合和平衡经济发展、环境保护和社会公正三要素的治理，它为世界各国在确定其本国经济发展目标的同时考虑生态环境容量、社会公平与和谐稳定等方面具有指导意义，也为扭转人类突破"地球限度"（Planetary Boundaries）的现代工业化生产方式提供了全球合作的基本目标。但是，要真正变革现状，达到可持续发展的良政善治，需要将这种理念和原则建成为一种制度化的规范秩序。

从寻求主要利益攸关方通过协商达成合作的机制的可能来探究水电规划和项目实施的可持续治理，设定这一相关利益方自由协商和博弈的过程是达到水电开发可持续善治的前提。这一机制应当依循正当的法律程序，合理确

---

① 案例编号 CHN 4/2011：《埃塞俄比亚吉贝三期水电站的人权影响情况》，A/HRC/21/47/Add. 3，2012 年。《受哥斯达黎加 ElDiquís 水电项目影响的土著人民的情况》，2011 年 7 月 11 日，A/HRC/18/35/Add. 8。

② 有关这一原则与水电开发的专题研究，参见 Yong Zhou（2016）Free Prior Informed Consent（FPIC）and Hydropower Development, University of Oslo, ISSN 1890 - 2375/No. 102。

定某一河流开发规划或具体项目的利益方，赋予处于弱势的地方社区或世居民族一定的权利和能力表达其诉求，允许并使得代表公共利益的社会组织能够有效参与，并确保处于政治权力和资本强势的国家和公司严守法治的原则，必须本着实现可持续发展的理念和达成协议的诚信，与各利益方进行平等的协商，同时提供有效的行政和司法救济。只有首先建立这一程序机制，才有可能达到实质整合和平衡相互冲突的利益关系的可持续发展目标。

调草保畜，少死多出，减量增效，调整结构

——试论突破西藏牧区发展瓶颈

王　健*

在西藏，摆脱贫困、实现小康是一项具有划时代意义的大事。不仅是西藏发展程度的体现，也是我国制度优越性的证明。牧区、牧业、牧民在西藏发展全局中占很大比重。当我们对牧区、牧业、牧民的发展程度、潜力和前景做出评估时，发现季节性缺草还是发展的主要制约。而要实现习近平总书记提出的"决不让一个少数民族、一个地区掉队"的目标，季节性缺草就必须解决。本文所述调草保畜问题正是基于这样的使命。

一　西藏农牧区取得了无可置疑的发展，但不平衡

西藏发展了，这是不容置疑的事实。截止到 2016 年，可以从以下 6 个维度去看。一是由公共财政支持的社会事业有了长足的发展，实现了 15 年免费教育，"三包"标准提高到 3240 元，基础教育学校标准化建设取得重大进展，36 个县通过国家义务教育均衡发展验收，高等教育博士点建设实现零突破，教育人才组团式援藏全面启动，内地办学质量稳步提升。公共卫生服务、基本医疗服务进一步加强，医疗人才组团式援藏深入推进，初步实现了大病不出自治区、中病不出地市、小病不出县区，城乡居民免费健康体检实现全覆盖，孕产妇和婴幼儿死亡率实现"双下降"，5000 多名先心病儿童得到免费救治，人均预期寿命达到 68.2 岁。社会保障体系基本建成，企业退休人员基本养老金逐年提高，城乡低保应保尽保，城乡居民医疗保险全覆盖，实现孤儿和有意愿的五保老人集中供养，解决了 74 万人的农村饮水安全问题。这

* 王健，西藏自治区扶贫办原党组书记、副主任，北京建藏援藏工作者协会秘书长。

些社会事业进步主要体现在农牧区。二是西藏的基础设施条件有了显著改善，交通等基础设施超常规发展，公路总里程比 2010 年增长 33.7%，基本建成覆盖全区的公路网，墨脱结束了不通公路的历史，拉林高等级公路等建成 300 公里；青藏铁路修到了日喀则，川藏铁路提前上马、拉林段建设进展顺利；旁多水利枢纽工程建成发电，青藏、川藏电力联网工程架起了电力"天路"。交通的通达、电网的覆盖、通信信号的覆盖，极大地改变了西藏农牧区的发展环境。三是农业产业发展条件显著改善，控制性水利工程和灌区建设已经覆盖主要产粮区，高标准农田建设已在超过一半的农田实施，化肥、农机和良种的推广使得农业综合生产能力不断提升，粮食年产量突破 100 万吨。四是惠及 230 万农牧民的安居工程全面完成。连续几轮实施的农牧民安居、牧民定居和扶贫搬迁显著改善了农牧民的住房条件，农牧民人均居住面积居于全国前列。五是居民收入较快增长，城乡居民人均可支配收入分别是 2010 年的 1.7 倍、2 倍。2015 年的农牧民人均纯收入达到 8244 元。六是发展的环境继续优化，优惠贷款政策惠及了全体农牧民，国家购买的农灾保险覆盖了主要农田，土地确权登记和流转经营增加了群众获得财产性收入的渠道，开放市场环境和 2000 万人次游客的进入，提升了当地生产活动的效益。

以上指标虽然在提升质量和内涵方面还有很大空间，但显然已经朝向了习近平总书记在参加十二届全国人大一次会议西藏代表团审议时指出的："要坚持富民兴藏战略，毫不动摇把保障和改善民生放在更加突出的位置，解决好人民最关心最直接最现实的利益问题，努力让西藏各族人民享有更好的教育、更稳定的工作、更满意的收入、更可靠的社会保障、更高水平的医疗服务、更舒适的居住条件、更优美的环境，过上更加幸福美好的生活。"

然而，西藏农牧区发展很不平衡。同样是这 6 个维度，放到地广人稀的牧区就有了很大差距。一是教育卫生等社会事业在牧区的发展相对滞后，普及义务教育实现晚，就医分娩距离远。二是水电路讯基础设施条件也有很大差距，道路、电网和电信难以覆盖牧场，户用太阳能照明系统寿命短。三是牧区的生产开发和科技应用遗存少，草原种草、草场灌溉和补播都鲜有持续留存的典型，网围栏建设和草场封育没有走出轮牧的路子，主要冬春牧场和接羔（犊）育幼点上的棚圈建设还有欠账，畜种改良和喂养方式研究还很薄弱。四是牧民定居的房屋由于游牧生产方式没变，利用率和庇护效果还不够高。五是牧民人均纯收入仍然低于全区农牧民人均纯收入。虽然没有分开农民、牧民收入的统计数据，但以那曲地区农牧民人均纯收入居前列的双湖县为例，该县 2013 年农牧民人均纯收入为 5998 元，比全区低 580 元，若考虑到牧民人均纯收入中包含的生态奖励补偿和虫草收入成分，来自牧业生产的收入还是很让人揪心的。六是牧区发展的政策优势不明显，牧业生产活动使用贷款较少；农灾保险也没有普遍覆盖畜群；草场承包到户是以减少或控制畜群规模为前提，释放的不是激励信号；草场承包权很多落到了联户，而联户经营的减贫效应并不显著；畜产品价格攀升对促进牧业生产方式调整作用不明显，反倒是调入的奶、肉、酥油产品更多出现在西藏市场。在牧民帐篷和畜群里公私之积蓄仍然很少，转变传统畜牧业生产方式还是一般性号召，落到实处的内容不多。

二　牧业生产仍然是不能闭合的生产循环

　　传统的畜牧业生产方式已经走到尽头，此话西藏上下都在说。说畜牧业的状况是"夏饱、秋肥、冬瘦、春死"，人们也不忌讳。西藏的畜牧业显见的问题就是季节性缺草，特别到冬春季，畜群采食量不足，热量消耗大，再加上要生产羔犊，一遇风雪不能出牧，就会有成畜和幼畜死亡。

　　我们对周期性的大雪灾总是心存侥幸，因为没有多少饲草料储备，我们还不能摆脱大自然对草场承载量的调节。在大面积、长时间降雪，并在雪的表面形成冰壳后，如果我们没有维持畜群若干天的饲草储备，畜群就有可能发生大量死亡。反刍动物的瘤胃必须有以干物质为主体的草料充填，空置（含只吃精料）的时间通常撑不过 5 天。而母畜和幼畜的耐饿和御寒能力就更低，而它们的损失将延缓生产恢复的周期。如果我们把牲畜的周年生产比作行星自转，而将其逐渐增重直至出栏的生产周期比作恒星系的公转的话，那么"自转"在春季度荒这个点上就不能闭合，而"公转"不仅在应对灾害这个点上有断档，其增重的轨迹也是波浪曲折。牧民的生计依然非常脆弱，畜牧业发生大面积倒退，甚至破产的"达摩克斯之剑"始终高悬在我们头上。

　　我们常说牧民惜杀惜售，其实这里面不全是文化或观念方面的问题。由于季节性缺草，牲畜的体重呈波浪状的曲线增长，使得牲畜长时间达不到起码的出栏体重，牧民不愿杀也是因为杀不出肉来。统计数据给出的出栏率很难在具体的牧户得到验证。如果我们看两个关于牦牛的实调例子就会发现，牛属牲畜的出栏率比统计数据要低很多。

1. 藏南谷地朗塞岭村牧民达珍家

"目前达珍家有牦牛 20 头，奶牛 13 头，肉牛 34 头，牛犊 2 头，绵羊 14 只。这些牲畜所产的肉奶等主要供自家食用，去年生产酥油 80 多斤、奶渣 40 多斤，卖了七八斤奶渣，每斤 13 元，也送一些给亲戚；宰杀了 2 头老奶牛，出售了 1 头奶牛（收入 2500 元）和 1 头牦牛（收入 4000 元）"。① 达珍家里共养了牦牛、奶牛、肉牛、犊牛 69 头，而宰杀和出售仅 4 头牛，出栏率只有 5.8%。

2. 拉萨市墨竹工卡县斯布村

"全村共有 178 户农牧民家庭，1098 人，其中劳动力 388 人，耕地面积 1504 亩，草场（草甸草原，平均每亩产草量不足 200 千克）面积 5 万亩，牲畜总头数 8528 头（匹、只）"。"共调查牦牛 6494 头，平均每户饲养 37.7 头，其中每户分别饲养 1、2、3、4、5、6、7、8 岁和 8 岁以上牦牛头数为 3.9、3.6、3.6、3.2、3.1、3.0、3.1、3.2 头和 10.9 头。按年龄段分别计算户均：36 月龄（3 岁）以下牦牛 11.1 头、占 29.4%，37 ~ 96 月龄（4 ~ 8 岁）15.6 头、占 41.3%，96 月龄（8 岁）以上老牛 10.9 头、占 28.9%"。"在被调查的 6494 头牦牛中，公牦牛 2469 头、母牦牛 4025 头，公、母牛占牛群的比例分别为 38% 和 62%，平均每户饲养公牛和母牛分别为 14.4 头和 23.4 头。""日增重：根据 8 岁公牦牛体重（273.6kg）减去初生重 20kg 计算的牦牛平均日增重为 86.8 克；繁殖率：2008 年全年产犊 467 头，在平均每户饲养的 23.4 头母牛中，4 岁以上能繁母牛 16.5 头，由于每户饲养公牛 14.4 头，推测每年母牛至少发情 1 次也不漏配，2008 年全年实际平均户产活犊 2.7 头，平均繁殖率为 16.4%。出栏率：2008 年全年通过出售和家庭自食共出栏牦牛 417 头，总出栏率 6.4%。其中，作为商品出售的牦牛 252 头，商品牛出栏率 3.9%；死亡率：2008 年全年由于病饿残等原因死亡的牦牛 385 头，占年末存栏牛的 6.0%，与全年总出栏率相当"②。长周期、低效率的畜牧业

---

① 方素梅：《牧民达珍的生活》，《中国西藏》2013 年第 6 期。

② 邓由飞、孟庆翔等：《从斯布村调查数据看西藏牦牛业的问题和发展潜力》，《中国畜牧杂志》2015 年专刊。

生产方式，不仅增加了对草场的消耗、失去了效率，也影响到牧民增收和牦牛肉的质量。

草场承包责任制是牧区发展的重大政策措施。其理论依据或许出自哈丁的"公地悲剧"理论。按照哈丁的理论，每个牧民都想多养一只羊，以增加个人收益，而把草地退化的代价由大家承担，不分草场羊就会越养越多，"公地悲剧"就会发生。而这个理论的前提是经济学"理性人"的假说，即"每个牧民都想多养一只羊"。在储草极少、灾害不可预期的情况下，牧民家庭经营的"正规则"就是把畜群做大。生3杀2是"会经营"、生3杀3是"过日子"、生3杀4是"败家子儿"，牧区的贫富差距也是由此产生的。依据这个"正规则"，分户经营羊也会越养越多，实施"两个长期不变"政策后的牲畜存栏持续增加就是实证，牧民生活向好的表达也是借畜群加大来描述的。其实，离开生产力水平的变化去谈生产关系和经营方式变革或许是说不清的。我们搞农村责任制，之前都释放了农牧民发展生产的活力，而这次要限制传统生产发展；之前国家都没有拿钱，而这次国家拿大额补偿推动；之前都激发了农牧民的梦想，而这次给牧民出了难题。人均5000元的生态奖励补偿或许是牧民家庭收入的最大的一笔现金收入，牧民也确实用它解决了吃穿用住的主要问题。这里且不说牧民承担的减畜责任是否到位、生态改善的外部性是否能获得，仅仅买断牧民家庭经营"正规则"一事，就值得我们认真跟踪研究。减量若不能增效，牧户的持续增收就没有可能，我们的这项重大政策措施也会陷入窘境。

三　调草保畜，牧区发展的战略性调整应提上议程

中央政府帮助西藏农牧民发展畜牧业从1951年建立西藏昌都解放委员会就开始了，现在我们还能看到当年防治牛肺疫的宣传画。从防治动物疫病，到建立兽防服务体系；从调运救灾饲料，到建立有灌溉保证的牧区饲草生产基地；从大规模网围栏建设，到建设牲畜暖房；国家几乎把西藏依托当地资源发展畜牧业的各种可能都实施了一遍或几遍。只是我们不善总结经验，留给后人借鉴的资料少而又少。

在西藏，解决牧区季节性缺草的努力从来不曾停止过。在农区，用灌溉农田种草的收获非常喜人，但农民一定要看到种草劳作的收益大于其收获粮

食加秸秆的收益，他们的种草生产才能持续。而牧民除靠出售畜产品换回自己的口粮外，还没有能力为牲畜买草度荒，加上自治区粮食生产的边际很紧张、农区畜牧业也存在饲草缺口，靠农区种草解决牧区缺草的设计至少在现阶段还缺少实现的基本条件。在牧区，开垦草原种植饲草的项目也有成功的，各种现场会召开了不少。但牧区种草不仅同样面临牧民没有购买能力的问题，而且还有培养或引进种草人和防止开垦草原导致荒漠化的问题。由于风蚀严重，地表耕层在打破天然草地植被后，土壤很容易沙化。在农区和牧区暂时都不能实质性地解决季节性缺草问题的情况下，如果不是放任和回避问题的话，调草防灾和度荒就该提上议程了。

在西藏众多牧区发展科研和开发项目中，有一个在墨竹工卡县扎西岗乡斯布村实施的调草保畜小项目，给了我们一些启示。

第一，精准严格的基线调查发现了牧业的经营问题。"斯布牦牛群在年龄结构、性别结构和生产结构上严重比例失调，存在'三多三少'现象，即老牛多，小牛少；公牛多，母牛少；白吃的牛多，出栏的牛少。所谓老牛多、小牛少，是指3岁内牦牛只占29.4%，3岁以上的牦牛占61.9%，其中8岁以上的老牛占28.9%。所谓公牛多、母牛少，是指公、母牛占牛群的比例分别为38%和62%。牛群中存在大量无用公牛，不仅是牛群近交退化的原因，而且由于不参与经济产出而造成饲料资源的无端浪费。所谓白吃的牛多、出栏的牛少，是指盲目追求牦牛存栏量，而忽视出栏量，牛群现有商品出栏率仅有3.9%。上述'三多三少'现象的存在，不仅使牛群整体经济效益低下，而且还浪费大量饲料资源，甚至造成草场退化"[1]。

第二，探索从内地调运饲草料有新的发现。项目在大力推进本地种草的同时，也从内地调运了中国农大专门为牦牛度春荒研发的抗灾饲草料，草料以青贮玉米秸秆为主体（约占80%）、以谷物为辅料（约占20%），添加微量元素等，用压力打包机压实、用塑料薄膜包裹，形成隔绝空气、易于储藏运输的全价营养高密包饲草料（见图1）。这种饲草料可取之处：一是牲畜能采食；二是经青藏铁路运到项目村庄的成本不过每吨2000元（1斤1元钱）。内地调来的饲草料含有干物质、能量和营养成分，西藏的牲畜稍加训练就能

---

①　邓由飞、孟庆翔等：《从斯布村调查数据看西藏牦牛业的问题和发展潜力》，《中国畜牧杂志》2015年专刊。

图1　内地加工的高密包饲料运到斯布村

喜食。斯布村的实验后来扩大到当雄、班戈、申扎、双湖、工布江达、萨嘎、仲巴等县，牲畜采食都很好，这就给我们救灾和培育产业提供了新的选项。斯布村项目在实施过程中还试验了牧民买一袋、送一袋的民办公助做法和用饲草料包装袋从牧场往农区运羊粪的做法，都受到牧民群众欢迎。

　　第三，进行了牦牛栓饲育肥和补饲育肥的试验。试验结论如下（1）牦牛栓系舍饲育肥在技术上是可行的。采用带有保定栏的移动式电子磅秤，可以实现牦牛在规定饲养条件下的准确快速称重。（2）营养供应是促进牦牛生长的关键。利用全营养牦牛面包饲料和燕麦干草加精料饲料饲喂牦牛，其日增重分别达到0.605千克和0.409千克，而放牧组日增重仅为0.003千克，说明牦牛面包饲料和燕麦干草加精料饲料均可以使牦牛实现有效增重。其中，牦牛面包饲料的效果最好，而自然放牧未加补饲的牦牛会消耗自身的体储，几乎不增重。由此推论：如果给牦牛提供充足适宜的饲料营养，日增重达到600克、36月龄达到300千克出栏体重是完全可能的。这意味着西藏牦牛的饲养周期可以从现有的9~12年缩短到3年以内，对于农牧民增收和缓解草场压力，具有重要作用。（3）无论是饲喂燕麦草加精料组还是牦牛面包组，都是6~8岁年龄段的牦牛增重效果最好，幼龄牛增重效果较差。提示，加强幼龄阶段的犊牛培育对于牦牛育肥效果具有重要影响。（4）放牧组每千克增重的饲料成本最高（66.67元），燕麦草+精料组次之（26.01元），牦牛面包组最低（19.05 元）①。

第四，开展了牦牛肉标准屠宰分割试验和烹饪效果品鉴。项目利用当地建设的标准化肉牛屠宰生产线进行了牦牛肉的屠宰分割试验，做了牦牛肉成分化验，也做了连续几年的烹饪效果比较品鉴。尽管项目屠宰的牦牛都存在月龄过大和膘情不理想的问题。但仍然能从屠宰排酸后的牦牛胴体上获得约10% 重量的里脊、上脑、眼肉等高档肉品。这些高档肉品如果营销得当，甚至可以抵偿育肥的饲草料投入。其他的牦牛肉肉品也富含铁元素，可为孕妇儿童滋补所用。整体上牦牛肉确有独特的风味，若能提高膘情、缩短生长期，完全可以开发出风味独特的中西餐高档食材。而一旦这样，西藏畜牧业的发展轨迹将发生根本性改变。

斯布村的调草保畜只是一个小项目，所取得成果也是局部的。但它还是给了我们一些启示：一是牧区季节性缺草导致畜群结构失衡、草原消耗加剧、生产效率下降；二是调入饲草料的性价比可以高于自产，如在内地秸秆产区规模加工和利用青藏铁路规模调运性价比还可提高；三是调入饲草料，对放牧畜群开展补饲或拴饲都是可行的，这为改变畜群的生长轨迹提供了可能，当牲畜体重曲线由波浪式逐步变为直线后，大量的超出合理长成时限的牲畜将被出栏，畜群整体的营养状况将得到改善，繁殖率、出栏率都会上到新的台阶，牧民家庭经营和草原畜牧业的效率、效益就会显著提升，减量增效就能够实现；四是我们救灾度荒、改变饲养方式的努力有可能对接高原特色的肉业开发，当西藏生产的肉产品出现在内地甚至世界的市场时，牧民的持续增收和小康生活也就有了保障。

结　论

第一，在西藏，逐水草而牧的牧业生产方式没有发生显著改变，畜牧业生产效率低且存在风险，牧民的生计还很脆弱，单纯靠减量控增的政策很难支持牧民以 13% 的幅度连年增收，关注牧民小康就要关注季节性缺草问题。调草保畜、少死多出、减量增效、调整结构是考虑了牧民生计的政策设计，

① 孟庆翔等：《斯布牦牛冬春季舍饲肥育与放牧饲养的生长性能和经济效益比较》，《中国畜牧杂志》2013 年第 17 期。

通过把度荒和培育产业结合最终可以实现减量控增、缓解生态压力的目标。

第二，调草保畜绝不是让所有的牲畜都吃国家的"大锅饭"，也不能以国家无力承担而简单否定。调草保畜必须从项目的外部性考虑，科学设计、精准发力。

首先，要精准测算防抗灾的强度和畜群每天最低的维持需求。西藏有约500万头的牛马等大牲畜，按这些大牲畜的平均体重200千克估算，每日采食不少于3千克饲草料干物质（精饲料应不少于20%）就可维持生命，而满足全部牛马等大牲畜一日抗灾需1.5万吨饲草料；西藏有约1500万羊属牲畜，按羊属牲畜平均体重30千克估算，每日采食量不少于1千克（精饲料应不少于20%）就可维持生命，满足全部羊属牲畜一日抗灾需1.5万吨饲草料；牛羊合计一日需3万吨饲草料。以上测算只是维持生命，不含增重、孕育、产奶、抗寒和热应激等需求。若能通过政府公共产品调入3万吨玉米秸秆预混高密包饲草料，理论上既可满足牧区牲畜一日不出牧需求。参照斯布村项目调运全价玉米秸秆预混高密包饲草料每吨到村价2000元的标准，调运3万吨饲草料约需6000万元。而达到5日抗灾设防标准就需要15万吨，资金3亿元。有了这15万吨基本抗灾储备饲草料，政府为畜牧业保驾护航就有了手段。这个基本抗灾饲草料需求是理论计算，在使用上不可能对整个畜群，只能在冬春草场放牧点投放，因此防抗灾的强度还可提高。同时可本着有灾抗灾、无灾扶弱的原则，每年春季在政府农牧主管部门的指导下将储备饲草料渐次投放给农牧民，投放也可采取半价出售的办法，这样实际使用的公共财政资金还会减少。3亿元给草原畜牧业上了保险，这个钱不仅符合公共财政的支出原则，也是公共财政可以承担的。同样，如果再整合或新增一两份这样的投资，那么西藏就可能有30万~40万吨饲草料投入中幼畜群的直线生长，不仅有望增加1万~2万吨的牲畜体重，而且可中断大龄公畜的来源，坚持几年就会出现畜群减量增效、结构优化的局面。

其次，要科学确定补饲对象和补饲强度。对游牧状态下的畜群进行补饲是一项长期、艰巨的系统工程。一是要引进区内外资质畜牧研究院所和大学，协助每个牧区县乡村开展详细基线调查，在准确掌握畜群结构和生长状况的基础上，制定调草保畜、启动产业化进程的规划，提出补饲对象和畜群结构调整的目标，一龄一策地制订育成方案，一县一乡地勾勒产业发展的路线图。二是要请国家农业、发改、运输等部委统筹协调饲草料产区和销区的联系，安排畜牧大学和科研院所研发营养含量高、适口性好、适合运输，且价格低的饲草料配方，在产区建设大型饲草料加工厂，安排专列运输，进一步提高调运饲草料的性价比。三是要在牧区确立调草保畜、少死多出、减量增效、调整结构的发展战略，把牧区县乡村发展重心转移到探索有效补饲方法、总结推广成功育肥经验上，并在开展补饲的冬春放牧点建设饲草料储藏房、化冻暖房和防风食槽、水槽等设施，建设牲畜可移动式称重设施，建立样本牲畜（含对照组）的跟踪监测体系，将给牲畜称重和总结喂养经验作为乡村政权组织和推广服务体系的常态化工作。四是要开展牧区县乡村的补饲经验互学互鉴，接受人大、政协的监督检查，引进第三方评估机制，对项目实施的效果进行考评，接受媒体的监督。五是自治区农牧和科技部门要把探索和总结让畜群多吃草、多长肉作为主攻目标，围绕这个目标组织科研攻关，特别要开展不同牲畜种群的生产性能鉴定、研究奶用牲畜羔犊的早期营养问题，研究让牲畜直线增重各种可能性，为草原畜牧业生产方式转变提供科技支撑。

最后，要争取国家对调草保畜项目的投资支持，并为民间资本进入搭建平台。斯布村的试点项目是靠国家投入运行的，当国家投入终止后，连买一送一的民办公助方式也没有了。国家安排的支持牧区发展最大政策措施是草原生态奖励补偿，这项安排已经嵌入牧民的日常生活，若将其转为生产投资，不仅会影响牧民群众的日常生活，也会减少他们的人均收入。而牧区实施发展战略转移的时间非常紧迫，调草保畜唯有国家设立专项资金才能启动。这项投入因最终将实现国家水源地和生态屏障区的生态修复而具有显著的外部性，符合国家投资支持的原则。同时，已有企业在西藏从事羊属牲畜的收购屠宰或活畜外运活动，牛属牲畜在饲养效率提高和肉质改善后，也有打入外部市场的可能，尤其是一些高价值部位的肉品。支持企业在牧区的开发活动，包括将调草保畜项目实施与企业收购牲畜结合，以及做好政府层面的产品研发支持和市场推介服务，就可为企业营造更好的经营环境。各级政府的畜群基线调查、规划工作和调草、饲喂指导、称重监测等工作，凡可以通过购买服务或市场招标实施的，也应通过市场化的方法组织优胜企业去实施。

第三，据说内地有9亿吨秸秆资源（夏季秸秆资源约占一半），如果这些资源的一个零头能够被加工后用于西藏开展补饲，或许就有内地农民增收、西藏牧业增肉的双赢效果。因此调草保畜也可密切内地与西藏的经济联系，促进共享经济、融合经济的发展。

目前距实现全面小康只剩很短的时间，要守住主粮产量不降低、农牧民增收不逆转、农牧区稳定不出问题三条底线，防止不测的自然灾害断送牧民的小康梦想，就必须下决心转变传统的草原畜牧业发展模式，调草保畜已经给我们一些牧区发展、牧业增效、牧民增收的启发，虽然其未来的作用还要在实践中加以认识，但采取调草保畜的方法保底求发展应该提上我们研究牧区小康的议事日程。

阿坝州生态旅游、文化保护与社会经济发展转型调查报告

袁晓文　陈安强　陈　东[*]

位于青藏高原东缘的阿坝藏族羌族自治州，既是中华民族的重要生态屏障、长江黄河水系的水源涵养地，也是贯彻落实党中央治藏方略、加强民族团结进步、促进汉藏羌等各民族交往交流交融的走廊。生态安全、民族和谐、民生改善、社会进步、经济发展、稳藏安边，对于这块限制或禁止开发的重点生态功能区无一不是巨大的压力和挑战。

然而，阿坝州通过发展生态旅游，不仅留住了绿水青山、生物多样性等自然遗产，有力促进了各族群众之间的相互了解、相互帮助、相互欣赏、相互信任与相互学习，还创造性地实现了民族文化保护与文化产业开发的有机结合，在提高藏羌汉聚居区群众物质生活水平、发展参与度的同时，增强其获得感、激发其文化自豪感，从而成功促进了阿坝州的社会经济发展转型，创造了民族地区经济、政治、社会、文化、生态"五位一体"的"阿坝模式"。

为深入探寻阿坝州生态旅游、文化和社会经济发展的互动关系，2015年底，我们两次赴阿坝州调研和学习，深深地体验到阿坝州动人心魄的山水魅力和璀璨光彩的民族风情，亲身感受着阿坝州生态旅游的蓬勃生机，更让我们感动的是阿坝各族人民大美大爱的爱国深情与和睦和美的团结亲情。通过调研和学习，让我们更真切地认识到：立足生态，保持绿水青山就能拥有金山银山；立足创新，坚持走"多维立体"的生态经济发展模式，就能激发内生动力；立足开放，就能促进各民族交往交流交融和"多元一体"的和谐民族关系；立足民族文化保护与传承，就能永葆记忆"乡愁"；立足共享发展

* 袁晓文，四川省民族研究所所长、研究员；陈安强，四川省民族研究所副研究员；陈东，四川省民族研究所副研究员。

成果，就能促进和谐和睦和美，建设好中华民族共有精神家园。

一　得天独厚的生态旅游资源禀赋

阿坝藏族羌族自治州地处四川省西北部，紧邻成都平原，辖区面积 8.42 万平方公里，是四川省第二大藏区和我国羌族的主要聚居区，辖 1 市 12 县，2010 年第六次全国人口普查户籍总人口 90.17 万。阿坝州生态地位非常突出，是长江黄河上游重要的水土涵养地、重要的生态屏障，是全国全省重点林牧区。州内自然生态资源和人文生态资源富集，拥有高品位、高密度的世界级旅游资源，被世界旅游专家誉为世界最佳生态旅游和民族文化旅游目的地。其生态旅游资源总体特点是：品质高、基础好、潜力大、带动广。

二　生态旅游蓬勃发展

从试点旅游到生态旅游，再到"全域、全时、多元"旅游，阿坝州生态旅游走过了一条不断创新、勇于探索的发展之路。从 1984 年旅游景区开放试点启动，到 2016 年生态旅游深入发展，阿坝州旅游收入达到创纪录的 318.44 亿元，全年接待游客 3761.49 万人次，实现了生态旅游飞跃发展。总体来讲，这一历程大致分为两个阶段。

（一）从试点旅游到生态旅游

阿坝州依托自身独特丰富的生态资源，先是建立自然保护区，然后以"黄龙寺—九寨沟风景名胜区"为旅游试点窗口，以点带线、以线带面、全域立体，在旅游观念、规划设计、管理水平、服务质量上追求卓越，不断解放思想、开放创新、协调区域发展、共享发展机遇，从而形成了绿色生态、"全域、全时、多元"的旅游发展新格局。

1. **试点旅游推动保护型开发**

从 20 世纪 70 年代后期，在党中央、国务院和省、州各级党委和政府关心指导下，阿坝州准备在九寨沟建立自然保护区，积极保护九寨沟生态，为后来的旅游发展创造了条件。1978 年 12 月 15 日，国务院发文批准建立九寨沟国家级自然保护区。1982 年 11 月 8 日，"四川黄龙寺—九寨沟风景名胜区"被国务院公布为第一批国家级重点风景名胜区。1984 年元旦，九寨沟、黄龙景区正式对外开放，成为阿坝州旅游试点景区。长期以来，阿坝州以九寨沟、黄龙景区为窗口，积极探索旅游发展模式，逐渐形成了一种保护型发展的经典模式。

2. 生态旅游促进旅游深化

阿坝州在发展旅游的过程中，逐步形成了保护型发展的生态旅游模式。全州已建成国家、省级风景名胜区 9 个，建成九寨沟、黄龙和汶川特别旅游区等 3 个 5A 级景区，四姑娘山、达古冰山等 10 个 4A 级景区，建成川西北黄河大草原等一大批生态及文化旅游的精品景区景点，建成九环线、内环线、西环线三条精品旅游线路，形成了特色鲜明的生态旅游发展模式。一是以生态旅游理念为内核铸造精品。九寨沟、黄龙景区以保护型发展模式为基础，不断吸收先进的旅游发展理念，实现了旅游的可持续发展，成为生态旅游的精品典范。二是系统总结生态旅游经验，形成九寨—黄龙旅游管理模式，成为国内外生态旅游行业标杆。30 多年来，阿坝州积极探索，不断总结经验，逐渐探索出了既具有国际水准，又符合中国国情的生态旅游发展模式。

（二）从单一旅游到复态旅游，走上了多维立体的生态旅游发展模式

阿坝州在深化保护型开发生态旅游发展模式实践中，结合川西北民族与区域特点，探索出"农旅相融、文旅互动、林旅结合"的旅游发展路径，摆脱了原来旅游主要靠景区观光游的单一格局，不断拓宽旅游发展渠道，逐步实现了森林草地游、红色遗产游、民族文化游、休闲乡村游、科考教育游等多种生态旅游方式的全面可持续发展，形成了多维立体的生态旅游发展格局。

一是"全域、全时、多元"景区旅游。"十二五"期间，阿坝州围绕旅游二次创业，确立了"拓景扩容"，建设"全域、全时、多元"景区的工作目标。在州、县的共同努力下，形成了生态观光游、民俗风情游、乡村度假游、地震遗址游、红色文化游等多维旅游格局。

二是"农旅相融、文旅互动、林旅结合"。30 多年来，阿坝州不断探索"保护生态、惠民富民"的新路子，总结出"农旅相融、文旅互动、林旅结合"的发展思路，让旅游产生了深远可持续的经济效益、政治效益、文化效益、社会效益和生态效益。

三　民族文化保护成绩斐然

一是着力保护民族传统文化，大力发展文化产业。截至 2016 年 12 月，认定保护的国家级、省级、州级非物质文化遗产代表性项目共计 495 项，大批代表性传承人得到认定，文化遗产传承机制日益稳定。文化遗产的生产性保护通过"支部＋公司""公司＋农户"等方式，与文化发展紧密结合。各民族的古籍得到抢救和整理，《藏族祥巴（版画）》《羌族释比经典》等古籍保护成果深受专家、群众好评。各县积极编纂乡土民俗文化教材，将文化遗产项目引进课堂。文物考古发掘工作成绩显著。旅游文化演艺产业非常成熟，形成了规模达数千人的高原演艺群体。

二是弘扬红色文化，传承伟大红军精神。中国工农红军在长征途中曾驻留阿坝州达 16 个月，翻雪山、过草地，把革命的火种传遍藏寨羌乡。阿坝各族儿女，积极支援红军，为中国革命做出巨大牺牲和无私贡献。毛主席曾赞誉它是中国革命史上特有的"牦牛革命"。在新时期，州委、州政府创新思路，通过各种途径重温并弘扬红色文化，实现宣传、教育、传承、旅游"四结合"，推动了红色文化在阿坝高原新一轮发展。全州共有 5 处红军会议旧址被列入全国 100 个重点红色旅游经典景区。

四　生态旅游和文化保护推进社会经济转型

社会经济转型属社会改革转型的范畴，是社会主义社会发展进程中的自我完善。实践证明，生态旅游和文化保护是新型的生产力、创新的生产力、绿色的生产力，在推进阿坝州社会经济转型过程中发挥了重大作用。

（一）从伐木经济向生态经济的经济结构转型

改革开放以来，为扭转伐木经济的困局，阿坝州创新发展思路，积极探索新的发展方式，提出"一体两翼"经济发展战略。经济从原来的"伐木变钱"转变为"赏树创收"，确立了生态经济的基本格局。

一是"三产"比例不断优化。阿坝州的三次产业结构由 1978 年的 40.4∶48.1∶11.5 演变为 2016 年的 15.7∶47.2∶37.1，结构逐渐优化。其中一产比重降低 24.7 个百分点，比例大幅下降；二产比重减少 0.9 个百分点；三产比重增加 25.6 个百分点，比例大幅提升，旅游业的带动作用逐渐明显。1978 年阿坝州还无旅游业，到 2016 年，阿坝州已经成为世界著名的旅游目的地，实现了旅游从无到有、从弱到强、从接待型向产业型、从产业型向支柱型、从支柱型向主导产业型的飞跃。

二是绿色产业不断发展。首先，大力发展休闲农牧业。到 2016 年，阿坝州先后建成了以松潘上磨村为代表的 60 多个农牧业特色旅游村寨，建成以茂县南庄等为代表的农业观光采摘园 16 个、农牧家乐 600 多个。汶川县被列为全国休闲农业与乡村旅游示范县。其次，结合生态旅游，发展特色农牧业。阿坝州突出区位优势，大力发展有机蔬菜、特色水果、酿酒葡萄、道地中药材、高原中低温食用菌等特色产业，推动产业向高半山和西北高原延伸。最后，发展农牧产业加工。阿坝州通过外引内联、扶优扶强等方式，打造葡萄酒、果汁加工、牦牛肉干、奶制品为主的农牧产品加工业。到 2016 年，全州已培育 14 家规模以上生态产品加工企业，培育涉牧企业 47 家。

（二）从传统农牧社会到旅游服务型社会的结构转型

1. 促进农牧民生计方式转变

生态旅游和民族文化保护大力推动了阿坝州农牧民生计方式转变。这种推动在旅游热点地区效果非常明显，逐渐辐射并带动州内其他地区。在阿坝州，"一个旅游景点带动一个村寨""一个旅游景区带动众多乡镇"的局面渐渐形成，绿色低碳的生计方式已经来临，人们的生计方式正转向更加注重环境效益、经济效益、社会效益的良性互动。

一是完全式转型。完全式转型就是农牧民生计方式完全转变为旅游服务的社会转型。九寨沟景区附近农牧民的生计方式转变属于完全式转型。20 世纪 80 年代以前，九寨沟景区内的寨子还处于半农半牧、自给自足的传统社会。农民放牛养马，种植玉米、马铃薯，很少与外界联系。1984 年后，随着游客的增加，条件好的农户试着接待游客，随后村民们逐渐融入旅游业。为了自然保护区的可持续发展，1995 年，沟内荷叶、树正、扎如村村民均已农转非，成为社区居民。沟内居民积极配合国家政策，在 2001 年退耕还林6000 亩后，又退牧还草，实行禁牧，完全放弃了传统的农牧生计方式，全身心投入旅游服务业。九寨沟管理局采取了一系列保景富民措施：吸纳居民参与旅游管理、经营和生态保护；为居民购买社保；从每张门票收入中提取 7 元补偿居民生活。目前，景区内居民的生活早已达到全面小康。景区外漳扎镇附近的农牧民也依托九寨沟景区，或兴办农家乐、牧家乐，或经营宾馆餐馆、百货超市，或围绕旅游做好服务业，完全转变了传统的农牧业生计方式。

二是渐进式转型。渐进式转型是指农牧民生计方式还没有完全摆脱传统农牧生产方式的社会转型。这种新型生计方式部分依托原来的农牧生产形式，从而形成特色的乡村旅游发展模式。以红原县瓦切镇德香村"啊啦啦牧家乐"为例。该村村民石斗敏锐地洞察到旅游带来的商机后，积极投身旅游服务业，改变了原来单一的畜牧业生计方式，在 2013 年 7 月建立"啊啦啦牧家乐"。"啊啦啦牧家乐"占地 6 亩，投资 100 多万元，主要经营藏餐、骑马、骑牛和藏族古典艺术品鉴赏，最高接待能力每天达 500 人，年收入 30 多万元。作为畜牧转型较为成功的例子，"啊啦啦牧家乐"依托原来的农牧生产形式，结合现代旅游业，走出了一条农牧生计方式渐进式转型的发展路子，为农牧民脱贫致富提供了典型的示范效应。2014 年"啊啦啦牧家乐"正式注册为"啊啦啦文化传播有限公司"，并于当年 3 月被评为三星级牧家乐。

2. 思想观念由守旧走向开放

生态旅游和民族文化保护有力促进了人们思想观念的转变。一是各级主管部门结合生态旅游，积极引导、规范农牧民的思想行为，大力倡导社会主义新风尚，推进社会主义核心价值观融入旅游发展全过程。二是农牧民自发的经商意识增强。与原来传统的生计方式相比，旅游服务的经济收益更大，更能激发老百姓的积极性和创造性，大量人口被吸引到旅游热点地区从事旅游服务业。远离旅游热点的地方则通过售卖精制土特产，共享旅游收益。三是农牧民思想开放意识增强。30 多年来，在与外界的接触中，一些老百姓逐渐学会了普通话，有的甚至能用多种外语简单地招呼客人，很多人还能通过网络营销旅游产品。人们的思想观念越来越开放化、国际化。四是农牧民环保意识增强。随着旅游产业的兴起，人们广泛参与旅游服务业，对家乡山水的热爱更加强烈，留意自己的言谈举止、穿着打扮，环保意识显著增强，形成了"以人护林、以林养水、以水养景、以景育人"的良性循环。五是农牧民文化保护意识增强。与外界的接触，让当地人产生了广泛的文化自觉意识，认识到保护民族文化的重要性。从事旅游接待的家庭开始精心装修自家房子，将室内外装饰得独具民族特色，让人赏心悦目，特色民族餐饮也与时俱进、不断推陈出新。

3. 促进城乡建设转型

首先是从 20 世纪 80 年代开始到 2008 年 "5·12" 汶川特大地震期间，生态旅游和文化保护促进了阿坝州旅游沿线 "沟域城镇" 的兴起和建设，如九环线的漳扎镇、川主寺镇等。其次是 "5·12" 汶川特大地震灾后恢复重建充分考虑到城乡旅游发展，因而，在灾区城乡面貌焕然一新的同时，催生了一些新兴的旅游景区景点出现，如水磨古镇、映秀地震遗址等。最后是通过 "三百工程建设"，阿坝州打造了川主寺镇等重点旅游城镇，建成了以黑水县羊茸哈德寨等为代表的一批特色魅力村寨。

（三）从社会管理向社会治理的转型

阿坝州继承和弘扬悠久的爱国主义传统，加强民族团结教育，坚持依法治州、富民兴州、长期建州、凝聚人心、夯实基础。按照 "依法治寺、以戒管僧" 的要求，推进寺庙和谐稳定的长效机制建设。30 多年来，全州人民的生活得到了根本改善，广大群众热烈拥护改革开放，积极参与旅游开发和民族文化保护，更加珍惜团结和睦、社会稳定的大好局面，坚决和分裂势力做斗争，和衷共济、团结奋进、和谐发展，弘扬爱国主义主旋律，谱写民族团结进步创建新篇章。例如，大活佛谢拉甲木参几十年如一日，切实发挥宗教界人士在促进经济发展和社会稳定中的积极作用，先后多次被省、州、县授予 "宗教界先进个人" "民族团结进步先进个人" 等荣誉称号。他通过组织僧人学习《宪法》《民族区域自治法》等法律、法规，使所在寺庙僧人认清了分裂势力阻碍社会进步、破坏经济发展、损害人民利益的严重危害性。

五 经验与问题

阿坝州在生态旅游、民族文化保护和社会经济转型方面取得了重大实践成果。生动、丰富、立体的阿坝经验证明，生态旅游、民族文化保护极大地推动了阿坝州社会经济转型，对阿坝州民生改善、产业升级、生态文明建设以及民族和睦团结均起到了重要作用。同时，阿坝州的实践也为民族地区经济、政治、社会、文化、生态全面发展提供了宝贵的经验。

一是立足 "绿水青山就是金山银山"，坚持走大保护、小开发之路。阿坝州实施生态优先战略，大力发展生态经济，紧紧守护青山绿水。1998 年以来，阿坝州启动实施长江防护林建设、天然林资源保护、退耕还林、退牧还草等重点生态工程，有效缓解了生态环境恶化趋势。为坚持走"大保护、小开发"之路，在发展生态旅游过程中推出一系列创新性举措，如坚持"沟内游、沟外住"管理模式，启动州内旅游行业"生态旅游标准"，通过景区生态建设与参与旅游项目，增加农牧民收入，实现资源利用方式由过去纯粹向自然索取，向人与自然和谐共处、互惠互利转变的良性循环。

二是精诚爱国，坚持走和睦团结、同舟共济的爱国主义之路。在阿坝州，生态旅游、民族文化保护和社会经济转型有力促进了各民族和睦团结局面的形成。阿坝州有深厚的爱国主义传统，各族人民在长期生活当中相互了解、相互帮助、相互欣赏、相互信任与相互学习，已经形成了谁也离不开谁的生动局面，一损俱损、一荣俱荣、精诚爱国、团结友睦、和谐共生、同舟共济已成为各族群众的共识。

三是生态经济"多维立体"、民族关系"多元一体"，坚持走共性和个性相结合之路。阿坝州巨大的海拔落差形成了多样化的生态，也奠定了多元化的生计方式，成为差异化、多样性和多维化生态经济发展的典范。藏羌汉回等民族大聚居、小杂居的传统嵌入式分布格局，促进了各民族间的交往交流交融，不断地凝聚并巩固中华民族"多元一体"的自觉意识，各族群众坚持共同团结进步、共同繁荣的发展信念，走上了共性和个性相结合的发展之路。

四是文化"多彩一体"，坚持走民族文化与经济社会协调发展之路。阿坝州文化底蕴深厚，藏羌汉回等各民族文化绚丽多彩，红色文化鼓舞精神，在文化保护与经济发展相结合的工作中，以中华文化"一体"为前提，充分依托厚重的文化资源，积极抢救并保护民族文化遗产，将"非遗"传承引入学校，极大地增强了各族群众对祖国的认同、对中华民族的认同、对中华文化的认同、对社会主义道路的认同和对中国共产党的认同，是马克思主义国家观、民族观、宗教观、历史观、文化观在民族地区的深度实践和体现。

五是"一村一品、一乡一景"，因地制宜，坚持走生态旅游差异化发展之路。阿坝州根据全州各地旅游资源禀赋和民族文化特色，近年在坚持"全域、全时、多元"旅游的同时，依托得天独厚的山水风光，充分发掘并提升民居建筑、民族服饰、特色餐饮、音乐舞蹈、仪式节庆在旅游体验中的价值和魅力，因地制宜提出"一村一品、一乡一景"的差异化发展道路，部分地区形成了处处有看点、协调共发展的生态旅游格局。

六是农旅相融，增质增效，坚持走产业互动的提升之路。阿坝州全力推动一产上水平、三产上层次，促成产业的协调互动，实现了传统农业与旅游业共同发展。立体农业、特色农业、生态农业、观光农业、休闲农业，齐头并进，使广大农牧民不出家门便可以创业致富，极大地推进了农牧民生活水平的改善。

七是扩大开放、增进交流，坚持走企业与社区合作共赢之路。阿坝州充分利用国内国外两种市场、两种资源，加强内地与民族地区的合作交流，利用外部资金、技术、人才和市场优势，结合本地资源和劳动力优势，抓住利益契合点，大力推进企业与社区合作共赢，实现了阿坝州社会发展由"输血"向"造血"功能的转变，大力推进了阿坝州各项事业蓬勃发展。

八是文旅互动，坚持走民族文化保护与旅游开发的和谐共生之路。阿坝州积极推动文化与旅游结合，以文促旅、以旅带文、发展红色旅游，形成了一流的高原文化演艺群体。以理县、九寨沟县等为代表，将民族文化、红色文化深度融合到生态旅游中，推出了深受游客喜爱的"藏迷""羌红""天地松州"等文化品牌。

我们在看到阿坝州 30 多年所取得成就和经验的同时，还应清醒地认识到，由于存在各种客观原因和条件限制，在相当一段时期内，阿坝州在探索生态旅游、文化保护促进社会经济转型方面仍然存在一些困难和问题。

第一，生态保护压力大、任务重，短期内对社会经济转型有较大影响。一是生态脆弱，灾害频发，严重影响了经济社会发展。由于受到海拔、地质、气候、地震等方面影响，生态环境极度脆弱，容易发生生态逆向演替。塌方、泥石流等灾害频发，严重影响了交通运输，影响了生态旅游业的健康发展。二是生态红线划定任务重，对社会转型提出更高要求。在国土空间规划中属于限制开发区，省定的生态红线划定比例高达 67.79%，"三产"转型难度大。

第二，民族文化资源发掘不够，文化产业品牌需进一步提升。一是阿坝州本地专门从事民族文化保护和研究的科研力量薄弱。二是受财力影响，文化保护部门对于民族文化保护和传承提供的资金相当有限。一些有特色的民间文化项目举步维艰，如红原马术文化。三是文化与旅游开发结合深度不够。一些文化项目纯粹为了旅游宣传而展演，失去了文化的固有内涵；一些好的项目亟待发掘整理，并深入研究如何将其与旅游产业有机结合。四是文化公共设施维护管理成本高，地方财力薄弱难以支撑。五是部分文化项目，重开发、轻反哺，已经影响到文化保护工作的可持续性。六是高层次的文化产业品牌还没有建立，影响了文化产业的深度发展。七是世界文化遗产项目申报滞后，影响了阿坝州的文化品位，不利于文化生态旅游向纵深拓展和推进。

第三，高层次人才缺口大。人才是一种重要的社会资本，是阿坝州今后开放、创新、发展的重要动力。长期以来，高层次人才缺口一直困扰着阿坝州生态旅游、民族文化保护和社会经济转型发展。一是由于条件比较艰苦，高层次人才留不住、不愿来的问题比较突出。各行业普遍缺乏专业技术人才，特别是缺乏本科及本科学历以上的高层次人才；金融、交通、科技、环保等领域对高精人才的需求尤为迫切。二是"9＋3"免费职业教育部分专业设置不合理、不接地气，与民族地区现实发展存在距离。三是上挂下派、对口支援机制有待进一步优化，各级各类人才的学习、交流与培养机制需进一步完善和加强。

第四，跨行政区域协调合作机制缺失。阿坝州位于川甘青结合区域，不少地方"一景跨两省"。如四川省若尔盖县和甘肃省碌曲县交界的"郎木寺"，分别是"德合仓郎木格尔底寺"和"德合仓郎木赛赤寺"；青海省久治县和四川省阿坝县交界的莲宝叶则，青海称"年宝玉则"景区。由于行政区域因素，目前两省地在基础设施建设、景区开发和项目申报等方面均各行其是，对于突出存在的共性问题缺乏交流协调，影响了旅游的共同发展，旅游开发利益共享机制亟待建立。

第五，交通仍然是限制阿坝州旅游发展的瓶颈。阿坝州地质、地形、气象、水文条件复杂，地震、泥石流等灾害频发，掣肘着交通发展。交通投资成本高，国家资金补贴偏低、地方配套资金紧张。目前，旅游公路体系和运输服务网络还不完善，存在公路旅游服务设施较少、公路沿线景观效果较差、旅游运输瓶颈路段较多、旅游集散能力总体较弱、养护难度大等问题。

第六，宗教文化旅游开发程度低。阿坝州宗教文化旅游资源丰富。州内各种宗教和谐并存，不仅藏传佛教五种宗派齐全，而且仍保留并传承着早在卫藏绝迹的"觉囊派"，同时还存在道教、伊斯兰教等宗教文化，具有鲜明的地域特色，是旅游开发的潜力和优势。目前存在的问题有：寺庙旅游开发不平衡，有些庙宇金碧辉煌，有些却破败不堪、文物亟待抢救保护，而旅游开发容易使发展较好的寺院受益，相关问题还需要进一步研究；宗教文化旅游或体验是一把双刃剑，既会给寺庙或当地民众带来就业和增收，也可能影响社会稳定和造成安全隐患；寺庙作为一种特殊类型的社区，将其纳入相关民生工程之内是应有之举，一些位置偏远的寺院基础设施建设投入大、受益人群少，但维护成本高。

六　对策与建议

针对上述问题，课题组经深入分析与思考，结合阿坝州今后发展实际提出以下对策与建议。

一是尽快建立和完善生态补偿机制。阿坝州生态地位重要，长期以来，在生态保护、建设生态文明的过程中做出了巨大牺牲。建议加大对阿坝州纵向和横向的生态补偿。加大财政转移支付力度，加快推进紫坪铺水库饮用水源生态保护补偿制度试点建设。

二是加大对阿坝州工业帮扶力度。阿坝州在异地所办工业合作园区，如"成都—阿坝工业园区""德阳—阿坝工业园区"等，有效缓解了工业对阿坝州生态的压力。鉴于阿坝州重要生态功能区的定位，建议出台相关优惠政策，推广异地办园区的模式和经验，不断优化工业布局，推进传统工业转移、转型升级，实现州内州外优势互补、效益分享、合力发展，将异地工业合作园区建设成民族地区承接产业转移的综合经济开发区和示范园区。

三是继续坚持保护型开发模式，大力推动人文生态旅游发展。大力发展森林生态旅游，开拓增收新途径，增加农牧民、森工群众收入。建议继续推进"全域、全时、多元"旅游发展，继续深化"农旅相融、文旅互动、林旅结合"模式。大力发展乡村旅游，加快休闲农业发展。适度发展宗教文化体验旅游，积极引导宗教与社会主义相适应。尽快推动旅游景区联合上市，整合资源，加快创新发展。继续推进阿坝州世界生态旅游目的地和藏羌文化旅游目的地建设。

四是继续加大文化遗产保护力度，加快红色旅游发展，提升文化产业发展空间。加强文化遗产精准保护，加大投入，深化产出。继续扩大红色旅游宣传，依托景区风光、民族文化综合发展红色旅游。继续推动文化遗产和红色文化进校园工程。建议将"藏羌彝土司文化"联合申报为世界文化遗产，落实"藏羌彝文化产业走廊"建设具体措施，深化"羌族文化生态保护实验区"建设。创新阿坝州影视演艺业、文化创意业建设路径，尽快形成创意文化新品牌。

　　五是加快基础设施建设，推进区域合作发展。加大投入，以"一带一路"为牵引龙头，坚持交通优先战略，紧紧围绕旅游发展完善交通设施，实现"道路美、城景通、景景通"。高起点、高规格完善交通路网建设，特别是旅游环线建设、红色旅游专线建设，以及与甘青通境高速公路的连接。加快推进"格成""成兰"铁路建设，着眼长远合理布局站点；健全现代物流体系建设，支持冷链物流配送业，促进商贸流通，降低农牧产品运输成本。

木里民族关系现状调查

苏发祥　李继群　罗静萍*

木里藏族自治县是全国仅有的两个藏族自治县之一，也是四川省唯一的藏族自治县，地处四川省凉山彝族自治州的西北部，周边与四川、云南的 10 个县接壤。东临冕宁、九龙，南连盐源、宁蒗、玉龙，西接稻城、香格里拉，北通理塘、雅江、康定。全县辖区面积 1.32 万平方公里，占凉山州总面积的 22%，居全省第三位。木里辖 29 个乡镇、9 个国营牧场、113 个行政村、603 个村民小组，全县总人口 13.9 万。近年来，木里县社会稳定，经济发展，宗教和顺，和谐的民族关系是主要原因之一。尤其是自 2008 年以来，木里是五省藏区中最稳定的地区之一，得到了党和国家有关部门的关注。

2014 年 9 月，"中央民族工作会议暨国务院第六次全国民族团结进步表彰大会"在北京举行，会议对 1496 个全国民族团结进步模范集体和模范个人进行了表彰。其中，中共四川省木里藏族自治县委员会荣获了"全国民族团结进步模范集体"称号。

2016 年 4 月，凉山州发布了"三年创建全国民族团结进步示范州"的活动通知，木里县也相应出台《木里县创建四川省民族团结进步示范县实施方案》。2017 年 4 月，木里县委、县政府召开会议调整了《实施方案》，新的实施方案提出的奋斗目标是：力争 2017 年全县 90% 以上企事业、机关单位，80% 以上的乡（镇），70% 以上的村（社区）、寺庙创建成民族团结进步示范单位；力争 2018 年通过省委、省政府验收，把木里建设成为"全省民族团结进步示范县"，建成人文环境和谐、文化氛围浓厚的宜居、宜业、宜游的幸福美丽和谐新木里。

---

* 苏发祥，中央民族大学藏学院院长、教授；李继群、罗静萍，中央民族大学藏学院研究生。

一　木里县民族人口及其分布

（一）人口构成

木里是藏族自治县，也是一个多民族聚居的区域。据 2015 年统计，木里县藏族人口占到全县人口的 32%（见表 1），其余 68% 左右的人口包括汉、彝、蒙古、纳西等 20 个民族（见表 2）。

表 1　2007~2015 年藏族人口占全县人口比例*

单位：人、%

年份	2007	2008	2009	2010	2011	2012	2013	2014	2015
人数	42919	43435	44216	44361	45056	45054	45217	45470	45228
占总人口	32.82	32.97	33.11	32.88	32.82	32.73	32.68	32.76	33.03

* 木里藏族自治县年鉴编纂委员会编《木里藏族自治县统计年鉴》（2007~2015），方志出版社，2012，第 201 页。

表 2　2010~2015 年木里县各族人口统计*

单位：人

年份	汉族	彝族	藏族	蒙古族	苗族	纳西族	其他	合计
2015	25469	41938	45228	8919	8664	4792	1911	136921
2014	25895	42751	45470	8997	8910	4830	1935	138788
2013	26107	42421	45217	8977	9447	4820	1918	138907
2012	26168	41947	45054	8929	8848	4815	1898	137659
2011	26280	41520	45056	8869	8813	4821	1903	137262
2010	26223	40343	44361	8692	8629	4752	1910	134910

* 木里县统计局：《木里藏族自治县统计年鉴》（2011~2016）。

其中，汉族、彝族、藏族人口较多，蒙古族、苗族、纳西族、布依族以千人计，仅十位或个位人口数的民族包括回、傈僳、白、壮、满、傣、土家、布朗、羌、朝鲜、黎、瑶、侗、普米族（见图 1）①，这些较少人口主要因为个人婚姻或工作关系等迁居到木里的。

---

① 木里县统计局：《木里藏族自治县统计年鉴》，2015~2016 年。

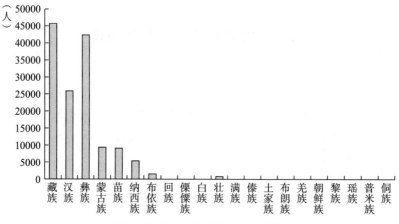

图 1　2015 年木里县各族人口统计

（二）民族分布格局

从木里民族人口的基本统计中可以看出：藏、彝、汉、蒙古、苗、纳西族是人口较多的民族。这些民族都有着相对集中的聚居区，这与木里民族的历史密切相关。

藏族主要分布在木里的北部、西北部，如麦地龙乡、博窝乡、唐央乡、麦日乡、东郎乡、依吉乡、水洛乡等（见表3）。木里藏族的历史悠久，一般认为是唐朝初期，吐蕃王朝建立后，在其向东的扩张中，一部分士兵或留居或与当地原住民结合形成了今天木里藏族的先民；另一部分则是明朝时期从滇西北流转迁徙入木里的。今天木里藏族分布较集中的地区正是与四川省甘孜州雅江县、理塘县、稻城县和云南省西北部相连的区域。

表 3　2015 年藏族分布较集中的乡镇人口统计 *

单位：人、%

	总人口	藏族人口	比例
麦地龙乡	2581	2144	83.07
博窝乡	1871	1464	78.25
唐央乡	4337	2384	54.97
东朗乡	2624	2612	99.54
依吉乡	3419	2067	60.46
水洛乡	5779	4833	83.63

　* 木里藏族自治县年鉴编纂委员会：《木里藏族自治县年鉴》，吉林文史出版社，2016，第 292~327 页。另外麦日乡 2015 年总人口 2662 人，相关介绍提及乡内藏族人口占 99% 左右，但统计年鉴未明确标注具体人数，因此该数据未能在表格中有所体现。

彝族在木里县内人口居于第二位，他们大多是100多年前从冕宁、盐源、九龙和云南的宁蒗等地迁居而来的。今天主要分布在木里的东部和南部，这里与四川省甘孜藏族自治州九龙县子耳彝族乡，四川省凉山彝族自治州冕宁县、盐源县等相接，主要分布在卡拉乡、倮波乡、三桷垭乡、芽祖乡、下麦地乡、李子坪乡、牦牛坪乡等。

汉族主要分布于县政府所在的乔瓦镇，沙湾乡、西秋乡、倮波乡、博科乡等乡和瓦厂镇均有千人以上的汉族。汉族也多是100多年前从冕宁、盐源、西昌和甘孜州九龙等地迁入的，如项脚乡内还有"明代遗民"的汉族后裔，至今仍身着具有明清时期特征的汉族服饰。后期还有民国时期的川军流落到木里居住，还有经商、采金等留在木里的。解放后，内地的汉族干部调进木里支援建设，所以教师、医生等专业技术人员多为汉族。

蒙古族、苗族和纳西族聚居在民族乡内。木里有5个民族乡，分别为屋脚蒙古族乡、项脚蒙古族乡、白碉苗族乡、固增苗族乡和俄亚纳西族乡。5个民族乡分散在木里境内。俄亚纳西族乡位于木里的西南边缘，往东跨过依吉乡就是屋脚蒙古族乡，处于木里的南部，项脚蒙古族乡则在木里县境东南边缘，其北就是白碉苗族乡，固增苗族乡是在木里县的中部。

蒙古族在木里境内主要有两个支系，其中"纳日"与四川盐源、云南永宁一带的同属于一个支系。这部分是自晋代以来就在木里生活的世居民族，他们至今聚居在屋脚乡的屋脚、利家嘴。聚居在项脚乡的项脚等地的"纳惹"则是近代才从盐边、盐源、冕宁等地迁居来的。

苗族基本是在清道光至咸丰年间从贵州、云南等地迁徙到木里的。今天主要聚居在白碉乡和固增乡。纳西族主要聚居在俄亚乡，这部分纳西族是明代中叶从云南丽江迁入木里的，至今已有400多年的历史。另外在水洛乡也有聚居的纳西族村落，这些人是后来被土司从俄亚充军到水洛的。

表4   2015年木里5个民族乡民族分布

单位：人

	总人口	纳西族	蒙古族	藏族	汉族	彝族	苗族	壮族	布依	回
俄亚纳西族乡	5780	4121		有	有					
屋脚蒙古族乡	2448		769	有	有	有				

续表

	总人口	纳西族	蒙古族	藏族	汉族	彝族	苗族	壮族	布依	回
项脚蒙古族乡	3457	有	人数不详	有	有	有	有	有		
白碉苗族乡	6014		有	有	有	有	2502		有	有
固增苗族乡	3334			有	有	有	1080	有		

资料来源：木里藏族自治县年鉴编纂委员会编《木里藏族自治县年鉴》，吉林文史出版社，2016。

从表 4 中可以明确看出，民族乡实际上并不是单一民族的分布。2015 年俄亚纳西族乡总人口 5780 人，其中纳西族 4121 人，占总人口的 71%。屋脚蒙古族乡的蒙古族人口仅 769 人，占总人口 32.88。白碉苗族乡和固增苗族乡的苗族人口有 2502 人和 1080 人，占了全乡总人口的 41.6% 和 32.4%。从统计数据看，在 5 个民族乡内，俄亚纳西族乡的纳西族人口比例很高，而蒙古族民族乡和苗族民族乡中，蒙古族和苗族仅占了总人口的 1/3 左右，但在其他乡镇内也有蒙古族和苗族人口。

木里全县除东朗乡、麦日乡、水洛乡和 9 个牧场属藏族聚居区外，其余乡镇都有 3 个以上的民族共同居住。所以，可以将木里民族的分布概括为"大聚居、小杂居"。也就是说，几个较大民族都有一定范围的聚居区，而聚居区内又出现了多民族杂居的情况。这种"大聚居、小杂居"的民族分布格局是木里民族关系的一个突出特点。

由于"大聚居"的关系，不同民族的文化得以相对完整地保留，民族间也形成了"互相尊重、互相理解"的和谐关系。同时，"小杂居"的事实，也促成了不同文化间的交流和互动，民族间"互相借鉴、互相融合"的共融关系由此形成。

二　通婚状况

人类的婚姻关系除了受到个人感情因素的影响外，还会受到个人生活的经济文化的背景以及自己所属族群的特征的影响。民族间相互交融的文化表征中一个重要的标志就是不同民族之间的通婚。不同民族之间的通婚不仅是不同民族之间关系融洽的一个重要标志，也是不同民族之间关系融洽的必然结果。西方社会学界普遍认为，当两个民族间的通婚比例达到 10% 以上时，就可以说这两个民族间的关系是比较好的。① 在木里，虽然没有得到具体的族际通婚数据，但访谈材料显示了木里多民族通婚的普遍情况。

项脚蒙古族乡龚先生的家庭就是比较典型的蒙汉通婚。②

龚先生的爷爷和奶奶都是本乡的汉族，其父亲是汉族，但其母亲是来自本乡的蒙古族。所以龚先生本人属于蒙汉混血，他填报的民族成分是汉族。而龚先生妻子的父母都是本乡的蒙古族。夫妻两人现在有一个 8 岁大的儿子，他们在给孩子上户口的时候选择了蒙古族。龚大哥说因为少数民族的政策更好。

龚先生有兄弟姐妹 13 人，他自己是最小的一个。大姐嫁给了本村的汉族人家，二姐嫁到水洛乡的一个藏族家庭，三哥和四哥都娶了本乡的汉族妻子，五姐则是嫁给本村的汉族，六姐嫁到了四川内地的汉族家庭，七哥娶了本地的蒙古族妻子，八姐嫁给了本乡的汉族，排行第九和第十的姐姐都嫁给了本乡的蒙古族，排行第十一的哥哥娶了本乡的蒙古族妻子，最小的姐姐远嫁四川内地达州。

龚先生说："由于我们项脚乡最主要的就是蒙古族和汉族，所以我们这里这两个民族之间通婚的情况是最多的。一般本乡之间结婚的话，民族问题不是我们考虑的主要因素，最为重要的还是两人之间是否有感情，我们和本乡的蒙古族之间并没有太大的差异。我们家的民族情况也不算是很复杂，主要就是蒙古族与汉族通婚。在其他民族较多的地区可能存在更多民族通婚的情况，一个家庭当中可能会出现好几个不同的民族"。

在木里县政府所在地乔瓦镇核桃湾村我们也了解到不少类似的案例。③

吴大姐的父亲为本地汉族，共有兄弟三人。父亲排行最小。父亲娶了本地的蒙古族妻子，也就是吴大姐的母亲。大伯父娶了藏族妻子，一家人搬到了其他地方，大伯父家所有的孩子都说藏语，生活习惯也是藏族的生活习惯，信仰藏传佛教。二伯父娶了彝族妻子，所有的儿女也就成了地道的彝族人，有着彝族人的生活方式和信仰。吴大姐的父亲去世早，母亲带大了四个女儿。

---

① 马戎：《西方民族社会学的理论与方法》，天津人民出版社，1997，第 16 页。
② 据 2017 年 4 月 27 日访谈资料整理。
③ 据 2017 年 4 月 27 日访谈资料整理。

吴大姐是老大，她丈夫是昭觉的彝族，她的二妹嫁给本地的彝族；老三和老四嫁给了本地的汉族。

关于选择彝族丈夫的问题，吴大姐这样告诉我们：

> 我们两个人是以前在成都工作时认识的，并没有刻意考虑过民族的问题，因为我感觉在木里，人们在婚姻问题中很少考虑民族问题。倒是自己的丈夫家里是昭觉的彝族，传统观念很强，他家起初一直反对两人结婚。后来在我们的坚持下，丈夫家里才同意。我是家里老大，所以丈夫就跟着我来木里生活了。

谈及木里的民族关系，当地不少人都强调多民族通婚的情况。木里多民族通婚呈现了两个基本特征：一是越靠近县城乔瓦镇的地区各民族间通婚状况越普遍；二是年轻人中多民族通婚的情况逐渐增多。

我们在民族分布格局的分析中已经提到，木里人口较多的几个民族都有相对集中的聚居区，而县城附近则呈现出以汉族为主的多民族杂居的状态，再加上交通便利、经济发展等原因，不同民族间的交流增多，都为族际通婚创造了条件。而在相对偏远的地区，传统的婚姻观念还在发挥作用，比如藏族对"骨系"的重视等，在某种程度上限制了通婚的范围。但随着社会的发展，走出村落的年轻人逐渐增多，这部分人的婚姻已经基本不受父母或传统的限制。正如以上吴大姐提到的，她和彝族丈夫是在外打工时认识的，两人的婚姻一开始也被家庭阻挠，但家庭的反对最终阻挡不了他们的坚持。

三　语言及习俗

木里县有世居民族 21 个，各民族在文化关系上呈现了互通有无的交融局面，主要体现在语言使用方面。语言是民族文化最重要的载体之一，也是 20 世纪 50 年代我国进行民族识别时的最重要的标志之一。但在木里，一人多语的现象比较普遍。

笔者到木里大寺时，发现寺院中的僧人与我们交流时使用的是藏语康方

言，而僧人们之间进行交流时，使用普米语。为此，该寺僧人扎西尼玛介绍道：[①]

> 木里大寺的僧人多是来自大寺周围这几个乡镇，大多数僧人都是普米族，还有一些纳西族和蒙古族，除了念经时我们会使用比较标准的藏文和藏语之外，平时僧人之间的交流多是采用普米话，附近的老百姓也多是用普米话来交流，在木里县一个人掌握几种语言是很平常的事情。

笔者还发现来自水洛乡的几位纳西族年轻人用普米语跟扎西尼玛打招呼和交谈，于是也询问了他们关于语言使用的问题，他们回答说：[②]

> 我们东拉那里藏族比较多，他们都说普米语[③]，我们住在一起，慢慢地我们也就能听懂了，后来自然也就会说了。但是我们纳西族内部还是说我们自己的语言，除了普米语，我还能说苗族话，也能听懂蒙古语。他（年长的那位大哥）还会说彝语，我只能听懂彝语。我们东拉那边的人即使不是藏族也会说普米语，很多人都能说纳西语和苗语，还有一些厉害的能说蒙语和彝语，因为我们那边蒙古族和彝族是比较少的。

这说明木里民族间的文化交融在语言上也有充分的表现。此外，从其他风俗习惯上看，木里各族之间文化交融的例子也比比皆是。在木里，不仅藏族人喝酥油茶，蒙古族、纳西族、汉族、彝族及其他一些少数民族都喜欢喝酥油茶。从昭觉过来的彝族大哥给我们看了他家厨房里精致的酥油茶筒，并说道：

> 我们这里不分民族家家户户都会喝酥油茶，不仅仅只有藏族人才喝，我的老家是昭觉县的，基本都是彝族，我们那边根本就不会喝酥油茶，等我来到木里以后，大家都喝酥油茶，所以我也就慢慢习惯了，现在一

---

① 据 2017 年 4 月 23 日访谈资料。
② 据 2017 年 4 月 24 日访谈资料。
③ 木里的藏族有呷咪、普米、粟米、里汝之分，他们分布在不同的区域，语言也有所不同。

天到晚不喝上个一碗，反而有些不太习惯了。现在很多人都喜欢用机器打茶，但我们家还是喜欢喝手工打的茶。①

　　在日常生活中，木里几个民族间的交往交流非常普遍。木里县的广场上每天晚上 7 点准时会有群众自发组织跳锅庄舞，身着藏族、彝族、纳西族等不同民族服饰的周围居民们都来跳锅庄，不同民族的人都将锅庄舞当成了他们生活中的一部分。我们在瓦尔寨大寺调研时，一位纳西族大哥的手机响了，铃声是一首优美的藏族歌曲，笔者询问他为何会选择一首藏族歌曲来作为手机来电铃声，他说：

　　　　我很喜欢藏族的文化，喜欢藏族的歌曲，因为和藏族人住在一起，所以感觉比较了解他们的文化，感觉从生活习惯等方面与藏族人没有什么大的差别。②

　　从这样的生活细节中，我们也能够看出木里县的各个民族在生活习惯上的互相影响与交融。

四　宗教关系

　　同民族分布状况一致，木里地方的宗教文化也呈现出多元共存的特点，影响信众最大的当属藏传佛教。1584 年，扎巴却杰·松吉嘉措奉三世达赖喇嘛索南嘉措之命在木里修建了瓦尔寨大寺（藏语称"拉顶甘丹达吉林"），这是木里第一座藏传佛教寺院。从此，藏传佛教在木里开始迅速发展，鼎盛时期，有"三大寺十八小寺"之说，据说木里三大寺是按拉萨三大寺的布局兴建的，而且历史上与拉萨三大寺关系密切。据《盐源县志》（清·光绪本）载："道光十五年（1885）有喇嘛 3318 人。"这个数字占当时总人口的 9.3%。③ 因此，解放前，一些西方人把木里称为"喇嘛王国"。目前，木里有 14 座开放

---

① 据 2017 年 4 月 27 日访谈记录。
② 据 2017 年 4 月 24 日访谈记录。
③ 木里藏族自治县志编纂委员会编纂《木里藏族自治县志》，四川人民出版社，1995，第 891 页。

寺庙，其中属于萨迦寺庙 1 座，香根活佛 1 名①，常住僧人 347 名。② 信教群众 8 万人左右。③

藏族和部分蒙古族、纳西族信仰藏传佛教。笔者在木里大寺、瓦尔寨大寺调查期间，就遇到了多位纳西族群众，他们专程前来请僧人到村子里念经，其中来自水洛乡的纳西族同胞告诉我们：

> 我们是附近水洛乡的居民，我们是纳西族，但我们也信仰藏传佛教，最近村子里有很多村民都生病了，所以我们来木里大寺想请寺院里的喇嘛帮我们村子念念经，举行一些仪式来帮助我们村子消消灾。我们虽然是纳西族，但是我们村子里大多数居民是藏族，我们与他们居住在一起，自然也就受到了他们的影响。自我们祖辈居住在这里开始，我们就信仰藏传佛教，但凡家里有什么大小事情，我们总是会选择进行藏传佛教的一些仪式来消灾。如果是一些小的问题，我们会请村里那些学过念经的人帮忙念经，举行一些简单的仪式活动来解决这些小问题。但是遇到大的问题我们往往就会来到木里大寺，请求寺院里喇嘛念经举行仪式来消灾，比如这次村里生病的人比较多，问题就比较严重了，所以村子里商量之后就决定派我们到木里大寺请寺院喇嘛来举行仪式和念经。

除了藏传佛教，纳西族的"东巴"、彝族的"毕摩"、普米族的"韩归"、蒙古族的"达巴"以及汉族的"先生"在木里都有各自的信仰群体，甚至一个家庭内部也会有不同的仪式活动并存，核桃湾村民吴大姐家就是这种情况：

> 家里现在是我丈夫当家，家里所举行的仪式自然是彝族的那一套仪式，家里孩子生病一般也是请彝族的毕摩来进行消灾祈福的仪式。在节

---

① 木里香根活佛系藏传佛教格鲁派创始人宗喀巴大师八大弟子之一，却杰·松吉嘉措成为木里第一世香根活佛。

② 翁依偏初：《寺庙管理在藏区维护社会稳定中的特殊作用》（2017 年 4 月）。翁依偏初是木里藏族自治县政协副主席、县佛协常务副会长、木里大寺民主管理委员会主任，这是他在中国藏学研究中心等单位承办的藏区精准扶贫研讨会上的发言稿中提到的最新统计数据。

③ 数据来源于木里县民族宗教局及上述翁依偏初主任的发言稿。

日方面的话我们一般过彝族的火把节和新年，汉族的春节也过。在我小的时候，家里面要是有什么不好的事情发生，母亲通常会请蒙古族的达巴来做仪式。现在我们偶尔也会请达巴来做仪式，但已经比较少，可能一年当中最多就一两次。有时候家里的小孩子生病了，我们村子里有个汉族的先生给小孩子看病，我偶尔也会带着孩子去他那里看看病，但是从来不会请到家里来。同村的话，比较方便。而且请汉族先生的话，不需要像彝族的毕摩和蒙古族的达巴一样有杀生的活动，花费较少。

从访谈中可以看出，毕摩、达巴和先生都可能成为吴大姐家的座上宾。一个家庭内成员信仰不同宗教，互不干涉、和睦相处。先生是汉族父亲的信仰，达巴是蒙古族母亲的信仰，而毕摩是彝族丈夫的信仰。父母已经去世，丈夫和她组建了小家庭。丈夫也没有完全坚持毕摩的信仰，吴大姐也没有脱离父母的影响。于是出现了一个家庭内部多种信仰的情况。

多元宗教和谐并存成为一个基本事实，和谐并存的基础是什么？"尊重"二字道出了其中的真谛。①

> 固增是苗族乡，各个民族之间相处得比较融洽。藏族会说苗语，苗族也会说藏语，从宗教方面讲，就是互相尊重，你有你的信仰，我有我的信仰，尊重是最大的特点。只要互相尊重，不管信仰什么，都可以非常融洽地相处。
>
> 我自己是藏族，我也信仰藏传佛教，但是在日常生活和工作中，我们都是非常尊重其他民族信仰的。

此外，近年来，木里县人民政府在探索宗教与社会主义相适应方面提出了"两真两严"的寺庙管理政策，即"真诚相待、真心帮助、严格管理、严厉打击"，推动寺庙管理的社会化，充分发挥宗教力量在当地信教群众中的正能量和积极作用，取得了显著的效果。② 正如木里大寺民主管理委员会主

---

① 2017年4月25日下午，调查组与木里县委党校乡镇干部学习班座谈会记录。
② 中共凉山州委课题组：《"两真两严"的木里经验（2015）》，李林、杨天宗、田禾主编《四川依法治省年度报告 No.1（2015）》，社会科学文献出版社，2015，第373页。

任翁依偏初所说：

> 我们认真贯彻落实中央和省、州藏区工作系列部署要求，积极配合党
> 委政府，着力抓发展、惠民生、创稳定、促和谐，建立起各级党委政府与
> 群众特别是寺庙僧人及信教群众相互信任的关系，形成"上下共抓促发
> 展、人心思齐保稳定"的良好氛围，呈现出和谐稳定发展的可喜局面。

总之，从宗教关系上看，藏传佛教的影响巨大，但同时，多种信仰共存
也是现实。多种信仰之间并不存在矛盾和冲突，相反，长期以来，不同信仰
的民族之间互相尊重、友好相处，宗教和顺，民族关系融洽促进了木里经济
社会的繁荣发展。

结　语

以上从民族分布、通婚、语言和宗教关系四方面论述了木里地区的民族
关系及其特点，民族间的交往交流交融体现在日常生活中的点点滴滴，而这
正是和谐民族关系的坚实基础。要实现党中央提出的 2020 年全面建成小康社
会的奋斗目标，实现藏区社会的长治久安，发展平等、和谐、互助、相互尊
重和共同繁荣发展的民族关系至关重要。因此，木里构建和谐民族关系的经
验具有非常重要的借鉴和学习意义。正因为如此，四川省人民政府号召在全
省藏区推广木里县治藏兴藏二十条基本经验，中央党校课题组撰写的《民族
地区如何长治久安——木里的经验和启示》研究报告中，认为木里藏区是
"当前我国藏区治理的典范"，中共中央政治局常委、全国政协主席俞正声也
做出重要指示，对"木里经验"给予充分肯定。

民族关系涉及社会生活的方方面面，是一个极其复杂的问题。西方有学
者提出可从心理和意识形态、群体、个人行为三个层面分析民族关系，或者
通过通婚、居住格局等七项变量衡量一个地方的民族关系与民族交融程度。
国内也有些学者运用族群意识、族群集团间的结构差异、人口迁移、语言使
用等因素来分析当下国内的民族关系状况。[1] 无论从何种视角研究和认识民

---

① 张军：《社会交往与藏汉民族关系——从西藏调查看民族关系的影响因素》，《西南民族大学
学报》2015 年第 8 期，第 17 页。

族关系，欲实现不同民族间的交往交流交融，构成各民族成员个体间的日常交流和互动是基础。中国自古以来就是一个统一的多民族国家，要实现中华民族复兴的伟大梦想，构建中华民族共同精神家园，各兄弟民族间的团结非常重要。从这个意义上讲，木里构建和谐民族关系的经验和成就给我们很多的启示和思考。

百年墨脱的飞跃

——藏边社会制度与社会生活的变迁

邓　笑*

　　隐藏在喜马拉雅山南麓的墨脱，在短暂的 100 多年里，其社会文化变迁经历了惊人的四级跳：原始自然经济—封建农奴制度—社会主义制度—中国特色社会主义制度。最早开发这片土地的是珞巴族先民，他们主要从事原始农业和采集狩猎的自然经济。18 世纪门巴族先民不堪天灾人祸，怀着对"莲花圣地"的美好向往，不断游耕游猎到墨脱县域，寻求生活的新希望。门巴族既带来铁器生产，也带来藏传佛教，门巴珞巴两个民族的先人有争斗、有妥协、有合作、有互助，共同开发了这片美丽富饶的土地。

　　19 世纪末西藏的封建农奴制度进入后，在外来侵略的威胁下，封建农奴制度逐渐完善，加强了对这一地区的控制。新中国成立后，人民解放军将红旗插上喜马拉雅山，1951 年西藏实现了和平解放，但身处边境的墨脱，直到 1962 年以后才全面建立社会主义制度，从而带来翻天覆地的变化。改革开放以来墨脱和西藏其他地方一样，走上了快速发展的快车道。特别是新世纪以来，墨脱更是走上了跨越式发展的康庄大道。墨脱的社会文化变迁，简短而剧烈，墨脱历史的四级跳，在人类整个文明史上，可以说独树一帜，发人深省。本文基于 2016 年夏季的实地调查，结合相关文献资料，对百年墨脱的飞跃进行论述。

一　原始自然社会的社会制度与社会生活

　　长久以来，勤劳勇敢的珞巴族人民最早生活在墨脱地区，这里山高谷深，

---

　　* 邓笑，中央党校 2016 级博士研究生。

人们依赖小块平地开垦农田，更多是沿着山坡实施轮耕农业，砍伐茂密的森林植被，放置半年后放火焚烧，草木灰即是肥料，用竹木插孔放入种子，让其自由生长，到秋天进行收获。这种刀耕火种的农业，广种薄收，依赖大面积山地进行轮作，一块土地的地力耗尽，就重新开辟新的土地，若干年后待地力有所恢复，再恢复耕作。这是人类普遍采用的早期原始农业生产方式，生产力极其低下，"种一坡，收一锅"，所出产的粮食基本只能维持半年左右的口粮，必须依靠狩猎、采集和粗放畜牧业来弥补食物的不足。长期处于原始自然经济状况下的墨脱，经济社会发展十分缓慢，生产方式原始落后，人民生活在朝不保夕的贫困状态之中。

（一）原始自然社会的社会制度

根据传说，早在远古时代，珞巴族祖先就已经在墨脱地区进行原始游群的生活，建立起了以女性为中心的原始母系游群社会，依靠采集狩猎为生，过着原始共产制的生活。其后，随着采集和狩猎的深度、广度得到一定发展，种种道德规范逐渐形成，珞巴族开始进入血缘家族时代，从母系游群时期迈入父系氏族时期，男性成为整个社会的中心。随着铁器的传入和使用，较大提高了生产力和生产效率，剩余劳动力开始出现，生产资料长期占有向私有化转变。随着私有制的发展，从父系氏族时期过渡到家长奴隶时期。

1. 珞巴族原始母系游群时期

根据珞巴族丰富的神话传说，远古时代珞巴族祖先就生活在墨脱县境内。传说珞巴族远古祖先，最早处于以血缘为基础的原始母系游群时代，常年居住在山洞之中，依靠采集狩猎为生，过着共同生产、共同消费的原始共产制的生活。

在珞巴族博嘎尔部落的"达蒙和达宁"传说中，比较清晰地记载了远古时代的生产生活场景。那时男女开始分工，男人达宁从事狩猎，把小野猪抓来交给女人达蒙驯养。达宁狩猎主要依靠古老的围猎方式，即以氏族为单位的集体狩猎。在氏族首领的组织下，选定狩猎场，将其四面包围，其中三面轰赶猎物，剩下一面进行伏击。一旦猎物被赶到埋伏区，潜伏猎手即进行捕杀。[1] 所得兽肉，除给射中猎人某些规定部位外，其余由氏族各户均分。[2] 达

---

① 《珞巴族简史》编写组：《珞巴族简史》，民族出版社，2009，第 18 页。

② 《珞巴族简史》编写组：《珞巴族简史》，民族出版社，2009，第 24 页。

蒙则从事动物驯养和采集野生植物，她们用麂子角挖地，用猴子的下颚骨松土，开始简单农业种植。

人们还用藤条和木头相互摩擦，借以钻木取火。① 单纯依靠男人们的简单围猎方式，不仅危险性大、变数多，而且所获猎物不稳定，并不能成为稳定的生活来源。相反，因为远古时代较为丰富的自然资源，女人们能持续采集野生植物，再加上驯养动物和粗放农业的微薄收获，她们比男人更能提供稳定持续的食物，此时的珞巴族是以女性为中心、血缘为基础的原始母系游群社会。

2. 珞巴族父系氏族时期

随着人们在长期生活过程中积累了经验，采集和狩猎的深度、广度得到一定发展，粗放农业有了一定的提高，通过现有发掘的新石器时代遗物可以证明，其原始粗放型采集的生产方式有所改变。在此过程中，随着人口和种群的扩大，社会道德规范也逐渐形成，珞巴族开始从血缘家族的母系游群时期迈入父系氏族时期。

在珞巴族父系氏族时期，社会仍然保持着共同生产、共同消费的原始共产制传统。以血缘纽带为基础的氏族组织在部落中普遍存在，氏族成为构成部落的基本单位组织，每个社会成员都处在氏族的组织之中。男子此时在生产领域中起着相对主导作用，整个社会都以男性为中心，实行父子连名制，在同一氏族内，人们可以按各人的名字判断彼此间的血缘远近亲疏，以明确各自间的权利和义务。

各氏族都有自己一定的居住范围，以山林、河流等自然分布为区分界限，在氏族内部实行以户为单位的刀耕火种耕作制度，可在公用土地上自由开垦种植，范围和数量不受限制，依各户的能力大小而定，氏族内的土地，一般不准买卖。男性在农业生产上的优势日渐强大，在社会关系上也占据着主要地位。

3. 珞巴族家长奴隶制时期

父系氏族时期，珞巴族的整体经济社会水平得到较大发展，特别是铁器的传入和使用，提高了珞巴族改造自然的能力，提高了当地的生产力水平。剩余产品的出现，使得剩余劳动力的重要性显现出来，私有制快速发展，由

---

① 《珞巴族简史》编写组：《珞巴族简史》，民族出版社，2009，第13页。

此产生了珞巴族的家长奴隶制，同时出现了与家长奴隶制相适应的家庭形式——家长制家庭，墨脱地区进入家长奴隶制时期。

早在 7 世纪，墨脱地区已被纳入吐蕃王朝的统治，其邻近藏区的地区已经开始接触、使用铁器。12～13 世纪，随着"扎日"神山朝拜的兴盛，墨脱地区输入铁器的数量有所增加。到了 17 世纪下半叶，因为西藏地方政权加强了对珞瑜、门隅广大边缘地区的行政管理，墨脱地区得以大量输入藏区的铁制工具。经过 200 多年不断从藏区输入铁器，珞巴族的各部落使用铁制器具来砍伐森林、翻整经营土地、收割农作物，其生产效率有了极大的改善，生产力提高出现了剩余劳动力，导致了生产资料私有化的产生，进而推进家长奴隶社会的形成。

在珞巴族家长奴隶社会中，家长制家庭一般包括家长夫妇、已婚儿子们的小家庭，未婚子女和若干奴隶及奴隶家庭。家长是家庭经营的主持者和规划者，掌握整个家庭经济的支配权，在整个家庭中有绝对的权力，家长的正妻是主妇，主持全家的日常生活。私有制发展带来了生产资料私有化，奴隶成为归家庭所有并可买卖的"商品"，战争中的俘虏和破产卖身的人成为奴隶的来源，占有奴隶的多少是一个家庭富裕程度的标志。不同部落和同一部落的不同家庭，根据其奴隶的数量，贫富分化也十分显著，甚至产生了蓄奴大户，奴隶的使用又反过来促进了私有制程度的加深和家长奴隶社会的发展。

（二）原始自然社会的社会生活

不论是母系游群时期，或是父系氏族时期，还是家长奴隶制时期，在整个原始自然社会时期，墨脱地区经济社会发展总体十分缓慢。这时墨脱地区生产方式单一，生产力低下，长期以农业种植、采集、狩猎为主要生产方式。由于墨脱地区山高谷深、耕地不足，再加上原始刀耕火种的生产效率低下，所产粮食无法满足人民的基本生活。因而在整个原始自然社会时期，人民的生活异常艰难，农业产量很低，狩猎危险大，人民生活资源极度匮乏，只能维持最基本的自给自足状态。

1. 母系游群社会时期的朝不保夕

母系游群时期，墨脱地区的人们已经开始男女分工，男人从事狩猎，女人从事动物驯养和采集野生植物。此时，男人的狩猎方式主要依靠古老的围猎，即以氏族为单位集体狩猎。在氏族首领的组织下，男人们选定狩猎场，将之四面包围，其中三面吸引猎物，剩下一面进行埋伏。一旦猎物被赶出来，由埋伏猎手进行捕杀。① 这种围猎方式主要依靠男人数量的多少，没有形成一定的狩猎技术，各种外在突发事件无法预料，由此可能获得的猎物也无法预估，甚至极易给狩猎人员带来人身危险。而女人从事的动物驯养和采集野生植物相比狩猎，能够更为持续可靠地提供食物。但野生植物的采集一方面不能形成固定的来源，需要依据自然环境来不断寻找，仍然有很大的不确定性；另一方面野生植物识别的不便很容易带来各种危险或变数，一不留神就有可能中毒失去生命。

在母系游群时代，人们整体生活在朝不保夕的状态之中，食物资源极度匮乏，人们时时都处于寻找食物的过程中，极少会有食物充足的情况。同时，人的生命安全也无法得到有效保障，在寻找食物的过程中充斥着无数的危险。所以，该时期的人们以女性为中心，过着共同生产、共同消费的原始共产制的生活，以集体来抗衡多变的大自然。

2. 父系氏族时期的自给自足

父系氏族时期，人们在长期的生产生活中积累了一定经验，采集、种植和狩猎的深度、广度都得到一定发展，生产方式有了巨大的改变，生产效率与生产力都有了相应的提高，从多方面扩大了食物来源、降低获取食物的风险，人们的生活状况有了较大的提高。

在采集上，人们找到了"达谢"、青岗籽等更多的替代性食物，扩大了食物的来源。在种植上，人们逐步开始对水稻、玉米、鸡爪谷等进行有规律的种植，在农作物品种上还开始种植荞麦、旱稻、大豆、绿豆等。在狩猎上，人们改变了原有需要众多男性劳动力且危险极大的围猎方式，开始运用陷阱、套索、石压、地弩等各种方法进行有技术有意识的狩猎，这让狩猎者只要定期巡视猎场就能得到猎物②，既极大减少了对劳动力的威胁，又利于他们更多、更好、更稳定地获得猎物，还能持续获得猎物加以驯养，由此促进了原始畜牧业的发展。

在父系氏族时代，随着生产方式的改变和生产力的提高，人们获取食物

---

① 《珞巴族简史》编写组：《珞巴族简史》，民族出版社，2009，第18页。
② 《珞巴族简史》编写组：《珞巴族简史》，民族出版社，2009，第18页。

的方式和技术有了跨越式的提升，通过采集、种植和狩猎，人们已经能够获得稳定持续的食物来源，获取食物的危险大大减小，把人们从时刻寻找食物的劳动中解放出来，进一步保证食物的自给自足，人民的生活状况有了较大的改善。男性劳动力对于食物的获得起着更加重要的作用，男性在生产领域中日渐占据主导地位，整个社会也形成以男性为中心，但仍然坚持共同生产、共同消费的原始共产制传统。

3. 家长奴隶制时期的贫富分化

家长奴隶制时期，铁器的传入和使用改变了农业种植的方式，大大提高了生产力和生产效率，剩余劳动力开始出现，生产资料渐渐私有化，私有制得到初步发展，家庭畜奴也很普遍，奴隶成为有价的"商品"，增加奴隶成为积累财富的重要手段，占有奴隶的多少成为一个家庭富裕程度的表现。

墨脱地区不同部落之间因其生产力的不同，产生了贫富分化，而贫富分化的标志就是其占有奴隶的数量。同一部落的不同户之间，贫富也在产生初步分化，奴隶的数量各有不同，甚至出现了蓄奴大户和贫苦户，奴隶的使用又反过来促进了私有制程度的加深，加剧生产资料的私有化占有，造成富者越富、贫者越贫，形成了初步的剥削和依附关系。

在家长奴隶制时期，农业种植已经过渡到铁耕农业，人们通过有规律的农业种植就可以获得充裕、稳定的食物，获取食物已经基本上不危险了，对劳动力的需求也相应减少，人们从劳动中得到了一定的解放，由此获得了对时间的自由支配，剩余劳动力开始出现，人们开始拥有生产资料，人们的生活状况有了较大的改善，生活水平有了极大的提高。但随着私有制程度的加深，人们之间产生了贫富分化，初步的剥削关系开始形成，为之后的封建农奴社会奠定了基础。

从母系游群时期到父系氏族时期再到家长奴隶制时期，墨脱地区的人民整体都处于原始自然社会时期，从事最基本的采集、狩猎、原始农业和畜牧业生产，社会生产方式十分落后，生产力整体处于较低水平，社会分工只有简单的男女分工，人们的生活水平整体不高、生活资源匮乏，人们的生活只能满足最基本的自给自足。随着封建农奴制度的侵入，墨脱地区的生产力和生产方式开始得到显著提升，但人们的生活条件却变得更加恶劣。

二　封建农奴社会的社会制度与社会生活

封建农奴社会时期，墨脱地区的农奴主土地所有制将大部分生产资料掌控在极少数人手中，严重束缚了生产力的发展，生产工具落后，生产方式单一，农业生产水平低下。加之乌拉①差役众多，尽管墨脱地区生产力较原始自然社会有所提高，但广大墨脱人民生活在被奴役被压迫的水深火热之中。

（一）封建农奴社会的社会制度

18 世纪中叶，主隅和达旺地区的一部分门巴族，因为不堪忍受封建农奴主的压迫和剥削，加上遭受了严重的自然灾害，在进行了长时期的反抗斗争之后，被迫举家迁徙。而宗教的幻想——藏传佛教把墨脱地区称为莲花圣地，也是导致门巴族东迁的重要原因。门巴族的迁入，不仅带来了先进的农业技术，也带来了封建农奴制度，墨脱地区由此进入封建统治时期。

1780 年（清乾隆四十五年），门巴族与珞巴族因为修建仁青崩寺而发生械斗，西藏地方封建势力波密土王②，借平息冲突之机将墨脱纳入管辖，在雅鲁藏布江下游地区设立嘎朗央宗管辖珞巴族，在墨脱地区设立地东宗管辖门巴族，门巴族取代珞巴族获得了对墨脱地区土地的主导权，继续在该地区实行村社所有制度，各家土地不够种时可在村社所属范围内开荒，荒地基本上仍属自然拥有性质。此时，波密土王虽正式开始了对墨脱地区的封建统治，但主要采取怀柔政策，管辖较为松散，人们所需缴纳差赋也较轻。

1881 年（清光绪七年），新即位的波密土王旺秋绕顿在墨脱地东设立地东宗，设宗本，委托当地门巴族担任，明确规定了每户门巴族一年中所负担的乌拉差役③。后因地东缺水迁至墨脱村，改称为墨脱宗。波密土王也加强了对墨脱地区的封建管理，逐渐明确各家差赋的规定，建立起了系统的差赋体系。

1893 年由乌金担任墨脱宗本，开始完善封建农奴制度，明确划分了村社界限，措有措界，村有村界。村里的土地按户分配，凡有劳动能力的人都可

---

① 乌拉：意为徭役。下同。
② 波密土王：藏语为嘎朗第巴。下同。
③ 《门巴族简史》编写组：《门巴族简史》，民族出版社，2008，第 40 页。

分得一份，主要根据家庭人口和劳动力状况配置份地，相应规定各家应交的差赋数额。随着封建农奴制度的确立，墨脱地区彻底进入封建农奴制社会。

1905 年（清光绪三十一年），波密土王在仰桑河流域设立嘎朗央宗，管理广大仰桑河流域，宗本多由当地珞巴族担任。[①] 此后，波密土王对于墨脱境内门巴、珞巴两族的封建统治力度不断加强，所缴差役不断细化增多，差役制度形成较固定的体系，封建农奴制度得到不断完善。

1910 年（清宣统二年），清王朝加强对西藏的统治，波密土王白玛才旺被迫逃到墨脱，被当时的墨脱宗本道布杀死，波密土王政权告一段落。辛亥革命胜利后，清王朝在波密的军队迅速瓦解，波密土王乘机复辟，并委派宗本恢复对墨脱的统治。1927 年（民国 16 年），藏波战争再次爆发，1929 年波密土王战败，后因食物中毒死亡。这一时期，波密土王的封建统治受到了沉重打击，但其建立起来的封建农奴社会依然延续。

1931 年，西藏地方政府开始正式对墨脱进行直接统治，将墨脱地区分封给色拉寺管辖，墨脱宗门巴族的领属关系就随之归属于色拉寺。色拉寺按照西藏封建农奴制方式对墨脱进行管理，除少量土地和山林作为寺产由寺庙占有外，其余仍然由宗本按传统方式配置。色拉寺所派宗本对全宗户口名册进行了查对、清理和重新登记，对份地也进行了相应的调整。丧失劳动能力的差米，份地被宗政府收回，调整给劳动力强的差米户或有劳力无份地的农奴，以保障领主差赋的来源。西藏地方政府对墨脱地区的封建统治达到顶峰，封建农奴制度得到进一步完善，农奴所需缴纳的差税大大提高，已经超出农奴所能承受的范围，广大农奴的生活苦不堪言。

（二）封建农奴社会的生产关系

门巴族东迁之前，墨脱地区是珞巴族世代劳动、生息的地方，山林、土地、河流等生产资料按需支配，均为珞巴族氏族共同占有。随着波密土王对墨脱地区进行封建统治，墨脱地区的土地、山林、河流等生产资料和农奴的人身自由都归波密土王所有。随着波密土王的死亡，1931 年西藏地方政府直接管辖墨脱地区，将墨脱宗封赠给色拉寺管辖，色拉寺占有墨脱地区的土地、山林、河流等一切生产资料以及农奴的人身自由。由此，墨脱地区逐步确定

---

① 《门巴族简史》编写组：《门巴族简史》，民族出版社，2008，第 41～42 页。

农奴主阶级的土地所有制，这既标志着封建农奴制度的完全确定，又标志着墨脱地区彻底迈入封建农奴社会。

1. 差地

色拉寺从西藏地方政府得到墨脱的土地支配权，又将土地的使用权配置给属地的农奴耕种，以村社为单位，土地按户由宗本分配，只要有劳动力的农奴，就可分配到相应的份地，农奴相应地必须向农奴主及代理人缴纳繁重的乌拉差役。分配给各户农奴的份地，称之为差地，意思是纳租税的土地，分有份地的农奴称为"差米"，意为交租税的人。农奴对差地仅有使用权和继承权，没有所有权。但是，在不影响领主对整个土地的所有权和交纳差赋的前提下，差地可进行使用权的继承、出借和转手买卖，绝嗣户的差地由领主收回，再派给别的农奴耕种顶差。

农奴之间的差地分配存在较大的悬殊，有的差米占有田地的数量多，有的差米占有田地的数量少。这是因为宗本在划分份地之前，各户已经自然占有一定数量的田地，分配时只需要采取抽肥补瘦、局部调整的办法。这样，宗本分配差地就有着很大的自由权，一些富裕的农奴可以向宗本行贿送礼，由此获得更多的田地，尤其是开辟不易的肥地，也就造成了农奴间占有田地数量的不平衡。同时，宗本作为墨脱地区行政的最高官员，可以随时以"借用"的名义，任意剥夺农奴的土地占有权与劳动产品。

地东宗宗本最开始划分差地时，以当时的人口作为划分标准，7口人以上的人家为全差，4~6口的人家为半差户，2~3口的人家为1/4差，全宗共有近600个差。在色拉寺管辖墨脱宗之后，却仍然按照600个全差的标准收差税派乌拉，但是差地的占有情况却有了很大变化，因为农奴分家、残疾、逃亡、绝嗣等各种原因，差地有所增减，其承担的差税亦相应地有所增减。无论差地具体占有者如何变化，农奴主向农奴收取乌拉差役的总额却不会因此减少。

2. 基萨——公有土地

"基萨"，意即公有土地，是原始自然社会中生产资料公有制的残余。每个村庄都有一定范围的公有土地，包括其中的猎场、山林、荒地和流水，为全村人共同占有。本村人在自己村庄公有土地范围内垦荒、狩猎或砍伐竹木都不受限制，收获都归本村人。外村人若想要到非本村公有土地范围内垦荒、狩猎或砍伐竹木，则必须在此村学本（村主任）允许并送礼后方可进行，如果是狩猎，则需要留下猎物的前胸或前腿。但是，公有土地内的珍贵木材，无论在何村范围，一般人绝对不允许砍伐，只能由宗政府和寺庙砍伐利用。

3. 社会等级：差巴、堆穷、约布

在封建农奴社会中，农奴主是高贵等级，农奴是一般等级，鬼人是贱民等级。农奴按其经济地位的高低，又被分为"差巴""堆穷""约布"三个阶层。

墨脱宗中，"差巴"占总农奴数的90%以上。"差巴"在农奴中社会地位最高，拥有独立的经济地位，耕种一定数量的差地，是差税和乌拉的主要承担者。措本、根保、学本都是从"差巴"中产生。但是，"差巴"内部之间因为经济、政治地位的差异又有着明显划分。其中，富裕的"差巴"约占总"差巴"数的2%到5%，他们有多余的差地，能把部分差赋转嫁到他人身上，生活水平在农奴中最高。一般的"差巴"约占总"差巴"数的15%到18%，在沉重的差赋下只能勉强实现自给自足。贫穷的"差巴"约占总"差巴"数的80%，他们劳动力低下、生产工具不全，生产收获粮食在除去差赋后，至少缺粮两三个月甚至更长时间，所以，贫穷"差巴"的生活状况很不稳定，任何条件的变化都很容易使其下降为"堆穷"。

"堆穷"，意即小户，占总农奴数的9%。"堆穷"在农奴中社会地位较低，不能担任措本、根保和学本等职务。尽管拥有独立的经济地位，但没有劳动力和生产工具，所以无力承担差地，也就不缴纳实物差，但仍要承担按户摊派的劳役乌拉。他们主要依靠租种富裕差巴的小片土地或开垦小片荒地为生，此外也靠干杂活、搞副业等维持最低限度的生活。贫穷"堆穷"的生活状况极为不稳定，任何内外条件的变化都容易使其沦为"约布"。

"约布"，意即佣人，占总农奴数的1%。"约布"被当作奴隶使用，一般不具有人身自由，主人对其拥有人身控制权，但也不能随意打死。他们或来源于破产的"差巴""堆穷"，或者因为抵债，也有因为宗本、措本强迫成为"约布"的，个别为战争中的俘虏。

在农奴中还有一类特殊的人，被称作"顿"，意即鬼人，为数稀少。"顿"社会地位低贱，有差地、乌拉，但不能与别的农奴平起平坐，甚至住房也不能与普通农奴修建在一起。

（三）封建农奴社会的社会生活

墨脱地区的差役制度，无论是在波密土王管辖时期，还是在色拉寺管辖

时期，都是以宗本为代理人向全宗农奴收取，行政权与土地所有权一致，所以农奴上交给政府的地租也就是上交给政府的课税。相应农奴是否领有份地，也是交纳差赋和支乌拉的依据。因为地租应与课税合一，理论上除此之外应该没有别的差、役形式。但在事实上，一方面宗本总是能够通过各种行政方式，强制一些未拥有份地但有劳动力的农奴承担差赋和乌拉；另一方面，除了与差地对应的差赋和乌拉以外，农奴还面临着各级封建势力巧立名目、层出不穷的差役。

1. 强取豪夺的差赋

波密土王管辖时期，墨脱宗就有 600 户差，此后一直延续到色拉寺管辖时期，墨脱宗每年仍按 600 个全差户收取差赋和支乌拉。但是，此时差地的占有者有了很大变化，农奴由于分家、残疾、失去劳动能力、逃亡、绝嗣等各种原因不能再按原差户交纳差赋，于是宗本将其差地收回，强行分给劳动力强的差米耕种，并将相应的差赋和乌拉加在他们的身上。这样，农奴在已经承担了繁重差税的基础上，还受到以宗本为代表的封建势力的进一步巧取豪夺，生活苦不堪言。

2. 沉重繁多的乌拉

差赋方面，农奴在色拉寺的管辖下，每年每户通过墨脱宗政府缴纳的差赋品种和数量分别是：土布 2 块（每块约 2 米，宽 60～70 厘米）、大米 23 斤左右、茜草 1 背（约 40 斤）、邦穷（圆竹盒）1 个、兽皮 1 张、章嘎 1 个以及辣椒、生姜及其他农副产品若干。此外，每 4 户农奴要交皮口袋 1 个。除交政府的正差之外，农奴还要给宗本个人交差，称作于差，于差的品种和数量没有明确规定，宗本根据个人意愿摊派相应数量的于差。乌拉方面，农奴需要承担运输乌拉，包括短途乌拉（撒仁乌拉）和长途乌拉（达岗颇乌拉）两种。其中，短途乌拉是在宗内接站转送物资，将之运输到宗政府指定的地方。短途乌拉相比长途乌拉费时较短、危险较小，但次数十分频繁，大大影响农奴日常的生产生活。长途乌拉则是需要将物资运往外地，整个路途需要穿过峡谷翻越雪山，费时费工，不仅路途遥远，而且一路充满危险。除上述两种运输乌拉以外，农奴每年还需要为宗本无偿耕种其自营地，并为其家庭完成各种杂役。

3. 苦不堪言的农奴生活

在封建农奴社会中，一切的生产资料乃至农奴本身都为农奴主所有，农奴在承担繁多沉重的差役基础上，还要面临各级封建统治势力层出不穷的巧取豪夺、残酷压迫，农奴生活在水深火热之中，家破人亡的例子俯拾皆是。例如，农奴在支乌拉途中，无论主客观原因，如食盐遭雨水浸蚀溶化或舂谷出米率低，只要乌拉分量不足，农奴就会被宗本严加追究惩罚。如果农奴在支乌拉途中死去，其家庭不仅不会得到补偿，反而会被宗本要求补偿。如果农奴在经营耕地外收获其他任何财产（如猎获獐子或野牛），宗本可以以未预先报告等任何理由为幌子，强行没收农奴的财产。假如宗本看上了农奴的家财，可以借助权势使用各种手段没收农奴的家庭财产，并将之驱逐出村。总之，农奴的生产、生活、人身自由乃至生命都完全控制在封建农奴主的一念之间。

封建农奴社会时期，墨脱地区封闭的地理环境和山高谷深的自然环境，的确给在此生活的人们带来了巨大的困难，但封建势力巧取豪夺的种种剥削压迫，才是人民生活苦不堪言的根本原因。天灾与人祸交织在一起，让墨脱人民在水深火热中受尽煎熬，甚至他们的存毁只在封建势力的一念之间，极容易沦落到痛苦不堪的处境。随着1962年中国人民解放军进军墨脱，人民生活状况才发生根本性的变化。

三　社会主义制度下的社会生活

1962年中国人民解放军进军墨脱之前，封建农奴主完全控制了生产资料和农奴自由，严重阻碍了生产力的提高和社会的整体发展，大大限制了人民的生活水平的改善。加之各级封建势力施加的繁多沉重的差役，墨脱人民生活在被剥削压迫的水深火热之中。解放军给墨脱带来了新希望，彻底根除了封建农奴制度，墨脱人民由此进入社会主义社会，过上了平等的生活。

（一）社会主义制度的建立

20世纪50年代初新政权的工作组开始进入墨脱开展工作，1962年解放军正式进驻，墨脱地区的建政工作渐次展开。新生政权草创之初，墨脱的工作条件极其艰苦，旧制度仍严重束缚着墨脱地区的生产力发展，阻碍着人们的生活水平的改善，群众对新制度的认识还有一个过程，面对社会变革许多人惶恐不安，墨脱整体向社会主义社会过渡，经历了一个较为漫长的过程。

社会主义制度在墨脱地区的落地生根，大致可以划分为以下三个时期。

1. 互助合作时期

早在 1960 年，中国人民解放军正式驻军墨脱之前，墨脱地区人民在先期工作队的指导下，就已经开始组织起来，走上了互助合作的道路。最早以工换工、互济互助，共同促进农业生产的发展。墨脱建政后，在墨脱县委、县政府的指引下，墨脱地区成立起了常年和季节性互助组，吸收约一半的墨脱人参与其中，提高了人民的生产积极性。干部们对互助组进行了集训指导，建立起了评工分制度，为以后农业生产互助合作社的建立打下了坚实的基础。

1962 年中国人民解放军正式进驻墨脱，军政一体开展工作。墨脱县委、县政府根据"自愿互利、民主管理"的原则和"积极领导、全面规划、稳步前进"的方针，积极领导广大农牧民，开展起"组织进来、发展生产"的互助合作运动。尤其是在 1967～1968 年民主改革和土地革命期间，互助合作在墨脱地区逐步形成高潮。1967 年，随着地东乡、格当乡两地土地改革试点的开始，在划分阶级成分的基础上，通过选举正式成立了贫协小组，鼓励农民自愿加入常年互助组，同时民主改革在全县全面展开。

1968 年，在墨脱全县完成民主改革和土地革命的基础上，封建农奴制度被彻底废除，墨脱人民成了主人，拥有了自己的生产资料，社会生产力提高，生产积极性高涨，积极参与到互助合作的活动中来，使墨脱地区互助组的数量和入组农户大大增加。据统计，先后组织起互助组 120 个，入组农户 1172 户 5595 人，占全县总农户的 97.6%，占总人口的 98.5%。[①]

2. 民主改革时期

中国人民解放军 1962 年正式进军墨脱时，考虑到当地封建残余势力的反扑与当地群众的顾虑，提出 3 年内暂不进行民主改革。党和政府一方面不断加强政策宣传，组织墨脱群众参观学习，积极培养民族干部，提高墨脱地区群众对党和政府的认识。另一方面，大力救济贫困农奴，扶助群众生产，对人民生产生活的各方面进行种种帮助，提高群众对党和政府的信任与支持，为民主改革打下坚实的群众基础和思想基础。1967 年，在总结多方意见与考虑各方条件之后，墨脱县首先在地东乡、格当乡两地开始了土地改革试点工作，接着在全县范围内先后开始了土地改革工作。到 1968 年 12 月 15 日，墨

---

① 此数据来源于墨脱县政府办公室、财政局。

脱县委、县政府在全县范围内彻底推翻了封建农奴制度，实行了农民土地所有制，完成了土地革命，实现了民主改革。

民主改革中，墨脱县委、县政府在划分剥削阶级和被剥削阶级的基础之上，就土地和生产资料的分配进行了调整。没收、赎买了农奴主的土地和生产资料，将富裕农奴、无主人员、外迁人员的土地和生产资料，调剂分配给中等农奴、贫苦农奴和奴隶。整体上坚持多数土地不动的原则，主要是把农奴主富余的土地和生产资料分给农奴们。

封建农奴制度的废除，首先，标志着以农奴主阶级为代表的农奴剥削制度的消灭，墨脱人民获得了自己的人身自由，成为自己的主人，过上自己做主的生活；其次，代表着土地私有制的推翻，农民土地所有制的建立，从此土地归国家所有，使用权由广大群众所有，墨脱人民能够享受自己的生产成果；最后，意味着生产资料所有制的变革，农奴不再需要交纳差赋和乌拉的差役，生产资料不再为极少数农奴主所有，墨脱人民首次拥有了真正属于自己、不被他人剥夺的财产。从此，墨脱人民的生活产生了翻天覆地的变化。

3. 人民公社时期

伴随着民主革命与土地改革的完成，封建农奴制在墨脱地区被彻底推翻，生产资料所有制和生产关系发生了变革，大大解放了生产力。同时农奴翻身做了主人，有了自己的土地，拥有了自己的生产资料，使人民的生产积极性大大高涨。1968年以后，党和政府在墨脱地区大规模进行农田水利等基本设施建设，大力推广良种、化肥和农药，有效提高了农业生产技术和水平，使墨脱地区的农业生产有了很大的发展。但是，墨脱地区整体农业经济结构单一、生产基础薄弱、缺乏生产资料的现状没有改变，农业生产的基本条件仍然比较差，农业总产值和粮食产量偏低，农民收入水平较低，改变墨脱地区农村、农业、农民现状的任务仍旧很重。在党和政府宏观政策的指引下，在现有成果的基础上，墨脱地区开始建立人民公社。

人民公社不仅是集体所有制的经济组织，还是集工、农、商、学、兵"五位一体"的政权组织，实行政社合一。将原先农业生产互助合作社所拥有的一切集体生产资料和财物收归所有，农、林、牧、副、渔综合经营，把经营、劳动、分配三方面统一起来，朝向规模大、公有化、程度高的大方向不断推进。就分配原则而言，人民公社在劳动力定级的基础上，按照工分评定制度，根据人头记分平均分配粮食。

1970～1971 年，墨脱地区开始了人民公社的试点工作，1972 年墨脱县在地东乡成立了第一个人民公社。1975 年墨脱全县实现了人民公社化，顺利建成 18 个公社、62 个生产队，包括 1214 户、6487 人、3542 个劳动力，粮食总产高达 617 万斤，较 1968 年增长了 1.3 倍。[①] 1976 年根据党中央整风整社的精神，在以生产队作为基本核算单位的基础上，人民公社确立了公社与生产队二级拥有生产资料的所有制，按照劳动工分分配粮食。1978 年在多劳多得、反对平均的原则下，县内开始在各方面落实党的各项政策，积极帮助社员养殖自留畜、种植自留树、耕种自留地，鼓励社员搞好正当的家庭副业，纠正社内逐渐形成的"伸手"思想，提高社员的劳动积极性，减轻公社的不合理负担，最终实现增产增收，提高社员的整体生活水平。

（二）社会主义制度下的社会生活

从互助合作时期农业生产互助的建立，到土地改革时期封建农奴制的根除，再到人民公社时期集体所有制的确立，墨脱地区逐渐过渡到社会主义社会，生产资料和农奴人身获得了解放，农业生产水平得到提高，社会、经济发展获得迅速的发展，墨脱人民的生活产生翻天覆地的变化、过上了平等的新生活。

1. 互助合作时期的平稳生活

墨脱地区本来就有生产生活互助的传统，人们通过换工互助提高劳动效率，通过生活互助抵御天灾人祸，守望相助，互惠共济。互助合作的传统，在墨脱县委、县政府的指引下，得到了系统性、制度性、计划性的提高，在民主改革和土地革命的基础上，墨脱在全县范围内建立起常年和季节性互助组，吸引了群众的踊跃参与，发展了农业生产，显著增高了粮食产量，提高了人民的收入水平，使墨脱人民基本过上了不受剥削压迫的平稳生活。

1952 年珞瑜工作组最早进入墨脱，立即开展对墨脱贫困群众的帮助和救济。根据墨脱地区耕地少、耕作方式落后、粮食普遍低产的情况，工作组多次提供贷款与种子粮，无偿发放农具，积极宣传推广先进耕作技术，大力兴修水渠、蓄水池，扩大墨脱耕地的灌溉面积，增加了人们的生产资料，改善了群众的耕种技术，大大提高了粮食产量，促进了农业生产发展，显著提高

---

① 数据来源于墨脱县政府办公室、财政局。

了人民的生活水平。

在生活方面，首先帮助解决墨脱人民生活交通不便、饥荒频仍、经济落后、医疗卫生条件差的问题。工作组组织群众恢复了昆布拉山因地震破坏的人行道，修通了多雄拉至墨脱段的道路，多次无偿发放了救济粮与救济款，成立了流动供应组与基层供销社，进行了高收低售的物品粮食交换，治疗当地盛行的痢疾与疟疾，开展卫生保健知识培训，建立起县卫生院，抓捕流窜的叛匪，捕杀虎、豹、狼等害兽。大大提高了墨脱人的整体生活水平，也大大增进了人民对新政权的了解与信任，为下一时期的民主改革打下了坚实的群众基础。

2. 民主改革时期的翻天覆地变化

1968 年 12 月 15 日，墨脱县委、县政府在全县范围彻底推翻了封建农奴制度，完成了土地革命，实现了民主改革。这标志着以农奴主阶级为代表的农奴剥削制度的消灭，墨脱人民由此获得了自己的人身自由。土地私有制的推翻，农民土地所有制的确立，墨脱人民从此拥有自己的土地，也拥有了真正属于自己、不被他人剥夺的财产。由此，墨脱人民的生活产生了翻天覆地的变化。

随着 1962 年中国人民解放军进军墨脱，墨脱地区正式建立政权、设置机构、开展工作，对墨脱人民在各方面进行扶助。在生产生活上无偿发放农贷粮、农贷款和铁制农具，推广先进的农耕技术，进行大规模的农田水利基本建设，改革耕作制度，调整作物布局，推广应用良种、化肥、农药，改变农业生产基本条件，促进了农业增产，使墨脱地区的农业生产水平得到飞跃式提升。

墨脱县委、县政府在各方面改善墨脱人民的生活条件。在交通建设上，组织修复月尔东、江新的藤网桥，架好地东至江新村之间的溜索和藤网桥，建成第一座跨雅鲁藏布江钢丝大吊桥——解放大桥，修通派乡至墨脱安尼的马行道，修建地东至背崩和背崩至德尔贡以及墨脱至达木的骡马道路、拉贡至增求村 7 公里的人行道、加热萨至吉东卡 5 公里与吉东卡至帮辛村 20 公里的马行道，改善了墨脱地区交通不便的局面，方便了墨脱人民的生产、生活。

因为交通封闭、运输成本高，墨脱地区物价水平整体高于其他地方。墨脱县委、县政府长期将粮油、食盐、药品、酥油等必需品的价格保持在一个相对较低的水平，对农副产品提高收购价，对中药材实行最低保护价，对食盐、煤油、民族用品、农业生产资料等实行最高限价，保证了广大墨脱人民群众的基本生活。医疗方面开展巡回医诊，提供免费诊治，无偿发放药品，并且在疟疾、流行性感冒等地方病发病率高的地区组织医务人员进行室内室外消毒、打扫环境卫生、杂草砍伐焚烧，治疗好大部分患者，整体提高了墨脱人民的医疗卫生条件。

墨脱县委、县政府在丰年平价收购粮食储存，灾年则无偿发放粮食给广大农牧民群众，同时对人多劳力少的家庭组织群众以换工的方式调剂劳动力，并对困难群众进行社会救济，无偿发放农具、衣物与粮食，大力扶持墨脱人民的生产生活。墨脱县委、县政府组织群众背运物资以增加群众收入，在组织人力修路时雇用当地群众以提高收入，同时还辅助群众从副业、自留地等其他方面获得收益，整体提高了墨脱人民的收入水平。经济方面在墨脱地区设立银行，开办银行业务，并在米林县派区设立墨脱县贸易点，促进墨脱地区的经济发展。文化方面成立业余文化学习班培训各族青少年，将门、珞两族74名青年送往拉萨警备区青年训练队学习，为墨脱地区培养了一批民族干部，最终促进了墨脱地区后来各方面的发展。

民主改革时期，封建农奴剥削制度得到了废除，广大农牧民群众从此永远摆脱了受奴役的悲惨境地，整体生活水平得到极大的提高。同时，在党和政府及解放军的各种指导扶助之下，墨脱地区的农业生产水平呈现出飞跃式发展，交通、医疗卫生、经济、文化等各方面状况得到大大改善，墨脱人民的收入水平大幅度提高，生活产生了翻天覆地的变化。

3. 人民公社时期的改善提高

1975年，墨脱县委、县政府在全县范围实现了人民公社化，朝向规模大、公有化程度高的大方向不断推进，稳步踏上了社会主义的道路。墨脱县委、县政府继续在各方面对墨脱人民的生产、生活进行组织与指引，持续改善其生活状况，大大提高其整体生活水平。

生产方面，墨脱县委、县政府成立农田、水利基本建设指挥部，由此全县掀起兴修农田、水利等基本建设高潮，推动农业生产的持续发展。医疗方面，面临墨脱地区多次流感疾病的暴发，拉萨市委、市革委组织工作组强行翻越完成送药任务，县委、县革委会迅速派遣医疗队前往采取措施，迅速控制了病情的蔓延，大大提高了患病人员的康复概率。

在湖南省对口支援医疗卫生事业医务工作者的扶助下，墨脱县卫生事业基本步入正轨，建立了墨脱县人民医院，进行了综合培训学习，整体医疗卫生条件由此得到了改善。教育方面，墨脱县委、县政府组建了小学和举办短期学习班使全部儿童都有受教育的机会，首次进行了兽医培训以培养当地兽医，成立了第一所公办小学与拉萨师校墨脱分校开始正规教育，开办了政治夜校培养理论骨干人才，大大促进了墨脱地区文化教育事业的发展。

交通方面，西藏自治区公路设计院派遣第一测量队完整勘测了墨脱公路线，设计了波密县扎木乡至墨脱县墨脱乡的扎墨公路，全线长 141.6 公里的扎墨公路由此进行建设。日常生活方面，墨脱县委、县政府设立墨脱县贸易公司以供应墨脱的货源以及与墨脱群众的商品交换，维持市场物价稳定以保障困难时期的群众生活，成立地东发电站以及电影队，极大方便和丰富了墨脱人民的生活。

人民公社时期，在墨脱县委、县政府的组织与指引下，墨脱地区稳步踏上了社会主义的道路。在社会主义社会的大家庭里，墨脱的农业生产、医疗、教育、交通、生活等各方面的状况得到巨大的改善，墨脱人民的生活水平得到很大的提高。

历经土地改革、农业互助合作、人民公社三个阶段，墨脱在全县范围内基本完成社会主义制度建设，彻底根除了剥削压迫的封建农奴生产关系，人们与共产党政府的关系真正实现"鱼水一家亲"，政府想人民所想、急人民所急，发布各类政策改善墨脱人民的生活，群众的生活水平因此得到极大的提高。在这个历史阶段，党和政府一直致力于改善墨脱人民的生活状况，付出了极大的努力。

四　社会主义市场经济初步确立时期的社会生活

历经互助合作、民主改革、人民公社三个时期，墨脱地区彻底过渡到社会主义社会，生产资料与生产力关系得到变革，社会经济整体都得到较快的发展，墨脱人民的生活水平也有很大的提高，过上了平等的温饱生活。但是，农业生产互助、封建农奴制根除、集体所有带来的生产力提高以及生产积极性高涨，并没有根本改变墨脱农业经济结构单一、生产基础薄弱、缺乏生产资料的现状。同时，人民公社后期，平均主义助长了人们懒惰的心理，农业总产值和粮食产量没有得到显著增长，墨脱人民的生活水平也未得到根本性的提高。

中国共产党十一届三中全会以后，改革开放的春风吹向全国各地，墨脱也实行了家庭联产承包责任制，转向社会主义市场经济阶段。市场经济的发展，带动了社会整体的快速进步，人民的生活水平得以迅猛提升。21世纪以来，随着"兴边富民"战略展开，以及国家扶持少数民族发展的政策影响，墨脱县作为边疆少数民族地区获得了国家在各方面巨大的帮扶，尤其是交通上获得历史性的突破。2013年墨脱公路的正式通车，彻底打破了制约墨脱发展的最大束缚，社会经济等各方面得以飞速发展，人民终于过上了物质充裕、精神丰盛的幸福生活。

（一）社会主义市场经济初步确立时期

十一届三中全会以后，社会主义市场经济的洪流席卷全国，墨脱也随之加入改革开放的大潮之中。在国家"改革、开放、搞活"政策的指引之下，墨脱也实行了家庭联产承包责任制，促进了商品经济的发展，初步在墨脱地区确立起社会主义市场经济。在短短40年内实现了从计划经济向市场经济的成功转型，发展多种经营，打破了经济结构单一的局面，增加了群众多渠道、多门路的收入，进一步搞活了经济，调动了群众的生产积极性，加快了农牧业发展速度，提升了人民的整体生活水平，社会、经济各方面都呈现出繁荣兴旺的景象。

1. 家庭联产承包责任制的确立

十一届三中全会后，墨脱县一些生产队开始试行包产到组、联产计酬的生产责任制。1982年，在墨脱县委、县政府把工作重心转移到"发展自给自足经济、努力改善人民生活"的方针下，全县范围内正式实行包产到组、包产到户、包干到户的生产责任制。1984～1985年，墨脱县委、县政府多次组织工作组深入各公社、生产队，推广宣传党的富民政策，帮助群众寻求致富门路，进一步巩固和完善包干到户的生产责任制。1986年，墨脱县委召开扩大会议，在经济方面提出"两个长期不变"的指导思想，即农业实行土地归户使用，自主经营长期不变；牧业实行牲畜归户，私有私养，自主经营长期不变。从此，在"两个长期不变"方针的指引下，"吃大锅饭""平均主义"的分配制度被彻底打破，土地归户的家庭承包责任制正式确立，墨脱地区完成了计划经济向市场经济的初步转型。

2. 商品经济的发展

家庭承包责任制的确立只是推动了墨脱地区计划经济向市场经济的初步转型，商品经济的快速发展才是推动社会主义市场经济最终确立的直接动力。

1979 年以后，国家放宽经济政策，允许个人经商与多种经济成分共存，墨脱县内有了初步的商业活动。1982 年在"对内搞活、对外开放"的大方针下，国内开始进行经济体制改革，私营商业渐渐得到国家的政策扶持，促进了全国社会主义商品市场的发育。1984 年墨脱县内正式允许自由买卖、交换集体和个人生产的粮食以及辣椒等农副土特产品，价格自定。1987 年为进一步加强商业的发展，县内允许内地持有合法营业执照和边境地区通行证的个体商户入境经营商业活动。1988 年伴随商品经济的快速发展，县政府逐步开征各种税费，加大对商品市场的管理，规范违规搭建的露天市场，促进个体私营经济渐渐从分散经营向规模化转变，县内商品经济已经形成规模。

1992~1993 年，县政府实行"四不限制"措施，加强了对市场的服务与管理，进一步培育和扶持个体私营经济，使全县的商品贸易以及市场不断繁荣发展。随着商品经济的繁荣和商品社会的发展，墨脱县的内地人员不断增多，私人经营的小卖部、餐馆等各种服务业逐年增加，数量种类皆属空前。截至 2000 年，县内个体工商户发展到 79 家，经营的行业囊括饮食、茶馆、百货、缝纫、旅店、理发、服装、民族用品、蔬菜、糖烟酒、修理，从业人员达到 346 人，注册资金达到 68.96 万元，商业零售收入达到 135 万元。到 2005 年，随着个体工商户和集体商业的发展，日用百货品种不断增多，市场供应日渐丰富，全县个体工商户发展到 127 家，从业人员达到 476 人。[①]

墨脱地区的商品经济快速发展，标志着社会主义市场经济的初步确立，打破了过去以农业为主的单一结构，使群众有了多渠道的收入方式，市场有了丰富的各种供应，墨脱人民首次在生活上获得了物质的丰盛感。

（二）社会主义市场经济初步确立时期的社会生活

在"改革、开放、搞活"的大方针政策下，墨脱县委、县政府初步建立了社会主义市场经济。县内实行了家庭联产承包责任制，进一步调整生产关系，发展了多种经营，使农业经济结构显著变化，种植业、养殖业得到全面

---

① 以上数据均来源于墨脱县政府办公室、财政局。

增长；促进了商品经济的发展，增加了群众多渠道、多门路的收入，进一步搞活了经济，调动了群众的生产积极性，使农村的经济收入迅速增加，农民的收入大大提升，人民的整体生活水平快速提高，经济社会建设各方面都呈现出了繁荣兴旺的景象。下面，将具体从交通、医疗、教育、救济、物价、通信等多个方面，对墨脱人民的社会生活状况进行综合分析。

1. 交通方面

尽管，国家对于墨脱公路修建进行了巨额投入，墨脱通向外界的过程仍然是反复曲折的。1980 年，扎墨公路 88 公里处发生了强泥石流，修建工作暂停，此时扎墨公路 106 公里已经粗通，但人员伤亡和施工投入代价很大。1981 年以后，面对自然条件恶劣、资金短缺、人员伤亡严重的情况，扎墨公路的修建与养护被停止，历经 6 年施工的扎墨公路废弃。

扎墨公路的荒废，并没有打消墨脱县委、县政府改变墨脱交通封闭的决心，他们在县内组织人力筹集资金继续修桥、修路，此后，西贡、哈古、杭玉、雅鲁藏布江 4 座吊桥竣工投入使用，多雄拉至墨脱 50 公里的骡马道和背崩至汗米段的马行道修建成功，一定程度上改善了墨脱境内的交通状况。同时，他们积极地与各级政府沟通交流，就墨脱现有公路情况进行综合分析并邀请设计师实地考察，最终获得了西藏自治区政府批准，得以续建墨脱公路。1988 年在林芝地区行署支持下，墨脱县自筹资金 50 万元，开始恢复修通扎木至波弄贡（80 公里）的公路，在波弄贡处设置了转运站，以供修筑公路物资存放。1989 年西藏自治区政府拨款 143 万元，交通部拨款 900 万元，批准续建墨脱公路波弄贡至墨脱县城的公路。[①] 1993 年，西藏自治区交通工作会议确定要在当年打通墨脱公路，政府对于墨脱公路的修通正式下定决心。同年，扎木开设扎墨公路养护段，重新对扎墨公路开始护养。1994 年，墨脱公路基本粗通，墨脱交通封闭的局面开始被打破。

因为墨脱地区巨大的降雨量与繁多的泥石流，墨脱公路在粗通的基础上，只能季节性通车，每年有一半的时间交通彻底断绝，人民的生活异常不便，国家对此做出种种努力。1996 年，墨脱公路指挥部再次进驻波弄贡，利用冬、春两季对 24 公里到波弄贡道路进行整治。2001～2005 年，扎墨公路成功实现了季度性通车。2008 年，国务院正式批准墨脱公路建设，路线全长

---

① 以上数据均来源于墨脱县政府办公室、财政局。

117.278 公里，国家全额投资 9.5 亿元，建设工期 36 个月。① 2009 年 4 月 20 日，西藏波密县扎木镇至墨脱县城公路新改建工程奠基仪式在嘎隆拉雪山口举行。到 2013 年，墨脱公路正式通车。由此，标志着墨脱交通封闭的局面彻底改变，交通不再是制约社会、经济、生活等各方面发展的拦路虎，社会得以快速的发展，人民的生活得到根本性的变化。

2. 医疗方面

医疗方面，在国家的大力支持和湖北、福建两省的对口支援下，墨脱的整体医疗水平在此时期得到显著的提高，群众的健康安全得到更好的保障。1980 年，湖北医疗小分队到墨脱进行对口卫生支援工作，帮助培训医疗人员，推动了墨脱县卫生事业的发展。1984 年墨脱县医院组织了赤脚医生培训班，考试评定赤脚医生与防疫员，为县内提供了合格的医护人员。1985 年墨脱县政府组织人员从派区办事处背回了"流脑疫苗"，首次对县内 15 岁以下的少年儿童进行了注射，发放预防流脑药品，预防了地方流感。1989 年墨脱县卫生防疫站正式成立，这标志着县卫生事业进入新的阶段，防疫站为全县儿童接种了麻疹、百百破等疫苗，并下乡进行巡回医疗和病疫调查。截至 1989 年，县内共有人民医院 1 所、乡卫生所 7 所、医务工作者 39 人、乡村医生 17 名、乡村卫生员 52 名，② 卫生医疗条件得到极大的改善。2000 年，县卫生局举办乡村医生和卫生员培训班，培养和提高了医护人员的医疗水平。

3. 教育方面

教育方面，这一时期墨脱县教育工作开展顺利，在全县范围内普及落实了九年义务教育，整体提高了墨脱人民的受教育水平与综合素质。1985 年墨脱县第二次教育工作会议召开，会上明确了办学方向，健全了教学计划，规范了管理制度，调整全县小学生助学金到 25 元，对县区公办小学学生实行"三包"，基本消除学生和家长的后顾之忧。截至 1989 年墨脱县有公办小学 7 所，民办小学 5 所，在校学生 400 多名，有老教师 41 人，③ 教育事业发展迅速。1993 年墨脱县建立第一所希望小学。1999 年墨脱县内全面落实九年义务教育，大大提高了群众的受教育水平。

---

① 以上数据均来源于墨脱县政府办公室、财政局。
② 以上数据均来源于墨脱县政府办公室、财政局。
③ 以上数据均来源于墨脱县政府办公室、财政局。

4. 其他方面

救济方面，自然环境的恶劣导致墨脱县内各种灾害频发，对此，政府与解放军积极拨款拨物、投放物资进行救援，以保障困难时期群众的基本生活。1985 年拉萨市政府拨救灾款 5 万元供县内抗洪救灾，解放军在林芝至墨脱段试航成功，将百吨救灾物资运往墨脱县。2000 年为避免进一步人员伤亡，县委、县政府搭建简易住房，解决群众生活所需的粮食、清油，转移群众到安全地带妥善安置。

物价方面，面对墨脱交通不便带来的运力紧张、运输困难等问题，墨脱县政府多次出台规定提高背运民工工资，调整和提高全县粮食购销价格，增加墨脱人民的副业收入。1986 年为解决辣椒销路问题，林芝地区行署分派波密县商业局收购墨脱县内辣椒，提高了群众的收入。1999 年墨脱县政府在全县范围内低价供应加碘盐，保证人民的日常基本碘盐摄入。

通信方面，该时期墨脱地区通电视、电话、广播的各项工程铺展顺利，使人民通信闭塞的状况得到改善，大大丰富了群众的精神生活。1989 年墨脱县成功开通卫星地面接收站，开始播放电视节目。1994 年县卫星电话和程控电话正式开通，大大便利了县内与外界的沟通。2001 年墨脱县启动广播电视"村村通"工程，使县电视台的多套电视节目惠及群众，丰富了人民的精神生活。2004 年墨脱移动通信基站开通，彻底打破了墨脱通信闭塞的状况。2005 年墨脱县开展"电视进万家"活动，向 59 户农牧民家庭发放了电视机，满足了群众的精神需要。

日常方面，墨脱地区修建了电站拦河坝和水渠，相继建成了背崩乡水电站、达木电站、过渡电站、地东电站，基本解决了群众的日常用电；成立了县电影队，举办了放映人员培训班，定期下乡下村播放电影，丰富了人们的业余生活；铺设了自来水管，完成了农网改造工程与饮水工程，县城供水工程竣工，路灯安装工程完成，改善了群众的基本生活条件，快速提高人民的生活水平。

总之，社会主义市场经济初步确立时期，在国家的大力扶持下，墨脱地区实行了家庭联产承包责任制，调整了生产关系，提高了生产力水平，优化了经济产业结构，实现了农业增产与农村经济总收入的提高；促进了商品经济的发展，繁荣了各行各业的发展，多方面改善了群众基本生活条件，推动了交通、医疗、教育、通信的跨越提升，快速提高了人民的整体生活水平。

五　社会主义市场飞速发展时期的社会生活

随着社会主义市场经济在墨脱的初步确立，社会、经济、生活等各方面都呈现出繁荣兴旺的景象。但是，县内公路屡修屡断带来交通不便与信息闭塞等问题，成为墨脱社会、经济、生活发展的"拦路虎"，严重制约了社会的进步、经济的发展与人民生活水平的提高。2013 年 10 月 31 日，墨脱公路的正式通车，彻底打破了制约墨脱社会发展的最后一个束缚，为社会、经济等方面的腾飞创造了更好的条件，使人民的整体生活水平飞速提高，终于过上了物质充裕、精神丰盛的幸福生活。

墨脱公路的正式通车作为一个重要的分水岭，从此，墨脱地区彻底进入社会主义市场经济飞速发展时期。我们在对 2011～2015 年国民统计汇总表进行整理的基础上，就墨脱县经济产业结构五年间的变化趋势进行综合分析。由表 1、图 1 看出，五年间农村经济总收入、第一产业收入、第二产业收入、第三产业收入一直呈持续上升的状态，尤其 2013 年之后，四个收入指标的增加幅度大大提高，第三产业收入增幅曲线最为突出。在 2011 年，第一、第三产业收入相差还不大，但到了 2015 年两者差距已经拉开两倍。

由此可以看出，墨脱公路的正式通车，大大推动了社会主义市场经济飞速发展，扩大了群众收入来源的渠道，快速提高了农村经济总收入、第一产业收入、第二产业收入、第三产业收入，使经济产业结构得到优化，整体经济状况得到明显改善，人民生活水平飞速提高。并且，交通顺畅对于第三产业的带动巨大，随着交通条件的不断改善，第三产业的支柱作用将日益明显，对经济的带动作用与人民生活水平的提升作用也日益增强。

表 1　2011 年至 2015 年三大产业的经济收入统计

单位：万元

年份	农村经济总收入	第一产业收入	第二产业收入	第三产业收入
2011	6195.93	2567.33	725.64	2902.96
2012	6548.20	2350.54	760.05	3437.61
2013	8743.49	2838.24	1114.33	4790.92
2014	10681.15	2812.98	2410.38	5437.18
2015	12943.00	3092.87	2547.09	7303.04

资料来源：根据墨脱县 2011～2015 年国民经济统计汇总表整理，墨脱县财政局编。

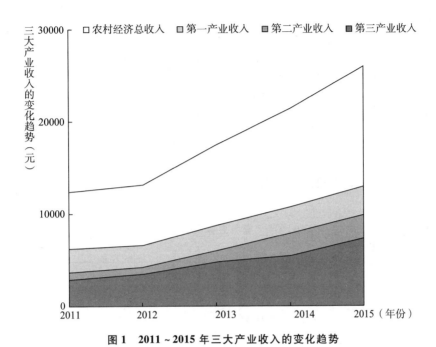

图1　2011～2015年三大产业收入的变化趋势

资料来源：根据墨脱县2011～2015年国民经济统计汇总表整理，墨脱县财政局编。

（一）农业主要产品生产情况

在对2011～2015年国民经济统计汇总表进行数据整理的基础上，就墨脱农作物总产量对农业主要产品生产情况进行综合分析。由表2、图2可以看出，墨脱的油料、蔬菜、粮食、农作物总产量以2013年为分界点，有不同的变化。

油料与蔬菜总产量在2013年前呈现迅猛增长，2013年不仅没有增产反而出现倒退，在2013年后逐步恢复增长但速度比以前大大减缓。这是因为墨脱公路通车之前，墨脱地区运力紧张、运输困难，导致物资稀少、物价水平整体高于外界，墨脱人民习惯于通过生产自给自足日常的生活需要，不断提高耕种技术增产农产品。随着墨脱公路通车，交通的便利降低了物价水平、增加了物资供给，人民的生活首次出现物质上的富裕，对农产品的需求相对降低，农业生产的热情相对减弱，导致日常需要农产品产量的降低。2013年后，度过对繁多产品的兴奋期后，人们重新认识到了自己生产的重要性，为了降低生活成本、提高生活水平，再次积极投入农业生产之中，促进农产品的增产。

粮食与农作物总产量整体呈现下降的特点，直到 2015 年才有所提升。这是因为墨脱地区现有耕地数量少、耕作难度大、各种灾害频繁，人们的农业收入长期维持在较低的水平。随着该时期社会主义市场经济的飞速发展，大量劳动力涌入第二、第三产业经营创收，导致农业劳动力不断流失，农业生产力与产量也就自然降低。2015 年两者的略微提升则与交通的流畅和通信的便利有一定关系，外界大量信息的涌入，一定程度上提高了农民的耕种技术，促进农产品增产，但仍然无法弥补劳动力流失带来的缺口。

表 2　2011～2015 年墨脱县农业产品生产的状况统计

单位：吨

指标名称	2011 年	2012 年	2013 年	2014 年	2015 年
油料总产量	22.76	42.32	33.58	41.28	49.56
蔬菜总产量	799.45	1141.88	1015.31	748.01	807.24
粮食总产量	5475.89	4974.68	4997.99	4560.89	5016.80
农作物总产量	6298.10	6158.88	6046.88	5350.18	5873.60

资料来源：根据墨脱县 2011～2015 年国民经济统计汇总表整理，墨脱县财政局编。

图 2　2011～2015 年墨脱县农业产品的变化趋势

资料来源：根据墨脱县 2011～2015 年国民经济统计汇总表整理，墨脱县财政局编。

（二）林业生产情况

在对 2011～2015 年国民经济统计汇总表进行数据整理的基础上，对墨脱的林产品和水果总产量进行综合分析。由表 3、图 3、图 4 可以看出，墨脱的林产品总产量大体保持增长的特点，只是 2013 年有所反复，水果总产量则整体呈现迅猛提高的特点，2015 年的水果总产量是 2011 年的 4 倍。

林产品和水果总产量的整体增长都归功于交通的便利与社会主义市场经济的发展，前者使外界信息的涌入，大大提高了生产水平与农业知识，为林业增产提供了硬件条件。后者带来商品经济的发展与市场的繁荣，提高了人民的生活水平，提升了群众的需求，由此也增加了对花椒、木耳、水果等副产品的需求，直接推动了其生产。

表 3　2011～2015 年墨脱县林业生产的状况统计

指标名称	单位	2011 年	2012 年	2013 年	2014 年	2015 年
林产品总产量	公斤	4089	5779	5106	6614	6025
水果总产量	吨	334.69	581.02	1194.75	1242.62	1307.00

资料来源：根据墨脱县 2011～2015 年国民经济统计汇总表整理，墨脱县财政局编。

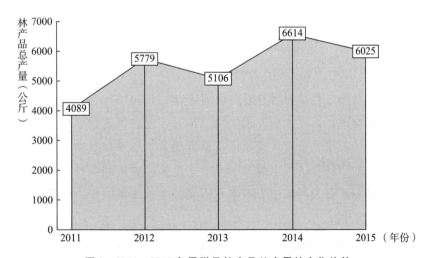

图 3　2011～2015 年墨脱县林产品总产量的变化趋势

资料来源：根据墨脱县 2011～2015 年国民经济统计汇总表整理，墨脱县财政局编。

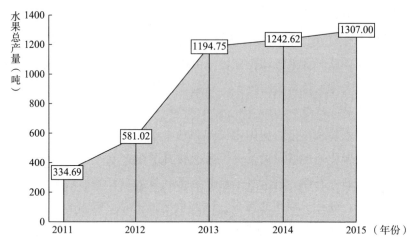

图 4　2011～2015 年墨脱县水果总产量的变化趋势

资料来源：根据墨脱县 2011～2015 年国民经济统计汇总表整理，墨脱县财政局编。

（三）畜牧业生产情况

在对 2011～2015 年国民经济统计汇总表进行数据整理的基础上，对墨脱的畜牧业生产情况进行综合分析。由表 4、图 5、图 6 可以看出，墨脱的牲畜总量呈现快速增长的特点，养殖、畜牧业发展迅速。这归功于该时期社会主义市场经济的迅速发展，搞活了整个市场，激发人们纷纷尝试进入养殖业、畜牧业、服务业等，运用多种经营方式创收，彻底改变了过去以农业为主的产业结构，第二、第三产业得到全面的增长，人民收入水平与生活水平迅速提高。

肉类总产量则是呈现先增长后降低的特点，于 2013 年达到顶峰。这与墨脱公路的开通有关。在此之前，肉类的供应基本来自当地饲养的牲畜，为了满足日益增长的需求，畜牧人员不断提高养殖量以增加肉类供应。公路开通之后，在繁荣的市场经济与丰盛的物质中，人民可以买到各种肉类，选择的余地和价格都有了很大的改变，对本地肉类的需求逐渐减少，肉类产量自然也就相应降低。

表 4　2011～2015 年墨脱县畜牧业生产的状况统计

指标名称	计量单位	2011 年	2012 年	2013 年	2014 年	2015 年
牲畜总量	头	14102	16300	14534	17574	18753
肉类总产量	吨	241.02	418.23	442.23	399.24	304.54

资料来源：根据墨脱县 2011～2015 年国民经济统计汇总表整理，墨脱县财政局编。

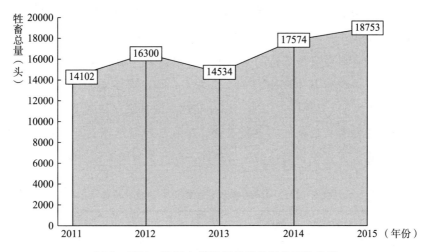

图 5　2011～2015 年墨脱县牲畜总量的变化趋势

资料来源：根据墨脱县 2011～2015 年国民经济统计汇总表整理，墨脱县财政局编。

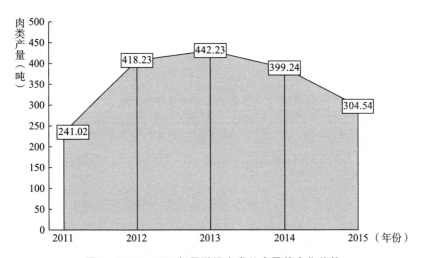

图 6　2011～2015 年墨脱县肉类总产量的变化趋势

资料来源：根据墨脱县 2011～2015 年国民经济统计汇总表整理，墨脱县财政局编。

（四）农村基础设施情况

在对 2011～2015 年国民经济统计汇总表进行数据整理的基础上，就墨脱地区农村基础设施的整体状况进行综合分析。从表 5、图 7 可以看出，受惠于农村基础设施建设的村子数量，呈现稳定上升的特点。2011～2015 年，自来水受益、通汽车、通电话、通电、通邮、通电视的村数不断上升，尤以

2013 年后上升速度明显加快，截至 2015 年，所有村落都基本实现通自来水、通电话、通电视。

在对总受益村数进行分析的基础上，可以发现，2013 年前后墨脱县农村基础设施所惠及村落基本固定在 185 个左右，2013 年后这一数字迅速增加，增幅达到 32 个。以上都可以说明，以往制约墨脱县农村基础设施的关键条件就是交通。伴随着交通条件的不断改善，墨脱县政府迅速对基层农村的基础设施进行改进，大大改善群众的生活条件，提高了人民的整体生活水平。

表 5　2011～2015 年农村基础设施的状况统计

指标名称	计量单位	2011 年	2012 年	2013 年	2014 年	2015 年
自来水受益村数	个	35	37	39	46	46
通汽车村数	个	14	19	21	24	28
通电话村数（含移动电话）	个	43	44	44	46	46
通电的村数	个	23	33	30	43	43
通邮的村数	个	3	6	6	7	9
收看电视村数	个	44	46	46	46	46
总收益村数	个	162	185	186	212	218

资料来源：根据墨脱县 2011～2015 年国民经济统计汇总表整理，墨脱县财政局编。

（五）农村人均纯收入情况

在对 2011～2015 年国民经济统计汇总表进行整理的基础上，通过农村经济纯收入和农村总人口两个变量，就墨脱地区农民人均纯收入的整体状况进行综合分析。从表 6、图 8 可以看出，墨脱县的农民人均纯收入呈现快速上升的特点，2013 年后收入的增幅明显。2015 年，当年农民人均纯收入比 2011 年增加了一倍多。这是因为随着交通条件的改善与社会主义市场经济的飞速发展，墨脱农村居民收入来源的渠道增多，再加上国家的各项支持，群众的经济总收入大大提升，2015 年相对 2011 年实现两倍增长。同时，农村人口保持稳定的增长速度，没有特别大幅度的增加，此消彼长，墨脱县农民人均收入在 2013 年后呈现飞速上升的特点。

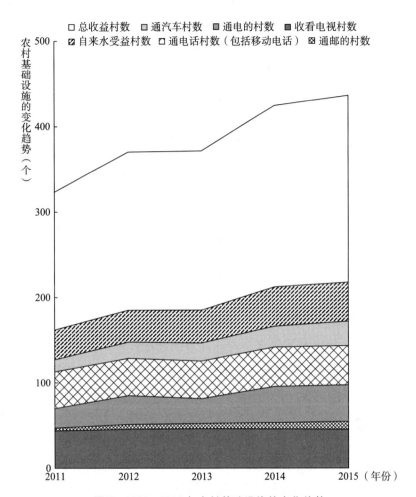

图7　2011~2015年农村基础设施的变化趋势

资料来源：根据墨脱县2011~2015年国民经济统计汇总表整理，墨脱县财政局编。

表6　2011~2015年农村人均纯收入的状况统计

指标名称	计量单位	2011年	2012年	2013年	2014年	2015年
农村经济纯收入	万元	3971.74	4782.78	6389.69	7615.70	9181.28
农村人口	人	9552	9812	9965	10191	10684
农村人均纯收入	元	4158.02	4875.44	6412.13	7472.96	8593.46

资料来源：根据墨脱县2011~2015年国民经济统计汇总表整理，墨脱县财政局编。

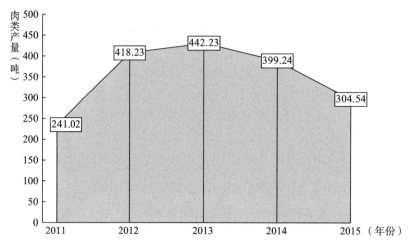

图8　2011～2015年农村人均纯收入的变化趋势

资料来源：根据墨脱县2011～2015年国民经济统计汇总表整理，墨脱县财政局编。

（六）固定资产投资情况

在对2011～2015年国民经济统计汇总表进行整理的基础上，对2013年前后墨脱县固定资产投资状况进行统计。如表7所示，2013年前后，农房改造受益人口、总投资额、享受安居工程的补助发生跨越式的增长。就农房改造受益人口而言，2013年的受益人口出现局部激增，直到2014年又趋于和缓。就农房改造总投资额和安居工程的补助而言，2011～2014年迅猛增长，到了2015年又有了一定的回落。就农村人均住房面积而言，2013年增幅巨大，2014年趋于和缓，2015年又出现局部激增。

这是因为近几年国家对墨脱一直大力扶持，相关补助与投资一直不少，有充分投资的能力。但是，交通的不便利大大加大了相关成本，使许多村落的投资建设处于暂缓阶段。随着墨脱公路的通行，相关投资建设立即上马，所以出现了2013年以后投资总额、安居工程和受益人口的激增，大大提高农村人均住房面积。到了2015年，之前所积压的投资与工程大多已投入建设，飞速的增长速度暂时告一段落。

表7　2011～2015年固定资产投资的状况统计

指标名称	计量单位	2011年	2012年	2013年	2014年	2015年
当年完成农房改造受益人口	人	1761	15	8074	2996	2550

续表

指标名称	计量单位	2011 年	2012 年	2013 年	2014 年	2015 年
当年完成农房改造总投资	万元	128.40	2894.00	268.00	12294.35	9713.14
享受安居工程补助的金额	万元	24.00	2530.00		11972.67	11639.08
农村人均住房面积	平方米	11.56	13.45	17.02	18.24	22.37

资料来源：根据墨脱县 2011～2015 年国民经济统计汇总表整理，其中部分数据缺失，墨脱县财政局编。

　　以上，从农业主要产品生产、林业生产、畜牧业生产、农村基础设施、农村人均纯收入、固定资产投资这 6 个方面分析了墨脱人民的整体生活状况，可以看出 2013 年后，影响群众生活的各类指标都有一定程度的增长，少数指标增幅明显，说明此时期墨脱人民生活水平实现了迅猛飞跃。

　　整体而言，墨脱人民生活水平的变化历程深受国家政治大背景的影响。传统社会中，墨脱人民的生活经历了从原始自然社会的朝不保夕到封建农奴社会的苦不堪言，再到社会主义社会的翻身做主，生活发生了翻天覆地的变化。社会主义市场经济时期，改革开放和墨脱公路的开通推动了墨脱彻底融入社会主义市场经济的大流，墨脱人民的生活水平实现了跨越式的发展，从此过上了物质充裕、精神丰盛的幸福生活。

援藏：西藏民族团结进步创建重要载体

周竞红[*]

对于当代中国民族关系而言，最核心的问题是遵从民族平等原则并解决好各民族共同团结奋斗和共同繁荣发展问题，也就是民族团结进步问题。任何一个多民族国家的民族团结都是社会团结的重要组成部分，民族团结的状况对多民族社会的社会团结大势有着根本性的影响，民族团结在中国被视为"各民族人民的生命线"切中社会实际。在多民族国家，民族团结并非神秘、超验或特殊性的社会现象，而是良好民族关系运行的正向成果，与社会关系总体和谐稳定相表里。民族团结主要指表现于社会生活各层面族际合作或联合的社会行为。国家基本政治架构对多民族国家民族团结具有决定性影响。观察半个多世纪以来，特别是改革开放以来西藏经济社会面貌改善，我们会看到以"援藏"为平台所形成的西藏繁荣发展的驱动力和社会效果，不能不说援藏是西藏区域性民族团结进步创建的重要载体，在西藏经济社会面貌改善进程中民族团结进步创建扮演了重要角色，各民族有序交往交流交融进入了一个新时代。关于援藏的大量研究成果中，来自经济学、社会学、民族学等专业的研究者在援藏政策考察、援藏效益分析、援藏工作回顾与总结等方面取得了丰富研究成果[①]。在这些研究成果中，人们更关注援藏政策实施中存在的具体问题，有相当多的研究者从经济理性、公共政策一般性问题等为研究视角和内容，有的研究者认为这类"嵌入式"发展无法真正解决西藏的发展问题。但是，从民族团结进步创建的角度来看，援藏机制的不断完善对铸牢民族团结大势有特殊作用，这一过程为全国人民深入认识西藏区情和社会、接触西藏和在西藏进行更广泛的民族交往及充分交流合作拓展了重要渠道。

---

* 周竞红，中国社会科学院民族学与人类学研究所研究员。
① 徐志民：《当代中国学界的援藏研究述评》，《中国边疆史地研究》2014 年第 4 期。

一　援藏机制——各民族共同团结奋斗的跨世纪工程

援藏是最能体现新中国成立后政府推动和巩固各民族大团结深入发展并凝聚各方面力量强力推动民族地区全面发展的阶段性的政府行动。中央政府借助行政动员、政策投入和法律约束等，推动形成了全国支援西藏行动的持续深入。中央政府高位推动"援藏"政策形成和完善是一个持续实践和探索的过程，随着国家经济实力的提升，相应的投入力度不断增加，社会成效日益凸显。

援藏机制的形成与中国特色解决民族问题的正确道路实践密切相关，是国家落实民族平等原则，谋求各民族共同团结奋斗共同繁荣发展的实践过程。早期的援藏政策最突出的内容是医疗卫生、教育的援助和物资的投入，改革开放后，援藏的系统化程度、覆盖面和全方位性才逐步提升。1987 年 6 月，邓小平会见美国总统卡特时的谈话指出："中华人民共和国没有民族歧视，我们对西藏的政策是真正立足于民族平等"，中央决定"其他省市要分工负责帮助西藏搞一些建设项目，而且要作为一个长期任务"，"如果以西藏有多少汉人来判断中国的民族政策和西藏问题，不会得出正确的结论。关键是看怎样对西藏人民有利，怎样才能使西藏很快发展起来，在中国四个现代化建设中走进前列"。[①] 可见，援藏并不是一般的行政行为，而是国家整体建设行为，有其特定的政治目标和社会效益追求，也面临着诸多需要克服的特殊困难。

援藏政策体系的形成是一个动态的探索过程，这一过程是中央政府依据相应的制度规范进行的一系列政策引导和动员，扩大了参与援藏的主体机构，使得援藏覆盖范畴不断扩大，援藏行动力度不断增强，援藏方式更加灵活、措施更具针对性。如果说 1980 年第一次西藏工作座谈会时中央确立了以援藏为核心推进西藏发展的政策，并落实了一些工业、交通等项目建设；1984 年，政策内容要求则更高，中央围绕西藏的发展和稳定，进一步出台把西藏经济搞上去，提高人民生活水平的措施，推动实施 9 省（市）和国家相关部委[②]援藏政策，当时分两批帮助建设 43 项西藏迫切需要的中小型工程项目，

---

① 《邓小平文选》，人民出版社，1993，第 247 页。

② 即由北京、上海、天津、江苏、浙江、福建、山东、四川、广东等省市和水电部、农牧渔业部、国家建材局等有关部门援建西藏迫切需要的工程项目。后增加吉林、黑龙江、安徽和 15 家国有大型企业。

项目内容包括发电站、旅馆、学校、医院、文化中心和中小型工业企业。援助方为建设这 43 项工程共投入 1.9 万人，总投资 4.8 亿元，涉及 10 个行业，这些建设成为西藏经济和社会后续发展的基础项目。[①] 在援藏实践中，各省市分工负责援建至 80 年代末期成为一项长期任务。至 1994 年中央第三次西藏工作座谈会时，"分片负责、对口支援、定期轮换"的援藏工作方针清晰，参与援藏的主体依据党中央的统一部署和任务目标开展具体工作，90 年代初承担援藏任务的主体由 9 个增加到 15 个。2001 年第四次西藏工作座谈会召开时，援藏参与主体增加了 3 个省（市）和 17 个大型国有企业，对口支援范畴扩展到西藏所有地市和 74 个县（市、区）。2010 年第五次西藏工作座谈会将对口支援政策延长至 2020 年。2015 年第六次西藏工作座谈会，确立依法治藏、富民兴藏、长期建藏、凝聚人心、夯实基础的原则，西藏发展在把握本区域社会主要矛盾和特殊矛盾的同时，将改善民生、凝聚人心作为经济社会发展的出发点和落脚点，为了实现发展目标，中央关心、全国支援同西藏各族干部群众艰苦奋斗紧密结合形成合力。

从民族团结进步创建的角度来看，援藏行动从最初的对口帮扶逐步体系化为中央领导、各援助单位积极参与的全方位、多层次、宽领域向西藏各基层单位投入的建设格局，成为具有鲜明各民族共同团结奋斗特色的社会建设浩大行动。观察援藏政策体系的制度依据和来源，及其实践的总体经济和社会效益，可以说这是在中央政府推动和各援建省（区、市）及企业共同参与下所形成的各民族共同团结奋斗、共同繁荣发展的跨世纪社会工程。借助于援藏行动，经济相对发达的省（区、市）与西藏之间建立了密切的社会联系，发达地区的人、财、物、技术等在中央政策引领下入藏，并成为提升和驱动西藏全面发展的重要动力，在短期内不同程度地解决了西藏繁荣发展中的投资、基础设施、人才等多方面的问题，为西藏经济实力提升注入了巨大能量。援藏从一支医疗队、一批教师或物资入藏，转变为一个又一个项目的落成，形成了经济社会建设方方面面的援藏，如卫生援藏、交通援藏、电力援藏、教育援藏、科技援藏、干部援藏、金融援藏、导游援藏、公安援藏、林业援藏，等等。这些援藏行动使得很多内地省市与西藏发生了十分密切的联系，藏区和经济发达省份间频繁的人员往来突破历史自然环境限制，为民

---

① 周泉编《西藏：新的援建项目》，新星出版社，2002，第 97 页。

族团结进步创建创造了最为有利的条件。例如，浙江援藏对两地的影响体现在，"浙江与西藏虽然相隔很远，但两省区之间的关系非常密切。西藏那曲地区是中央确定的我省对口支援地区。多年来，我省积极响应党中央、国务院的号召，一直关心西藏建设，高度重视援藏工作，在干部选派、项目建设、资金投入、技术援助、人员培训等方面，给予那曲地区尽可能多的帮助和支援，受到了那曲地区各族人民的赞誉"。① 绝大多数有援助任务的省（区、市）都为推进援藏进行了积极探索和大量投入。据统计，截至2014年底，援藏累计投入资金252亿元，实施援藏项目7615个，涉及农、林、牧、水、电、交通、能源、文化教育、医疗卫生、广播电视、城镇建设、基层政权建设、农房改造、人才培养等诸多领域②，为解决藏区群众生产生活困难、促进当地经济社会发展发挥了重要的基础性作用，对统一多民族国家政权的稳固、边疆稳定产生了重要影响，援藏为推动西藏现代化和国家治理目标的实现提供了良好的社会保障，为各民族共同团结奋斗共同繁荣发展谱写了新篇章。

二　援藏机制——深化各民族交往交流的主渠道

西藏特殊的地理区位和交通基础设施状况一度成为阻碍全国其他地区各民族与藏区各民族交往交流的最不利的条件。各民族社会成员间缺乏大规模交往交流，各民族成员间没有日常的社会生活接触交流，没有共居、共学、共事、共乐，便不可能建立起社会成员之间的理性认知和密切的社会联系，所谓认同便失去了基本的社会生活支撑。只有在共居、共学、共事、共乐中达成常态的交往交流机制，为建设繁荣发展和现代化西藏的共同目标，人们才能在共居、共学、共事、共乐中超越一切阻碍，形成良性、规范的社会交往关系，西藏的繁荣发展可能持久而稳定。

人员的交往交流是推动民族间形成理性认知并进行社会合作的重要基础。干部援藏带来的正是各民族间的双向交流，一方面是内地干部到西藏建功立业，另一方面则是西藏干部到内地交流挂职增长才干，不论是因援藏项目实

---

① 习近平：《发展汉藏民族和佛教界亲密关系》，《浙江日报》2006年4月14日第1版。
② 高玉洁：《援藏：为高原插上腾飞翅膀》，《西藏日报》2015年8月11日第1版。

施进入内地学习、生活、工作的藏族，还是为了完成援藏项目而入藏的内地各类干部人才，他们都成为推进各民族在西藏"相互了解、相互了解、相互尊重、相互包容、相互欣赏、相互学习、相互帮助"的关键。

　　基于援藏所依据的国家法制和目标的要求，干部援藏也有着特殊重要性。干部本身的政治使命、政治素质和组织约束等，有力地提升了中央确立目标的实现。绝大多数省市或部门选择援藏干部时都选优选强，一大批来自中央各部委、援助省市和中央企业的援藏干部，勇于担当，艰苦奋斗，为西藏经济社会的发展和民生改善做出了积极贡献。据统计，截至2014年底，中央各部委、对口援藏各省市、中央骨干企业共派出7批近6000名干部进藏，他们成为推动西藏各方面建设的重要力量，他们中的很多人虽然结束了援藏工作任务，在新的工作岗位上，依然关注和关心着曾经在西藏工作的地方建设，并充分利用各种条件为推动西藏各方面的工作积极寻求方案。干部援藏不仅有利于加深广大干部对中国多民族国情的认识，对民族地区建设需求的认识，还"带动了思想观念的更新，调动了各地政府对西藏的全方位援助，为西藏的党政干部队伍注入了新的活力，在深度和广度上拓展了西藏与内地的联系和交流"①。特别是2003年以后，胡锦涛总书记"援藏项目应突出农牧区生产生活条件，改善农牧民生活这个重点"的批示②得到逐步落实，援藏干部的工作对西藏民生改善的直接影响力在不断增大，如陕西援藏干部采用覆膜技术，打破在海拔4000米不能种苜蓿的定论，在阿里噶尔昆莎乡试种苜蓿成功，解决牧民养畜冬季饲草来源问题，对推动当地生产发挥了重要作用。

　　各省市和行业为实现全方位援藏的效益积极探索，有效推进了援藏机制的全面完善，如，广东、福建两省立足林芝资源优势，注重培育经济发展基础，增强经济发展能力，在"输血"与"造血"结合方面下功夫，促使林芝特色产业得到较快发展。促使林芝特色农牧业初见规模，初步建成林芝特色养殖、优质水果干果、林下资源采集加工、粮油生产加工为主的产业带和以优质水稻、莲藕、野生天麻、"两椒两桃"为主的特色产业基地，培育特色产业乡（镇）14个、专业村47个，打造出以林芝松茸、波密天麻、朗县核桃为代表的特色产品。江苏省则紧紧围绕"拉萨跨越式发展和长治久安"目

---

① 靳薇：《干部援藏的成就与局限》，《科学社会主义》2010年第6期。
② 西藏自治区财政厅编《西藏财政科研论文汇编》，2005。

标，借助经济援藏、干部援藏、教育援藏和科技援藏等方式，不断提升援藏工作的效益和水平。2012 年以来，江苏省共安排对口援藏资金 15.42 亿元，实施援建项目 103 个，建成拉萨江苏实验中学、拉萨综合展馆、东城区人民医院等一批精品示范工程，对改善拉萨基础设施相对滞后的局面做出了积极努力。湖南积极推动"湘藏"两地交往交流交融，加快搭平台、促合作，帮助山南地区引进一批优质项目，产业援藏呈现新面貌；湖北注重"量体裁衣 + 牵线搭桥""点对点对接 + 面对面帮扶"，① 在 2002 年，入驻山南的湖北华新水泥股份有限公司就曾帮助当地农牧民就业，当年累计为当地低收入农牧民提供 650 个就业岗位。②

医疗、教育、旅游等援藏活动，在整体提升西藏医疗、教育等水平方面的作用十分显著。2017 年 9 月召开的全国卫生计生系统支援西藏工作会议报道，党的十八大以来，中央财政和 17 个对口援藏省市共投入资金 115.97 亿元支持西藏医疗卫生事业发展。派遣 300 多批援藏医疗队，诊疗患者近 300万人次，完成手术近 2 万多台次。组织实施医疗人才"组团式"援藏，累计选派三批共 480 名专家进藏开展组团帮扶工作。西藏医疗卫生服务体系逐步健全，基本公共卫生服务均等化水平和基本医疗保障水平明显提高，人才队伍建设不断加强。③ 针对西藏专业技术人才紧缺的实际，湖南、湖北、安徽、天津、重庆等省市援藏工作队积极争取每年选派 50 名教师、医生等专业技术人员进藏服务，这种"短、平、快"的方式有效扩大了人才援藏规模、提升了人才援藏水平。人才援藏更加注重采取"请进来授课"、"派出去培训"和"结合援藏岗位带徒弟"等方式加强智力援藏，发挥"传帮带"作用，产生了非常好的社会效应，其中马新明和孙伶伶的故事颇有代表性。马新明与北京援藏干部先后将社会管理创新理念引入西藏，积极支持建成拉萨数字化城市管理、网格化管理、护城河工程和文成公主实景演出项目，通过高科技手段、科学管理方式、法治思维推动拉萨法制建设和社会管理工作。孙伶伶则先后完成 10 余项重大课题研究，为建设法治西藏的目标提供理论支持和决策参考。

---

① 陈林：《援藏新格局助力跨越发展》，《西藏日报》2015 年 6 月 11 日第 1 版。

② 高玉洁：《援藏：为高原插上腾飞翅膀》，《西藏日报》2015 年 8 月 11 日第 1 版。

③ 王茜：《2017 年全国卫生计生系统援藏工作会议在京召开》，中国西藏网，http://www.tibet.cn/news/focus/1505378971851.shtml。

随着援藏工作机制的不断改进和完善，在项目、资金向农牧区倾斜、项目向民生倾斜的目标引导下，各援藏单位及时调整部署，把80%以上的援藏资金和项目投向基层和农牧区，这些项目涉及广大农牧民日常生产质量提升，人们的住房、看病、上学、交通、饮水、通信等问题得到基本解决，各族人民的生活水平不断提高，城乡面貌发生巨大变化。各类项目实施过程成为各民族干部群众交往交流和共同团结合作的重要实践过程。

三　完善援藏机制——各民族共同团结奋斗建设繁荣西藏

完善援藏机制，推动西藏经济社会建设项目发展仍然是重点："支持民族地区加快经济社会发展，是中央的一项基本方针。要紧紧围绕全面建成小康社会目标，顺应各族群众新期盼，深化改革开放，调动广大干部群众的积极性，激发市场活力和全社会创新创造热情；发挥民族地区特殊优势，加大各方面支持力度，提高自我发展能力，释放发展潜力；发展社会事业，更加注重改善民生，促进公平正义；大力传承和弘扬民族文化，为民族地区发展提供强大精神动力；加强生态环境保护，提高持续发展能力。"① 援藏机制全方位、多层次的实践，各援助单位克服自身困难积极探索和慷慨投入，各受援单位与援助单位实现了深度的交流与合作，为援藏机制的完善创造了最基本条件。正如有研究者指出："对口支援西藏的很多省市，自身也存在着发展的诸多难题，如贫困人口的脱贫、社会公共服务水平的改善、供给侧结构性改革的重任、整治生态环境污染的巨大压力等等。对口支援西藏的中央企业，有些自身都处于亏损状态，国家很多部委往往是在自身可动用资金极为有限的前提下尽力支持西藏对口部门改善办公条件。而受援方西藏的各个县（市、区），也顶着发展稳定的巨大压力，珍惜和用好援藏资金项目，不断努力缩小同全国各省区市的发展差距。西藏的广大群众特别是边境地区人民，在西藏如此广阔的国土上，在漫长的边境线上，坚持守护好国家的边疆稳定，守护好国家的生态源头，为维护国家利益、维护国家安全和稳定作出巨大的

---

① 《习近平2014年9月在中央民族工作会议上的讲话》，http://whxcs. seac. gov. cn/art/2015/6/26/art_8432_230414. html。

贡献。"① 援藏机制为进一步实践各民族共同团结奋斗共同繁荣发展搭建了最具活力的平台。

就执政党而言，援藏机制所形成的各民族干部群众互动过程是考验执政党执政能力的过程，也是考验执政党干部队伍政治和业务素质的过程，更是对各民族共同团结奋斗、共同繁荣发展目标选择实现程度的考验。因此，一方面，受援方要明确援助的要旨，即："支援和帮助的意义主要在于增强少数民族地区自身的'造血功能'，起决定作用的还是少数民族地区的自我发展能力。要使自身生产力水平同外部支持力量相结合以发挥最佳效益。这就是说，民族地区要提高内生发展动力，增强外部援助力量的吸引和吸收能力。这主要表现在：在接受国家帮助时要有相应的辅助能力，不能说国家给多少钱就是多少钱，如果把补助看成孤立的经济项目，而不投入相应的力量以扩大效益，那么，一旦补助中断，工程就无法继续进行。"② 另一方面，援助方也需要认识到援助对巩固统一多民族国家民族团结进步创建所具有的多目标和综合意义，从而使每一个援助项目尽可能满足政治、经济、文化、社会和生态效益要求。

援藏机制为西藏民族团结进步创建提供了一个特别的平台和载体，与此同时，西藏的民族团结进步创建有着更为复杂的结构，参与主体更加多元，对民族团结进步创建大局的影响也更为直接。西藏民族团结进步创建一方面需要解决物质基础问题，另一方面也需要解决精神层面的问题。

物质基础的问题解决起来相对更易于取得显著效果。1982 年，西藏人大代表向党中央反映的问题最突出的是交通问题和教育质量问题，他们曾提出："尽管多年来在国家支持下，初步形成了以拉萨为中心的公路网，通车里程达 21000 多公里，建起大小水电站 800 多座，但远远赶不上需要。解放三十多年，西藏没有一条铁路；青藏公路铺设柏油路面进度太慢，今年夏秋有三个月堵塞不能通车，造成很大损失；到西藏乘飞机的旅客排队买不上票，需要建立拉萨民航管理局，需要增加拉萨到北京的直飞班机。西藏的科学文化、教育事业要发展，现在学校不少，质量差，中学师资主要靠援藏教师，他们

① 杨杰：《援藏：西藏长足发展和长治久安的重要助力》，《西藏日报》2017 年 9 月 30 日第 5 版。
② 习近平：《摆脱贫困》，福建人民出版社，1992，第 91 页。

在藏时间两年太短，中间还有个休假问题，刚适应，就走了。"① 30 多年来，当时人大代表们呼吁的问题大部分得到基本解决。1952 ~ 2012 年，中央对西藏的财力补助达 4000 多亿元，安排了一大批关系西藏长远发展和人民生活的重大工程项目，落实投资超过 2000 多亿元。1994 ~ 2010 年，对口援藏省（市）、中央国家机关及中央企业，分 6 批落实支援西藏经济社会建设项目 4000 多个，总投资 100 多亿元。这些投入有力促进了西藏经济社会的跨越式发展，1994 年以来，西藏地区生产总值连续 18 年达到两位数增长，年均增速达 12%。"十一五"期间（2006 ~ 2010），西藏地区生产总值先后跨上 300 亿元、400 亿元、500 亿元三大台阶，2011 年突破 600 亿元，2012 年突破 700 亿元。西藏民主改革前，西藏农牧民人均年纯收入仅有 35 元，2012 年达到 5645 元。西藏城镇居民人均年可支配收入 1978 年为 565 元，2012 年达到 1.8 万元。2006 年开始，西藏实施以安居工程为突破口的社会主义新农村建设，使 90% 以上的农牧户住上了安居房，人均居住面积增加到 20 多平方米。西藏农牧区水、电、路、通信、广播电视、邮政和优美环境综合建设、村村通电话、乡乡通宽带等，大大改善了农牧区基本生活条件。基础教育和高等教育改善可观，西藏和平解放前，适龄儿童入学率不到 2%，青壮年文盲率高达 95%。2013 年，西藏适龄儿童入学率、初中入学率、高中入学率和高等教育毛入学率分别达到 99.2%、98.2%、60.1% 和 23.4%，青壮年文盲率下降到 1.2%，15 周岁以上人口人均受教育年限为 7.3 年。②

　　历史和现实都告诉我们，要解决好民族问题，"物质方面的问题要解决好，精神方面的问题也要解决好，哪一方面的问题解决不好都会出更多问题"③。解决民族问题精神方面主要是思想观念问题，即正确的民族观和国家观，以及"加强中华民族大团结，长远和根本的是增强文化认同，建设各民族共有精神家园，积极培养中华民族共同体意识。文化认同是最深层次的认同，是民族团结之根、民族和睦之魂。文化认同问题解决了，对伟大祖国、

---

①　段存章：《老问题能不能解决得快一些——西藏代表团小组讨论的呼声》，《人民日报》1982 年 12 月 3 日第 3 版。

②　齐扎拉、潘建生：《建设民族团结、宗教和睦的新西藏》，《中国民族报》2013 年 7 月 5 日第 5 版。

③　http://www.seac.gov.cn/art/2015/6/1/art_143_228925_17.html.

对中华民族、对中国特色社会主义道路的认同才能巩固。"① 因此，建设各民族共有精神家园也被作为党和政府民族工作的战略任务。在西藏，推进民族团结和建构各民族共有精神家园核心是解决树立正确的国家观、民族观和中华文化观问题，各民族干部和群众都要充分了解中国是统一多民族国家，各民族都是中华民族大家庭平等成员，各民族都要为缔造统一多民族国家做出过历史性贡献，中华文化是各民族文化的集大成，各民族人民要在中国共产党的带领下，在建设中国特色社会主义进程中实现共同团结奋斗，共同繁荣发展。

从援藏机制的建构过程和实施效果，以及西藏发展需要满足来看，西藏推进民族团结进步创建重点在于各民族的文化交往交流和积极合作，在民族团结进步诸多载体中，选择以本区域社会为基础，密切联系全国各援助省市、各部委和各中央企业，在推进西藏经济社会建设进步中，强化各民族文化的相互认知和理解的基础，建构有利于西藏繁荣和各民族团结进步的合作共赢平台。要实现这一目标，需要中央政府、援藏的各省市和企业有清晰的经济社会建设目标意识，尊重西藏自治区的自治权和民族文化，借助藏语文学习和相应的技术手段、群众宗教生活了解和学校双语教育等机制，畅通各民族间的语言和文化交流互动，使社会主义核心价值体系成为在西藏建构新的共享文化的主干，为各民族文化在宽松的环境下交流发展提供健康环境，保障在增进中华民族认同目标引导下发展繁荣各民族文化。

总之，西藏的民族团结进步创建不仅要着眼于区内还要着眼于区外。一方面，在西藏自治区各机关、社区、乡村、学校、企业、军营、寺庙进行民族团结教育时，宣传教育工作需要细化、大众化和生活化，对不同年龄层、职业层及城乡分布人口确立不同的宣教方式和工作目标，使相应民族团结进步的宣传、教育和倡导更具社会效益，使民族团结进步创建活动具有广泛的社会认知和持续的社会支撑。另一方面，在推进西藏民族团结创建中，充分利用区外力量，特别是那些将西藏视为第二故乡的援藏干部、教师、医生、退伍军人等，他们有着援藏爱藏的精神力量和支持西藏发展的智慧，西藏自治区可通过建构民间组织等平台，为他们继续助力西藏民族团结提供机制，使他们与西藏繁荣发展的联系紧密且可持续。

---

① 丹珠昂奔：《建设各民族共有精神家园》，《民族论坛》2015 年第 8 期。

西藏农户的宗教生活变迁

——以扎囊县朗色林村、拉孜县柳村为个案的考察

秦永章[*]

本文以笔者对西藏自治区山南市扎囊县朗色林村、日喀则市拉孜县柳村的入户个案调研资料为基础，对随着时代和所处社会环境的变迁，西藏农村藏族信教群众的宗教信仰的变化情况做一个初步的考察。不妥之处，敬请指正。

一 调查点简况及宗教设施

（一）朗色林村（以下简称 A 村）

A 村现属于山南市扎囊县扎其乡，在雅鲁藏布江中游南岸的山谷地带。该村主要以从事农业为主，主要农作物有小麦、青稞、土豆等。耕地总面积1828.94 亩，人均耕地 2.35 亩。该村村民均为藏族，截至 2011 年 10 月，全村总户数 161 户，总人口 779 人，其中男性 310 人，占总人口的 39.8%；女性 469 人，占总人口的 60.2%；在读大学生 33 人、高中生 35 人、初中生 26人、小学生 62 人。

A 村村民均信仰藏传佛教，村里有寺庙、拉康、白塔各一座。

寺院名称"桑阿曲郭林"，位于该村东南面的山坡上。据该寺僧人介绍，该寺建于 12 世纪初期，系宁玛派寺院。民主改革以前，该寺归属朗色林庄园，1959 年以后逐渐颓败，僧人被迫还俗，"文革"期间几乎损毁殆尽。1993 年，附近村民捐资 12 万元重建，1996 年批准开放。现在该寺共有 3 名僧人。

---

* 秦永章，中国社会科学院民族学与人类学研究所研究员。

"拉康"（Lha khang，即佛堂）位于村委会南侧的农田中央，内有平房 5 间，其中一间是用溪水动力转动的转经轮房，一间是供奉佛像的佛堂，另外 3 间分别是厨房、库房及庙官的宿舍。该拉康供朗色林村 3 个社共用。据拉康管理人嘎玛老人介绍，该拉康是 1982 年重建的，以前的拉康在"文革"期间被毁。由于拉康内的空间狭小，以村落为单位的集体性的宗教活动不多，主要是附近的村民来转经，其中藏历每月的五、八、十、十五、二十、二十五、三十日来转经的较多，主要是老人。

白塔（土制的白色佛塔）位于该村的东侧，呈圆形，高 10 米，直径 12 米左右，白塔周围还设有转经筒，正面设有煨桑炉和经旗杆。该塔于 1988 年由村民出资兴建。该白塔除供村民们转经使用外，还是本村不少集体活动如望果节的始发地。

（二）柳村（以下简称 B 村）

B 村系日喀则市中部拉孜县柳乡的一个行政村，系纯藏族村落。截至 2012 年 6 月，全村有 262 户，1494 人，其中男性 711 人，女性 770 人，60 岁以上老人约 60 多人。全村共有耕地 3348 亩，主要农作物为青稞、小麦、豌豆，蔬菜主要为土豆、萝卜等。

目前，B 村没有寺院。由于该村距离日喀则较近，加之民主改革前，柳村系扎什伦布寺的庄园，因此，即使今天，扎什伦布寺仍然是当地村民前去朝拜等宗教活动的主要场所之一。此外，距离 B 村更近的著名的萨迦寺以及该县的增寺也是当地村民前去朝拜的重要寺院。

B 村有小型白塔一座，位于村中央，系该村村民拉巴捐资 1 万多元于 2007 年建成。白塔旁边还有一座小型的玛尼转经房，系另一村民出资所建。

紧邻村落的西侧山坡上，设有一个简易的拉康，山顶上设有一处插满经幡、白墙砌就的"拉则"（即敖包）。据村民说，这两处设施均系 20 世纪 80 年代重建，原来此山上就有一个拉康，在民主改革后遭毁。

二　村民日常的宗教生活

当代藏族百姓的宗教信仰大致可划分为三种形态，即正统宗教信仰、世俗性宗教信仰和民间宗教信仰。A、B 二村藏人正统的宗教信仰即藏传佛教信仰。尽管每个家庭的宗教生活存在差异，但就整体而言表现出很大的相似性，形成了较为固定的家庭宗教活动模式。从笔者调查的两个村落而言，开春天气转暖以后，绝大多数家庭的青壮年男性基本都去外地打工了，家里剩下的多是老人、妇女和孩子（儿童）。外出务工人员在新环境限制及工作任务压力之下，无法维持原来的宗教活动，再难从事甚至没有什么严格意义上的宗教活动了。

（一）诵经

一般家庭的宗教活动主要由留守在家的老人来承担。他们最主要的日常性宗教活动大概就是诵经、煨桑、点供灯、磕头了。一般而言，上述这些宗教活动由家里年长的女性负责进行，如果年长女性已经去世或不在家，则由年长男性负责宗教仪式。这些老人的每一天以口诵经文开始，又以念诵经文结束。平常都是在自家的"却康"（佛堂）一边转"嘛尼"经筒一边诵经，也有人是一边做家务，一边诵经。大多数老人不识藏文，也不会诵读长篇的经文，所以念诵的经文一般都是简短的"六字真言"（唵嘛呢叭咪吽）或"莲花生大师心咒"（嗡啊吽，班扎咕噜，悲马悉地吽）。每人诵经的时间长短不一，根据农忙或闲暇程度灵活掌握，但是一般而言，早、晚合在一起，一天至少需要1小时以上。

西藏乡村还有村民们集体一起诵经的"嘛尼会"，当地人称作"嘛尼措巴"。B村的嘛尼会现有成员44人，一般人年龄在50岁以上，其中多是女性，男性只有10人。嘛尼会还设有一名管理者，据说每五年要换一次。藏历每月的八、十、十五、三十日，嘛尼会的成员们都要集中在村内的"嘛呢康"一起诵经，经文主要是"六字真言"及"莲花生大师心咒"。在四月十五日的萨噶达娃节（系释迦牟尼降生、觉悟与圆寂三大纪念日），要连续念诵三天。这些人一般都是上午10点钟去，太阳落山后回家，中午饭如糌粑及奶茶等要自备。她们不但要为自己祈祷，还担负着给全家人祈福的任务。村中有人去世或举行特殊法会时，也邀请嘛尼会的成员去村民家诵经，并提供餐饮。诵经结束后，嘛尼会集体会得到100元左右的布施，以及一脸盆的青稞和一块砖茶。

这里顺便指出的是，B村的"嘛尼措巴"是一个以藏传佛教信仰为纽带的民间宗教社团，亦系一种宗教性的地方社会组织，它完全由民众自发组成。

虽然该组织相对松散，没有入会和退会仪式，进出自由，也没有正式的规章制度，但该组织无论对藏族村民还是在整个村落都发挥着一定的社会功能。它不仅是老年村民们进行情感交流以及锻炼身体的一个重要途径和手段，而且在维护宗教信仰、保持传统文化、整合藏族社区等方面都起到非常重要的作用，这也表现出藏族民间宗教活动的特色，反映出藏区民间宗教生活的丰富性。

（二）煨桑

"煨桑"也是西藏农村村民不可或缺的日常宗教生活之一。在每户藏家的房顶或庭院内有煨桑用的简易的祭烟炉或专门烧制的陶质祭烟炉。煨桑一般在早晨举行，主要原料是柏树枝、糌粑、酥油、砂糖等。将柏树枝点燃后，把其他物品放在上面，祭祀诸神。有些人家每天坚持煨桑，有些人家只在重大的节庆日煨桑，据村民说，桑烟袅袅上升天际，就可沟通神、人之间的信息。

由于家里的主要劳动力外出务工，家里的家务活及农事劳作基本上都由留守家中的老人、妇女承担，这无疑增加了他们劳作的时间，所以这些留守老人为完成必需的劳作也不能不减少某些宗教活动，而家里的晚辈们对长辈们的诵经、煨桑活动可谓是耳濡目染，却似乎又熟视无睹，除非遇到特殊的事情，一般都较少参与。

（三）朝拜寺院

去寺院朝佛也是一项重要的宗教活动，但此项活动不是每天都有的。去寺院朝佛的频度、去哪个寺院都根据家庭及个人的具体情况而定，比如经济条件、特殊事由、身体状况等。无疑，去离家最近的村落内的寺院的频度最高，时间上一般选择藏历初一、初十、十五、二十、三十等特殊吉日。一年中的藏历新年、萨噶达娃节、雪顿节期间成为当地藏族信众到寺院朝拜的高潮。但是，村落内的寺院规模小，僧人少，很少举行大型的法事活动，所以不少群众去附近著名的寺院朝拜，观看和参与法事活动。如 A 村的群众经常去本县境的敏珠林寺、桑耶寺等，也有人去拉萨三大寺、大昭寺及日喀则的扎什伦布寺等大寺院朝拜。在寺院的主要活动便是点酥油灯、磕头及贡献布施。如果在寺院里有亲戚的话，去亲戚的僧舍歇歇脚、喝喝茶、聊聊家常也成为一种习惯。

（四）转佛塔

转佛塔即按照顺时针方向绕着佛塔转，信众认为顶礼佛塔和转绕是对佛陀的礼敬，更是积累福德资粮，消除业障及障碍的最便捷的一种方法。由于白塔周围安置有供大众转经用的转经筒，因此，在转佛塔的同时，也顺手转转经筒。更多的老人则是一手转着自己携带的小经筒，一手拈着佛珠，喃喃念着六字真言绕塔行走。当转累的时候，在转经道旁的石头上休息片刻，和一起转经的老人聊聊天。这种转塔活动既是一种宗教活动，同时也是一种全身心的健身运动：一圈又一圈的走动促使全身得到了一定程度的活动和锻炼，从而在客观上起到了日常保健的作用；同时，对于老人们而言，相约而行促进了彼此的交流，由此带来的适当的言谈和思考对减缓大脑功能的退化亦有帮助。转佛塔的时间由自己把握，每天或一次，或两次，或几天一次。绕转的次数因人而异，一般人每次绕转的圈数 3 或 3 的倍数，也有不少人绕转的次数是自己的岁数，也有人要转 1000 次、10000 次甚至更多，但这要分几次甚至几天完成。为了便于记住转塔次数，不少老人用小石头做记号，如每当转够 10 次，则在转经路旁的石头上放置一颗小石子。因此，在村落佛塔旁的石头上，经常能看到转经者放置的一堆堆小石子。

以上列举的是西藏藏族村民比较突出的宗教活动，实际上，在西藏农村藏族人的生活中，藏传佛教的影响无处不在，如婚丧嫁娶、家人患病、小孩出生、建筑新房时更换经幡，甚至孩子考学等时，不少人到寺院延请僧人卜卦、诵经，或延请僧人来家诵经、举行法事。宗教信仰已经民俗化和生活化，宗教信仰活动成为人们日常生活的一部分。当然，每个家庭的宗教生活都有差异，有老人家庭的宗教活动相对频繁一些，也有人家多年来未举行过任何大的宗教法事活动。从信众的年龄结构来看，老年人视佛法为精神皈依处，修行是为了有一个更好的来世，同时也使一切有情众生得到快乐幸福；中青年人信仰佛法，在很大程度上是为了现实利益，如家庭平安、发财致富、保官升官、考上大学等。

三　民间信仰

（一）民间巫师

除正统的藏传佛教信仰外，民间信仰也在西藏农村的宗教生活中占有一席之地。就笔者调查的两个村庄而言，当地农村的民间信仰主要表现在对民间巫师"俄巴"（sngags pa，或译成"阿巴"）及神山崇拜上。

在西藏农村信仰民间巫师"俄巴"的情况比较普遍。所谓"俄巴"即民间密咒师，他们一般都没有固定的宗教活动场所，平常在家中进行日常诵经、法事仪轨等宗教活动，同时又和普通百姓一样要结婚成家，参加日常的农牧业生产劳动，过着抚育孩子、赡养老人等正常的家庭生活。同时他们兼做超度亡灵、招魂驱鬼、招福等法事服务及卜卦、治病等，其中还有一项重要职责是防冰雹。

防雹师（又称天气咒师、防雹喇嘛等），在当地俗称"拉拉"。"拉拉"都是男性，一般是同一家族内父、子相承，很少传授给外人，如 A 村 82 岁的拉拉旺觉老人，从 12 岁起随其父亲学习拉拉方面的知识，一直到 32 岁才出师；也有的拉拉是在寺院学成，如经常受邀到 B 村举行法事活动的"拉拉"扎西旺加，他从 12 岁起在萨迦寺专门学习"拉拉"方面的专业知识，直到 29 岁时回家开始做"拉拉"。比较而言，当地的村民们对祖传的拉拉更加信服一些，认为他们的法力要大于非拉拉家族出生的拉拉。由于"拉拉"可以通过举行一些特殊的法事活动，让冰雹不落在村民的田地里，因此过去他们成为受雹灾之苦的老百姓心目中的"神人"，经常受邀到附近的田间地头举行"驱雹"活动，村民们则送一些小麦、青稞及酥油等作为酬谢。过去虽然拉拉的地位不如寺院的"喇嘛"（活佛），但在地方也很有威信，能受到当地僧俗百姓的广泛尊敬。

在 A 村有 2 名拉拉，一位是世袭的职业"拉拉"，另一位是还俗喇嘛，现在兼做"拉拉"。B 村没有拉拉，但也崇信拉拉，经常邀请附近扎西岗乡普东村的拉拉扎西旺加（男，66 岁）举行驱雹灾求雨等法事活动。1959 年西藏实行民主改革后，拉拉的宗教活动被当作封建迷信被迫停止。"文革"结束后，这种活动又开始复苏。但是随着科学技术的普及，以及新的防雹技术的推广，不少地方传统社会中活跃的"拉拉"逐渐淡出历史舞台。例如"拉拉"世家旺觉老人的 7 个儿子中没有一人学做拉拉，旺觉成为该家族的末代拉拉了。①

---

① 秦永章：《末代防雹师旺觉老人》，《中国西藏》（汉文版）2013 年第 1 期。

（二）神山崇拜

众所周知，崇山峻岭众多是我国藏族聚居的青藏高原主要地形特征之一。千百年来，藏族人民由于受自然崇拜、宗教尤其是藏传佛教的影响形成了"神山"信仰。身居高原的藏族群众认为，神山都有超人的神奇力量，他们的喜怒哀乐直接决定着人们生产的丰歉、人生的吉凶祸福，敬重他们就可以丰衣足食、无病无灾，一旦冒犯则会导致洪水、冰雹、地震等自然灾害。所以藏族群众每年都要举行各种祭祀山神的活动，以此方式来表达他们对神山的敬崇心情，祈求山神降福保佑。普通的山神有其特定的管辖区域，也往往是同一村落的标志。

据 A 村老人嘎玛次仁介绍，A 村百姓普遍崇信神山，该村的神山在村东，称为"卧噶扎"，据说莲花生大师曾在此修行，现在有一名来自昌都的僧人在修行。藏历每年的一月初三，是全村村民集体祭祀该神山的日子。一般是每家要至少派出一人参加，男女均可。届时人们都穿着节日盛装，拿着酒、柏香等去山脚下煨桑、插箭、放风马、悬挂新的经幡。祭祀仪式由村内的年长者或有宗教知识的人主持，一边手撒青稞，一边高呼"喔""喔""喔"三次，祈求当年风调雨顺，全家平安。祭祀仪式结束后，大家便在当地跳锅庄、喝酒欢庆，娱人娱神。据说，参加祭祀者都要穿传统的藏装，否则要惩罚买酒。该村寺庙的僧人因教义、教规限制，一般不参加祭祀神山的活动。

四　村民的宗教支出

西藏农区信教群众的宗教支出主要用于宗教物品和宗教法事活动等费用，可分为以下四类：第一，日常宗教用品的消费，如佛龛、佛像、唐卡、经书、敬水碗、供灯、转经筒、念珠、灯油、藏香等；第二，周期性宗教活动的消费，如去附近寺院或神山朝拜，为全家祈福；第三，延请僧人到家诵经或操办法会等；第四，村内修筑寺院、白塔及拉康等宗教设施的捐资。

（一）宗教用品消费

在 A、B 二村，基本上每家都设有佛堂，只是大小、简繁规模不同。有的专门辟出一间房做佛堂，但大多数村民家的佛堂设在正室内，室内置有沙发、茶几、电视等家具、电器，兼做活动室使用。佛堂内置有木质佛龛，供奉着释迦牟尼等各种佛像、菩萨像、唐卡等，也有人家置有电动的经筒。大多数家庭的佛堂里还供着十世班禅、十三世达赖喇嘛、附近寺院活佛等人的相片以及不同版本的新中国领袖像。佛龛下的供案上从左至右摆放着铜质的净水碗、酥油灯，其数量一般都是 7 个。佛龛柜内还储放着法器、经卷及香供等。墙壁上方挂着唐卡，少则数张，多则数十张。酥油灯一般是在藏历每月的初一、十五、三十等点燃，据说在这些吉日供施，功德、福报加倍。在此类支出中价格最贵的可能是"耐用"的宗教用品佛龛了。佛龛按照材质、大小、工艺等的差异其价格也有所不同，一般都在数千元；其次是佛像，也按其材质、大小、工艺水平不同，价格也从几百元到数千元不等。在西藏农村还有一种习俗，如果家中老人去世后，则要购置一副唐卡供在佛堂内。A、B 村的村民们购置的唐卡一般都在 1000 元以内，200 元左右的居多。

（二）朝拜等宗教活动消费

巡礼寺院的支出，是藏区民众的一项重要宗教支出。这种支出的程度与去寺院巡礼的频度、寺院的距离等密切相关。前去朝拜者都是家里的老人，一定程度上可以说老人是家庭的代表。从 A、B 二村的调研来看，每个家庭用于此项的支出每年在几十元至数百元，甚至数千元不等，这从以下一些个案略见一斑。

A 村噶玛央吉（女，63 岁），一般是每月去一次村里的寺院（桑阿曲果林寺），每次去一般要布施 10 元钱，另外自己带上几元钱的灯油。

A 村索南多吉（男，65 岁），于当年四月十五，到山南加查县的达拉岗布寺巡礼，住在亲戚家里，除自己从家里带去的一块酥油外，花了 100 多元；于五月初十，到附近的敏珠林寺朝拜，观瞻了该寺每年一度举行的大型法事活动，观看了寺院僧人跳的法舞"羌姆"。这次朝拜花去车费 20 元、布施了 20 元，另外从家里带去了一块 11 元钱的酥油，一共花了 50 余元。索南多杰老人说："家里不给我零用钱，自己每月领取的 55 元养老保险金基本上都花在佛事上了。如果没有政府发放的养老金的话，我不可能去比较远的寺院朝拜。"

B 村尼玛次仁（男，62 岁），一家三口每年去日喀则的扎什伦布寺朝拜 2~3 次，每次布施等花销 50 元左右，往返路费 60 元，合计 110 元，一年三次合计要花 300 多元。

B 村拉巴（男，62 岁），夫妻二人每年到扎什伦布寺、增寺或萨迦寺朝拜一次，除点灯的酥油从自家带去外，每次布施花 100 元左右。一般都是乘坐儿子的小汽车去，所以都当天回来。

B 村扎西旺堆（男，72 岁），每年平均去寺院朝拜两次，主要是去扎什伦布寺、萨迦寺或增寺，除路费外，一般每次要花 50 元。

巡礼藏传佛教神山在藏族信教者眼中是一件重要的善供，因此朝拜神山也成为他们宗教支出的重要内容。需要说明的是，朝拜神山不是村民们经常性的宗教活动，尤其是距离较远的佛教名山，只是几年甚至几十年乃至一生中朝拜一次。而且巡礼神山的费用也与距离远近密切相关，如 A 村村民次仁旺杰（男，46 岁）去藏传佛教四大神山之一"岗仁波齐"朝拜的支出是 5000 元。他解释说："'岗仁波齐'是释迦牟尼的道场，是我们藏民非常尊崇的神山。转山不仅可洗去一生的罪孽，还可免去死后的地狱之苦。两年前我曾到阿里朝拜神山'岗仁波齐'，花了 3 天时间，转了 3 圈。这次转山花了近 5000 元，其中车费花了 600 元。转一次山得到一次轮回，因此这次转山很值得，家里人都没有意见。我在阿里地区普兰县境内廓迦寺住了 4 天，阿里住了 7 天。如果磕着长头去转山意义就更大。"再如同是 A 村村民的恩珠嘎姆（女，73 岁），她说 2013 年藏历三月初十，去山南地区的贡布日神山朝拜，当天就回来了，除了十几元的路费，再没花别的钱。

（三）法事活动消费

延请僧人到家诵经，或因家人亡故操办法事活动成为村民们最大的宗教支出。一般而言，每个村落延请僧人在家诵经的费用约定俗成，比如在 A 村，现在请一名僧人到家里诵经一天的布施一般是 30~50 元，而经济条件相对较差的 B 村一般是 20~30 元。

现在，在西藏乡村用于丧葬方面的宗教支出比重最大。以 B 村尼玛顿珠（男，45 岁）家为例，全家 11 口人，三代同堂，有 26 亩地，粮食刚够全家食用，没有多余粮食出售，家里还有一名大学生需要供给生活费等，全家最主要的经济来源是两个儿子去外地的打工收入，还有一部分是自己从事藏袍缝制的收入，家庭一年的总收入大约 18000 元，经济条件在 B 村属于中等偏上的水平。他认为宗教支出是家里的一项重要支出，觉得负担较重。他家

2011 年花了 3 万元盖新房，同年花了 5000 元买了一个新的佛龛，另外花 3000 元买了 3 尊佛像，又花 1000 元买了 12 函佛经，合计当年的宗教支出是 9000 元。2012 年 6 月，82 岁的父亲去世，去世后请 3 名僧人在家念经 3 天，给 3 名僧人每人 100 元钱布施，合计 300 元；另给每人砖茶 1 包、青稞 1 脸盆、羊肉半扇。此后七七四十九天的第七天都要请僧人念经，每次请 3 人，每位僧人每次布施 30 元，合计 90 元，7 天合计 630 元。"三七"那一天还要点 108 个酥油灯，加上当天还要请村民们吃饭，需要准备青稞酒、肉粥、奶茶等，给每家一包茶叶及三四元钱，这些又合计花去了 7000 元。父亲去世后，又买了一个镀金的佛像，花了 2000 元。由此可知，如果家中遭遇成员亡故等突发性变故时，其支出是庞大的，仅仅在丧葬方面的宗教现金支出近 1 万元，其中不包括给僧人伙食及其他实物布施。这种支出几乎是一年全家的总收入，一般家庭难以承受。

就 A、B 二村宗教支出方面的调查而言，各个家庭的差异性较大，其中家庭经济收入以及是否遭遇家人病故等突发性事故是影响宗教支出的最主要因素。举行佛事活动的次数，因具体的家庭情况而有所不同，家境殷实、家中有老人者举行的次数较多，反之则少，布施的情况亦如此。收入低、生活比较贫困的家庭，他们的宗教费用支出也较少。收入较高的人家，在宗教费用方面的支出相对较高。大多数法事活动的举行，有明显的现实功利目的，即通过法事活动的举行，实现个人的愿望，包括家人的平安、健康、免除灾祸，使家庭能够兴旺发达，达到幸福的生活。

（四）宗教捐资

这类支出主要是指恢复和重建、维修当地寺院、白塔等宗教设施时群众负担的费用或"捐资"。对藏族信教群众而言，参与修筑宗教设施是一件极具功德的事情，所以他们的参与度很高，除无偿提供劳力外，也根据自己的经济条件捐资布施，从几十元至几百元甚至几万元不等。据笔者调查，A 村的寺院在"文革"中被毁，1996 年由格勒顿珠等 3 名还俗僧人外出募化两年，筹得 5 万元重修该寺庙。A 村每个家庭捐 50～100 元不等，最多的捐了 300 元。也有人布施青稞、木材等实物，以及其他建筑材料。A 村的白塔亦系当地村民于 1988 年集资建成。B 村的白塔系村民拉巴个人捐资 1 万多元兴建。宗教捐资还有一种赢得外部赞扬、尊重、羡慕的意义。

捐资活动与家庭荣誉乃至社会地位关联起来，形成超乎宗教信仰外的一种新的心理满足感。

结　语

以上，我们从西藏 A、B 二村宗教设施的恢复和重建、村民日常的宗教活动、民间信仰、宗教支出 4 个方面，对西藏农村群众的宗教生活做了一个简单的记录和考察，从中可以总结出以下几个特点。

第一，自 20 世纪 80 年代以来，党的宗教信仰自由政策在西藏农村得到了较好的贯彻和落实。目前，各种宗教活动正常进行，20 世纪五六十年代的民主改革及"文革"期间损毁的宗教场所得到修复或重建。信教群众家中普遍设有经堂或佛龛，经常进行转经、朝佛、请寺庙僧尼做法事等宗教活动。而且藏族信教群众宗教信仰的自由度加大，他们的宗教信仰完全成为个人的私事。

第二，藏传佛教在西藏农区广大信教群众的社会生活尤其是精神文化生活中占有极其重要的地位，而且民间信仰尤其是神山崇拜在藏族百姓的日常生活中占有一席之地，并以藏传佛教为中心构筑形成了这一区域异彩纷呈的宗教文化系统。另外，西藏农村信教群众的宗教信仰已经民俗化和生活化，宗教信仰活动成为人们日常生活的一部分。

第三，西藏农户的宗教消费趋于理性，即把这项消费控制在合理的范围内，有钱多花，没钱少花。当然，一个事实是，随着经济、社会的发展，以及因外出务工、减免学费、发放养老金等原因，家庭现金收入的增多，宗教支出也逐渐增多，不少老人甚至将不多的养老金全部用于宗教消费。毫无疑问，这就抑制了百姓正常的生产消费和生活消费，影响了他们生活水平的提高和生产的发展。因此，如何降低信教群众的宗教支出，成为我们当下应该研究的一个重要课题。

第四，藏传佛教寺院发生了深刻变革，它在藏区政治、经济和文化三大领域中固有的宗教功能逐步式微，尤其是其政治功能基本消失，文化功能与以往相比有了很大萎缩，经济功能虽仍有一定程度体现，但今非昔比，已一落千丈，地处偏僻的小型寺院更是如此，如本文 A 村寺院规模小，僧人少，也无转世活佛，加之地处偏僻，当地民众贡献稀少，而外来朝拜者、旅游者无法到达，没有市场经营的有利条件，没有任何经营性收入，生活条件艰苦，自养困难，个别僧人不得不还俗另谋出路。这也导致了寺院在当地教育、医疗、调解，尤其是经济活动等方面影响力的下降，以及传统的宗教畏惧感、神圣感的退化。

藏区基层科学文化的影响因素：迪庆州农牧民家庭问卷调查分析

杜发春　包函可　杨益成[*]

本文以少数民族地区基层科学文化研究为视角，重点定位于现阶段云南藏区藏民日常生活中民俗宗教活动对基础科学文化的影响，本研究基于云南迪庆藏族自治州 315 户农牧民家庭问卷调查分析，从基层农牧民参与民俗宗教活动的经济行为考察藏族民俗宗教活动和教育支出对基层科学文化的贡献，并结合分析提出相关的结论。

一　研究方法

（一）被测对象

2014 年 7~8 月，笔者在云南迪庆藏藏族自治州德钦县和香格里拉县开展问卷调查。德钦县主要在云岭乡、羊拉乡和奔子栏镇（羊拉的生态移民），即云岭乡的 4 个行政村，39 个村民小组中的 14 个村民小组，在羊拉乡的 4 个行政村，58 个村民小组中的 29 个村民小组，在奔子栏镇 2 个生态移民村展开；香格里拉县主要是在小中甸镇的 7 个村中 16 个村民小组展开。

（二）研究程序

为了将调查内容具体化，研究采取文献研究、实地调查、问卷调查、深入访谈调查等方法。

（1）文献研究。查阅和收集云南藏区各种文献资料，包括地方志、民族志、

＊　杜发春，云南农业大学新农村发展研究院副院长、教授；包函可、杨益成，云南农业大学新农村发展研究院讲师。

风物志、统计年鉴、初级市场发展状况统计等资料，并对其进行分析和研究。

（2）实地调查。调研期间，居住在当地，采用各种可能的手段进行野外调查和访谈。对康巴藏族生产生活进行实地考察，采集证据标本和拍摄凭据照片。并在日常生活中进一步了解了历年来气候地理变化对该地区环境的影响、近年来国家藏区政策实施对于普通牧户家庭影响、当地宗教信仰及传统生活习惯对生态的影响等内容。

（3）问卷调查。通过对藏族农牧民家庭的问卷调查，了解当地生活水平差异，以及划分标准。对于与他们息息相关的问题的看法、满意度及幸福指数等。

（4）深入访谈调查。预计采用的入户调查，通过"拉家常"的方式，涵盖调查内容，做好录音工作，整理访谈资料。

此次实地调查实施问卷调查和访谈共400多人次，形成了317份户问卷、9份村问卷、60份生态移民问卷和9份深入访谈材料。调查问卷分布情况如表1所示。

表1　调查问卷分布情况

单位：份

	合计	德钦县				香格里拉市	
		合计	羊拉	奔子栏	云岭	合计	小中甸
户问卷	317	217	101	20	96	100	100
村问卷	9	6	4	0	2	3	3
生态移民问卷	60	36	11	6	19	24	24

二　结果与分析

1. 人口统计学分析

（1）性别分布、年龄及常住人口情况

如表2所示，受访的农牧民中家庭人口数为6~8人，基本构成为2个小孩，4个成年人，1个老年人。在调查的羊拉乡、云岭乡和小中甸镇中，0~15岁阶段的小孩所占的比例大致为23%，16~61岁阶段的成年人所占的比例大致为40%，61岁以上的老年人所占的比例大致为40%。这个比例分布说明在受访的农户牧民家庭中大多赡养着1~2个老年人，成年人在家庭中承担着比较重的家庭负担，比如生活支出、子女的教育支出，以及当地的宗教活动费用等可能大部分都由成年人来承担。此外，表中还显示小中甸镇的儿童比例高于羊拉乡和云岭乡，从经济角度表示小中甸镇的整体经济情况要好于其他 2 个乡。羊拉乡的老年人比例又高于云岭乡和小中甸镇，这也是羊拉乡贫困问题严重的原因之一。

表 2　受访农牧民家庭常住人口情况

单位：人、%

家庭常住人口情况	羊拉乡			云岭乡			小中甸镇		
人数	0~15 岁	16~60 岁	61 岁以上	0~15 岁	16~60 岁	61 岁以上	0~15 岁	16~60 岁	61 岁以上
0	32.23	0.00	31.41	33.34	1.04	38.54	23.00	0.00	53.00
1	31.40	0.00	43.80	27.08	1.04	38.54	27.00	0.00	25.00
2	34.72	8.26	20.66	37.50	11.46	19.80	48.00	24.00	22.00
3	—	24.79	1.65	1.04	23.96	2.08	1.00	15.00	—
4	—	33.89	0.83	1.04	30.21	0.00	1.00	45.00	—
5	—	23.14	—	—	21.88	1.04	—	12.00	—
6	—	5.79	—	—	7.29	—	—	3.00	—
7	—	2.48	—	—	2.08	—	—	—	—
8	—	—	—	—	0.00	—	—	1.00	—
9	—	—	—	—	1.04	—	—	—	—
N（未填写）	1.65	1.65	1.65	—	—	—	—	—	—

（2）受教育程度

如表 3 所示，受访农牧户中的文化程度主要是以中小学为主，有相当比例的文盲。比较三个乡镇，我们发现云岭乡小学文化程度的比例最高，小中甸镇次之，羊拉乡最低；初中文化程度中以云岭乡比例最高，羊拉乡次之，小中甸镇最低；文盲率以小中甸镇最高，羊拉乡次之，云岭乡最低。此外，羊拉乡还有一定比例的高中、中专或职高文化程度的人。这是由于我们选择的调查对象是以中年人为主，而这批人正好是国家普及九年义务教育时的青少年。在调查中发现：受访农牧民对现在集中办学的教育布局意见比较排斥，集中办学使得小孩从小就远离父母，过寄宿生活，缺乏父母教育和亲情教育，只有学校教育，同时这大大增加了农牧民的家庭负担。受调查的农牧民表示，小孩寄宿后，去看孩子的花费每次至少 600 元，条件差一点的家庭，一学期去看两次，一年花费 2400 元，条件好的家庭这个花费更是成倍增加，这大大增加了家庭压力。

表 3　受访农牧民的教育程度情况

单位：%

教育程度	羊拉乡	云岭乡	小中甸镇
未上学	17.36	13.54	31.00
小学	46.28	59.38	54.00
初中	22.31	25.00	10.00
高中、中专或职高技校	11.57	1.04	5.00
大学专科	0.83	0.00	0.00
大学本科	1.65	1.04	0.00
研究生	0.00	0.00	0.00

2. 收入情况

（1）收入来源分布

从表 4 可知，低收入家庭的收入来源靠政府转移支付（即政府提供的生活保障来源）所占比重较大，高收入家庭的收入来源更多是通过非农收入得到。

结合问卷和实地调查发现，户主受教育程度与家庭的收入有一定的关系。一般情况下户主受教育程度越高，家庭收入比较高，主要来源于非农收入和农牧产品收入，其农牧产品收入主要是产业发展收入；而户主受教育程度越低，家庭收入就比较低，主要依赖的是农牧产品收入和政府转移支付收入，其农牧产品收入主要是自家种养殖收入。

表 4　云南藏区农牧民 2013 年家庭收入来源

单位：元、%

家庭总收入	户数	所占比例（%）		
		农牧产品收入	非农收入	政府转移支付
0～5 万	177	25.81	32.60	41.53
5 万～10 万	96	21.62	48.71	29.28
10 万～15 万	28	19.12	57.57	23.65
15 万以上	14	16.55	63.58	21.56

（2）最低生活保障

如表5所示，以户为单位通常情况下享受最低生活保障的人数为1～9人，普遍为1～3人。而在享受最低生活保障的分布比例中羊拉乡和云岭乡享受最低生活保障1～2人所占的比例较大，为20%～59%。这说明在羊拉乡和云岭乡中最低生活保障也作为当地农户牧民的收入来源之一；小中甸镇的享受最低生活保障的分布情况相比于羊拉乡和云岭乡更显得独特，享受最低生活保障的人数从1～9人均有一定的百分比，这是由于最低生活保障名额分配依据当地农牧民的实际情况，民主决策选择的一种名额分配方式，即分配完必须最低生活保障名额的家庭后，剩余的名额分成几个部分，分给农牧民，每年轮流享有。最低生活保障是部分农牧民稳定的收入来源，同时更值得关心的是最低生活保障对当地的生活水平的影响。

表5　受访农牧民家庭成员享受最低生活保障情况

单位：人、%

享受最低生活保障	羊拉乡	云岭乡	小中甸镇
0	5.79	5.21	29.00
1	22.31	59.38	22.00
2	38.01	27.08	14.00
3	26.45	5.21	5.00
4	5.79	0.00	11.00
5	—	3.12	3.00
6	—	—	8.00
7	—	—	3.00
8	—	—	4.00
9	—	—	1.00
N	1.65	—	—

（3）外出务工（经商）

表6表明，小中甸镇的务工（经商）比例高于其他2个地区，也就表明在收入方面高于羊拉乡和云岭乡，能够有较多的经济来支持他们家庭的开支；但羊拉乡的外出务工（经商）人员的数量却高于云岭乡和小中甸镇，说明羊拉乡的农户牧民对经济的需求性高于其他2个地区，尤其是羊拉乡还存在

4~5人外出务工（经商）的情况，对于问卷中的6~8名人员的家庭组成来说，这也是造成留守儿童或留守老人的重要原因。

表6　受访农牧民家庭外出务工（经商）情况

单位：人、%

外出务工（经商）情况（人）	羊拉乡（%）	云岭乡（%）	小中甸镇（%）
0	47.11	60.42	43.00
1	29.74	32.29	46.00
2	9.92	6.25	10.00
3	4.96	1.04	1.00
4	0.83	—	—
5	0.83	—	—
N	6.61	—	—

3. 支出情况

（1）农牧家庭总支出分布

表7表明：羊拉乡有65.29%的家庭总支出数额为0~5万元，24.79%的家庭总支出数额在5万~10万元。云岭乡的家庭总支出分布情况与羊拉乡相似，总支出数额分布在0~5万元和5万~10万元这两个区间的家庭最多。小中甸镇总支出数额为5万~10万元的家庭为42.00%，其次0~5万元的家庭为39.00%。结合实地调研总的来看，年收入在10万元以下的家庭超过了80%，但年收入在5万元以下的仍有两个乡（羊拉和云岭）均超过了65%，低收入家庭超过了一半以上，且累积型贫困较为突出。

表7　受访农牧户家庭总支出分布

单位：元、%

家庭总支出分布	羊拉乡	云岭乡	小中甸镇
0~5万	65.29	65.63	39.00
5万~10万	24.79	26.04	42.00
10万~15万	4.96	6.25	9.00
15万以上	4.96	2.08	10.00

（2）乡镇农牧家庭的总支出构成

表8表明，综合来看，羊拉乡的受访农牧户家庭的生活支出占总支出的比重最大，其次是医疗支出，然后是教育支出。随着家庭总支出分布区间的扩大，在这三方面的比例就会上升，但对于总支出达到15万元以上的家庭来说，他们在其他支出上的比例为54.66%。

表8 羊拉乡受访农牧户家庭总支出构成

单位：元、%

家庭总支出分布	生产支出	生活支出	医疗支出	教育支出	民俗支出	人情往来支出	其他支出
0~5万	7.91	25.87	20.59	16.06	10.31	5.22	14.04
5万~10万	10.75	29.75	21.37	17.64	8.62	5.75	6.13
10万~15万	3.98	30.69	25.05	12.30	10.09	3.69	14.21
15万以上	8.37	8.19	15.94	4.55	4.39	3.89	54.66

表9表明，云岭乡家庭总支出在0~5万元的家庭，生活支出、民俗支出、医疗支出的比例排前三；总支出在5万~10万元的家庭主要把钱花在生活支出、医疗支出、教育支出、民俗支出这四方面；总支出在10万~15万元的家庭除了把钱花在生活支出上，18.06%是其他支出。总支出在15万元以上的家庭，医疗支出的比重为57.74%。

表9 云岭乡受访农牧户家庭总支出构成

单位：元、%

家庭总支出分布	云岭乡						
	生产支出	生活支出	医疗支出	教育支出	民俗支出	人情往来支出	其他支出
0~5万	7.71	38.62	15.48	9.52	19.92	7.59	1.16
5万~10万	3.71	31.04	18.42	17.38	14.52	6.58	8.36
10万~15万	3.94	28.18	16.05	12.57	17.58	3.61	18.06
15万以上	1.31	21.00	57.74	16.27	1.57	2.10	0.00

表10表明，小中甸镇家庭总支出在0~5万元和5万~10万元这两个区间的家庭，生活支出和民俗支出的比重位居前二；在10万~15万元和15万元以上这两个区间，其他支出的比重明显上升，最高达46.17%。虽然随着

家庭总支出区间的变化，生活支出和医疗支出的比重在发生变化，但总体上这两项支出还是占了相对较重的比例值。

表 10　小中甸镇受访农牧户家庭总支出构成

单位：元、%

家庭总支出分布	小中甸镇						
	生产支出	生活支出	医疗支出	教育支出	民俗支出	人情往来支出	其他支出
0~5万	2.69	36.48	11.72	7.42	20.57	11.30	9.82
5万~10万	1.11	35.64	14.66	8.32	21.14	11.82	7.31
10万~15万	4.95	30.92	10.37	5.97	12.16	9.58	26.05
15万以上	3.23	18.56	21.96	2.83	5.18	2.07	46.17

总的来看，三个乡镇农户家庭总支出构成中总支出在5万元以下的农户除生产、生活和医疗等刚性支出外在民俗方面的支出比重都是较高的，甚至云岭乡和小中甸镇的农户在民俗方面的开支都超过了教育支出。处于中间支出水平的农户家庭在民俗方面的支出也占了不小的比重。说明相对而言参与民俗活动和宗教信仰仍然是这些地区主要的文化活动，且当地的农牧民参与程度较高。羊拉乡的家庭支出比重最大的是生活支出，为25.87%；其次是医疗支出，为20.59%；然后是教育支出，为16.06%；生产支出为7.91%。这说明衣食住行、医疗、教育问题与村民的生活息息相关。云岭乡家庭支出比重最大的是生活支出，为38.62%；其次是医疗支出和民俗支出；教育支出占9.52%；生产支出最少，仅有7.71%。在小中甸镇家庭的支出构成中，支出比例最大的是生活支出，占36.48%，这是与收入息息相关的，小中甸镇家庭的收入普遍高于其他两个乡镇，从而生活支出比例较高；其次是其他支出，占9.82%；医疗支出和民俗支出的比重也相对多些，分别为11.72%和20.57%；教育支出只有7.42%，这是由于教育支出数额相对而言变化不大，但是由于支出基数的扩大，从而造成教育支出比例的下降；生产支出最少，仅为2.69%，这主要是各项惠农政策的出台以及政府对农村的大力扶持。

（3）民俗支出中宗教性支出比例

表11表明，各个地方在信仰宗教上的支出比例不尽相同。羊拉乡村民在信仰宗教上的支出比例占他们民俗支出比例的43.44%；云岭乡的比例为24.33%；小中甸镇更少，仅10.99%是用于宗教信仰支出的。

表 11　民俗支出中的宗教性支出比例

单位：%

	羊拉乡	云岭乡	小中甸镇
所占比重	43.44	24.33	10.99

（4）各乡镇农牧家庭民族支出中宗教性支出情况

表 12 表明，羊拉乡的民俗支出区间多集中在 3000～7000 元，民俗支出比重为 41.32%，15000 元以上的民俗支出比重仅为 7.44%，但 15000 元以上的宗教性支出占民俗支出的比重为 57.02%。1000～3000 元的民俗支出比重为 20.66%，但该区间的宗教性支出占民俗支出的比重达 57.64%。云岭乡和羊拉乡一样，民俗支出区间集中在 3000～7000 元，比重为 40.63%，但该乡宗教性支出占民俗支出比重最大的区间在 0～1000 元，比重为 68.78%。小中甸镇与这两个乡相比，民俗支出比重在支出区间的分配以及宗教性支出占民俗支出的比重相对较少。由此可以看出，羊拉乡和云岭乡较为重视民俗活动，宗教信仰强烈。

表 12　民俗支出中宗教性支出比例

单位：%

民俗支出区间	羊拉乡		云岭乡		小中甸镇	
	民俗支出比重	宗教性支出占民俗支出的比重	民俗支出比重	宗教性支出占民俗支出的比重	民俗支出比重	宗教性支出占民俗支出的比重
0～1000 元	8.26	38.46	7.29	68.78	12.00	6.25
1000～3000 元	20.66	57.64	12.50	30.67	3.00	27.27
3000～7000 元	41.32	42.91	40.63	36.24	22.00	12.54
7000～10000 元	8.26	40.76	8.33	36.67	11.00	19.30
10000～15000 元	14.05	28.94	16.67	15.09	21.00	7.76
15000 元以上	7.44	57.02	14.58	18.73	31.00	10.60

三　调查结论

以上我们主要从基层农牧民参与民俗宗教活动的经济行为视角，来分析民俗宗教活动和教育支出对基层科学文化的贡献，可以初步得出以下结论。

第一，从收入角度而言，收入高的农牧民家庭在民俗文化和宗教信仰方面的绝对支出相应较多。因为收入是消费（支出）的前提，收入水平的高低决定着消费能力的高低。调查数据说明，0~5万元的家庭支出水平中有1万元左右的民俗消费支出，15万元的家庭支出下大概有7.5万元用于民俗消费。

第二，从支出结构来看，家庭支出最低的农牧民户在民俗宗教支出方面的比重最高，消费支出较高的农牧民在民俗宗教方面支出的比重反而较低。对于收入较高的农牧民家庭，支出更多用于经商投资、休闲、医疗方面的消费，相对而言，在民俗宗教活动中的开支所占比例较少；而大部分收入较低的农牧民更多是从事农事活动，除了日常的生产生活以外大部分时间用于参与民俗宗教等活动，相应的开支就多。

第三，对于各个支出水平的农牧民家庭纵向比较而言，教育支出比例差别较小，即绝大多数农牧民家庭对教育的重视程度和投入大体一致。可见教育在基层科学文化普及和传播具有一定的作用。从长远来看，应该重视教育在藏区基层科学文化普及和传播的作用，采取相应的措施和充分发挥现代教育技术对农牧民系统学习先进知识和科学技术的作用。

第四，宗教性支出在民俗支出中比重较大。无论是农牧民的日常生活还是生产活动，甚至是产业发展都一定程度上受到宗教因素的影响，说明藏区民族文化与科学技术进步的关系中宗教因素占比较重要的地位。

综上所述，少数民族地区在民族文化、习俗、宗教等方面对基层科学文化的形成和科学技术的普及和传播中具有重要的作用，因此有必要对基层科学文化传播的历史经验加以系统化、科学化，借助文化传承的方式发挥民族宗教文化对藏区基层科学文化形成的作用。同时，有必要继续大力发展藏区的教育水平，通过学校教育开展系统的知识和科技传播，提高学校、教育培训机构在基层科学文化普及和传播的主体作用。随着基层农牧民科学文化素养的提升，对现代科学技术加以利用，能够更好地对民族宗教文化进行保护和传承，使民族文化与科技的发展更加和谐。

西藏农牧区基础教育发展现状调查与思考

——以昌都市卡若区为例

梁景之　侃珠措[*]

昌都市卡若区地处横断山脉，金沙江、澜沧江、怒江自北而南穿越其境，高山峡谷，形成一种深切割地貌。全域土地面积 10.86 万平方公里，平均海拔 3500 米以上，交通不便，基础薄弱，区域经济社会发展具有较大的不平衡性和后发性，教育事业的发展也呈现出一定的特殊性与差异性特点。为了深入了解藏区基础教育发展现状特点，课题组于 2015 年 7 月赴昌都市卡若区进行了田野调研活动。重点考察了嘎玛乡中心小学、拉多乡中心小学、日通乡中心小学和俄洛镇中心小学，取得了大量一手资料。调研结束后，课题组借助互联网以及通过与相关受访者的联系，及时了解最新情况，实时掌握动态变化，进一步补充资料，调整思路，明确问题点，力求全面、真实地反映出该区域基础教育发展的基本情况。下面拟以卡若区的部分案例，根据田野调查资料以及相关文献，就区域基础教育事业发展的现状、特点以及存在的问题试做考察，并尝试提出相关对策性建议或可能的发展路径。

一　20 世纪教育发展历程回顾

据县志记载，卡若区教育的发展历程可以大致划分为传统教育与现代学校教育两个主要阶段。其中传统教育包括私塾和寺庙教育两种基本模式。

私塾教育的前身是清宣统二年（1910）开办的一所官话小学堂。民国建立后，改官话小学堂为县立小学校。20 世纪 30～40 年代末，昌都镇正式出

---

* 梁景之，中国社会科学院民族学与人类学研究所研究员；侃珠措，中国社会科学院研究生院民族学系 2016 级硕士研究生。

现私塾教育。到 1950 年，昌都镇共有私塾 6 所，学生 100 多人，其规模大者 20~30 人，少者几人，教学方式主要有以下三种类型。

一是以解决学生阅读能力为主的私塾。这类私塾的教师大部分以办私塾作为自己的职业。家长对老师的要求只是让孩子认读藏文，达到基本会写的目的，基本具备阅读能力。许多学生到此就读也只是为识字。由于这类私塾收费很少或者不收，所以入学学生较多，颇受群众欢迎。一般而言，到这类私塾学习的平民百姓子弟目的有两个，一是到寺庙当扎巴，二是为以后谋生打下一定文化基础。

二是以解决学生阅读和书写能力为主的业余性私塾。这类私塾的老师，文化程度较高，其主要工作是在政府某个机构中任职，只是利用业余时间办私塾。就读这类私塾的学生家庭比较富裕，且大部分具有在第一类私塾就读学习的功课基础，求学目的是多学文化，为今后跻身上层社会铺平道路。其教书特点是将阅读和书写相结合，不仅教文法，正写法，而且还教一般公文的书写格式。

三是纯粹教藏文书法。昌都宗政府的卓聂江村所办的私塾即属此类。由于卓聂江村在藏文书法上有很深的造诣，所以一些即将就任宗政府的秘书或一些富裕家庭的子弟拜卓聂江村为师，专攻书法字体。

历史上各私塾收费不一，学生基本上只供给私塾先生以生活必需品和薪金，普通家庭一般均能承受。1959 年民主改革后，私塾废止。

寺庙教育一般采取"以师带徒、传承佛教"的方式进行，教授新入寺僧尼学习藏文和佛经。寺院教育规定从"增扎瓦"（意为初级学经班）到"策尼扎仓"（意为高级学经班），一般要学习 16 年左右。"增扎瓦" 3 年，在未考取格西学位之前，"策尼扎仓"阶段是没有止境的。宗政府办的学校一般根据学生成绩的优劣和家庭地位不同，学制 6~9 年不等。私塾和其他带专业性质的教育，则因其各自培养的目标不同而异，一般 1~6 年。传统上，寺院教育设念经课以及"五部大论""志扎""门扎"等课程。寺院教育以堪布和格西为教师。

现代学校教育主要包括小学和中学两个阶段。其中小学教育肇始于 1951 年 3 月成立的昌都小学，李安宅任校长。根据"以民办为主、公办为辅、民办公助"的办学方针，民办小学得到大力发展，成为办学主体。到 1963 年，全县有公办小学 1 所，民办小学 137 所，学生总数 2832 人，基本上实现各乡有民小的计划。

改革开放以后，针对区域基础教育发展过程中存在的问题，提出"调整、改革、整顿、提高"的八字方针，从实际出发，将"民办为主、公办为辅、民办公助"的办学方针转变为"公办为主、民办为辅、两条腿走路"的办学方针。停办、合并了部分学校，公办学校数量减少，但规模不断扩大，适龄儿童入学比例逐渐增加。到 1988 年，全县公办学校 12 所，其中公办小学 10 所、中学 1 所、幼儿园 1 所；民办小学 64 所。教职工 305 人，小学在校学生 4919 人，幼儿园 175 人。同年，昌都县学校从过去的以汉语文教学为主逐步过渡到以藏语文教学为主。小学一年级新生全部实行藏语授课，其他藏族班采取增加课时、配备骨干教师等措施加强藏语文教学，同时学习汉语文。昌都县学校小学部取消藏汉混合班。

1993 年，根据《中国教育改革和发展纲要》精神，明确提出 2000 年实现"县县有中学、乡乡有小学"，牧区普及三年义务教育，农区普及六年义务教育，主要城镇普及九年义务教育的战略决策。1999 年，作为"普六"攻坚年，按照集中办学为主、分级办学为辅的原则，将 1998 年 227 所学校调整为 82 所，其中幼儿园 1 所、小学 80 所、初级中学 1 所。基本实现"乡乡有完小、村村有初小"的目标，并形成一支以正式教师队伍为主，民代教师为辅的师资队伍。适龄儿童入学率达 97.7%，在校学生巩固率达 98.9%。82所学校全部实现了"一无三有六配套"。教育拨款和财政对教育的投入切实做到了"两个增长"，其中 1999 年县财政对教育的投入达 224 万元，占当年财政收入的 40.6%。

2000 年，昌都县召开第七次教育工作会议，总结 1999 年"普六"攻坚工作，并把当年教育工作的重心确定为巩固"普六"成果，衔接"普九"，面向 21 世纪，着力推进素质教育和深化农村教育综合改革①。

二　基础教育发展现状特点

目前西藏自治区已在全国率先实现基础教育 15 年免费教育，建立起了从学前到高中阶段共 15 年免费教育体系，西藏全区的教育事业进入跨越式发展

---

① 参见西藏自治区昌都县地方志编纂委员会编《昌都县志·教育》，巴蜀书社，2010。

的新时期。据介绍，"十二五"以来，昌都市积极落实教育优先发展战略，大力实施教育追赶战略和振兴工程，全市教育发展环境全面优化，基础设施建设有效改善，中小学入学率、升学率大幅提升，教学质量节节攀升，全市教育事业呈现快速发展的良好势头，卡若区教育事业的发展也出现一些新特点。

据调查，卡若区在 2003 年实现"普六"，2005 年基本实现"两基"目标，2011 年通过"国检"。全区目前共拥有各类各级学校 62 所，其中初级中学 1 所、小学 28 所、教学点 14 个、幼儿园 19 所。全区共有专任教师 517 人。小学阶段在校生为 6176 人，中学阶段在校生为 934 人。全区教育发展总体情况趋好。①

第一，"三大提升"，即教育经费投入比例不断提升、农村教育倾斜程度逐步提升，学校教育质量进一步提升。

教育经费投入比例不断提升。2010 年区财政共投入教育经费 5572.78 万元，其中教育事业经费 4935.78 万元，"三包"经费 637 万元。2011 年区财政共投入教育经费 10604.78 万元，其中教育事业经费 8829.97 万元，"三包"经费 1774.81 万元。2012 年区财政共投入教育经费 9764.15 万元，其中教育事业经费 7357.99 万元，"三包"经费 2406.16 万元。2013 年区财政共投入教育经费 9808.29 万元，其中教育事业经费 7352.37 万元，"三包"经费 2455.92 万元。2014 年区财政共投入教育经费 10973.93 万元，其中教育事业经费 6088.44 万元，"三包"经费 2622.13 万元，教育配套 2263.36 万元。区财政对教育拨款基本做到了"三个增长、两个提高"。

农村教育倾斜程度大幅提升。全面落实农村学校改造工程，2010～2014 年，实施城镇学校与偏远乡镇学校进行支教和轮岗交流工作。从区一中、俄洛镇中心小学、达野中心小学、卡若镇中心小学、如意乡中心小学等区内优秀学校，抽调 300 余人到卡若区偏远薄弱学校进行支教工作，同时偏远薄弱学校选近 30 名教师前往优秀学校进行交流学习。相继出台了《卡若区教师支教和挂职锻炼暂行办法》《卡若区教师支教考核暂行办法》《卡若区教师挂职锻炼考核暂行办法》，加大对全区偏远学校的教师支教力度，支教工作稳步推进。

---

① 昌都市卡若区教育局：《昌都市卡若区教育发展情况调研报告》，2015 年 3 月 10 日。

学校教育质量稳步提升。学科质量检测工作全面铺开，小学毕业年级的语文、数学、藏文、英语四门学科列为质量检测，小学其他年级的检测科目随机抽签决定，初步形成从中考、小学毕业考到各年级全覆盖的质量监控体系。中考合格率逐年上升，西藏高中班录取人数逐年增加，2010/2011 学年有 1 名考生被录取，2011/2012 学年有 3 名考生被录取，2012/2013 年有 3 名考生被录取，2013/2014 年有 7 名考生被录取。编写和实施《中小学教学常规》，加强中小学教学常规管理，强化对各学校教学质量的过程监控。学校的质量意识显著增强，中小学教育整体水平不断提高，2010/2011 学年西藏初中班考试中有 14 名考生被西藏内地初中班录取，2011/2012 学年、2012/2013 学年、2013/2014 学年则分别有 19 名、18 名、28 名考生被西藏内地初中班录取。

第二，高度重视教育均衡发展，教育资源整合重组有序进行，学校基础建设投入不断加大。根据全区校点布局实际，对基建项目资金进行整合，按规划每年打造五个乡镇的学校建设。

第三，学校信息化建设深入推进，步伐不断加大。由于本区大部分地方特别是一些偏远乡村，经济落后，交通不便，信息闭塞，学校分布面广点多，优质教育资源匮乏，因此实现现代远程教育就成为实现教育跨越式发展的关键。2011 年开始加大对各校机房和多媒体教室的投资力度，进行改造和新建，并逐步在边远乡镇学校新建机房，全面提高全区电教硬件水平。在大力实施"校校通"工程的同时，重点抓好现代远程教育网络建设，推进优质教育资源的共享，以信息化推动教育现代化。目前中小学已建成一定数量的卫星教学收视点和教学光盘播放点，以及计算机网络教室、语音室、班班通（有线教育电视系统）、校园网、办公局域网等设施。积极运用现代教育技术改进教学方法，优化教学过程，为师生开辟了获取教育信息、实现自主学习、培养创造实践能力的教育教学新天地。

第四，学生道路安全保障不断提高。2012 年为加大控辍保学力度，巩固两基成果，提高广大群众送小孩上学的积极性，确保学生乘车安全，区教育局自筹资金 130 万元，购买 3 辆客车用于接送学生上学，使道路安全措施落到实处。

第五，加强制度建设，形成全区上下齐抓共管的教育格局。卡若区建立"六长"责任追究制，实行一票否决，同时根据卡若区实际，实行县级以上领导干部包乡（镇）、区直各单位包学校制度，指导和帮助各乡镇、各学校完成教育工作的各项工作任务和目标。各乡镇党委、政府及驻村工作队优先落实教育工作，每季度定期召开教育专题会议，专题研究部署教育工作，定期深入学校开展检查指导工作，建立健全学生入学率和辍学率的工作目标责任制和保障机制，层层签订目标责任书，形成全区上下齐抓共管的教育格局。通过不断努力，卡若区的招生规模不断扩大，2011/2012 学年全区各级各类在校学生 5228 人，2012/2013 学年、2013/2014 学年、2014/2015 学年全区各级各类在校学生分别为 5720 人、7225 人、8611 人。实现了从"辐射"转向"覆盖"。

第六，保障弱势群体，从少数人受益到应助尽助的转变。在区委、区政府的关心和大力支持下，卡若区设立了"教育救助基金"和"升学奖励基金"，确保不让每一个孩子因家庭困难而辍学。2011/2012 学年"升学奖励基金"有 219 名考生受益，奖励金额达 36.15 万元，2012/2013 学年、2013/2014 学年，分别有 260 名、302 名考生受益，奖励金额分别为 43.95 万元和47.6 万元。经区教育局多方筹措资金，到 2015 年"卡若区救助基金"专户上已筹措资金 40 万元，并全部落实到位。

第七，强化师资队伍建设，深化教学改革和创新，从引进合格教师到培养名优教师的转变。从 2010 年至今，累计外派教师参加国家级培训达到 162人次。同时，将外派学习与交流研讨相结合，促进教师专业成长，提高教学质量，建立校内外教师结对、新老教师结对、骨干教师与名师结对等比学赶帮机制，积极探索立足当地，充分利用俄洛镇中心小学的教学优势，对全区各乡镇学校骨干教师进行轮流性业务跟班培训工作，提高教师队伍整体素质。

值得注意的是，最近几年农牧民的教育观念逐渐发生变化，对教育重要性的认识不断深化，送子女上学的意愿增强，积极性提高，辍学现象得以有效遏制，且陪读家庭增多，如日通乡小学周边自发形成的农牧民"学区房陪读家庭群落"即其一例。

三　调查发现的问题与挑战

卡若区教育事业发展较快，均衡教育资源、强化信息化与师资队伍建设等成效明显，但也存在一些前进中的困难、问题或挑战。据了解，有以下几个方面的问题反应比较强烈。①

1. 师资总量不足，教师工作负荷大。根据"藏昌机办发〔2013〕9号"文件精神，卡若区小学、初中专任老师核定编制数分别为540人、113人。现实有数分别为330人、105人，共缺编218人。由此造成教学任务重、压力大，教师常年超负荷工作。一是课时量严重超标，按规定一个老师一周18节课，但实际上各校老师通常最少25节课，且基本上都是"一专多能"或一身兼数职，如嘎玛乡中心小学副校长兼出纳、后勤以及两个班的数学课，拉多乡中心小学校长亲自教两个班的语文和美术，副校长则教两个班的数学和体育，即便如条件相对较好的俄洛镇中心小学，所有老师代双课，校长本人代三个班的品德课。这样，各学校只能通过加大教师的工作量来弥补师资的不足。二是2008年以来教师承担维稳工作，在坚持正常教学课的同时，需全力维护教育系统的安全稳定，压力与工作量倍增。三是由于卡若区地广人稀，只有坚持寄宿制办学才能有效整合教育资源，提高办学水平。目前各校生源在不断扩大，但各校尚未配备专门的寄宿制管理员、保安、专职校医以及会计、出纳等人员，内保力量和卫生医疗条件较为薄弱。为保证学校正常的教育教学秩序，教师不得不兼职上述工作，充当全职角色。这样无形中进一步加重了教师负担，同时也使学校规范化管理难以到位。如俄洛镇中心小学，一至六年级共有600名学生寄宿，虽然办学条件相对较好，但教学任务十分繁重，班额规定为40名，但目前最大的班额有69名学生，班级多、班额大，年级与班级之间交叉上课，每个老师一天仅作业就有200多份。通常，一至三年级周一至周三有晚托，四至六年级则全周有晚托。因为属于寄宿制学校，且97%为农牧民子女，学生基本上没有家庭辅导，所以需要老师额外付出，通过晚托来解决。特别是作息时间，需两名老师每晚负责查铺，中午则负责打饭，因为厨师人手不足。这种晚上值班，白天上课的"白加黑"模式，往往使老师身心俱惫，不能专心于教学。由于后勤管理没有专职人员，没有医务室和医生，老师往往同时扮演学生家长甚至保育员的角色，每年5月10日至6月10日的虫草假期间，许多家长干脆将不能协助采挖虫草的小

---

① 昌都市卡若区教育局：《昌都市卡若区教育发展情况调研报告》（2015年3月10日），昌都市卡若区区委、区政府：《昌都市卡若区教育情况汇报》（2015年5月10日），以及2015年7月调查访谈记录。

孩放在学校，无形中加重了老师的责任和负担。校长本人更是身兼数职，担任校长9年来，没睡过一个午觉，维稳检查、总结材料、教学计划、财务管理等均无专人负责，常年杂事缠身，感触最深的就是师资缺乏、工作压力大、社会地位低、风险大、责任重。

教学点教师基本为代课性质，原有100多名，公益岗月薪1800元，临时工则仅有1000多元。通过藏语文和语文考试，代课老师大多已经转正，但偏远乡仍有几十名代课老师，且基本为临时工性质，月薪不等，平均年龄40岁以上。如日通乡有3个教学点，均在牧区，1～3年级学生几十个，共有3名代课老师，其中一名月薪增加到1000元，其余两名仍为每月180元。嘎玛乡则有两个教学点，5名代课老师，1～3年级学生20名。据反映，代课老师待遇、教学水平"双低"现象是目前教学点的共同问题。

2. 教师队伍结构性失衡。总体而言，卡若区教师的师生比已趋于平衡，但从学科构成或专业对口来看，全区普遍缺少藏文、英语、地理、美术、音乐等专业科目教师。据不完全统计，卡若区各小学专任教师缺编110人。从年龄结构上而言，全区教师队伍正趋于年轻化，但老中青比例失衡，年轻教师所占比例少。从培养成效上看，缺乏一批具备丰富教学经验的教师，骨干力量成长缓慢。师资分布上，城郊学校教师相对较多，边远乡学校教师紧缺。优秀校长、学科带头人、骨干教师整体缺乏，职称结构不合理，优质师资资源在乡村基层学校中严重缺乏，从而在一定程度上制约了全区教育均衡发展等各项工作的进程。

3. 管理力量薄弱。中小学校管理能力拔尖，工作成绩突出的优秀校长凤毛麟角，严重制约了全区教育事业的快速发展。

4. 资金投入不足。近年来，国家投入大量资金用于农牧区中小学基础建设，改善了中小学办学条件，但受投资方式影响，加之卡若区教育底子薄，所辖校点较多，以及2017年全区面临教育均衡发展验收，各学校基础设施建设方面距离城乡学校规范化建设的目标还有一定差距，对教育的投入尚难以满足全区教育发展的实际需要。

5. 教师培养培训力度不够。一是由于财政紧缺，培训经费缺乏，无力承担大额的培训费用，成为教师队伍素质提高和健康发展的制约因素。二是培训队伍建设薄弱，培训者培训能力较低，导致集中培训和远程培训针对性不强，实效性不高，质量难以保证。三是国家、自治区级培训多是汉语言学科的培训，而卡若区的教育主体是藏语言教学，故很多培训流于形式，难以达到预期效果。四是由于本区师资总量不足，教师紧缺，很多学校无法抽派教师参加培训。嘎玛乡中心小学达娃校长坦言：教师培训很有必要，但走不开，即便是平常请假也难，一个萝卜一个坑。

6. 教师队伍不稳，流失现象突出。由于多种因素制约，卡若区引进人才难，留住人才更难。教师辞职、改行、借调等现象较为普遍，从而造成教师队伍的不稳定性。究其原因，一是较之其他职业，特别是公务员，教师待遇较低，专业岗不及行政岗，发展空间有限，学生报考志愿多不愿选择师范类，教师职业整体缺乏社会吸引力。二是校点分散，路途较远，交通不便，加之教学任务繁重，教师多两地分居，长期不能顾家，造成一定的家庭问题，故教师群体中离婚率较高，年轻教师则找对象难，多不愿嫁教师，从而影响到教师工作的积极性和稳定性。三是各校办学条件、待遇的差异性和发展的不平衡性，导致校际教师流动的单向性（即所谓向上流动，向下流动或平行流动则基本为组织安排和支教性质），客观上影响到条件较差学校教师队伍的稳定性，从而造成内部的结构性流失。目前卡若区教育发展的格局，按海拔高度，由高而低，自北而南，从牧区到农区，从人口稀少到稠密的特点，大致划分为三大片区，其生活环境、交通条件，特别是工资待遇存在一定的级差。因此，相对于条件较好的学校，如"三镇两乡"（城关镇、卡若镇、俄洛镇和拉多乡、日通乡）的小学，僻远地区学校教师队伍的不稳定性更加突出。

7. 教师工作、生活后勤保障不足。学校办学条件有待改善，基建项目经费下拨比较缓慢，工程进度难以保证，部分学校校舍比较简陋，现有教学仪器、设备比较落后，不能适应现代教学实验、信息技术教育的需要，特别是一些偏远乡镇的学校交通不便，条件较差，甚至存在吃菜难、洗澡难、住房难、冬季无取暖设备等问题。

四　思路与建议

卡若区教育事业发展过程中存在的困难、问题或挑战，既有区域性特点，又带有一定的普遍性，努力破解难题，积极应对挑战就成为今后一个时期的重要课题。为此，我们尝试提出以下几点建议或可能的发展思路以供参考。

1. 充实师资力量，不断提升教师整体素质和教学水平。首先在师资分配方面予以政策倾斜，适当增加分配名额，争取在较短时间内逐步解决卡若区边远乡师资缺乏问题。同时，进一步加大"送教下乡、送培进校"力度，巩固和健全教师轮训制度，制订全员培训计划，落实每五年一周期的培训，努力缩短年轻教师成长周期，加快培养各级骨干教师特别是年轻教师，以及教师在职培训、教育技术能力培训和藏文教师培训、电教人员培训等工作。

2. 加强教师队伍建设，建立和完善教师队伍建设的长效机制。首先，落实好教师配备政策，杜绝挤占挪用教师编制，严格教师准入，招聘合格教师，特别是音体美、英语等学科紧缺教师，形成教师培养补充的长效机制。其次，制定和落实教师激励政策，改善教师福利待遇，特别是偏远地区教师生活补助政策和职称评聘、晋升倾斜政策，以及绩效工资分配向偏远地区倾斜的差异化政策。

3. 坚持均衡发展思路，合理调整学校布局。教育资源的均等化是今后努力的方向和奋斗目标，是一个艰难曲折的过程，政策目标不等于现实效果。因此在实际操作过程中，一要避免认识上的误区，切实遵循教育发展的规律性，充分认识到其艰巨性、长期性、条件性和复杂性。二要因地制宜保留并办好教学点，将合理集中与适度分散相结合，寄宿制学校建设与教学点建设相结合，均衡学校布点，处理好集中办学为主与分散办学为辅之间的关系或矛盾，分阶段、按步骤，稳步推进学校布局调整。

4. 集中办学是一种方向性选择，寄宿制学校适合当地的实际，得到农牧民的普遍认可，因此必须坚持集中办学为主的原则，加强和完善寄宿制学校建设，科学编制寄宿制学校建设规划，合理布局，改扩建、新建标准化寄宿制学校，同时配齐后勤管理服务人员，加强学校管理，尽量避免增加教师群体的额外负担。

5. 建立教师合理流动机制。2013 年以来，卡若区专任老师调入 31 人（含新分配 12 人），调出 48 人，教师调入、调出人数不对等。比较而言，边远乡教师调动难度较大，承受着多重压力。建议出台有利于教师合理流动的政策或机制，采取切实措施，保证教师队伍在辖区内合理流动的基础上，实现跨区域流动。

6. 加大教育投入力度，努力解决资金缺口，加快学校附属设施建设进度，改善师生工作学习生活条件，如实行高寒、高海拔学校取暖、保暖工程，学校通油路、通电、通安全饮用水、通网络、通电视等，集中建成一批"校舍美丽、设施齐全"的规范化学校，逐步解决基层教师在吃、住、行、学等各方面的困难。同时，应积极鼓励社会力量办学，形成以政府办学为主体、全社会积极参与、公办教育和民办教育共同发展的格局。

7. 对教学点的建设不搞一刀切，建议上级教育部门在制定"农村薄弱学校校舍改造类项目总体规划"时，以方便群众、满足群众对教育的需求为原则，将教学点纳入建设规划。同时，针对目前校点比较分散，教学点老师整体教学水平偏低的基本特点，建议继续加大对教学点的投入和教学点老师特别是代课老师的培训，提高教学点的教学水平以及代课老师的工资待遇。鉴于寄宿制学校建设的不断推进和完善，教学点可以保留一年级，从二年级开始集中到完小。其实，这也是当地农牧民的迫切要求。

8. 充分发挥对口支援作用，做好教育援藏工作，提高教育教学质量。应抓住"组团式"援藏教师的契机，利用援藏教师群体的教学经验和成效，结合实际学习内地先进的管理经验和教学、教研经验，带动区内教师教学新经验的形成，助力当地教育事业的发展。同时，健全教育对口支援机制，重点加大对双语教育、英语等的支援力度。

9. 坚持"四结合"，创新和加强学生思想教育工作。即坚持把中小学生思想意识形态建设与依法治教工作相结合，健全德育工作体系与教师队伍建设相结合，加强德育工作队伍建设与提高学校管理水平相结合，促进师生道德素质的提高与道德建设和社会共同育人相结合，努力构建良好的社会氛围。同时以"学当文明、立改陋习、增强融入、促进'四个认同'"主题教育活动为契机，进一步加强学生感恩、爱国、养成教育，确保学生思想教育工作的成效、深入和持久。

西藏农村妇女的生殖健康与公共卫生服务

方素梅*

生殖健康是构成妇女健康问题的主要因素。西藏农村妇女在健康保护方面属于弱势群体，她们既要参加农牧业等方面的劳动，还要承担大量的家务，在生理健康方面需要得到更好的保护。除了同样遭受传染病、地方病、常见病、慢性病的威胁，她们还必须承担来自生殖生育等妇科疾病的风险。民主改革60年来，西藏妇幼保健工作取得了很大的进展，农村妇女健康状况不断改善，但是西藏农村公共卫生服务的落后状况还没有彻底改变，农村妇女的健康保护要求还不能得到很好的满足，她们依然属于健康高风险群体。

关于西藏农村妇女的生殖健康研究，学术界给予了必要的关注，包括西藏妇女的生育习俗与生育意愿、西藏育龄妇女对于生殖健康的认知、西藏妇女孕产期保健及妇科疾病等研究，都有相关论文发表。[①] 这些研究大多属于医学范畴，有助于帮助我们科学认识西藏妇女的生殖健康状况，然而如何进一步提高西藏农村妇女生殖健康水平，还需要从多学科的角度进行探讨。本文主要根据近年来在山南市扎囊县、日喀则市拉孜县和昌都市卡若区的实地调查，试图对西藏农村妇女的生殖健康问题进行观察和分析，认为西藏农村妇女面临的生殖健康风险主要来自生育习俗，同时也与基本公共服务发展不平衡不充分密切关联。因此，减低西藏农村妇女生殖健康风险的有效途径，

---

* 方素梅，中国社会科学院民族学与人类学研究所研究员。

① 参见许德坤《藏族传统的生育习俗及其优生学分析》，《西藏研究》2002年第3期；杜蔚云等：《藏区育龄妇女生殖健康知识的认知与需求调查》，《中国健康教育》2007年第3期；次仁央宗：《西藏妇女生育健康生育意愿的现状调查》，《西藏大学学报》2010年第3期；李洪波等：《西藏地区住院分娩现状分析》，《卫生研究》2006年第3期；张玉凤等：《西藏昌都地区农牧区妇女孕产期保健现状调查分析》，《中国计划生育学杂志》2008年第1期；王存同：《藏区农牧民生殖健康服务现状考察——基于对西藏昌都三县的实地调研》，《南京人口管理干部学院学报》2011年第3期。

是进一步加强生殖健康知识教育宣传和农村公共卫生服务建设。

一　西藏农村妇女面临的生殖健康风险

全世界妇女共同面临着的健康风险首先来自生殖健康风险。自 20 世纪 80 年代以来，生殖健康引起了国际社会的极大关注。1994 年联合国国际人口与发展会议通过的《国际人口与发展会议行动纲领》指出："生殖健康系指与生殖系统及其功能和过程有关的所有方面处于身体的精神的和社会幸福的一种完满状态，而不仅仅没有疾病和病症。"[①] 这里提出的生殖健康是一个广义上的概念，涉及医学、社会、经济、文化、心理等诸多方面的知识和研究。本文主要讨论狭义上的生殖健康，也就是妇女从怀孕到分娩所应获得的保健服务和安全保障。

妇女生殖健康的一大风险来自多胎生育。根据文献记载和相关研究，长期以来藏族地区在生育方面采取顺其自然的态度，多胎生育较为普遍。例如，20 世纪 80 年代中后期西藏帕拉牧区和娘热农区 50 岁以上经产妇女平均生育数在 6 个以上。[②] 即使按照全区统计，1990 年西藏城镇妇女 50～54 岁年龄段平均生育率也达 4.78 个。[③] 多胎生育往往与婴幼儿成活率有密切关系。据西藏和平解放初期的统计，西藏婴儿死亡率竟高达 430‰[④]；1990 年第四全国人口普查时，西藏全区婴儿死亡率仍达 97.40‰。[⑤] 随着经济社会的发展和公共卫生服务体系的建立，西藏婴幼儿死亡率不断降低，分别降至 2009 年的 21.19‰和 2015 年的 16‰。[⑥] 与此同时，西藏妇女的生育愿望也普遍下降。根据相关分析，1990 年西藏妇女希望拥有三四个孩子的比例为 49%，希望拥有 5 个及以上孩子的比例为 51%；1994 年这两个比例分别为 55% 和 33%。[⑦]

① 刘云嵘：《生殖健康概念的由来、发展及由此引发的思考与认识》，《中国计划生育学杂志》1995 年第 3 期。
② 〔美〕戈尔斯坦、辛西亚·M. 比尔：《中国在西藏自治区实行的节育政策——神话与现实》，海森译，《民族译丛》1993 年第 3 期。
③ 张路、张梅：《当代中国藏族人口》，《中国社会科学》1993 年第 5 期。
④ 许德坤：《藏族传统的生育习俗及其优生学分析》，《西藏研究》2002 年第 3 期。
⑤ 黄荣清：《西藏人口死亡水平及其特点》，《中国藏学》1993 年第 1 期。
⑥ 张京品、张宸：《西藏孕产妇、婴儿死亡率降至历史最低》，新华社拉萨 2016 年 1 月 8 日电，转引自新华网 http://news.xinhuanet.com/2016-01/18/c_1117811591.htm。
⑦ 代欣言：《西藏妇女生育状况分析》，《西藏医药》1996 年第 2 期。

迄至 2009 年，西藏妇女希望生育 3 胎以上的比例进一步降到 12.5%①，基本改变了历史延续下来的多胎生育现象。

　　当然，西藏农村多胎生育率同样呈快速下降趋势，但希望拥有 3 个及以上孩子的家庭仍占一定比重。按照 2000 年第五次全国人口普查的统计，西藏 15～49 岁育龄妇女总和生育率为 1.85，高于全国的 1.22。其中西藏乡村 15～49 岁育龄妇女总和生育率为 2.12，高于全国的 1.43。1999 年 11 月 1 日至 2000 年 10 月 31 日，西藏出生人口中属于第三孩的共有 568 人，其中 541 人为乡村人口；属于第四孩的共有 315 人，其中 299 人为乡村人口；属于第五孩及以上的共有 524 人，其中 514 人为乡村人口。到了 2010 年第六次全国人口普查，西藏育龄妇女总和生育率下降为 1.049，低于全国 1.181 的平均水平。其中西藏乡村育龄妇女总和生育率 1.144，低于全国 1.437 的平均水平。2009 年 11 月 1 日至 2010 年 10 月 31 日，西藏出生人口中属于第三孩的共有 348 人，其中 319 人为乡村人口；属于第四孩的共有 164 人，其中乡村人口 156 人；属于第五孩及以上的共有 149 人，其中乡村人口 142 人。② 换言之，目前西藏的多胎生育主要出现在农村。与历史时期相比，这种多胎生育已经呈现出大幅减少的趋势，它在某种程度上意味着西藏妇女生殖健康风险的逐步降低。

　　妇女生殖健康的一大风险来自分娩环境。它对于孕产妇的安全生产和新生儿的接种疫苗，具有非常重要的意义。研究结果显示，我国住院分娩率逐年上升，由 1996 年的 58.7% 上升至 2015 年的 99.7%。特别是农村住院分娩率迅速提高，由 1996 年的 50.8% 上升至 2015 年的 99.5%，城乡差距几近消失。2015 年西藏全区住院分娩率为 90.5%，在全国排名最后；全国住院分娩率不足 80% 的 39 个区县，也主要分布在西藏、四川、青海和新疆。③ 也就是说，由于各种因素的影响，目前西藏部分地区仍有一定数量的农村妇女选择

①　次仁央宗：《西藏妇女生育健康生育意愿的现状调查》，《西藏大学学报》2010 年第 3 期。

②　以上数据来源于国务院人口普查办公室、国家统计局人口社会和科技司编中国 2000 年第五次人口普查资料第二部分《长表数据资料》第六卷 "生育" 表 6 - 1、6 - 1c、6 - 4，中华人民共和国国家统计局网站，http://www.stats.gov.cn/tjsj/ndsj/renkoupucha/2000pucha/html/l0605.htm；国务院人口普查办公室、国家统计局人口和就业司编：中国 2010 年第六次人口普查资料第二部分《长表数据资料》第六卷 "生育" 表 6 - 1、6 - 1c、6 - 4，中华人民共和国国家统计局网站：http://www.stats.gov.cn/tjsj/pcsj/rkpc/6rp/indexch.htm。

③　张媛等：《1996 至 2015 年中国住院分娩率的变化趋势》，《中华医学杂志》2017 年第 17 期。

家庭分娩。以昌都市卡若区为例，2013 年孕产 1405 人，住院分娩 593 人，仅占孕产人数的 42.21%；2014 年孕产 1559 人，住院分娩 898 人，占孕产人数的 57.60%，虽然提高了 17.53 个百分点，但是比例依然较低，远远低于当年西藏全区住院分娩率超过 80% 的平均水平。不过，如果仅从农村住院分娩率来看，西藏全区的情况也不乐观。根据卡若区城关镇的调研报告，2013 年城关镇卫生院登记孕产妇 141 人，入院生产 141 人，住院分娩率达 100%；2014 年，登记孕产妇 99 人，住院分娩 99 人，住院分娩率达 100%。① 换言之，卡若区住院分娩率整体不高，主要是由于农村住院分娩率低造成的。

西藏农村妇女生殖健康的风险，还包括来自精神及身体等其他方面的疾病。比如，西藏农村妇女妇科疾病的发病率比较高。2010 年有关媒体对西藏自治区人民医院、武警西藏总队医院、西藏阜康医院体检中心的负责人采访时了解到，"在受检人群中，已婚女性有 70% 以上都有不同程度的妇科病，比如宫颈炎、宫颈糜烂、子宫肌瘤等，其中宫颈炎的发病率最高，接近30%"。② 有关课题组通过对 2015 年 4～12 月在山南地区人民医院妇科门诊就诊时被确诊患有妇科疾病的患者 971 例的相关资料进行分析，共发现 6 类15 种妇科疾病。其中：生殖器官炎症发病比例最高，占总病例数的 74.15%；当地妇科疾病患者 21 岁以上和 31 岁以上年龄段病人最多，分别占 45.52% 和30.90%；妇科疾病患者以农牧民为主，共 560 例，占 57.67%。③

在笔者关于西藏农村妇女的访谈个案中，不乏多胎生育及家庭分娩的例子。例如，2012 年 7 月访谈的扎囊县朗塞岭村居民卓玛（化名，女，48 岁）生育了 9 个孩子，其中 8 次是在牧场分娩，身边只有丈夫照顾。由于条件恶劣，他们的孩子只有老三和老六存活。同时期访谈的拉孜县柳村居民边巴（化名，男，81 岁）生育了 4 个孩子，均在家中出生，由母亲帮助接生。边巴的大儿子（58 岁）生育了 11 个孩子（其中 1 个夭折），边巴的两个孙子（共妻）生育了 4 个孩子，也都是在家中出生，由边巴的妻子或儿媳妇接生。2015 年 7 月笔者在昌都市卡若区调查时，也了解到不少妇女在家中分娩的事例，包括具有一定文化水平的家庭。例如，嘎玛乡卫生院医生才让（化名，

① 数据由昌都市卡若区卫生局于 2015 年 7 月提供。以下关于卡若区的数据来源同此。
② 江舒：《西藏女性健康指数高于男性》，《西藏商报》2010 年 5 月 26 日，转引自人民网 http://xz.people.com.cn/GB/139189/11699902.html。
③ 叶洪娟等：《西藏山南地区女性妇科病患病情况分析》，《中国公共卫生》2016 年第 3 期。

男，42 岁）说，乡里的妇女基本都在家里分娩，以前多由家里的老年妇女接生。才让的妻子生育了一对子女，就是在娘家分娩的，由妻子的母亲接生。现在一些孕妇临产，也会开车来请卫生院的大夫去家里接生。如果不远，才让就自己骑摩托车去产妇家里接生。才让记得只有噶玛村的 1 个妇女在乡卫生院生产过，她是难产，本来想送到昌都，可是来不及了，于是就在乡卫生院分娩了；还有 1 个妇女在 2014 年怀孕 6 个月时早产，再次怀孕后，她十分小心，距离预产期两个多月时，就到昌都亲戚家去待产了，产前也做了检查。不过，她临产时在去医院的途中就分娩了，后来在昌都市人民医院住了 2 天。嘎玛乡政府的工作人员德吉（化名，女，24 岁）毕业于石家庄医学院口腔专业，她的孩子刚 10 个月，也是在家分娩，由在类乌齐县医院工作的亲戚接生。德吉的母亲生育了 8 个孩子（其中 1 个夭折），均在家中生产，由德吉的奶奶接生。德吉的妹妹生了两胎，头胎在家难产，遂送医院剖腹产；二胎在家又难产，于是送医院接生。如果对笔者的田野调查进行总结，那就是上述地方的多胎生育近年基本消失，家庭分娩仍然较为多见，难产及有过难产经历的人家则逐渐重视住院分娩。

综上所述，20 世纪 90 年代末以来，西藏育龄妇女总和生育率及多胎生育现象都在逐渐减少，住院分娩率则大幅度提高。2015 年我国孕产妇死亡率和婴儿死亡率为 20.1/10 万和 8.1‰，比 2000 年分别下降 62.1% 和 74.8%，提前实现了联合国千年发展目标，被世界卫生组织评为妇幼健康高绩效国家。[1] 西藏孕产妇死亡率和婴儿死亡率也大大降低，由 2006 年的 244.1/10 万和 24.29‰，分别下降至 2010 年的 174.78/10 万和 20.70‰，[2] 以及 2015 年的 100.92/10 万和 16‰。[3] 这个数据显示西藏妇幼保健工作成效显著，但与全国相比差距依然很大，特别是孕产妇死亡率竟达到全国平均水平的 5 倍。考虑到西藏的多胎生育主要出现在农村，同时，部分农村住院分娩率大大低于城镇，因此可以说，多胎生育和家庭分娩带来的健康风险，依然是西藏农村妇女生殖健康需要关注的重点问题。

---

① 信娜：《卫计委：去年我国孕产妇死亡率首次降至万分之二以下》，新京报快讯，2017/01/20，转引自网易新闻 http://news.163.com/17/0120/16/CB84EO2D00018AOR.html。

② 程晓明：《西藏基本医疗与公共卫生服务能力研究》，社会科学文献出版社，2017。

③ 张京品、张宸：《西藏孕产妇、婴儿死亡率降至历史最低》，新华社拉萨 2016 年 1 月 8 日电，转引自新华网 http://news.xinhuanet.com/2016-01/18/c_1117811591.htm。

二　影响西藏农村妇女生殖健康的因素

根据世界卫生组织对健康影响要素的分析，影响人类健康的因素主要有四大类，其中生物学因素占 15%，环境影响占 17%，医疗服务占 8%，行为和生活方式占 60%。[①] 可见，个人的行为与生活方式对健康的作用和意义重大。

生育观念和生育习俗，就是影响生殖健康的一种重要行为与生活方式。在西藏传统社会中，农村妇女分娩大多在帐篷外或牛棚羊圈中，风雪雨天也不例外。[②] 在这种环境条件下，以及接生多由家人和熟人承担，产妇及新生儿所面临的健康风险可想而知，这是造成旧时西藏孕产妇及新生儿死亡率居高不下的主要原因。例如，1962 年卫生部门对山南地区扎囊县扎其区的生育习俗有如下描述："孕期饮食和平时一样，未增加营养，在阵痛发作前，照常参加劳动没有休息。接产没有任何消毒处理，一般由产妇母亲或大夫接产，也有请邻居接生的，但一般人不愿给别人接产，认为给别人接产后要瞎眼睛。用一般刀子断脐带，用羊毛线结扎。三日后，不管产妇有无奶汁，均开始给新生儿喂酥油、糌粑。产后产妇休息三四天，外阴部及恶露不做处理，饮食有条件者稍加一点酥油。产后八九天，若无特殊原因，一般开始参加劳动。"[③] 这种情况在旧时西藏农村非常普遍。

人类学研究认为，每个文化和民族都有一套自己的关于"洁净"与"污秽"的观念，其观念的产生、变化和存在与所处地理环境、宗教信仰、生产生活方式、伦理道德、对世界的认知等有着紧密的关系。[④] 上述生育习俗的存在，即与藏族的洁净观有密不可分的联系。在他们的观念中，生育是污秽

---

① 刘德培：《推动医学走进"大健康"时代》，健康报网，2016 年 9 月 2 日，http://www.jkb.com.cn/medicalHumanities/2016/0902/394489.html。

② 参见赤烈曲扎《西藏风土志》，西藏人民出版社，1982，第 174～176 页。类似这样的记述十分常见。

③ 西藏卫生防疫站扎其区卫生试点工作组：《山南扎囊县扎其区充堆乡充堆、曲珍二乡沙眼、绦虫病、地方性甲状腺三种疾病调查报告》，1962 年 6 月 25 日，扎囊县档案馆，XW42－综合类－2。转引自郭克范《扎囊县民主改革时期档案整理与研究》，社会科学文献出版社，2014，第 161 页。

④ 刘志扬：《洁净与社会边界》，《广西民族大学学报》2012 年第 5 期。

的事情，新生儿是不洁净的，会带来其他疾病，因此不能在室内出生，要采取特别的去除污秽的措施，才能与其他人接触。比如男婴产后第三天和女婴产后第二天，由一名特别要好的人，带着切玛、水奶混合物，用桑枝在屋内点撒，以去掉婴儿身上的污秽。[①] 虽然我们不能以他者的眼光来评析西藏农村的生育习俗，但是根据其洁净观念，或许可以解释为什么过去西藏农村妇女分娩多在家中，亦不愿意请外人接生的原因。为了规避生殖健康风险，当孕妇临近孕产时，人们习惯通过询问活佛或在家里请喇嘛念经等传统方式以求母子平安。

　　民主改革以来，随着西藏妇幼保健工作的逐步开展，西藏农村的生育观念和生育习俗已经发生了很大的变化。农村住院分娩率逐步提高，在帐篷外或牛棚羊圈中分娩的现象已经杜绝。一些农村妇女怀孕后，接受了产期检查，服用了叶酸等，逐渐树立起优生优育的观念。不过，与生殖健康密切相关的其他一些保健措施，特别是节育和妇科检查，在西藏农村的推行还不够普及。根据相关课题 21 世纪初的调查，西藏农牧区普遍缺乏科学的卫生常识和意识，不知道怀孕时要进行检查，也不了解优生优育的重要意义，更不了解性传染疾病的防治。[②] 另据相关课题 2011 年的问卷调查，受访妇女中认为需要知道相关节育知识的占 49.9%，很需要的占 9.0%，不需要的占 28.4%，不清楚的占 12.7%。[③] 这个数据可以理解为希望了解节育知识的妇女约占受访者的 59%，或是可以理解为 70% 以上的受访者（包括不清楚的受访者）并不掌握相关节育知识。这些情况的产生，主要是受到传统文化和受教育程度的制约，使得西藏农村妇女对妇女健康的认识严重不足，对于妇科检查较为抵触。特别是在宗教观念影响下，相当一部分农村妇女不愿意接受节育措施，甚至从不关心节育的意义。2015 年我们在昌都市卡若区了解到，当地农村妇女几乎没有人施行节育环，因为传统习俗中妇女不愿下体被人看见，亦不愿下体植入物体。选择避孕套和短效避孕药的人也很少，因为短效避孕药的服用容易出现差错。因此，已婚妇女避孕大多选择皮埋。皮埋的避孕期可长达

①　刘志扬：《神圣与内在：藏族农民洁净观念的文化诠释》，《广西民族学院学报》2006 年第 3 期。

②　李强、颜虹、王全丽、康轶君、党少农：《西藏农牧区妇女孕产期保健现状分析》，《中华流行病学杂志》2006 年第 1 期。

③　嘎强琼达：《西藏农牧区妇女教育现状分析与对策思考》，社会科学文献出版社，2017。

三五年，但是具有一定副作用，如心悸等。有些妇女皮埋一两年或更短的时间，因不适应或想怀孕，就会要求取出，造成浪费。

按照世界卫生组织的观点，环境因素亦在很大程度上影响到人类健康。众所周知，西藏地处高海拔地区，低氧、强日光辐射、寒冷、低湿度及大风等气候条件对人均寿命具有极大影响。同时，西藏农村大多地处偏僻、交通困难、居住分散、经济贫困，形成了影响当地居民对健康认知和求医问药的客观因素。离城区相对较近的乡村，农牧民妇女对政策了解相对较多，自身保健意识相对较高。但是偏远乡村则存在信息流通不够，宣传政策不到位，受传统文化和习俗影响较大的问题，大多数人对生殖健康认识不足。特别是牧区妇女临产期在牧场放牧或在采挖点挖虫草，往往因为交通不便而来不及送往医院。同时，对于农牧民来说，还存在住院分娩及陪护会影响生产和收入的问题。例如，处于昌都市近郊且交通方便的城关镇、俄洛镇和卡若镇，住院分娩率提高很快，分别由 2011 年的 83%、46%、50%，提高到 2014 年的 94%、82.5%、81%；如意乡驻地如意村距离昌都市区虽然只有 8 公里，但是境内差异较大，公路沿线交通方便，山区则道路崎岖，住院分娩率的提高受到一定影响，由 2011 年的 24% 提高到 2014 年的 63%；处于山区的芒达乡是卡若区交通最为不便的乡镇，距离昌都市区 82 公里，以牧业为主，所以住院分娩率极低，2011 年和 2014 年分别为 19% 和 32.2%。

当然，医疗服务对于人类健康的影响不可忽视。上述数据的出现与西藏妇幼卫生保健工作起点低、开始晚有关，也与西藏地广人稀、地区发展不平衡有关。直至 2005 年，西藏的很多医院仍不具备理想的接生条件。例如山南市 119 所医疗机构中只有 42% 可以接生，至于剖宫产只有拉萨和 6 个地市首府所在城市的医院可以做。全自治区 73 个县医院里也只有 5 家可以做。因为剖宫产需要麻醉师和手术台，这些设备在西藏的大多数医院都不具备。[①] 至今，西藏农牧区妇幼保健工作依然面临较大困难，妇产科建设严重滞后，应急能力非常薄弱；乡村妇幼保健队伍人员总体数量不足，严重缺乏妇产科专业技术人员。以卡若区为例，截止到 2015 年 7 月，全区 15 个乡镇卫生院中只有拉多乡卫生院可以独立实施接生手术。即使是位于市区的城关镇卫生院，4 名医务人员中 1 人中专护理专业毕业、1 人医学本科药剂学专业毕业、2 人

---

① 荣娇娇：《一位西藏乡村女医生的希望与梦想》，《中国妇女报》2005 年 8 月 15 日。

非卫生医学专业，既无西医也无藏医专业毕业的医务人员，更遑论开展妇幼保健工作的技术服务人员了。而村级卫生服务机构尚在建设中，卫生服务力量严重不足，卫生服务人员技术水平远远不能满足农牧民的健康需求。

三　推进西藏农村妇女生殖健康工作的思考

20 世纪 90 年代以来特别是进入 21 世纪以来，我国妇幼保健工作取得了极大的进展。2000 年，卫生部等为提高孕产妇住院分娩率、降低孕产妇死亡率、消除新生儿破伤风，会同国务院妇女儿童工作委员会和财政部，在西部 12 个省份实施降消项目（即降低孕产妇死亡率和消除新生儿破伤风），并逐步扩展至全国 22 个省份；2009 年，卫生部将农村孕产妇住院分娩列为重大公共卫生服务项目。在系列政策支持下，西藏自治区卫生部门以降低孕产妇死亡率和婴儿死亡率、提高住院分娩率为主要目标，大力实施妇幼卫生项目。截至 2009 年，全区 74 个县（市、区）实现降消项目全覆盖。为提高农村住院分娩率，西藏一直实行特殊的优惠政策与干预措施。农牧民孕产妇在各级定点医疗机构住院分娩和新生儿抢救发生的医疗费用，可以在农牧区医疗大病统筹基金中全额报销。2015 年 10 月起，农牧民孕产妇在定点医疗机构住院分娩的，在享受农牧区大病统筹基金中住院分娩费用全额报销政策的同时，其与护送者（一名家属、一名村医）的奖励分别由 30 元和 20 元提高到 50 元；产妇一次性住院分娩生活补助由原 100~500 元（按照顺产、难产和是否贫困区分）提高到 1000 元，此外还享受提前住院待产补助。[①] 这些政策措施对于推动西藏农村妇女生殖健康的发展起到了非常积极的作用。如卡若区 2014 年共为 878 名孕产妇发放住院分娩补助 98400 元，奖励及护送费 43900 元，住院分娩报销费用 3622932 元。

我们认为，西藏农村妇女面临的生殖健康风险主要来生育习俗，亦与基本公共服务发展不平衡不充分密切关联。因此，推动西藏农村妇女生殖健康工作进一步发展，必须在原来的基础上继续建立和完善妇幼卫生服务体系，充实和加强妇幼卫生队伍建设；积极开展孕产妇和儿童保健管理、妇女儿童

---

① 王莉：《西藏妇女儿童健康水平显著提高》，中国西藏新闻网，2017 年 2 月 16 日，http://www.tibet.cn/medicine/news/1487209598593.shtml。

常见病、多发病防治和预防艾滋病、梅毒、乙肝母婴阻断等重点工作；继续实施农牧区孕产妇免费住院分娩、住院分娩奖励、生活救助等优惠政策。其中，要重点加强健康知识教育宣传和公共卫生服务建设的力度。

人类学认为，看似简单的对疾病原因的解释和不同的就医行为，其背后是一整套的地方性知识和传统观念。所以，建医院易，改变观念难。现代医疗卫生体系如何与根深蒂固的传统疾病观和就医观相结合，从而真正改善民众的健康状况，是目前西藏所面临的严峻挑战之一。[①] 由于西藏农村是妇幼保健工作基础薄弱、传统文化和宗教观念影响较大的地区，因此应当把妇女生殖健康工作重点放到农牧区，继续采取多种形式开展宣传和教育，努力提高群众的保健意识和知识水平，促使农牧民改变传统的生殖健康观念和传统的生育观念。各级政府及卫生部门要制订可行的宣传计划，利用媒体、标语、宣传册、义诊、巡诊、村医等多种形式开展健康宣传工作，普及卫生知识，提高妇女儿童的自我保健能力，营造关爱生命、尊重母亲、爱护儿童的社会氛围。要把健康教育同卫生医疗服务有机地结合在一起，做到卫生服务和健康教育同步进乡村。上级部门要定期组织乡镇卫生院医护人员和村医进村入户开展健康检诊，传授日常保健常识，注重开展产前检查和产后访视工作，以提高生育质量。在生殖健康知识教育宣传方面，基层卫生服务机构要切实担负起孕产妇检查、宣传、动员的工作。要设立村医工作奖励制度，要求其必须掌握服务区内孕产妇人数，如成功说服一个孕产妇进行产前检查和住院分娩，就可计入业绩并在年终进行奖励。要建立村医业务水平考核制度，促使他们真正掌握和吃透《孕期生殖保健》《孕期异常情况处理》《孕产期日常护理》《计划生育知识手册》等宣传材料的主要内容和要点，以提高教育宣传的效果。

进入 21 世纪以来，西藏逐步建立起以县为龙头、乡为枢纽、村为基础的三级卫生服务网络体系，农村医疗卫生条件和服务能力不断得到改善，农牧民健康水平逐步提高。然而，西藏特殊的地理环境和经济社会发展水平等因素，使得西藏的医疗卫生状况与东部地区和城市相比，仍然存在不小的差距，在发展中面临着不少困难和问题。具体表现在医疗卫生资源分布不均衡，城

---

① 苏发祥、安晶晶：《论西藏乡村社会的疾病观及村民的求医行为——以西藏南木林县艾玛乡牛村为例》，《西北民族研究》2014 年第 4 期。

乡之间差异较大；乡村卫生服务体系基础薄弱，医疗卫生资源普遍严重不足，农村卫生服务不能满足农牧民的医疗需求和对卫生工作的期望；基层卫生技术人员严重缺员，卫生队伍整体素质和医疗质量水平较低；农牧区孕产妇死亡率和婴儿死亡率均高于全国平均水平，农牧区妇女儿童面临更大的健康风险。[①] 因此，如何进一步提高西藏农村卫生服务能力，亦是一项十分艰巨的任务。除了加大财政支持力度、改善西藏农村卫生机构的硬件设施外，更需要通过制度创新激励现有医务人员提高业务素质。特别是要进一步加强对基层卫生人员的培训、考核和奖励，不断提高他们的医疗技术水平，应当制定切实可行的目标要求。（1）县级技术服务人员能够开展住院分娩和产科手术等全面的产科服务、孕产妇系统管理、规范的生殖保健咨询、妇幼保健服务和各种计划生育手术；能够诊治计划生育并发症、诊治常见的妇产科疾病和生殖道感染普查普治工作。（2）乡级技术服务人员能够开展妇女保健（孕产妇保健）、儿童保健（计划免疫）、计划生育指导与服务、妇产科常见病诊治、转诊，指导村级服务；鼓励乡级卫生技术服务人员学习和掌握新法接生技术。（3）村级技术服务人员能够开展基本生殖保健服务和宣传服务，具备高位筛选、计划免疫、指导避孕节育、产前检查、产后访视和具有指导农牧民家庭保健的能力。能够完善建立村民健康档案，掌握人口、健康信息。除此之外，卫生行政部门要争取为每个农牧村庄至少培养 1 名能够承担疾病预防和健康知识传播任务的兼职卫生员，尤其注重培养女卫生员。同时有条件开放医疗服务市场，对本土个体乡村医生行医采取资格认证等鼓励政策，将财政支持下的村级公共卫生服务与个体乡村医生的巡回医疗服务相结合，以提升基层卫生服务供给能力。

---

① 方素梅：《西藏农村的医疗卫生服务能力建设——以昌都市卡若区为例》，《西藏民族大学学报》2016 年第 5 期。

编写说明

中国社会科学院西藏智库于 2016 年 6 月正式成立。智库以研究和推进西藏及四省藏区社会治理能力和科学发展为宗旨，以西藏及四省藏区政治建设、社会治理、经济和文化发展、生态文明为基本研究领域，以围绕大局、服务中央对西藏及四省藏区的工作方针为导向，强化对全局性、前瞻性、战略性、综合性问题的研究，提出有建设性的对策建议和研究成果。

为促进智库建设和发展，使相关研究成果更好地服务于社会，西藏智库计划编辑出版"中国社会科学院西藏智库丛书"。其中，西藏智库举办的连续性"喜马拉雅区域研究国际研讨会"，将选择符合要求的会议论文编辑成系列文集，作为丛书的一种出版形式。2017 年举办的首届"喜马拉雅区域研究国际研讨会"，主题为"共享与发展"，来自中国、印度、尼泊尔、英国、日本的 50 位学者围绕环喜马拉雅地区历史、民族与文化，"一带一路"与南亚大通道建设，西藏及其他藏区经济社会发展等议题，进行了讨论和交流。在此基础上，我们将其中的部分论文以及西藏智库此前的部分征稿编辑为《共享与发展——喜马拉雅区域研究（第一辑）》出版。对所有参与主办"喜马拉雅区域研究国际研讨会"的人员及所有出席会议的学者，我们表示衷心的感谢！

"中国社会科学院西藏智库丛书"的编辑出版原则是必须以马克思主义为指导，坚持中央治藏方略和政策，维护祖国统一和加强民族团结，促进西藏和四省藏区的稳定与发展，推动相关学科的进一步发展。《共享与发展——喜马拉雅区域研究（第一辑）》收录的论文中所表述的观点仅属作者本人，我们在审阅编辑的过程中进行了必要的说明和删节。由于水平有限，难免存在错误和不足，敬请作者批评指正！

图书在版编目(CIP)数据

共享与发展：喜马拉雅区域研究. 第一辑／方素梅
主编. -- 北京：社会科学文献出版社，2019.10
（中国社会科学院西藏智库丛书）
ISBN 978 - 7 - 5201 - 4856 - 6

Ⅰ.①共…　Ⅱ.①方…　Ⅲ.①藏学 - 文集　Ⅳ.
①K281.4 - 53

中国版本图书馆 CIP 数据核字（2019）第 089054 号

中国社会科学院西藏智库丛书
共享与发展
——喜马拉雅区域研究（第一辑）

主　　编／方素梅

出 版 人／谢寿光
组稿编辑／宋月华　周志静
责任编辑／周志静
文稿编辑／孙以年

出　　版／社会科学文献出版社·人文分社 （010）59367215
　　　　　地址：北京市北三环中路甲 29 号院华龙大厦　邮编：100029
　　　　　网址：www. ssap. com. cn
发　　行／市场营销中心 （010）59367081　59367083
印　　装／三河市龙林印务有限公司

规　　格／开　本：787mm × 1092mm　1/16
　　　　　印　张：21.5　字　数：363 千字
版　　次／2019 年 10 月第 1 版　2019 年 10 月第 1 次印刷
书　　号／ISBN 978 - 7 - 5201 - 4856 - 6
定　　价／148.00 元

本书如有印装质量问题，请与读者服务中心 （010 - 59367028）联系